Wolfgang Caspart

Idealistische Sozialphilosophie

Wolfgang Caspart

Idealistische Sozialphilosophie

Ihre Ansätze, Kritiken
und Folgerungen

Universitas

© 1991 by Universitas Verlag in
F. A. Herbig Verlagsbuchhandlung GmbH, München
Alle Rechte vorbehalten
Schutzumschlag: Wolfgang Heinzel
Gesamtherstellung: Jos. C. Huber KG, Dießen
Printed in Germany
ISBN: 3-8004-1256-X

Inhaltsverzeichnis

Vorwort

Teil I: Materialismus ohne Materie

1. Kapitel: Die alten Physiken   11
2. Kapitel: Die moderne Physik   26
3. Kapitel: Naturwissenschaft heute   41
4. Kapitel: Bewußtsein und Wirklichkeit   53
5. Kapitel: Das Kernproblem der Teleologie   72

Teil II: Ideologische Entfremdung

6. Kapitel: Entstehungsbedingungen der Ideologien: Generalisierung, Relativierung und säkulare Mythenbildung   89
7. Kapitel: Utopie versus Ideal   106
8. Kapitel: Verweltlichung und Klerikalismus   124
9. Kapitel: Die Moral der Mittel und das höchste Gut   151
10. Kapitel: Der wahre Friede   168

Teil III: Ethik statt Mantik

11. Kapitel: Die Aufhebung der materialistischen Entfremdung   179
12. Kapitel: Grundlagen idealistischer Politik   207
13. Kapitel: Elemente realistischer Politik   228
14. Kapitel: Strategien der Durchsetzung   247
15. Kapitel: Einheit und Wandel   273

Literaturübersicht   292

Vorwort

Längst ist die Menschheit in einer neuen, der dritten Physik angelangt. Doch nach wie vor folgen die herrschenden gesellschaftlichen und politischen Ordnungsvorstellungen dem alten Weltbild der zweiten Physik. Seit *Albert Einstein, Max Planck, Niels Bohr* und vor allem *Werner Heisenberg* kann von den früheren newtonschen Mechanismen und Determinismen in der modernen Naturwissenschaft keine Rede mehr sein. Bestimmten seinerzeit die Teile das Verhalten des Ganzen, so ist die Lage heute physikalisch genau umgekehrt: Es ist das Ganze, welches die Funktionen der Teile bestimmt. Doch die Soziologie und Politologie scheinen von diesem fundamentalen Wandel noch so gut wie unberührt. Nach *Heisenberg* selbst bemühen sich jetzt zunehmend wieder Physiker wie *Fritjof Capra, Hans-Peter Dürr, Carl Friedrich von Weizsäcker* oder *Herbert Pietschmann*, um nur einige zu nennen, das neue naturwissenschaftliche Selbstverständnis gemeinverständlich zu machen. Im Jahr 1988 fand in Hannover ein vielbeachteter Kongreß zum Thema »New Age« statt, nach dem das Zeitalter des Postmaterialismus geradezu schon ausgebrochen sei. In die Sozialphilosophie aber findet der vielzitierte »Paradigmenwechsel« noch kaum Eingang.

Im Gefolge der Sozialwissenschaften tut sich auch die gegenwärtige Politik sichtlich schwer und kommt mit den gängigen Gestaltungsmustern nicht mehr zu Rande. Nun, kein Sterblicher ist davor gefeit, im einzelnen irren zu können. Doch systematische Fehler wirken sich schwerer als akzidentielle aus, allerdings sind sie leichter erkenn- und vermeidbar. Eigentlich ist es zwingend, daß die Politik substantielle Fehler machen muß, wenn sie sozialen Leitbildern folgt, die von einem »bias« behaftet sind. Über den Umweg der Politik wirkt sich die Sozialphilosophie durchaus real für jedermann aus - im Positiven wie im Negativen. Es liegt also im Allgemeininteresse, Sozialwissenschaften und Politik auf den wirklichen Stand der modernen Naturwissenschaft zu bringen. Diese freilich ist, wie zu zeigen sein wird, geradezu idealistisch und hat tatsächlich den Materialismus der reduktionistischen zweiten Physik längst überwunden.Die »neufrommen« Physiker, wie sie von ihren Verächtern bisweilen skeptisch bezeichnet werden, mögen in ihren Darstellungen der modernen Physik und ihrer Kritik am überholten Naturmodell noch so überzeugen, ihre gesellschaftlichen und politischen Schlüsse und Forderungen entbehren meist wirklich nicht einer gewissen apodiktischen Willkür. Aus Angst vor metaphysischer »Entrücktheit« vermeiden sie in der Regel als »exakte Naturwissenschafter« eine deutliche transzendentalphilosophische Stellungnahme und empfehlen lieber im Stil von dei ex machina für die Zukunft Feminismus, Pazifismus und den Ausstieg selbst aus der friedlichen Nutzung der Atomenergie. Dafür mag es vielleicht gute Gründe geben, doch haben sie wohl in einem systematischeren Zusammenhang mit dem paradigmatischen Grundgedanken zu stehen. Zudem lassen sich möglicherweise noch andere und vorrangigere Folgerungen aus der von ihnen selbst konstatierten Änderung des naturwissenschaftlichen Weltbildes ziehen. Die durch die Quantenphysik bedingte Änderung unserer Naturvorstellungen steht selbstverständlich in einem größeren wissenschaftstheoretischen Zusammenhang, der heute durch den Paradigmenwechsel neu interpretiert werden kann und auf die Sozialphilosophie zurückwirken sollte. Sprechen in unseren Tagen Naturwissenschafter aus der Kenntnis ihrer Wissenschaftsbereiche selbst vom Postmaterialismus, so wird eine auf der Höhe ihrer Zeit stehende Sozialphilosophie den »klassischen« Antipoden des Materialismus, den Idealismus, schwerlich außer Betracht lassen dürfen. Eine bloße Übernahme früherer idealistischer Positionen kommt für die Gegenwart freilich nicht infrage, da der moderne Materialismus ja auch nicht mit einem alten, zum Beispiel dem antiken, identisch ist. Schon Platon scheiterte mit seinen staatsphilosophischen Vorstellungen in Syracus. Doch auch der »Deutsche Idealismus« war in manchen Bereichen etwas naiv. Er träumte seinerzeit von staatsrechtlichen und gesellschaftspolitischen Vorstellungen, die inzwischen wenigstens formal und nicht gerade von echten oder reinen Idealisten verwirklicht, nur andere und vielleicht noch größere Probleme aufwerfen. Dafür hat nun eine neue idealistische Sozialphilosophie die Chance, ohne Naivität und anhand der praktischen Erfahrungen der letzten beiden Jahrhunderte die tatsächlichen Probleme zu reinterpretieren. Der Idealismus wird für die jetzt relevanten Probleme neu zu rezipieren sein. Neue Fragen erheischen neue Antworten, selbst wenn

die Beziehungen zwischen »Idee« und »Materie« letztlich ein schon von früher her nicht unbekanntes Interpretationsmuster zu besitzen scheinen. Insbesondere müssen wir darüber ins Reine kommen, welchen ferneren Stellenwert die seinerzeitigen zivilisatorischen Errungenschaften des nun zu Ende gehenden materialistischen Zeitalters behalten sollen. Niemand wird ernstlich beispielsweise auf technologische Fortschritte oder medizinische Annehmlichkeiten verzichten wollen, jedenfalls nicht für sich. Wie wird sich also die Gesellschaft mit dem wissenschaftstheoretischen Wandel mitverändern (müssen oder sollen)? Daß sie nicht unberührt bleibt, spüren wir wohl alle bereits jetzt.
Alle wirklich modernen naturwissenschaftlichen Trends gipfeln letztendlich in einem geradezu entelechetischen Holismus. Dem Materialismus ist schlicht die Materie abhanden gekommen. Dazu ruft die neue, quasi-»nominalistische« Linguistik mit ihren klar intelligiblen Ergebnissen nach einer idealistischen Einordnung und Überhöhung. Nur wird ein neuinterpretierter Idealismus sich weder einer einzigen historischen Schulrichtung alleine anschließen, noch in neuen Dogmen erstarren. Vielmehr ist es sein innovativer Grundgedanke, daß er sich selbst zu transzendieren vermag.
Die Schwierigkeit dieser Arbeit liegt formal in der aufgabenimmanenten Notwendigkeit, in verschiedene Wissenschaftsdisziplinen zugleich einzudringen. Soziologie, Philosophie, Politologie, Theologie, Geschichte, Physik, Psychologie oder Biologie besitzen nicht zuletzt jede für sich ihren eigenen Darstellungsstil und »Jargon«, gegen deren Regeln bei der Bearbeitung überschneidender Themen leider immer wieder verstoßen werden muß. Daher entschuldigt sich der Autor gleich an dieser Stelle dafür, daß er - je nach wissenschaftlicher Herkunft - vielleicht für den einen zu trocken und für den anderen zu polemisch schreibt. Ich habe mich jedenfalls bemüht, eine mittlere »Tonart« anzuschlagen, und hoffe damit auch, das interdisziplinäre Interesse und Verstehen zu verstärken.
Unter den zahlreichen geistigen Anregern und Förderern habe ich vor allem Herrn Professor Dr. *Mohammed Rassem* zu danken. Ohne seine Freundlichkeit und seinen weiten Horizont wäre die vorliegende Arbeit wohl nie in dieser Form entstanden. Jahrelanges Kennenlernen, gedankliches Austauschen und befruchtendes

Lernen haben mein sozialwissenschaftliches Verständnis geprägt. Weiters danke ich der Gesellschaft der Freunde der Salzburger Universität und der Landesgruppe Salzburg der Vereinigung Österreichischer Industrieller für die finanzielle Unterstützung zur Drucklegung dieses Werkes.

Salzburg, im Januar 1990 *Wolfgang Caspart*

TEIL I:
MATERIALISMUS OHNE MATERIE

1. KAPITEL:
Die alten Physiken

Von der Antike *(1)* über das Mittelalter bis in die Neuzeit orientierten sich die sozialen Ordnungsvorstellungen des Abendlandes an Ethik, Philosophie und Theologie *(2)*. Auch im Islam bestimmt die Theologie den Staat und die Sozialgemeinschaft *(3)*. In China wurde die Stellung des Menschen und seiner Einrichtungen durch kosmologische Vorstellungen definiert *(4)*, welche freilich eher auf philosophische Überlegungen als auf naturwissenschaftliche Forschungen im heutigen Sinne zurückgehen. Erst mit den immer stärker hervortretenden Naturwissenschaften im 17. Jahrhundert gewannen die Vorstellungen von der Natur Einfluß auf die gesellschaftlichen und staatlichen Ordnungsgedanken.

Nach *Thomas Hobbes* als Zeitgenossen des englischen Bürgerkrieges lebten die Menschen im »Naturzustand« in einem Krieg aller gegen alle *(5)*, weswegen er zur Zügelung des bösen und egoistischen Menschen zum Verfechter des Absolutismus und des autoritären Denkens wurde *(6)*. Ganz anders der Parteigänger der Glorreichen Revolution in England, *John Locke*: Alle Menschen seien von »Natur« aus vollkommen frei und gleich, friedlich und gut, was ihn zum Ahnherren der bürgerlichen Demokratie machte *(7)*. Unabhängig davon, was immer man von diesen beiden völlig gegensätzlichen und einander ausschließenden Ansichten über die »Natur« nun halten mag - spätestens ab jetzt spielt die Wissenschaft von der Natur grundsätzlich in die Sozialphilosophie mit hinein und ist nicht mehr zu übergehen. Auf den begrifflichen Höhepunkt brachte die Abhängigkeit der Soziologie von den Naturwissenschaften *Auguste Comte*, welcher sogar von einer »physique sociale« sprach und sie zur höchsten aller Wissenschaften erhob. *(8)*

Sieht man einmal von *Aristoteles* ab, dessen Physik aber immerhin zwei Jahrtausende das abendländische Weltbild beherrschte, so wurde bis vor kurzem unsere Sicht der Natur von jener Physik bestimmt, die im wesentlichen auf *Sir Isaac Newton* zurückgeht *(9)*. Sein aus drei Büchern bestehendes Werk enthält eine auf dem Kraftbegriff beruhende Theorie von Bewegungen ohne Widerstand, eine Theorie der Bewegung von Körpern in Widerstand leistenden Medien und vor allem den Entwurf eines mit dem Sonnensystem gleichzusetzenden Weltsystems auf der Grundlage des Gravitationsprinzips. Der Erfolg seiner ursprünglich 1687 erschienen Überlegungen bestand in der Möglichkeit, mit dem im dritten Buch ausgesprochenen Prinzip der allgemeinen Gravitation die beobachteten Bewegungen der Planeten und ihrer Satelliten im Sonnensystem mathematisch angemessen beschreiben zu können. Doch auch die Gezeitenbewegungen der Weltmeere, die Präzessionsbewegung der Erdachse und die Kometenbahnen ließen sich exakt bestimmen.

Newton arbeitete streng logisch, mathematisch und experimentell. Die notwendige Existenz des absoluten Raumes suchte er freilich nicht nur physikalisch durch das mit seinem Eimerversuch nachgewiesene Vorhandensein absoluter Bewegungen, sondern auch theologisch durch die Existenz eines ewigen und unendlichen Gottes zu sichern. Was unterscheidet ihn also von *Aristoteles*? Wohl nicht die Logik und die aus ihr entwickelte Mathematik, waren doch *Aristoteles'* Syllogistik *(10)* und Wissenschaftslehre *(11)* in *Newtons* Zeit noch anerkannter als heute, wo sie ihre grundlegende Bedeutung immer noch nicht verloren haben, selbst wenn die formale Logik inzwischen weiterentwickelt worden sein mag. An der Tatsache sogar theologischer Vorannahmen kann es ebenfalls nicht gelegen haben, denn diese fließen nicht nur bei *Newton* ein, sondern bekanntlich auch bei *Aristoteles (12)*. Der Grund muß wohl im experimentellen Vorverständnis sowie der Bewertung des im Experiment Angenommenen und Beobachteten liegen.

Die Physik des *Aristoteles*, die erste systematische abendländische Physik überhaupt, schließt sich eng an seine Logik und seine Metaphysik an. Alles Werden und alle Bewegungen der Körper sind teleologisch zweckgedeutet, und Naturwesen sind Dinge, die ihren Zweck entelechetisch in sich tragen. Daran ist für uns heute besonders bedeutsam, daß er seine Sicht der Natur letztlich aus seiner Erkenntnistheorie entwickelte, also nicht unmittelbar aus den eigentlichen Objekten der Beobachtung. Deswegen hat man ja seiner

Lehre von der Physis in neuerer Zeit immer das Spekulative vorgeworfen, und deshalb wurde sie auch von der zweiten Physik verworfen und abgelehnt. Erfüllte nun diese zweite, newtonsche Physik selbst die Bedingung der Freiheit oder Abgehobenheit von der Metaphysik? Eine wichtige Frage, bestimmen doch ihre auf Sinneswahrnehmung orientierte Wertsysteme die moderne Zivilisation. *(13)*

Nachdem *Kopernikus (14)* und *Kepler (15)* die Erde aus dem Mittelpunkt des Universums gerückt haben, gilt seit *Galileo Galilei* die Mathematik als die Sprache der modernen Wissenschaft *(16)*, die sich auf das Studium der meß- und quantifizierbaren Eigenschaften der materiellen Körper beschränkte, um nach *Sir Francis Bacon* »die Natur auf die Folter zu spannen, bis sie ihre Geheimnisse preisgibt« *(17)*. Zu den theoretischen Überlegungen kommen nun die operationalen hinzu, zur Beobachtung das Experiment. Die Methode ist mit *René Descartes* analytisch und zerlegt Probleme und Gedanken in Stücke, um diese in ihrer logischen Ordnung aufzureihen *(18)*. Als Zeitgenosse *Newtons* brauchte *John Locke* nur noch erkenntnistheoretisch das Programm von Empirismus und Positivismus zusammenzufassen. *(19)*

Damit war eine Methode des Entdeckens entdeckt und eine Methode des Erfindens erfunden worden. Nicht mehr durch klassifizieren und »spekulieren« wollte man die Wirklichkeit ergründen, sondern durch Messen die Gesetze der Natur erforschen *(20)*. Von der neuen Wissenschaft des Messens und Quantifizierens versprach man sich die Erkenntnis der letzten und absoluten Wahrheit, welche den Menschen aller früheren Zeiten entzogen war. Zur einzig »wirklichen« Realität wurde das erhoben, was meßbar ist, und damit eine jahrhundertelange Ära eines manischen Strebens nach immer genauerer Quantifizierung der Dinge eingeleitet. Der Erkenntnisprozeß sollte auf objektiv meßbare Dimensionen und objektiv quantifizierbare Qualitäten wie Häufigkeit, Position und Bewegung gelenkt sein. Damit ließ sich nicht nur das Objekt scharf vom beobachtenden, zählenden und messenden Subjekt trennen, sondern hatte auch ein Verfahren zur empirischen Verifizierung entwickelt. Alles, was nicht objektiv meßbar und verifizierbar ist, konnte nicht mehr Gegenstand exakter Wissenschaft sein oder existierte schlicht gar nicht. *(21)*

Gelang es, die letzten und nicht mehr auf andere Komponenten rückführbaren Bestandteile der Dinge, aus denen sich die ganze Natur zusammensetzt, in den Griff zu bekommen und messen zu können, so war man auf die Realität der Realitäten gestoßen. Die Konsequenz der analytischen Zergliederung eines noch vor kurzem organischen, lebendigen und spirituellen Universums und seiner anschließend mechanistischen Wiederzusammensetzung war klar: Nicht nur der Kosmos, sondern auch der Mensch wurde zur Maschine *(22)*, und das Gemeinschaftsleben zur Sozialphysik *(23)*. Von der Logik führte der Weg über die Kausalität und den Determinismus zum Empirismus, Positivismus und Materialismus. Der so entwickelte deterministische, empiristische und positivistische Materialismus dominierte bis in unser Jahrhundert das naturwissenschaftliche Weltbild und die modernen Ideologien - an die Stelle von Ethik und Religion trat der »Katechismus« des atheistischen Positivismus. *(24)*

Rollt man das so gefundene Bild der Welt von seinen Voraussetzungen her auf, so war schon in der Hochblüte der newtonschen Naturwissenschaften allen Einsichtigen aufgrund des erkenntnistheoretischen a priori klar *(25)*, daß die Objekte der naturwissenschaftliche Forschung zwar in der Immanenz, ihre methodologischen Instrumentarien aber jenseits des immanenten Forschungsbereiches selbst liegen. Um bei der Logik zu beginnen, so handelt diese von den Bedingungen, unter denen dem Denken objektive Wahrheit zukommt. Als Lehre von den Denkformen und Denkgesetzen ist die Logik ein Teil der Philosophie, und da jeder Naturwissenschafter bei seiner Arbeit zu denken hat, kommt keine Naturwissenschaft ohne Philosophie aus. Für die ja nicht minder denkenden Sozial- und Geisteswissenschafter gilt selbstverständlich dasselbe. Wenn Erkennen und Wissen auf Beobachtung und/oder Denken beruhen, so liefert die Beobachtung den Stoff oder Inhalt und das Denken die Form, indem es aus den in der Beobachtung liegenden Merkmalen einzelne heraushebt und in Begriffe zusammenfaßt.

Um richtig zu denken, müssen wir die vier Grundsätze der Logik einhalten. Zunächst den »Satz der Identität«: Alles muß mit sich identisch und verschieden von anderem sein. Dann den »Satz vom Widerspruch«: Von zwei Sätzen, von denen einer das Gegenteil des anderen aussagt, muß einer falsch sein. Weiters den »Satz vom ausgeschlossenen Dritten«: Von zwei Sätzen, von denen einer das vollständige Gegenteil des anderen aussagt, muß einer richtig sein. Schließlich den »Satz vom zureichenden Grunde«: Alles hat seinen Grund, warum es so ist, wie es ist. Die ersten drei Sätze garantieren die Widerspruchsfreiheit, und der letzte läßt größere Zusammenhänge entstehen, weswegen er auch als Grundlage aller Wissenschaft angesehen werden kann. Auf die Natur angewandt entsteht ein System das wahr ist, ohne »richtig« sein zu müssen. Ohne je die Richtigkeit der Naturgesetze »an sich« beweisen zu können, läßt sich lediglich, aber immerhin ein System zur Eliminierung von Widersprüchen erstellen. *(26)*

Aus dem logischen Satz vom zureichenden Grunde *(27)* erwächst das Gesetz der Kausalität: Alles was ist, hat einen Grund, warum es so ist. Dieses hierarchische Verhältnis von Ursache und Wirkung wird nicht zuletzt auf die empirische Welt der physischen Gegenstände übertragen. Die intuitive und unbewußte Erkenntnisweise des Verstandes konstruiert die kausal strukturierte und anschaubare empirische Realität durch Verwandlung der zunächst ungeordneten Empfindungen in geordnete Beobachtungen. Als Begründungsprinzip der Naturwissenschaft sollte man nur den transzendentalen Ansatz der Kausalität in der Intellektualität der Anschauung und Beobachtung niemals übersehen.

Wenn alles notwendige Folge bestimmter Ursachen ist, kann nichts zufällig sein. Auf den Menschen übertragen bedeutet dies, daß auch seine Willenshandlungen nicht frei, sondern determiniert sein müssen. Die durchgängige Bestimmtheit menschlicher Handlungen müßte auf äußere und innere Ursachen (Physiologie oder Psychologie) zurückgehen. Reichen für die Begründung der eigentlichen Unfreiheit menschlichen Handelns die äußeren Ursachen nicht aus, werden vom Determinismus psycho-physische ins ins Treffen geführt *(28)*. Freilich ist man zu ihnen wissenschaftlich selbst nur anhand logischer und kausaler Vorannahmen mit ihren transzendentalen Voraussetzungen gekommen.

Durch die Anwendung des Kausalitätsprinzips im Bereich der physischen Erscheinungen wird den immanenten Gegenständen die Fähigkeit oder Kraft zugeschrieben, auf andere einzuwirken. In der Hinwendung zu den in der Natur vorkommenden Gegenständen erliegt man rasch der Annahme, daß alle Vorstellungen und Begriffe aus der sinnlichen Erfahrungen entstammen, und übersieht die apriorischen Voraussetzungen aller empirischer Erfahrung *(29)*. Zudem zeigt sich bei genauerer Überlegung, daß Kraft und Wirken sich der unmittelbaren sinnlichen Beobachtung entziehen und nur die Aufeinanderfolge von Ereignissen wahrgenommen wird. Die kausale Verknüpfung der Vorgänge kommt in Wahrheit durch das Denken zustande und ist aus der Natur selbst nie unmittelbar abzulesen.

Für das naturwissenschaftliche Experiment spielt auch die Beobachtungsabsicht eine nicht zu unterschätzende und die »naive« Natur verzerrende Rolle: Mit der Lenkung der Aufmerksamkeit des Beobachters und Experimentators auf bestimmte Dinge werden immer auch gewisse andere übersehen. Schon in der wissenschaftlichen Beobachtung konzentriert man sich auf bestimmte Erwartungen und schränkt sich auf einzelne Aspekte ein. Im naturwissenschaftlichen Experiment sucht man vollends danach, geeignete Versuchsbedingungen zu schaffen, um möglichst viele Beeinflussungsgrößen stabil zu halten, damit sich nur möglichst wenige ändern, die man nun beschreibt. Durch Änderung der Bedingungen werden dann der Reihe nach andere Einflußgrößen festgehalten, um weitere variieren zu lassen. Zudem ist der Experimentator bemüht, Qualitäten möglichst zu quantifizieren und nur solche Eigenschaften und Begebenheiten zu beschreiben, die meßbar sind. Qualitäten werden in Meßzahlen übersetzt und parametrisiert. Hat man bereits so natürliche Eigenschaften zu »Karikaturen« gemacht, so verstärkt sich dieser Effekt noch durch die Suche nach den Verzweigungsstrukturen und Funktionszusammenhängen, von denen man wieder jene Parameter absondert, die für einen bestimmten Vorgang unwesentlich zu sein scheinen *(30)*. Dabei wurden nicht einmal noch die physiologischen und psychologischen Reizschwellen berücksichtigt, über die wir auch durch die Verwendung der raffiniertesten technologischen Methoden und technischen Hilfsmittel nicht wirklich hinwegkommen - von unserer Gebundenheit an eine geringe Anzahl von Reizrezeptoren und Sinnesorgane ganz zu schweigen. *(31)*

Während in der Nachfolge des englischen Empirismus die französische Aufklärung noch glaubte, der menschliche Geist erreiche durch seine Vernaturwissenschaftlichung gesetzmäßig seinen letztendlichen Höhepunkt *(32)*, überwand der deutsche Idealismus beide geistig durch seine vielseitigere Ausgewogenheit: In der »Kritik der reinen Vernunft« *(33)* legte *Kant* unerreicht glänzend die Grundlagen des Erfahrungswissens wie der jeder Empirie vorausgehenden reinen Vernunfterkenntnis dar. Die Vernunft hängt seitdem nicht mehr am Gängelband tatsächlicher oder vermeintlicher Erfahrungen, sondern bildet eine Instanz, welche die Dinge ihrer eigenen Gesetzgebung unterwirft. »An sich« sind die Gegenstände unseres Erfahrungswissens nie erkennbar, sie bleiben immer anschauungsabhängig. Schon im letzten Teil seines ersten Hauptwerkes, der »Transzendentalen Methodenlehre«, verweist *Kant* auf den Zweck der Vernunft, zu einem moralischen Handeln zu gelangen. Damit leitet er bereits zur »Kritik der praktischen Vernunft« *(34)* über, in der er neben die Kausalgesetze, welche in der Empirie herrschen, die Sittengesetze stellt, welche das freie Handeln beherrschen.

In seiner dritten Kritik versöhnt *Kant* die scheinbaren Gegensätze von Notwendigkeit und Freiheit, Natur und Moral, Erkennen und Wollen *(35)*. Diese Antinomien werden ganzheitlich auf ein notwendiges Denkprinzip zurückgeführt. Da sich die durch den sittlichen Willen gesetzten Zwecke in der Welt der kausaldeterminierten Erscheinungen verwirklichen müssen, kann die Natur nur so gedacht werden, daß in ihr die Verwirklichung von Freiheit auch möglich ist. Mittels der Urteilskraft wird das Besondere im Allgemeinen enthalten gedacht. Subsumiert die Urteilskraft das Besondere unter das Allgemeine, so ist sie bestimmend wie in der reinen und praktischen Vernunft. Ist jedoch das Besondere gegeben und wird das Allgemeine gesucht, so ist die Urteilskraft reflektierend wie in der Ästhetik und der Teleologie. *Kant* fundamentiert damit zugleich die Möglichkeit von Naturwissenschaft und Ethik.

Nach *Fichte* ist aber die praktische Vernunft die Wurzel aller Vernunft *(36)*: Erst im Treffen existentieller Entscheidungen erschließt sich der wahre Grund des Wissens, der Wille bestimmt die Erkenntnis und die Sittlichkeit die Wahrheit. Alles Sein ist bewußtes Sein, aus dem Vollzug des Bewußtseins kann nie ausgestiegen werden, und zur Erkenntnis der letzten Einheit des Wissens sowie der absoluten Einsicht gelangt man allein durch Intuition *(37)*. *Hegel*

erklärt diese letzte Absolutheit nicht nur als Substanz der Welt, sondern auch als ihr Subjekt, das sich im Denken dialektisch zugleich selbst weiß. *(38)*
Der transzendentale Idealismus hatte sich zum absoluten gesteigert, und aus der reinen Philosophie war so etwas wie eine philosophische Mythologie geworden. Für die Zeitgenossen schien der empirische und positivistische Materialismus erkenntnistheoretisch überwunden, zumal sein machtpolitischer Träger zuletzt im Sieg über das napoleonische Frankreich schwer genug militärisch niedergeworfen wurde. Diese philosophischen Entwicklungen haben sich selbstverständlich bereits damals genauso wie die politischen sozialphilosophisch niedergeschlagen: Schon *Kant* zerbrach sich den Kopf über das Wesen der Aufklärung *(39)*, Weltbürgertum *(40)* und ewigen Frieden *(41)*. Nicht minder sozialphilosophisch und sogar erklärtermaßen politisch sind *Fichtes* Überlegungen zu einem geschlossenen nationalen Handelsstaat *(42)* und einer deutschen Nationalerziehung *(43)*. *Hegel* bezeichnet seines Rechtsphilosophie ausdrücklich als »Staatswissenschaft« *(44)*. Der spätere große Reformer des mitteleuropäischen Universitätswesen, *Wilhelm von Humboldt*, machte sich schon in jungen Jahren Gedanken über die Grenzen staatlicher Wirksamkeit *(45)*. Durch ihn vom Geist des Idealismus geprägt blieb das deutsche Hochschulwesen für gut ein Jahrhundert weltweit vorbildlich. *(46)*
Der philosophische Deutsche Idealismus ging zeitlich mit der klassischen deutschen Dichtung einher und prägte in seiner Universalität neben der Sozialphilosophie auch die Vorstellungen nicht nur über die Natur als solche *(47)*, sondern auch über die Religion *(48)*. Obwohl sich die idealistischen Schulen untereinander nur im metaphysischen Ansatz einig waren und ansonsten bisweilen heftig über die Folgerungen aus den gemeinsamen erkenntnistheoretischen und ethischen Wurzeln rangen, schien sich der transzendentale Standpunkt doch endgültig durchgesetzt zu haben und nach *Hegel* keine Steigerung mehr möglich. Was immer Erfahrungswissenschaften a posteriori zutage fördern mochten, blieb immer a priori von der Transzendenz abhängig. Wie war es aber dennoch möglich, daß sich Empirismus und Determinismus so erholen konnten, um sogar in einen klaren Materialismus umzuschlagen? Als ein solcher wurde er für die östlichen Kulturvölker

durch Imperialismus und Kolonialismus geradezu zum Synomym für die westliche Zivilisation. *(49)*

Ging in Deutschland zunächst der Idealismus noch ein Stück gemeinsam mit den Anfangsideen der Französischen Revolution, wenngleich sich die »deutsche« Freiheit transzendental legitimierte und nicht vernunft-positivistisch *(50)*, so erfolgte in Frankreich die Reaktion auf Jakobinertum und Bonapartismus in pessimistischen Bahnen *(51)*, die an *Hobbes* erinnern, und streng kirchlich *(52)*. In England lehnte *Burke* die Französische Revolution als abstrakt-dogmatischen Bruch mit den gewachsenen Traditionen ab und trat für reformerische Verbesserungen an sich verändernde Anforderungen ein *(53)*. In geistiger Verwandtschaft mit ihm sah *Tocqueville* den Keim der Revolution schon im absolutistischen Zentralismus der französichen Monarchie *(54)* und stellte der neuerlichen Gefahr eines ochlokratischen oder caesarischen Absolutismus seine Vorstellung der Ausgewogenheit der amerikanischen Demokratie seiner Zeit gegenüber. *(55)*

Von solchen liberal-konservativ-romantischen Überlegungen konnte der paradigmatische Umschwung nicht kommen, er geht vielmehr auf das Umschlagen des hegelianischen absoluten Idealismus in den junghegelianischen absoluten Materialismus zurück. Wenn es für *Hegel* und die Althegelianer der Weltgeist oder Gott war, der sich dialektisch in der Welt entäußerte, um dann die so zustandegekommene Entfremdung aufzuheben, in dieser Negation der Negation zu sich selbst zurückzukehren und sich selbst zu erkennen *(56)*, so drehte *Feuerbach* den Spieß um und stellte *Hegel* auf den Kopf: Angeregt durch *Strauss'* rein mythologische Deutung des Lebens Jesu *(57)* sah *Ludwig Feuerbach* den Menschen nicht mehr als den entäußerten, sich selbst nicht bewußten und entfremdeten Weltgeist, sondern die Vorstellung Gottes als dialektisch-anthropomorphes Entäußerungsprodukt des sich selbst entfremdeten Menschen *(58)*. Aus absolutem Idealismus ist absoluter Materialismus geworden, an die Stelle des hegelschen Mythos des Weltgeistes ist der feuerbachsche Mythos des Menschen getreten: Gott wurde nicht Mensch, vielmehr ist der Mensch Gott.

Diese von allen Junghegelianern enthusiastisch aufgenommene Revolution kam selbstständlich nicht anders als auf philosophischem Wege und keineswegs aus der Empirie unmittelbar abgele-

sen zustande. Auf keine andere Weise gelangte auch der Marxismus nicht bloß zur Dialektik, sondern zugleich zum Materialismus, nur daß der Junghegelianer *Karl Marx* den generalisierten Ökonomismus von *Moses Hess*, ebenfalls einem Junghegelianer, übernahm und erst dann die klassische Nationalökonomie von *Smith* und *Ricardo* negativ-pessimistisch aufgriff *(59)*. Anknüpfend an *Hume (60)* gelangte schon *Adam Smith* zu seiner Absolutsetzung des »homo oeconomicus« nur über den Umweg einer philosophisch-geisteswissenschaftlichen »Naturgeschichte« der Gesellschaft *(61)*. Wie man sieht, konnte unmittelbar aus der Materie selbst nirgends ein Materialismus entwickelt werden, immer war er das Produkt von Überlegungen, die der eigentlichen Beobachtung der Natur oder gar der Materie vorausgingen.
Ungeachtet der schließlichen militärischen Niederlage des jakobinisch-napoleonischen Frankreichs, der auch dort anschließend einsetzenden Restauration und der metaphysischen Überhöhung bloß physischer Betrachtungsweisen durch den Deutschen Idealismus lief der Positivismus in Frankreich weiter, zunächst unter der Oberfläche, doch schon bald mit der Julirevolution von 1830, dem Bürgerkönigtum Louis Philippes und Napoleon III. wieder darüber. Direkt mit ihm hängen die Anfänge des Frühsozialismus zusammen, der sich nicht nur gegen die Reste des Ancien régime und das manchesterliberale Bürgertum richtete, sondern für einen Staatssozialismus mit dem König als »ersten Industriellen« eintrat *(62)*. Andererseits stand der spätere Frühsozialismus sogar in Frankreich unter dem idealistischen Einfluß *Hegels (63)*, was ihm *Marx* von seinem letztlich auch nur junghegelianisch entstandenen materialistischen Standpunkt aus heftigst vorwarf und dagegen schon im Titel polemisierte *(64)*. Der französische Frühsozialismus beeinflußte wiederum maßgeblich den antimarxistischen deutschen Sozialismus, sowohl den konservativen *(65)*, als auch den der reformistischen Arbeiterbewegung. *(66)*
Für den durchschlagenden Erfolg des Materialismus kann also weder die newtonsche Physik oder der Positivismus noch der Junghegelianismus alleine verantwortlich gewesen sein: Die metaphysischen Anfangsgründe der Naturwissenschaft konnten von den unmittelbar empirischen Beobachtungen genausowenig wie vorher oder nachher ausgeräumt werden, weil weiterhin die positivisti-

schen Axiome nicht aus der Natur direkt ableitbar waren, sondern vorher willentlich gesetzt blieben. Das Postulat des Historischen und Dialektischen Materialismus, der materielle Unterbau bestimme den ideellen Überbau, blickte nach wie vor selbst auf eine eklatant gegenteilige Entstehungsgeschichte zurück. Es bedurfte wohl als erstes der erstaunlichen Fortschritte des newtonschen Denkens in den angewandten technischen Wissenschaften bei der immer rasanter werdenden Industrialisierung, um mit der Popularisierung der Ingenieurwissenschaften ihre axiomatischen Voraussetzungen in den Hintergrund treten zu lassen. Unterstützt wurde diese Entwicklung sicherlich nicht nur durch die Errungenschaften einer im newtonschen Sinne naturwissenschaftlich arbeitenden Medizin, sondern auch durch die empirisch gewonnene Evolutionstheorie *(67)* und Vererbungslehre. *(68)*
Für den durchschlagenden Erfolg des modernen Materialismus hätte der beeindruckende Aufstieg der newtonschen Naturwissenschaften für sich wohl auch immer noch nicht ausgereicht. Vor allem, um sozialphilosophisch wirksam zu werden, mußten sie zeitlich mit der positivistischen Soziologie im Sinne *Comtes* und dem Junghegelianismus, insbesondere dem Marxismus zusammenfallen. So konnten Zweite Physik, soziologischer Positivismus und Historischer Materialismus einander gegebenenfalls wechselseitig ergänzen und den Materialismus fördernd gemeinsam ihre eigenen apriorischen Voraussetzungen vergessen machen. Natürlich schloß dies den Streit der materialistischen Schulen untereinander genausowenig aus, wie es Mode wurde, als besonders vernichtende Kritik den materialistischen Gegner als »idealistisch« zu diskreditieren, wofür *Lenins* Auseinandersetzung mit dem Empirokritizismus *(69)* von *Avenarius (70)* ein schönes Beispiel liefert.
Noch am Vorabend des Ersten Weltkrieges war eine Versöhnung der naturwissenschaftlichen Welt mit den metaphysisch legitimierten Ordnungen in der Form denkbar, daß das a priori der Transzendenz und das a posteriori den empirischen Wissenschaften überlassen werden durfte. Den Naturwissenschaften wäre die Rolle eines Instrumentes des sittlichen Willens zugekommen. Als jedoch im Ersten Weltkrieg die transzendental hergeleiteten Mächte politisch untergingen - auch wenn sie sich weniger transzendentalphilosophisch und mehr religiös-theologisch legitimierten - , so

schien dem Materialismus keine enstzunehmende Kraft mehr gegenüberzustehen. Die vierte und letzte Bedingung der materialistischen Herrschaft war erfüllt. Nicht vergessen sollte man dabei, daß sich um den selben Zeitpunkt, nämlich 1911, durch die Entmachtung des britischen Oberhauses die innenpolitischen Schwerpunkte der damaligen ersten Weltmacht entscheidend verschoben. Aber auch außerhalb des Abendlandes versanken um denselben Zeitpunkt die führenden Mächte der nichtchristlichen, doch nicht minder metaphysisch legitimierten Kulturen: 1912 dankte in China das konfuzianische Kaisertum ab, und 1922/24 verabschiedeten sich das Osmanische Reich und das islamische Kalifat von der Weltgeschichte. In West und Ost schien der Materialismus geistig wie politisch endgültig gesiegt zu haben.

(1) PLATON, Politeia (Lat. »Res publica«, Dt. »Staat«). Deutsch von K. VRETSKA. Philipp Reclam Verlag, Stuttgart 1985 (Universal-Bibliothek 8205).

(2) Aurelius AUGUSTINUS, De civitate Dei (Dt. »Über den Gottesstaat«). Übersetzt von Wilhelm THIMME. 2. Auflage, Deutscher Taschenbuchverlag, München 1982.

(3) Tilman NAGEL, Staat und Glaubensgemeinschaft im Islam. Geschichte der politischen Ordnungsvorstellungen der Muslime. 2 Bände. Artemis Verlag, Zürich 1980.

(4) J(ohann) J(akob) (Maria) de GROOT, Universismus. Die Grundlage der Religion und Ethik des Staatswesens und der Wissenschaft Chinas. Verlag Georg Reimers, Berlin 1918.

(5) Thomas HOBBES, Elementorum philosophiae, sectio tertia: De cive (Dt. »Anfangsgründe der Philosophie, dritter Abschnitt: Vom Bürger«). Deutsch, »Vom Menschen-Vom Bürger«, herausgegeben von Günther GAWLICK. Felix Meiner Verlag, Hamburg 1977 (Philosophische Bibliothek 158).

(6) Thomas HOBBES, Leviathan, ore the Matter, Forme, and Power of a Commonwealth, Ecclesiasticall and Civill (Dt. »Leviathan, oder von Materie, Form und Gewalt des kirchlichen und bürgerlichen Staates«). Deutsch von Walter EUCHNER, herausgegeben von Iring FETSCHER. Verlag Luchterhand, Neuwied 1966.

(7) John LOCKE, Two Treatises of Government (Dt. »Zwei Abhandlungen über die Regierung«). Herausgegeben und eingeleitet von Walter EUCHNER, Übertragung von Hans Jörn HOFFMANN. Europa Verlag, Wien 1977.

(8) Isidore-Auguste-Marie-Xavier COMTE, Cours de philosophie positive (Dt. »Abhandlung über die positive Philosophie«). Übersetzt von Valentine DORN. Soziologie, 3 Bände. 2. Auflage, G. Fischer Verlag, Jena 1923.

(9) Isaac NEWTON, Philosophia naturalis principia mathematica (Dt. »Die mathematischen Grundlagen der Naturphilosophie«). Ausgearbeitet, übersetzt, eingeleitet und herausgegeben von Ed DELLIAN. Felix Meiner Verlag, Hamburg 1988 (Philosophische Bibliothek 394).

(10) ARISTOTELES, Analytika protera (Lat. »Analytica priora«, Dt. »Die erste Analytik«). Deutsch von E. ROLFES, 1922. Reprint in: Felix Meiner Verlag, Hamburg 1975 (Philosophische Bibliothek 10).

(11) ARISTOTELES, Analytika hystera (Lat. »Analytica posteriora«, Dt. »Die zweite Analytik«). Deutsch von E. ROLFES, »Aristoteles Lehre vom Beweis oder Zweite Analytik«, 1922. Reprint in: Felix Meiner Verlag, Hamburg 1976 (Philosophische Bibliothek 11).

(12) ARISTOTELES, Ta meta ta physika (Lat. »Metaphysica«, Dt. »Metaphysik«). Griechisch-Deutsch mit Einleitung und Kommentar hg. von H.SEIDL, 2 Bände. Felix Meiner Verlag, Hamburg 1978/80 (Philosophische Bibliothek 307/308).

(13) Pitirim A. SOROKIN, Kulturkrise und Gesellschaftsphilosophie. Moderne Theorien über das Werden und Vergehen von Kulturen und das Wesen ihrer Krisen (Engl. »Social and Cultural Dynamics«). Ins Deutsche übersetzt von Othmar ANDERLE. Humboldt Verlag, Stuttgart 1953.

(14) Nicolaus COPERNICUS, De revolutionibus orbium coelestium libri VI (Dt. »Über die Umschwünge der himmlischen Kugelschalen, sechs Bücher«). Gesamtausgabe, Band II. Herausgegeben von Heribert Maria NOBIS. Verlag Gerstenberg, Hildesheim 1984.

(15) Johannes KEPPLER, Astronomia nova, Aitiologetos, seu physica coelestis (Dt. »Neue Astronomie oder Physik des Himmels«). Johannes KEPPLERS Gesammelte Werke, Band II. Verlag Gerstenberg, Hildesheim 1974.

(16) Galileo GALILEI, Discorsi e dimostrazioni matematiche intorno a due nuove scienze attenenti alla mecanica e i movimenti locali (Dt. »Unterredungen und mathematische Beweise über zwei neue Wissenszweige zur Mechanik und zur Lehre von den Ortbewegungen«). Deutsch herausgegeben von Arthur von ÖTTINGEN. Nachdruck, Wissenschaftliche Buchgesellschaft, Darmstadt 1964.

(17) Francis BACON, Baron de Verulam, Novum Organum (Dt. »Große Erneuerung«). Deutsch von Anton Theobald BRÜCK, Neues Organon der Wissenschaften. Neuauflage, Wissenschaftliche Buchgesellschaft, Darmstadt 1962.

(18) René DESCARTES, Discours de la méthode pour bien conduire sa raison, et chercher la vérité dans les sciences (Dt. »Abhandlung über die Methode, seine Vernunft richtig zu leiten und die Wahrheit in den Wissenschaften zu suchen«). Lateinisch-Deutsch »Von der Methode des richtigen Vernunftgebrauches und der wissenschaftlichen Forschung«, übersetzt und herausgegeben von L. GÄBE. Felix Meiner Verlag, Hamburg 1964 (Philosophische Bibliothek 261).

(19) John LOCKE, An Essay Concerning Human Understanding (Dt. »Versuch über den menschlichen Verstand«). Deutsch nach der Übersetzung von C. WINKLER. Akademie Verlag, Berlin 1962.

(20) Lancelot L. WHYTE, The Next Development in Man (Dt. »Die nächste Entwicklung der Menschheit«). New American Library, New York 1950.

(21) Ken WILBER, Das Spektrum des Bewußtseins. Ein metapsychologisches Modell des Bewußtseins und der Disziplinen, die es erforschen. Aus dem Amerikanischen von Jochen EGGERT. Scherz Verlag, Bern 1987.

(22) Offray de la METTRIE, L'homme machine (Dt. »Der Mensch eine Maschine«). Deutsch von M. BRAHN. Felix Meiner Verlag, Hamburg 1909 (Philosophische Bibliothek 68).

(23) Siehe Fußnote 8.

(24) Isidore-Auguste-Marie-Xavier COMTE, Catéchisme positiviste (Dt. »Positivistischer Katechismus«). OEvres, 1892-1894, Band XI (Reprint 1970).

(25) Selbstverständlich dem ganzen Deutschen Idealismus, bereits beginnend mit dem vielsagenden Titel seines Initiators: Immanuel KANT, Metaphysische Anfangsgründe der Naturwissenschaft. Gesammelte Schriften (Akademie-Ausgabe), Band IV. Verlag Reimer, Berlin 1903. Reprint Verlag de Gruyter, Berlin 1968.

(26) Herbert PIETSCHMANN, Das Ende des naturwissenschaftlichen Zeitalters. Paul Zsolnay Verlag, Wien 1980.

(27) Arthur SCHOPENHAUER, Über die vierfache Wurzel des Satzes vom zureichenden Grunde. Eine philosophische Abhandlung. Herausgegeben von M. LANDMANN und E. TIELSCH. 2. Auflage, Felix Meiner Verlag, Hamburg 1970 (Philosophische Bibliothek 249).

(28) Richard AVENARIUS, Kritik der reinen Erfahrung. 2 Bände. 3. Auflage, Reisland Verlag, Leipzig 1921-28.

(29) Immanuel KANT, Kritik der reinen Vernunft. Felix Meiner Verlag, Hamburg 1976 (Philosophische Bibliothek 37a).

(30) Hans-Peter DÜRR, Das Netz des Physikers. Naturwissenschaftliche Erkenntnis in der Verantwortung. Carl Hanser Verlag, München 1988, S 50-58.

(31) Wolfgang CASPART, Handbuch des praktischen Idealismus. Universitas Verlag, München 1987, S 19 ff.

(32) Marie Jean Antoine Nicolas de Caritat, Marquis de CONDORCET, Esquisse d'un tableau historique des progrés de l'esprit humain (Dt. »Entwurf einer historischen Darstellung der Fortschritte des menschlichen Geistes«). Deutsch von Wilhelm ALFF. Suhrkamp Verlag, Frankfurt a.M. 1976 (Taschenbuch Wissenschaft 175).

(33) siehe Fußnote 29.

(34) Immanuel KANT, Kritik der praktischen Vernunft. Felix Meiner Verlag, Hamburg 1985 (Philosophische Bibliothek 38).

(35) Immanuel KANT, Kritik der Urteilskraft. Felix Meiner Verlag, Hamburg 1974 (Philosophische Bibliothek 39a).

(36) Johann Gottlieb FICHTE, Die Bestimmung des Menschen. Herausgegeben und mit einem Nachwort versehen von Theodor BALLAUFF und Ignaz KLEIN. Philipp Reclam Verlag, Stuttgart 1966 (Universal-Bibliothek 1201/02/02a).

(37) Johann Gottlieb FICHTE, Die Wissenschaftslehre. Zweiter Vortrag aus dem Jahre 1804. Gereinigte Fassung, herausgegeben von Reinhard LAUTH und Joachim WIDMANN unter Mitarbeit von Peter Schneider. Felix Meiner Verlag, Hamburg 1975 (Philosophische Bibliothek 284).

(38) Georg Wilhelm Friedrich HEGEL, Phänomenologie des Geistes. Werke, 20 Bände, Band III. Suhrkamp Verlag, Frankfurt a.M. 1986 (Taschenbuch Wissenschaft 603).

(39) Immanuel KANT, Beantwortung der Frage: Was ist Aufklärung. Gesammelte Schriften, Akademie-Ausgabe, Band VIII. Verlag Reimer, Berlin 1912. Reprint Verlag de Gruyter, Berlin 1968.

(40) Immanuel KANT, Idee zu einer allgemeinen Geschichte in weltbürgerlicher Absicht. Gesammelte Schriften, Akademie-Ausgabe, Band VIII. Verlag Reimer, Berlin 1912. Reprint Verlag de Gruyter, Berlin 1968.

(41) Immanuel Kant, Zum ewigen Frieden. Ein philosophischer Entwurf. Gesammelte Schriften, Akademie-Ausgabe, Band VIII. Verlag Reimer, Berlin 1912. Reprint Verlag de Gruyter, Berlin 1968.

(42) Johann Gottlieb FICHTE, Der geschlossene Handelsstaat. Ein philosophischer Entwurf als Anhang zur Rechtslehre und Probe einer künftig zu liefernden Politik. Nachdruck der ersten Ausgabe Tübingen 1800. Philipp Reclam Verlag, Leipzig o.J..

(43) Johann Gottlieb FICHTE, Reden an die Deutsche Nation. Mit einer Einleitung von Reinhard LAUTH. Felix Meiner Verlag, Hamburg 1978 (Philosophische Bibliothek 204).

(44) Georg Wilhelm Friedrich HEGEL, Grundlinien der Philosophie des Rechts oder Naturrecht und Staatswissenschaft im Grundrisse. Werke, 20 Bände, Band VII. Suhrkamp Verlag, Frankfurt a.M. 1986 (Taschenbuch Wissenschaft 607).

(45) Wilhelm von HUMBOLDT, Ideen zu einem Versuch, die Grenzen der Wirksamkeit des Staates zu bestimmen. Philipp Reclam Verlag, Stuttgart 1982 (Universal-Bibliothek 1991).

(46) Vergleiche: Christian HELFER und Mohammed RASSEM (Herausgeber), Student und Hochschule im 19. Jahrhundert. Studien und Materialien. Band 12 der Studien zum Wandel von Gesellschaft und Bildung im Neunzehnten Jahrhundert. Verlag Vandenhoeck & Ruprecht, Göttingen 1975. Oder: Hans-Ulrich WEHLER: Deutsche Gesellschaftsgeschichte. Zweiter Band 1815 - 1845/48. Verlag C.H. Beck, München 1987, S 505 ff.

(47) Friedrich Wilhelm Joseph SCHELLING, Ideen zu einer Philosophie der Natur. Sämtliche Werke, 1. Abteilung, Band II. Herausgegeben von Manfred SCHRÖTER. Unveränderte Neuauflage des 1927-56 erschienen Münchner Jubiläumsdruckes, Verlag C.H. Beck, München 1965.

(48) Nur zum Beispiel: Friedrich (Daniel Ernst) SCHLEIERMACHER, Über die Religion. Reden an die Gebildeten unter ihren Verächtern. Mit einem Nachwort von Carl Heinz RATSCHOW. Philipp Reclam Verlag, Stuttgart 1980 (Universal-Bibliothek 8313/3).

(49) Gerhard SCHWEIZER, Abkehr vom Abendland. Östliche Traditionen gegen westliche Zivilisation. Hoffmann und Campe Verlag, Hamburg 1986.

(50) Jean le Rond d'ALEMBERT & Denis DIDEROT, Encyclopédie ou dictionaire raisonné des sciences, des arts et des métiers, par une société de gens de lettres (Dt. »Enzyklopädie oder wohlbegründetes Wörterbuch der Wissenschaften, der Kunst und des Handwerks, herausgegeben von einer Gesellschaft von Gelehrten«). 35 Bände. Paris 1751-1780. Neuauflage, Fromann Verlag, Stuttgart 1966-67.

(51) Joseph Marie Comte de MAISTRE, Les Soirées de Saint-Pétersbourg ou Entretiens sur le gouvernement temporel de la providence (Dt. »Die Abendstunden von Petersburg oder Gespräche über die zeitliche Herrschaft der göttlichen Vorsehung«). 2 Bände. Paris 1821. Neuausgabe, Verlag La Colombe, Paris 1961.

(52) Joseph Marie Comte de MAISTRE, Du pape (Dt. »Vom Papst«). 2 Bände. Lyon 1819. Neuausgabe, Verlag Vitte, Lyon 1928.

(53) Edmund BURKE, Reflections on the Revolution in France, and on the Proceedings in Certain Societies in London relative to that Event (Dt. »Betrachtungen über die Französische Revolution und die Reaktion gewisser Londoner Kreise auf dieses Ereignis«). Deutsch von Friedrich von GENTZ 1793. Bearbeitet und mit einem Nachwort versehen von Lore ISER, Einleitung von Dieter HENRICHS. Suhrkamp Verlag, Frankfurt a.M. 1967.

(54) Alexis (Comte) de TOCQUEVILLE, L'acien régime et la révolution (Dt. »Das alte Staatswesen und die Revolution«). Deutsch herausgegeben von Jacob Peter MAYER. Deutscher Taschenbuchverlag, München 1978.

(55) Alexis (Comte) de TOCQUEVILLE, De la démocratie en Amérique (Dt. »Über die Demokratie in Amerika«). 2. Auflage, deutsch herausgegeben von Jacob Peter MAYER in Gemeinschaft mit Theodor ESCHENBURG und Hans ZBINGEN. Deutscher Taschenbuchverlag, München 1984.

(56) Georg Wilhelm Friedrich HEGEL, Vorlesungen über die Philosophie der Religion. Werke, 20 Bände, Band XVI und XVII. Suhrkamp Verlag, Frankfurt a.M. 1986 (Taschenbuch Wissenschaft 616, 617).

(57) David Friedrich STRAUSS, Das Leben Jesu Kritisch bearbeitet. 2 Bände. Tübingen 1835/36. Nachdruck, Wissenschaftliche Buchgesellschaft, Darmstadt 1969.

(58) Ludwig FEUERBACH, Das Wesen des Christentums. Sämtliche Werke, herausgegeben von W. BOLIN und F. JODL, Band VI. 2. Auflage, Fromann Verlag, Stuttgart 1960.

(59) Robert TUCKER, Karl Marx. Die Entwicklung seines Denkens von der Philosophie zum Mythos. Verlag C.H. Beck, München 1963.

(60) David HUME, Political Discourses (Dt. »Politische Diskurse«). Works, herausgegeben von Thomas Hill GREEN und Thomas Hodge GROSE, 4 Bände. Band III. London 1882. Reprint Scientia Verlag, Aalen 1964.

(61) Adam SMITH, An Enquiry into the Nature and Causes of the Wealth of Nations (Dt. »Eine Untersuchung über Natur und Ursachen des Wohlstandes der Nationen«). Deutsch von Horst Claus RECKTENWALD. Verlag C.H. Beck, München 1974.

(62) Claude-Henri de Rouvroy, Comte de SAINT-SIMON, Du systém industriel (Dt. »Über das industrielle System«). Oeuvers, Band III, Paris 1868-1876. Neuauflage mit einem Vorwort von C(élestine) BOUGLÉ. Verlag Félix Alcan, Paris 1925.

(63) Pierre-Joseph PROUDHON, Systéme des contradictions économiques, ou philosophie de la misére (Dt. »System der ökonomischen Widersprüche oder Philosophie des Elends«). Deutsch bearbeitet von Karl GRÜN. Neudruck. Scientia Verlag, Aalen 1967.

(64) Karl MARX, Misére de la philosophie. Response á la philosophie de la misére de M. Proudhon (Dt. »Das Elend der Philosophie. Antwort auf Herrn Proudhons Philosophie des Elends«). Karl MARX und Friedrich ENGELS, Werke, Band IV. Herausgegeben vom Institut für Marxismus-Leninismus beim ZK der SED. Berlin 1978.

(65) Lorenz von STEIN, Geschichte der sozialen Bewegung in Frankreich von 1789 bis in unsre Tage. Verlag Wigand, Leipzig 1850. Neudruck der zweiten Auflage. Scientia Verlag, Aalen 1968.

(66) Ferdinand LASSALLE, Gesammelte Reden und Schriften. Herausgegeben von Eduard BERNSTEIN. Vorwärts Verlag, Berlin 1892-93.

(67) Charles Robert DARWIN, On the Origin of Species by Means of Natural Selection, or the Preservation of Favoured Races in the Struggle for Life (Dt. »Über die Entstehung der Arten durch natürliche Zuchtwahl oder die Erhaltung der begünstigten Rassen im Kampf ums Dasein«). Deutsch von C.W. NEUMANN, herausgegeben von G. HEBERER. Philipp Reclam Verlag, Stuttgart 1963 (Universal-Bibliothek 3071).

(68) (Pater) Johann Gregor MENDEL, Versuche über Pflanzenhybriden. Brünn 1865. Kommentiert von Franz WEILING. Verlag Nieweg und Sohn, Braunschweig 1979.

(69) Wladimir Ilitsch (Ulanow) LENIN, Materializme i Émpirokriticizme. Kriticeskie zametki ob odnoj reakcionnoj filosofii (Dt. »Materialismus und Empirokritizismus. Kritische Bemerkungen über eine reaktionäre Philosophie«). Werke, Band XIV. Ins Deutsche übertragen nach der 4. russischen Ausgabe. Deutsche Ausgabe wird vom Institut für Marxismus-Leninismus beim ZK der SED besorgt. Berlin 1971-1974.

(70) Richard AVENARIUS, Kritik der reinen Erfahrung. 2 Bände. 3. Auflage, Reisland Verlag, Leipzig 1921-28.

2. KAPITEL
Die moderne Physik

Die nun gesellschaftlich wirksamen neuen Kräfte beriefen sich in ihren Ordnungsvorstellungen nicht mehr auf eine verstaubte Transzendenz, sondern auf die modernen Naturwissenschaften und die auf ihnen aufbauenden Ideologien. *Sun-Yat-sen* pfiff auf den Konfuzianismus und erhob das »dreifache Volksprinzip« auf den Thron: *(1)* Nationalismus, Demokratie und Volkswohl, eine Art chinesischen Sozialismus. Die Sozialdemokraten in Deutschland und in Österreich orientierten sich am »Wissenschaftlichen Sozialismus«, wie die russischen, ungarischen und bayerischen Räte im Namen des Marxismus ihre Herrschaft errichteten. Nicht viel später wurde im Nationalsozialismus der Sozialdarwinismus zum Leitgedanken hochstilisiert. Und *Mustafa Kemal Atatürk* unterwarf die ehemalige islamische Vormacht einer radikalen Verwestlichung in laizistischem und nationalistischem Sinn *(2)*. Während sich Frankreich in antiklerikalem Republikanismus erging, verschworen sich die Angelsachsen dem »Selbstbestimmungsrecht der Völker«, was zwar allmählich das britische Empire und die Stellung Europas in der Welt untergrub *(3)*, aber das »amerikanische Jahrhundert« vorzubereiten half. *(4)*

Just zur selben Zeit, als der Materialismus weltweit die politische Macht übernahm, machte aber soeben seine eigene Grundlage, die neuzeitliche Physik, einen fundamentalen Wandel durch: Schon in den sechziger Jahren des 19. Jahrhunderts war die Entdeckung der Elektrodynamik durch *Michael Faraday* und *James Clerk Maxwell* nicht mehr mit dem newtonschen Mechanismus befriedigend erklärbar - das Licht stellt ein schnell alternierendes elektromagnetisches Feld dar und breitet sich in Form von Wellen im Raum aus. Und in der Thermodynamik, deren ersten Hauptsatz das Gesetz von der Erhaltung der Energie bildet, bereitete der zweite Hauptsatz von der Zerstreuung der Energie enorme Schwierigkeiten - jedes beliebige isolierte physikalische System entwickelt sich spontan in Richtung zunehmender Unordnung und Durchmischung. *Rudolf Clausius* nannte dieses Phänomen »Entropie«, welches auch als Maß für Unordnung angesehen wer-

den kann. Nur mit erneuter Zuhilfenahme der Mathematik, welche aber selbst keine unmittelbar empirisch beobachtbare Quantität ist, gelang es *Ludwig Boltzmann*, die Entropie statistisch mittels der Wahrscheinlichkeitstheorie in den Griff zu bekommen: Während in mikroskopischen Systemen aus nur wenigen Molekülen das Zweite Gesetz regelmäßig verletzt wird, wird die Wahrscheinlichkeit einer totalen Entropie in makroskopischen Systemen aus einer riesigen Anzahl von Molekülen praktisch zur Gewißheit. *(5)*
Nach der newtonschen Physik bewegt sich somit das Universum als Ganzes auf einen Zustand maximaler Entropie hin, Unordnung und Durchmischung wachsen und wachsen, bis sich irgendwann einmal alle Energie abgenützt hat, alles Material bei gleicher Temperatur gleichmäßig verteilt ist, und Stillstand oder »Wärmetod« eintritt. In diesem Zustand hat jede Aktivität aufgehört, - doch widerspricht er kraß der nicht minder empirisch gewonnenen Evolutionstheorie: Nach biologischer Beobachtung bewegt sich das lebendige Universum von der einfältigen Unordnung zur vielfältigen Ordnung und in Richtung stetig wachsender Komplexität! Bringt also nach *Hobbes* und *Locke* die Natur wieder einmal zwei diametral entgegengesetzte Anschauungen hervor? War es seinerzeit Autorität contra Freiheit aufgrund der bösen oder guten »Natur« des Menschen, so nun Entropie contra Evolution? Oder hat man schlicht vergessen, daß auch die »klassische« Physik *Newtons* nur ein Modell ist und axiomatische Voraussetzungen hat, wodurch sie nur ein Bild der Wirklichkeit zeigt, aber nie die volle Realität an sich?
Folgt man *Kants* Unerkennbarkeit des »Dings an sich« und der Anschauungsabhängigkeit aller Beobachtungen, so wundert es einen nicht, daß auch das aposteriorische Modell der newtonschen Physik einmal ausgereizt sein mußte. Das bald einsetzende Erstaunen, ja Entsetzen der Physiker über das nun Kommende hätte freilich einen Idealisten nie befallen können, welcher es doch seiner reflektierenden Urteilskraft überlassen darf, wie er die bestimmenden Kräfte der theoretischen Vernunft zur Erkenntnis der Natur und die der praktischen Vernunft zum Handeln einsetzen muß *(6)*. Da aber das denkende Erkennen letztlich selbst einen bestimmenden Willensakt darstellt, ist mit *Fichte* die praktische Ver-

nunft die Wurzel aller Vernunft und der in Freiheit zu verwirklichende sittliche Wille die Voraussetzung der theoretischen Vernunft mit all ihren möglichen deterministischen Modellen *(7)*. Letzte ontologische und ethische Fragen können schon wegen der Unerkennbarkeit der Realität an sich nicht mittels aposteriorischer Methoden gelöst werden, abgesehen davon, daß letztere nicht erstere zum Untersuchungsgegenstand haben. Wie relativ das mechanistische und deterministische Modell *Newtons* aber wirklich ist, erkannte nun die Physik selbst um den Ersten Weltkrieg durch die Relativitätstheorien und die Quantentheorie.

Mit der 1905 veröffentlichten Speziellen Relativitätstheorie postuliert *Albert Einstein* die Unabhängigkeit der Lichtgeschwindigkeit von der Bewegung eines Systems. Da es keinen physikalischen Versuch gibt, durch den bei gleichförmig-geradlinig bewegten Bezugssystemen eine absolute Bewegung festgestellt werden kann, sind nur relative Bewegungen meßbar. Raum und Zeit sind damit auch für die Physik relative Begriffe geworden, die Existenz der Materie kann nicht unabhängig von ihrer Aktivität gesehen werden. Um eine genaue Beschreibung von Phänomenen mit annähernder Lichtgeschwindigkeit zu ermöglichen, muß die Zeit mit den drei Raumkoordinaten verknüpft werden, wodurch die Zeit zur vierten Koordinate wird, die der Beobachter zu spezifizieren hat. Es kann nicht mehr von Raum gesprochen werden, ohne zugleich die Zeit zu berücksichtigen, und umgekehrt. Da ein Beobachter in einem beschleunigten System nicht bestimmen kann, ob er wirklich beschleunigt ist, erweiterte *Einstein* elf Jahre später die Spezielle Relativitätstheorie zur Allgemeinen in der Form, daß es unmöglich ist, die Wirkungen von Gravitation und Beschleunigung zu unterscheiden. Schwere und träge Massen sind also gleich zu behandeln, womit eine neue Gravitationstheorie aufgestellt war *(8)*. Wie bereits die Gravitation eine wesentliche Konstitutante für die zweite Physik bildete, so sollte sie es auch für die moderne Physik werden. Indem *Einstein*, der ja noch fest in der bis dahin gültigen Physik zu fußen glaubte, im Gegensatz zu *Newton* erklärte, »die Gravitation sei nicht eine Kraft, sondern eine Krümmung in Raum und Zeit« *(9)*, schuf er damit ungewollt den ersten Baustein zur dritten Physik. Zum zweiten und letztlich entscheidenden Baustein, der Quantentheorie, kam gleichfalls die newtonschen Physik selbst bei der Untersuchung der mit den Atomstrukturen zusammenhängenden Phänomene und brachte damit die Grundlagen ihrer bis dahin gültigen Weltanschauung zum Einsturz: Für den newtonschen Kosmos war alle Materie aus Masseteilchen - kleinen, festen und unzerstörbaren Objekten - aufgebaut, den untereinander homogenen Atomen der chemischen Elemente. Als nun mit der Erforschung der atomaren Welt Röntgenstrahlen und Radioaktivität entdeckt wurden, die sich ihrerseits zur Messung des inneren Aufbaues der Atome verwenden, aber mit den Begriffen der »klassischen« Physik nicht erklären ließen, erzielte die Atomphysik so paradoxe Experimentalergebnisse, daß sie das bisherige Denksystem einfach sprengten. Ein epochaler Paradigmenwechsel war eingetreten, der Physik und Transzendentalphilosophie wieder auf einen gemeinsamen Nenner bringen sollte. *(10)*

Die Quantentheorie erforderte eine tiefgreifende Änderung der physikalischen Grundbegriffe wie Wirkung und Ursache, Raum und Zeit oder Materie und Gegenstand. Die physische Materie stellte sich nämlich keinesfalls aus harten und festen Atomen bestehend heraus, wie auch die subatomaren Teilchen keine Festkörper im Sinne der klassischen Physik sind, sondern eine doppelte Natur besitzen. »Je nachdem, wie wir sie ansehen, erscheinen sie manchmal als Teilchen, manchmal als Wellen. Diese Doppelnatur zeigt auch das Licht, das als elektromagnetische Schwingung oder als Teilchen auftreten kann. Diese Teilchen wurden zuerst von *Einstein* 'Quanten' genannt - daher der Ausdruck 'Quantentheorie' - und sind jetzt als Photonen bekannt *(11)*.« Diese hoffnungslose Paradoxie der Doppelnatur von Materie und Licht geht freilich auf die newtonschen Vorstellungen von »Teilchen« und »Welle« zurück, die zur Beschreibung atomarer Erscheinungen nicht ausreichen. Elektronen sind nämlich weder wirklich Teilchen noch Wellen, sondern haben je nach Versuchsanordnung einmal teilchenähnliche und dann wieder wellenähnliche Aspekte. Kein atomarer Bestandteil besitzt innere Eigenschaften, die vom Beobachter unabhängig sind! Je nach experimenteller Situation kommt es zu einer Umwandlung von Welle zu Teilchen und von Teilchen zu Welle, die subatomaren Strukturen stehen in ständiger Wechselwirkung zum Beobachter.

Das sollte sich einmal ein Materialist auf der Zunge zergehen lassen: Sogar a posteriori hängt die Physis von der Metaphysik ab! Nicht nur, daß die axiomatischen Voraussetzungen der erfahrungswissenschaftlichen Erforschung der Natur schon vorher unabhängig vom Beobachtungsgegenstand a priori metaphysisch gesetzt wurden, jetzt stellen sich sogar noch die empirischen Objekte als von der laufenden Beobachtung abhängig heraus. Von der einst bestimmenden Allmacht der Materie ist selbst physikalisch nicht mehr viel übriggeblieben. Verdrängte seinerzeit der mechanistische Empirismus seine eigenen transzendentalen Voraussetzungen und mochte glauben, mit der Verfeinerung der naturwissenschaftlichen Instrumentarien schließlich die Immanenz erschöpfend deterministisch erklären zu können, so führt ausgerechnet die Perfektionierung der physikalischen Methoden zum Gegenteil und verweist darauf, daß der ideelle Überbau immer alle erkennbaren Formen des materiellen Unterbau bestimmt.

Doch es sollte noch besser kommen. Zur Beschreibung bestimmter atomarer Erscheinungen wie Teilchen, Welle, Position oder Geschwindigkeit kommt man zwangsläufig immer auf ein Paar von Begriffen oder Aspekten, welche in Wechselwirkung zueinander stehen und nicht gleichzeitig präzise zu beschreiben sind. Je mehr ein Aspekt hervorgehoben wird, umso unschärfer wird der andere. Ihr mathematisches Verhältnis zueinander definierte *Werner Heisenberg* 1925 als Unschärferelation und markierte die Grenzen der newtonschen Vorstellungen. Was soll das schon für eine famose Materie sein, deren Unterbau nach unverbrüchlichem materialistischen Dogma den geistigen Überbau bestimmen sollte, wenn es unmöglich ist, bestimmte komplementäre Eigenschaften eines Teilchens gleichzeitig zu bestimmen? Zu einem bestimmten Zeitpunkt kann immer nur einer der beiden Parameter gemessen werden, was aber kein meßtechnisches Problem darstellt, sondern an der Beschaffenheit des Elektrons selbst liegt *(12)*. Welle und Teilchen sind nach *Niels Bohr*, der dafür den Begriff der Komplementarität einführte, zwei sich ergänzende Beschreibungen derselben Wirklichkeit, für die *Fritjof Capra* den Vergleich mit der chinesischen Yang/Yin-Lehre heranzieht. *(13)*

Subatomare Vorgänge haben zudem nur Wahrscheinlichkeitstendenzen, zu bestimmten Zeiten an bestimmten Orten auf bestimmte Weise aufzutreten, und tun es nie mit Sicherheit. In der Quantenmechanik werden diese Wahrscheinlichkeitsformeln in Wellenform beschrieben *(14)*. Alle Gesetze der Quantenphysik werden in Wahrscheinlichkeitsbegriffen formuliert, wobei die subatomaren Strukturen nicht Wahrscheinlichkeiten von Dingen, sondern von Verknüpfungen darstellen. »Auf subatomarer Ebene lösen sich die festen materiellen Objekte der klassischen Physik in wellenartige Wahrscheinlichkeitsstrukturen auf *(15)*.« In der Quantenphysik hat man es niemals mit »Dingen an sich«, sondern immer mit Geweben von Wechselwirkungen zu tun. Selbst die materielle Welt läßt sich damit nicht in letzte kleinste und voneinander unabhängig existierende Einheiten zerlegen, für einen deterministischen, mechanistischen und atomistischen Materialismus fehlen seit den zwanziger Jahren dieses Jahrhunderts sogar die physikalischen Voraussetzungen.

»Der Zusammenhang zwischen Ursache und Wirkung ist also nur mehr statistisch, und zwar in einem prinzipiellen und objektiven Sinne und nicht nur aufgrund einer subjektiv ungenauen Wahrnehmung.« *(16)* Eine gegebene Ursache führt selbst physikalisch nicht mehr zu einer ganz bestimmten Wirkung, sondern bloß zu einer relativen Häufigkeit von Wirkungen. Erschien nach newtonscher Ansicht die Zukunft als lineare und zwangsläufige Fortsetzung der Vergangenheit, so ist sie nach der heisenbergschen Physik prinzipiell offen und indeterminiert. Daß die Zeit einen Richtungssinn besitzt, nachdem die Vergangenheit wegen irreversibler Prozesse festgelegt, die Zukunft aber frei ist, wurde bislang als »Spekulation« unverbesserlicher Transzendentalphilosophen abgetan, doch nun zeigt die Quantenstruktur der Natur ihre Gültigkeit selbst für die Immanenz.

Das Welle/Teilchen-Problem zeigt, daß es keinen Sinn hat, ein Phänomen zu beschreiben, ohne den Beobachter selbst als Faktor mit einzubeziehen. Beobachter und Beobachtetes sind in grundlegender und unauflöslicher Weise miteinander verstrickt - es gibt nichts Objektives in der Physis, das unabhängig vom Menschen studiert oder gedeutet werden könnte. Gegen diese indeterministische »Willkür«, durch die der Beobachter erst die Realität »schafft«, wehrte sich *Einstein* zeitlebens, obwohl sie im Grunde eine Weiterung seiner Relativitätstheorie darstellt, und dachte sich zu ihrer

Entkräftigung mit zwei Kollegen ein Gedankenexperiment aus, das berühmte *Einstein-Podolsky-Rosen*-Paradoxon: *(17)*
Kreisen zwei Elektronen in entgegengesetzten Richtungen und werden sie durch irgendeinen Vorgang auseinandergetrieben, der ihren jeweiligen »spin« (Elektronenkreiselbewegung) nicht beeinträchtigt, so bleibt ihre kombinierte Kreiselbewegung auch dann immer noch gleich, wenn sie sich voneinander entfernen, selbst wenn die Entfernung zwischen ihnen makroskopisch ist. Quantentheoretisch verlaufen die Spins der beiden Teilchen nur tendenziell in ihre jeweilige Richtung, aber unbedingt gegenläufig. Legt nun ein Beobachter frei eine Meßachse fest (horizontal oder vertikal), verwandelt die Möglichkeiten der Teilchen durch den Meßakt in Gewißheiten und mißt bei Elektron 1 die Kreiselbewegung als »rechts« oder »auf«, so müßte bei Elektron 2 der spin als »links« oder »ab« verlaufen, selbst wenn die Teilchen im Zeitpunkt der Messung kilometerweit voneinander getrennt sind. Woher sollte aber Elektron 2 wissen, ob der Spin bei Elektron 1 als »rechts« oder »auf« gemessen wurde? *(18)* Nach der Speziellen Relativitätstheorie scheidet Informationsaustausch mit Überlichtgeschwindigkeit aus, sodaß Einstein die Quantentheorie für unvollständig hielt. Für *Niels Bohr* war sie vollständig, bedarf keiner gewöhnlicher mechanistischer Objekte und hat ihre Stärke gerade in ihrer Unbestimmtheit, weil auch die Welt tatsächlich unbestimmt ist. *(19)*
Trotz laufend eintreffender Belege für die Richtigkeit und Brauchbarkeit der Quantentheorie kam es für die Entscheidung der Frage, ob sie zur Beschreibung physikalischer Realität ausreicht und vollständig ist, darauf an, das EPR-Paradoxon experimentell in den Griff zu bekommen. Bildet das Zwei-Teilchen-System mit *Bohr* ein unteilbares Ganzes, selbst wenn beide Teilchen durch eine riesige Entfernung voneinander getrennt sind? Dies würde nämlich bedeuten, daß sie angesichts weiter räumlicher Trennung durch unmittelbare und nichtlokale Zusammenhänge miteinander verbunden sind. Der am Europäischen Kernforschungszentrum CERN in Genf arbeitende englische Physiker *John Steward Bell* formulierte 1964 in seinem Ungleichheits-Theorem an Photonenkorrelationen den mathematischen Beweis, daß ihre Zusammenhänge signifikant nachweisbar sind, aber der newtonschen Räum-

lichkeit widersprechen *(20)*. Auf subatomarer Ebene muß die Realität eine nicht-lokale Struktur oder einen nicht-räumlichen Charakter besitzen.

Clauser und *Freedman* überprüften 1972 die Bellschen Ungleichungen experimentell durch die Erzeugung von Photonen-Zwillingen, die sich im Versuch genauso verhielten, wie sie es der Quantentheorie zufolge tun sollten. Nicht nur mehr die Quantentheorie, sondern auch die Quantenerscheinungen widersprachen der klassischen Annahme, daß die Welt durch streng lokale Beziehungen verbunden sei *(21)*. Um mögliche Meßungenauigkeiten auszuschließen, traf *Alain Aspect* mit zwei Kollegen 1982 in Paris noch wesentlich verbesserte experimentelle Anordnungen: Die Polarisationsfilter wurden 13 Meter voneinander aufgestellt, um jede Wechselwirkung zwischen den Photonen auszuschließen. Ultraschnelle elektronische Schaltvorrichtungen, die eine andere Polarisation im zehn Milliardstel einer Sekunde messen konnten, wurden so installiert, daß der entscheidende Anstellwinkel der Polarisationsfilter verändert werden konnte, nachdem ein Photon seinen Weg eingeschlagen, aber noch bevor es sein Ziel erreicht hatte. Ein Informationsaustausch zwischen den bereits auf der Reise befindlichen Photonenzwillingen hätte also nur mit Überlichtgeschwindigkeit erfolgen können. Und tatsächlich nahm das bereits ausgesandte zweite Photon jenes Verhalten an, das durch den getrennten Meßakt des ersten überhaupt erst bestimmt wurde! *(22)*
Aus einer bereits sehr wohlbegründeten Theorie ist endgültig eine dritte Physik geworden. Die »klassische« Physik hat sich selbst liquidiert. Die Optimierung der physikalischen Untersuchungsinstrumentarien hat den Materialismus nicht naturwissenschaftlich zu retten vermocht, sondern im Gegenteil bei der Suche nach den Grundbestandteilen der Materie eine unsichtbare Realität zutage gefördert, die selbst in der räumlichen Welt der Erscheinungen unvermittelt, ungeschwächt und schneller als Licht ist. Weder die Annahme von Meßstörungen noch die von verborgenen Variablen können seit dem *Aspect*-Experiment mehr als deus ex machina die Quantenphysik aus den Angeln heben und den alten mechanistischen Determinismus restaurieren *(23)*. Das Universum der lokalen Phänomene beruht auf nicht-lokaler Realität.
Unschärferelation, Wechselwirkung von Beobachter und Beobach-

tetem sowie Nichtlokalität zeigen für die dritte Physik, wie sich unser Bild von der Realität und die Theorie untrennbar miteinander verweben. Dies ereignet sich jetzt wie schon in der ersten Physik und nicht minder in der zweiten, welche ja ihre eigenen Axiome auch nicht unmittelbar aus ihren Objekten ableitete. Jede Physik arbeitet logisch, mathematisch und aufgrund meta-physischer Vorannahmen, nur über diese Tatsache selbst kann sich der Naturwissenschafter unterschiedlich bewußt sein. Wie schon ein newtonscher Physiker weder »Natur« noch »Materie« in diesen selbst finden konnte, so gebären heute mathematisch-physikalische Modelle und Experimente immer neue Elementarteilchen, ohne daß jemals ein Physiker ein isoliertes »Quark« zu Gesicht bekommen hätte *(24)*. Die Physik gerinnt immer mehr zur Metaphysik, und das ist in der Tat das einmalig Neue: Bedurfte die newtonsche Naturwissenschaft die Metaphysik a priori (auch wenn sie es später oft vergaß), so stellt sich die Metaphysik in der heisenbergschen Physik zudem noch a posteriori ein!

Selbstverständlich waren und sind alle »Naturgesetze« immer nur Gesetze des menschlichen Denkens - bezogen auf seine Vorstellungen über die Erscheinungswelt, und werden nie andere sein. Das »Ding an sich« wird uns aus den schon seit *Kant* bekannten Gründen weiterhin verborgen bleiben. Deshalb bezeichnete sogar *Einstein* in bester Übereinstimmung mit ihm die Naturgesetze als »Fiktionen« und formulierte die Regel, daß das wissenschaftliche Niveau einer Kultur umso höher ist, je mehr sie ihr aktuelles Weltbild als Fiktion begreift *(25)*. Versteht man unter diesem aktuellen Weltbild die Summe unserer Vorstellungen von der Immanenz, wie ja auch der Entdecker der Relativitätstheorie nur die Physis im Auge hatte, so läßt sich dem aus idealistischer Sicht nichts hinzufügen. Bloß bis in die zeitgenössische Sozialphilosophie scheint sich dies kaum herumgesprochen zu haben, immer noch dominieren in ihr generalisierte »naturwissenschaftliche« Anschauungen, die auf das menschliche Gemeinschaftsleben übertragen und womöglich gesellschaftspolitisch absolut gesetzt werden.

Die konsequente Anwendung der deterministischen und empiristischen Methodik führte ungewolltermaßen den determinstischen und empiristischen Monismus ad absurdum. Als die subatomare

Physik die Bestandteile der Atome und damit die letzte, nicht mehr auf andere Komponenten zurückführbare Realität der Realitäten untersuchte, kam sie schlußendlich dahinter, daß sich Beobachter und beobachtetes Objekt letztlich nicht trennen lassen. Am Universum kann man nicht beliebig herumfummeln, ohne es zu verändern: Die letzte Wirklichkeit, nämlich die der Elementarteilchen, läßt sich nicht dingfest machen, und die Beobachtung greift selbst in das Beobachtete ein und verändert die Wirklichkeit *(26)*. So kommt der Begründer der Quantenmechanik zum Schluß: »Subjekt und Objekt sind nur eines. Man kann nicht sagen, die Schranke zwischen ihnen sei unter dem Ansturm neuester physikalischer Erfahrungen gefallen; denn diese Schranke gibt es gar nicht.« *(27)*

Die dritte Physik hat die illusorische Dualität von Welle und Teilchen, Raum und Zeit, Energie und Materie, Subjekt und Objekt aufgegeben und überwunden. Deshalb urteilt der Formulierer der Unschärferelation, »... daß die landläufigen Einteilungen der Welt in Subjekt und Objekt, Innenwelt und Außenwelt, Körper und Seele nicht mehr passen wollen und zu Schwierigkeiten führen *(28)*.« Auf der Ebene des »Grundstoffes« des Universums werden nicht das Gemessene und der Messer sowie das Verifizierte und der Verifizierende eins, sondern vor allem tragen auch diese Materiebestandteile unmißverständlich ideellen Charakter. Die Elementarteilchenphysik beschäftigt sich nicht zuletzt mit der Herkunft der Materiebestandteile und steht damit jenem Teil der Astronomie nahe, die sich mit der kosmologischen Frage nach Ursprung und Zukunft des Universums befaßt. Natürlich hatte schon die Relativitätstheorie eine astronomische Komponente, und in den frühen Jahren der Quantenphysik stellte man sich den Kosmos nach dem Atommodell vor. Nun zeigt die in Beschleunigerlabors durchgeführte Elementarteilchenforschung, daß die Protonen und Neutronen aus elektrisch geladenen Konstituenten bestehen und ihre Bestandteile - die Quarks - punktförmig und strukturlos sind, deren elektrische Ladung in Summe exakt Null ist. Um das Verschwinden der elektrischen Landungen zu erklären, ist man zur Annahme gezwungen, daß Protonen-Quarks, Elektronen und (ungeladene) Neutrinos durch ein großes Symmetrieprinzip miteinander verwandt sind. Die Naturkräfte scheinen sich also nach neuestem Forschungsstand als verschiedene Manifestationen ein und derselben Grundmaterie zu erweisen. Wurde bisher noch kein Protonen-Zerfall beobachtet, so gilt als sicher, daß ein Neutron im Mittel alle elf Minuten in ein Proton, ein Elektron und ein Neutrino zerfällt. Die Materie ist demnach selbst instabil (!), und auch ein Proton könnte unter Einhaltung des Gesetzes von der Erhaltung der elektrischen Ladung in ein Positron und ein oder mehrere Photonen zerfallen. *(29)*

Im Rahmen der einheitlichen Theorie von Leptonen (Elektronen und Neutrinos) und Quarks läßt sich auch das Problem von Materie und Antimaterie sowie Erzeugung und Zerfall erklären: Zu jedem Teilchen gibt es ein entsprechendes Anti-Teilchen; hypothetische, sehr schwere X-Teilchen können Quarks in Leptonen verwandeln und umgekehrt; und X-Teilchen wie X-Anti-Teilchen sind instabil und zerfallen sofort in Quarks und Leptonen. Zerfällt ein X-Teilchen in zwei Quarks sowie ein X-Anti-Teilchen in ein Quark und ein Elektron, hat man drei Quarks und ein Elektron. Da sich drei Quarks sofort zu einem Proton verbinden, hat man die Konstituenten des Wasserstoffatoms, des Grundelementes des Universums. Wenn nun etwas den Zerfall der X-Teilchen in Quarks beschleunigt und den der X-Anti-Teilchen in Antiquarks verlangsamt, hat man die Grundlagen für die materielle Existenz des Kosmos unter der Voraussetzung, daß in der Frühzeit des Kosmos die X-Teilchen eine führende Rolle gespielt haben. Sie konnten dies nur, wenn bei der Erzeugung der Materie eine enorm hohe Hitze oder Energie entwickelt wurde, wie sie beim Urknall geherrscht haben mußte. *(30)*

Als 1929 *Edwin Hubble* entdeckte, daß sich alle Galaxien von unserer fortbewegen, so war dies als Expansion der Universums zu verstehen. Wenn die Galaxien voneinander wegfliegen und sich das Universum ausdehnt, dann müssen die Galaxien einmal eng beieinander gelegen haben und dieser Zeitpunkt leicht zu berechnen sein. Durch Rückrechnung der Fluchtgeschwindigkeit der Galaxien ergibt sich der Ursprung der Ausdehnungsbewegung vor circa 15 bis 20 Milliarden Jahren *(31)*. Dieser Ausgangspunkt der kosmischen Entwicklung muß eine energiereiche Explosion gewesen sein, der Urknall, der Strahlung und Materie freisetzte. Je weiter man in der kosmischen Entwicklung zurückgeht, umso höher sind die Temperaturen, und als Relikt der Geburtsphase des Universums wurde zuerst 1965 eine den Kosmos überall durchdringende elektromagnetische Strahlung beobachtet. Ist der Energiegehalt dieser kosmischen Hintergrundstrahlung heute äußerst gering, so gab es kurz nach dem Urknall ein Gleichgewicht zwischen dieser Strahlung und jener der Elementarteilchen sowie eine hohe Energiedichte. Zu diesem Zeitpunkt bestand die kosmische Materie aus einem heißen Plasma von Leptonen, Quarks und X-Teilchen, Materie und Antimaterie befanden sich im Gleichgewicht. Kurze Zeit danach haben sich Quarks und Antiquarks gegenseitig vernichtet - mit Ausnahme jener Quarks, die aus dem Zerfall der X-Teilchen und X-Anti-Teilchen zustandekamen und keine Partner für ihre Vernichtung fanden, um die Bausteine für uns und die uns umgebende Materie zu bilden. Dazu gehören auch die Galaxien um uns sowie der viele leere Raum mit seiner Hintergrundstrahlung, die sich infolge der Expansion des Weltraumes weitgehend abkühlte. *(32)*

Wie das Universum heute aussieht, so wird es nicht immer bleiben und so sah es auch früher nicht aus. Von den, nach gängiger physikalischer Weltsicht vier grundlegenden Kräften (Gravitation, Elektromagnetismus mit Photonen, schwache Kernkraft mit Radioaktivität und starke Kernkraft mit Gluonen zum Zusammenhalten der Protonen) sollen nach der Großen Vereinheitlichungstheorie die letzten drei nur verschiedene Teilaspekte derselben Urkraft und aus ihr entstanden sein. Jeder Prozeß in der Physik ist umkehrbar, und dieselben Prozesse, die für die Entstehung der »Materie« verantwortlich sind, werden dafür sorgen, daß sie sich wieder in ihre ursprüngliche Form zurückverwandelt. Entstehung und Vernichtung von »Materie« sind wechselseitige Prozesse, und der Expansion des Universums steht seine Gravitationsenergie gegenüber, welche den Ausdehnungsprozeß zum Stillstand bringen und umkehren wird. Nach dem Urknall Aufblähung und dann Schrumpfung bis zum Ende im Super-Schwarzen Loch, um erneut als Super-Supernova zu explodieren und expandieren - und wie oft wiederholt sich das? Wir sind damit an die Grenzen des augenblicklichen Wissensstandes gelangt, nur eines steht sogar physikalisch fest: Auch der Kosmos hat seine eigene Geschichte, und die Materie unterliegt selbst einer Evolution. *(33)*

Wenn es für die Teilchenphysik und die Astrophysik legitim ist, auf solche letztlich kosmologischen Probleme einzugehen, dann wird es dem wirklich modernen Geist der Naturwissenschaften nun nicht widersprechen, sich mit den daraus erwachsenden ontologischen und teleologischen Fragen zu beschäftigen: Was bewirkt das Pulsieren des Weltraumes, und wozu verwandelt sich die Materie überhaupt? Sämtliche naturwissenschaftliche Antwortversuche gehen von sich aus in Richtung Ganzheit, Wechselwirkung und Systemzusammenhänge *(34)* und bestätigen selbst a posteriori, was immer schon die transzendentalphilosophischen Grundgedanken ausgemacht haben. Nicht nur das Universum *(35)*, sondern auch Biologie und sogar Ökonomie werden nicht mehr linear deterministisch, dagegen aber selbstorganisiert angesehen *(36)*. Die Natur selbst ist dabei als lebendig, intentional, kreativ und keinesfalls statisch oder linear deterministisch zu verstehen.

Wollte der Materialismus ursprünglich schon die in der Transzendenz liegenden eigenen axiomatischen Voraussetzungen nicht wahrhaben, so gehört nun wahrhaftig eine gehörige Portion reaktionärer Ignoranz dazu, die Einsichten der dritten Physik nicht zur Kenntnis zu nehmen und trotzdem noch »Naturwissenschaftlichkeit« für sich zu beanspruchen. Zwischen funktionierendem Bewußtsein und quantenphysikalischen Phänomenen kann kein grundlegender Unterschied ausgemacht werden. Für »Natur« könnte man genausogut Idealismus, Geist oder Bewußtsein sagen, denn der Unterschied zwischen Geist und Materie bildet letztlich nur eine Abstraktion *(37)*.

Indem die Erfahrungswissenschaft selbst a posteriori auf ihren apriorischen Ausgangspunkt zurückgefunden hat, bestätigt sie nicht nur erneut den Idealismus, sondern schuf zudem etwas tatsächlich Einmaliges: War bisher jedem Einsichtigen klar, daß die Axiome ihre formalen Systeme charakterisieren, worunter selbstverständlich auch jede Physik fällt, so verwies das deterministische Instrumentarium der zweiten Physik letzten Endes die darin noch aufgewachsenen Naturwissenschafter zu ihrem Erstaunen und Entsetzen auf eine Philosophie, die alles andere als mechanistisch ist und immer voluntaristischer wird, je tiefer und schärfer diese Physiker forschen. Der Materialismus stieß an seine eigenen Grenzen und führte sich selber ad absurdum. *Werner Heisenberg* beschäftigte sich selbst immer mit Philosophie und je älter er wurde und je weiter er physikalisch vordrang, desto intensiver war er genötig, sich mit ihr zu befassen. Nicht zufällig verwendete er dabei selbst platonische Dialoge und befaßte sich mit ganzheitlichen Themen *(38)*. Die von der wirklich modernen Physik mitgetragene und keinesfalls mehr materialistische Philosophie besitzt klar idealistischen Charakter - doch sozialphilosophisch und politisch hat sie noch keinerlei tatsächlichen Einfluß nehmen können. Die Sickerzeit scheint hierin besonders lange zu währen.

(1) Georg FRANZ-WILLING, Neueste Geschichte Chinas. 1840 bis zur Gegenwart. Verlag Schönigh, Paderborn 1975.

(2) Noel BARBER, Die Sultane. Die Geschichte des Ottomanischen Reiches - dargestellt in Lebensbildern. Verlag Ullstein, Frankfurt a.M. 1975.

(3) Kavalam Madhava PANIKKAR, Geschichte Indiens. Progress Verlag, Düsseldorf 1957.

(4) Dieter KRONZUCKER und Klaus EMMERICH, Das amerikanische Jahrhundert. Econ Verlag, Düsseldorf 1989.

(5) Fritjof CAPRA, Wendezeit. Bausteine für ein neues Weltbild. Aus dem Amerikanischen von Erwin SCHUHMACHER. Überarbeitete und erweiterte Neuauflage. Scherz Verlag, Bern 1986.

(6) Die zweckmäßige Ganzheit von Natur und Freiheit waren für Kant wenigstens ein notwendiges und heuristisches Denkprinzip, ohne daß »uns die Natur im Ganzen als organisiert« gegeben wäre. Vergleiche: Immanuel KANT, Kritik der Urteilskraft, § 75. Gesammelte Schriften, Akademie-Ausgabe, Band V. Verlag Reimer, Berlin 1908. Reprint Verlag Walter de Gruyter, Berlin 1962.

(7) »... das eigentliche Gesetz der Vernunft an sich, ist nur das praktische Gesetz ...« in: Johann Gottlieb FICHTE, Die Bestimmung des Menschen. Herausgegeben und mit einem Nachwort versehen von Theodor BALLAUF und Ignaz KLEIN. Phillip Reclam Verlag, Stuttgart 1966 (Universal-Bibliothek 1201/02/02a), S 171.

(8) Pais ABRAHAM: Raffiniert ist der Herrgott. Albert Einstein. Eine wissenschaftliche Biographie. Verlag Vieweg, Braunschweig 1986.

(9) Nick HERBERT, Quantenrealität. Jenseits der Neuen Physik. Aus dem Englischen von Traude WESS. Birkhäuser Verlag, Basel 1987, S 39.

(10) Carl Friedrich von WEIZSÄCKER, Aufbau der Physik. 2. Auflage. Carl Hanser Verlag, München 1986.

(11) Siehe Fußnote 5, S 81.

(12) John BROCKMAN, Die Geburt der Zukunft. Die Bilanz unseres naturwissenschaftlichen Weltbildes an der Schwelle des neuen Jahrtausends. Aus dem Amerikanischen von Karl Heinz SIBER. Scherz Verlag, Bern 1987.

(13) Fritjof CAPRA, Das Tao der Physik. Die Konvergenz von westlicher Wissenschaft und östlicher Weisheit. Übersetzt von Fritz LAHMANN. Scherz Verlag, Bern 1984.

(14) John von NEUMANN, Mathematische Grundlagen der Quantenmechanik. Springer Verlag, Berlin 1981.

(15) Siehe Fußnote 5, S 83.

(16) Hans-Peter DÜRR, Das Netz des Physikers. Naturwissenschaftliche Erkenntnis in der Verantwortung. Carl Hanser Verlag, München 1988, S 84.

(17) Albert EINSTEIN, Boris PODOLSKY & Nathan ROSEN, Can Quantum-mechanical Description of Physical Reality Be Considered Complete? (Dt. »Kann die quantenmechanische Beschreibung der physikalischen Realität als vollständig betrachtet werden?«). Physical Review 47, 777 (1935).

(18) Einstein stellte die Frage auf impulskorrelierte Photone bezogen, hier folgt sie der einfacheren Überschaubarkeit wegen in der Darstellung von: David BOHM, Quantum Theory (Dt. »Quantentheorie«). Verlag Prentice-Hall, New York 1951.

(19) Seine Antwort gab er unter demselben Titel wie Einstein heraus: Niels (Henrik David) BOHR, Can Quantum-mechanical Descrition of Physical Reality Be Consisterred Complete? (Dt. »Kann die quantenmechanische Beschreibung der physikalischen Realität als vollständig betrachtet werden?«). Physical Review 48, 696 (1935).

(20) John S. BELL, On the Einstein-Podolsky-Rosen Paradox (Dt. »Über das Einstein-Podolsky-Rosen Paradoxon«). Physics I 195 (1964).

(21) John CLAUSER & Stuart FREEDMAN, Experimental Test of Local Hidden Variable Theories (Dt. »Experimentelle Überprüfung von Theorien über verborgene räumliche Variablen«). Physical Review Letters 28 (1972).

(22) Alain ASPECT, Jean DALIBARD & Gerard ROGER, Experimental Test of Bell's Inequalities Using Time-varying Analyzers (Dt. »Experimentelle Überprüfung der Bellschen Ungleichheiten durch Verwendung zeitvariierende Zergliederungen«). Physical Review Letters 49, Nr. 91 (1982).

(23) Fritz ROHRLICH, Facing Quantum Mechanical Reality (Dt.»Wie die Quantenmechanik Realität schafft«). Science Nr. 221 (1983).

(24) Heinz R. PAGELS, Cosmic Code. Quantenphysik als Sprache der Natur. Übersetzt von Ralph FRIESE. Verlag Ullstein, Frankfurt a. M. 1983.

(25) Nach ABRAHAM, siehe Fußnote 8.

(26) Edward Neville da Costa ANDRADE, An Approach to Modern Physics (Dt. »Eine Annäherung an die moderne Physik«). Verlag Doubleday, New York 1957.

(27) Erwin SCHRÖDINGER, Geist und Materie. Verlag Vieweg, Braunschweig 1959, S 38.

(28) Werner HEISENBERG, Das Naturbild der heutigen Physik. Verlag Rowohlt, Hamburg 1960, S 18.

(29) Harald FRITZSCH, Quarks - Urstoff unserer Welt. Vorwort von Herwig SCHOPPER. 9. Auflage. Verlag Piper, München 1986.

(30) Harald FRITZSCH, Vom Urknall zum Zerfall. Die Welt zwischen Anfang und Ende. 3. überarbeitete Auflage. Verlag Piper, München 1983.

(31) Das Alter des Universums läßt sich am Isotopenzerfall, dem Verhältnis heißer und heller Sterne in der Umgebung schneller ausgebrannter oder mittels Zurückrechnung der kosmischen Expansion bis zum Urknall ermitteln, ergibt aber keine genauen Übereinstimmungen. Über die ersten beiden Methoden erschien: »Age of the Universe« Crisis Worsens (Dt. »Fehler in der Berechnung des Alters des Universums«). New Scientist, 23. 9. 1982. Über die letzte Methode schrieb: Sidney van den BERGH, Size and Age of the Universe (Dt. »Größe und Alter des Universums«). Science, Nr. 213 (1981).

(32) Steven WEINBERG, Die ersten drei Minuten. Der Ursprung des Universums. Verlag Piper, München 1983.

(33) George GREENSTEIN, Die zweite Sonne. Qunatenmechanik, Rote Riesen und die Gesetze des Kosmos. Übersetzt von Thomas STEGERS. Econ Verlag, Düsseldorf 1988.

(34) David BOHM, Die implizite Ordnung. Grundlagen eines dynamischen Holismus. Übersetzt von Johannes WILHELM. Verlag Dianus-Trikont, München 1985.

(35) Erich JANTSCH, Die Selbstorganisation des Universums. Vom Urknall zum menschlichen Geist. Carl Hanser Verlag, München 1979.

(36) Andreas DRESS, Hubert HENDRICHS und Günter KÜPPERS (Herausgeber): Selbstorganisation. Die Entstehung von Ordnung in Natur und Gesellschaft. Verlag Piper, München 1986.

(37) Renée WEBER, Nature as Creativity (Dt. »Natur als Kreativität«). Revision 5, Nr. 2 (1982).

(38) Werner HEISENBERG. Gesammelte Werke. Herausgeben von Walter BLUM, Hans-Peter DÜRR und Helmut RECHENBERG. 4 Bände, Springer Verlag, Berlin 1984. 5 Bände, Verlag Piper, München 1984.

3. KAPITEL
Naturwissenschaft heute

Die vom Materialismus verschlafene Revolution in der Physik hat sich mittlerweile auf die Naturwissenschaften insgesamt ausgedehnt. Die Evolution verläuft nicht einfach geradlinig und kontinuierlich, sondern schubweise, allerdings in kontinuierlichem Zusammenhang. Es ist eine Frage des Maßstabes, ob der Evolutionsvorgang saltatistisch, statisch, intervallistisch oder kontinuierlich erscheint. Zur Erklärung des Zustandekommens von Leben bedarf es einer kolossalen Unwahrscheinlichkeit, und zugleich ist das Leben selbst alles andere als zufällig entstanden. Die Selektion geht nach heutiger Sicht äußerst langsam, schrittweise sowie kumulativ vor sich und beruht auf Akkumulation kleinster Veränderungen, bis diese zu qualitativen Sprüngen führen. *(1)*

Bei näherer Betrachtung und genauerem Nachrechnen stellt sich heraus, daß die ursprünglichen mathematischen Modelle der Biologie und Ökologie schon vom Ansatz her reine Karikaturen der Wirklichkeit waren, und die Komplexität der realen Phänomene alle Laboratoriumsannahmen bei weitem übertrifft. Die Einflußvariablen auf Populationen sind in Wahrheit unregelmäßig, sodaß sich Populationen schon deshalb nie in einem tatsächlichen Gleichgewicht befinden können. Dazu kommt aber noch, daß der »stetige« Zustand unter Berücksichtigung der populationsstrukturellen Rückkoppelungen bei Erhöhungen eines Beeinflussungsparameters ab einem gewissen Wert nun rein mathematisch auseinanderbricht, und die Bevölkerung um zwei verschiedene Niveaus oszilliert! Erhöht man den Parameter weiter (zum Beispiel das Nahrungsmittelangebot), so kommt es zu einer weiteren numerischen Gabelung oder Bifurkation. Die Bifurkationen folgen mit der Parameterzunahme rascher und rascher aufeinander, bis die Periodizität ins Chaos umschlägt. Doch erstaunlicherweise werden mitten im Chaos wieder stabile Zyklen erkennbar! *(2)*

Einfache deterministische Modelle bringen selbst ein »zufälliges« Verhalten hervor, das nicht nur in der Biologie, sondern genausogut in der Ökonomie, Epidemiologie, Psychologie oder Demographie beheimatet ist. Dieses »zufällige« Verhalten ist aber wiederum strukturiert, ohne deshalb deterministisch zu sein! *(3)*

Je besser das deterministische Instrumentarium wird, zu desto indeterminstischeren Ergebnissen führt es selbst. Je genauer wir zu messen und alle Parameter in den Griff zu bekommen in der Lage sind, desto unsicherer werden unsere Voraussagen. Ursprünglich war der Materialismus der Meinung, Lücken in den als deterministisch verstandenen Naturabläufen auf noch vorhandene Schwächen der Forschungsmethoden zurückführen zu können. Gerade aber ihre Verfeinerungen haben genau zum Gegenteil der mechanistischen Annahmen geführt - nicht einmal so etwas vergleichsweise Einfaches wie das Wetter ist tatsächlich exakt vorhersehbar. Es ist nämlich kein lineares, sondern ein nichtlineares System *(4):* In einem solchen kommt es zu komplexen Wechselwirkungen zwischen seinen Teilkräften, die in der Regel unberechenbar sind und sich nicht beliebig auseinandernehmen und wieder zusammensetzen lassen wie in linearen Systemen. Die sich laufend wechselseitig beeinflussenden Module beeinflussen und verändern das System selbst. Nichtlineare Systeme reagieren zudem äußerst sensitiv auf die geringste Änderung ihrer Anfangsbedingungen. Wird eine Systemvariable laufend verstärkt (beispielsweise die Konvektion durch zunehmende Hitze), so wird aus der regelmäßigen hydrodynamischen Bewegung eine völlig regellose Turbulenz, die bei weiterer Zunahme auch zum Umschlagen des Systems führt. Hat das System umgeschlagen, oder kommt es nach einer Abkühlungsphase erneut zu einer Hitzezunahme, so zeigt das System nie wieder dieselbe Feinstruktur wie vorher, obwohl die identischen Kräfte am Werk sind. Genau gemessen wiederholen sich die Verlaufskurven der Variablen nichtlinerarer Systeme niemals! Komplexes Verhalten ist also unvorhersagbar. *(5)*
Entgegen allen bisherigen Annahmen entwickeln sich auch Warenpreise oder Börsenkurse nicht kontinuierlich, sondern diskontinuierlich - die *Gauß*'sche Normalverteilung ist eine grobe Abstraktion der realen Welt und ihrer Komplexität, soweit sie Berechnungen überhaupt zugänglich sind. Je genauer man zum Beispiel eine Küstenlinie vermißt und je kleiner der Maßstab wird, desto größer wird ihre Länge, die bei Messung bis hin zur atomaren Größe ins Grenzenlose wächst. Dasselbe gilt für andere Geländeformen, Flußverläufe, Lungenbläschen, Blutgefäße, Turbulenzen, Baumrinden, Wolkenumrisse, Galaxien oder Galaxienhau-

fen. Natürliche Formen sind nicht einfach linear, kreisförmig oder elliptisch, sondern in Wahrheit unregelmäßig und gebrochen. Doch sind sie nicht völlig chaotisch, denn die unterschiedlichen Umrißbilder, deren Zahl unendlich groß ist und die verschiedenen Ordnungsebenen entsprechen, stehen in einem regelmäßigen mathematischen Verhältnis zueinander. Mittels solcher »Fraktale« assen sich zum ersten Mal selbst unendlich komplexe und unregelmäßige Dimensionen beschreiben. Für eine breite Palette von Naturphänomenen kann man jeweils spezielle Fraktalkurven berechnen, die auf der Selbst-Ähnlichkeit von Erscheinungen beruhen, deren innere Symmetrie durch alle Maßstäbe gleichbleibt *(6)*. Die Beschreibung der in Wirklichkeit nichtlinearen und indeterministischen Natur ist aber mathematisch und nicht materialistisch. Kombiniert man die Fraktalgeometrie mit der Quantenphysik, so stellt sich die Natur nur noch als geistige Struktur heraus. Die Erscheinungs- und Interpretationsformen der Natur sind also maßstababhängig. In Erweiterung der *Koch*'schen »Schneeflocke«, *Cantor*-Mengen, *Peano*-Kurven oder *Sierpinski*-Teppiche und -Manschetten eröffnen die *Mandelbrot*-Fraktale und Mengen zudem eine völlig neue Ästhetik der Natur. *(7)*

Anhänger der alten Sozialphysik schwindet ihr mechanistisches Weltbild auch durch die Einsichten der modernen Strömungsphysik: Turbulenzen sind hoch dissipativ, das heißt, sie leiten Energie ab und bewirken Strömungswiderstand. Sie beginnen als einfache Strömungen und enden als in völlige Willkür geratene Bewegungen. Bis vor kurzem stellte man sich den Wechsel von der steten Strömung zum turbulenten Verlauf als einfache Überlagerung konkurrierender Rhythmen vor, die zu Dissonanzen führten. Heute sieht man in Phasenübergängen das Zustandekommen von Bifurkationen und in Turbulenzen stabile, niedrigdimensionale und nichtperiodische Attraktoren *(8)*. Diese »seltsamen Attraktoren« sind fraktal und beruhen auf einem Muster von Periodenverdoppelungen *(9)*. Damit tut sich ein gänzlich neuer mathematisch-geometrischer Kosmos mit Strukturen auf, von dem sich jeder Teilausschnitt als ein verkleinertes Abbild der ganzen Figur entpuppt. Zudem lassen sich für diese »Feigenbaumologien« exakteste und subtilste experimental-physikalische Beweise erbringen. *(10)*

Daß mit diskursiven Methoden letztlich rekursive Strukturen

sichtbar werden, ist vor allem den Fortschritten der Computerwissenschaften zu verdanken, mit denen sich Beobachtungen verfolgen und Experimente bewerkstelligen lassen, die jenseits aller früheren Möglichkeiten und Vorstellungen liegen. Die alten physikalischen Mitteln und deterministischen Annahmen zauberten regelmäßige Systeme hervor, doch die das Leben ausmachenden dynamischen Systeme reagieren auf die geringsten Änderungen der Anfangszustände meist völlig entropisch. Die starre Linearität der »klassischen« newtonschen Vorstellungswelt ist in einem immer größer werdenden Umfang der Erfahrungswissenschaften überholt und unbrauchbar geworden. Von der Astronomie bis zur Hochenergiephysik verhält sich die Natur bei genauerer Betrachtung häufig dynamisch und nichtlinear *(11)*. Das Wesen der Dynamik liegt aber genau in den, alte Materialisten »chaotisch« anmutenden Reaktionen auf die Änderungen der sensitiven Anfangszustände. Besser ist freilich die Vorstellung einer geordneten Unordnung, die sich aus Zufall und Entropie durch seltsame Attraktoren abhebt. *(12)*

Zu den komplexen Systemen, die sich in Wahrheit nichtlinear verhalten, zählt auch die Physiologie *(13)*. In der Kardiologie, Neurologie, Atmung oder dem Blutbild läßt sich eine Dynamik mit fraktalem Verhalten nachweisen. Der Schlaf-Wach-Rhythmus und der Rhythmus der Körpertemperatur oszillieren nichtlinear. Während lineare Systeme und Prozesse nach einem leichten Stoß dazu neigen, die neue und leicht veränderte Richtung beizubehalten, kehren nichtlineare Systeme und Prozesse nach demselben Stoß gewöhnlich zum ursprünglichen Ausgangsverhalten zurück. Nichtlinearität übt in Rückkoppelungsprozessen also eine regulierende Kontrolle aus und kann Gesundheit erhalten. Biologische Systemesind aufgrund ihrer nichtlinearen Regulierungsprozesse robust, ein starr lineares Verhalten nach dem newtonschen Modell wäre tödlich. Organismen müssen auf Umstände reagieren und sich schnell umstellen können. Die Gesundheit dynamischer Körperfunktionen benötigt geradezu fraktale physische Abläufe. Die Wechselwirkungen und Rückkoppelungen dynamischer und komplexer Systeme erzeugen eine höherdimensionale Qualität als die analytisch sezierbare und mechanistische Linearität. Ein starrer Gleichgewichtszustand würde in der Biologie den Tod bedeuten.

Schließlich versteht auch die heutige Neurologie das Gehirn nicht mehr naiv linear als chemische Schalttafel mit Punkt-zu-Punkt-Verbindungen, sondern als komplexes System mit fraktaler Geometrie. *(14)*
Verschärft man Beobachtung und Forschungsinstrumentarien, so stellt sich heraus, daß einfache Systeme nicht auf wenige deterministische Gesetze reduziert werden, sondern durchaus komplexes Verhalten zulassen können. Andererseits erkennt man heute, daß komplexe Systeme, die früher auf eine Vielzahl unabhängiger Komponenten und zufällige Außeneinflüsse zurückgeführt wurden und als noch unberechenbar galten, auch einfaches Verhalten ermöglichen. Am Überraschendsten aber ist die moderne erfahrungswissenschaftliche Feststellung, daß komplexe und unterschiedliche Systeme unabhängig von den Details ihrer Bestandteile einfachen fraktalen Regeln gehorchen *(15)*. Durch Nichtlinearität und Rückkoppelung errichtet die Natur die großartigsten komplexen Gebilde, und durch einfache Prozesse werden die reichsten Strukturen aufgebaut. Die Bezeichnung »Chaos« für die Ordnung in der Unordnung und die Freiheit in der Ordnung ist letztlich ein zu enger Begriff und spiegelt bloß die semantische Reaktion des Empirismus, selbst mit determistischen Mitteln der alten Materialismus nicht mehr aufrecht erhalten zu können. *(16)*
In der Natur gibt es keine ökologischen Balancen in Sinne fester Gleichgewichte - schon Jahrtausende, bevor der Mensch in die Natur eingriff, veränderte sich Ökologie nichtlinear. Und bis heute hat die Natur nichts an ihrer Komplexität eingebüßt. Sie ist letztlich nichtlinear, und nur der materialistische Monismus ist am Ende *(17)*. Gerade bei offenen oder dissipativen makroskopischen Systemen, die durch äußere Beeinflussungen nicht im thermodynamischen Gleichgewicht sind, werden starke nichtlineare Rückkoppelungen erzeugt. Der mit dem Nobelpreis 1977 ausgezeichnete Chemiker *Ilya Prigogine* betont dabei, daß diese neuen Vorstellung nicht nur auf Probleme der Chemie, Physik und Biologie anwendbar, sondern auch ausdrücklich zur Beschreibung des Verhaltens sozialer Systeme geeignet sind. *(18)*
Schon die Evolutionsstrategie ist eine Methode zur Systemoptimierung, und die Evolution ist selbst evolutionsfähig *(19)*. Wenn

man das menschliche Gemeinschaftsleben legitimerweise auch als natürliche Erscheinung ansehen will, so gehört es zweifellos zu den physischen Systemen, welche viele Untersysteme in sich einschließen. Sofern diese Untersysteme genügend weit vom thermodynamischen Gleichgewicht enfernt sind, also ihren Zustand im Lauf der Zeit noch ändern, bauen sie nach dem »Versklavungsprinzip« wenige Ordnungsparameter auf *(20)*. Nach der jungen Disziplin der Synergetik, der Lehre vom Zusammenwirken in Nichtgleichgewichtsphänomenen, können nun diese Ordnungsparameter selbst miteinander in Wettbewerb treten, sodaß nur einer von ihnen »überlebt«. Doch ist dies keineswegs immer so, vielmehr sind nichtwegselektierte Ordnungsparameter durchaus in der Lage, miteinander zu kooperieren und weitere, immer komplexere Strukturen aufzubauen. Sowohl durch Ordnungsselektion als auch durch Aufbau wechselwirkender Ordnungsmuster organisieren sich komplexe Systeme selbst, ohne daß es zum entropischen Wärmetod kommt. Auch ein einzig bestimmender Ordnungsparameter wird von seinen Untersystemen bestimmt und wirkt auf sie zurück, indem er ihre Unterschiede ausgleicht und sie zu gleichgestimmten Verhalten veranlaßt. *(21)*
Bei der Entwicklung der Lasertechnik hat sich das Konzept der Synergetik voll bewährt, aber auch in der Hydrodynamik, bei chemischen Nichtgleichgewichten, in der Morphogenese und der Populationsdynamik bis hin in die Wirtschafts- und Geisteswissenschaften hat es erfolgreich Anwendnung gefunden. Die Ordnungsparametergenese läßt sich mathematisch darstellen und gehört zu den wenigen berechenbaren nichtlinearen Differenzialgleichungen. Die bemerkenswerteste Leistung der Synergetik liegt in ihrem interdisziplinären Charakter und ihrer universellen Deutungsmöglichkeit: Zunächst unüberschaubar vielfältige Erscheinungen und zahlreiche Phänomene aus ganz unterschiedlichen Gebieten lassen sich in einem allgemeinen Kontext zusammenfassen. Viele grundlegenden und historisch weit zurückliegenden, bislang aber ungelösten Fragen lassen sich synergetisch nicht nur präziser formulieren, sondern auch überraschend neuartig beantworten. *(22)*
Im Gegensatz zur materialistischen Weltanschauung mit ihrem mechanistischen Reduktionismus auf lineare Determinismen se-

hen alle moderne Naturwissenschaften physische und biologische-Systeme als umfassendere Organisationsprinzipien. Systeme bilden integrierte Ganzheiten, die mehr sind als die Summe ihrer Teile. Jedes System baut sich aus Subsysteme auf und ist selbst wieder ein Subsystem eines übergeordneten Systems. Auf diese an die aristotelischen Entelechien erinnernden Zusammenhänge kam experimentell erstmals *Wolfgang Köhler* in der Gestaltpsychologie *(23)*, wofür er vom herrschenden Materialismus gehörig geprügelt wurde: Wagte da doch wirklich jemand mit exakt naturwissenschaftlicher Methodik, am mechanistischen Vorurteil zu kratzen! Nun hat nicht nur die Psychologie den deterministischen Behaviorismus überwunden, sondern es wurde sogar eine regelrechte Systemtheorie entwickelt, mit der dynamische Phänomene ungleich besser zu erklären sind als mit den alten physischen Mechanismen. Wo diese newtonschen Vorstellungen aber noch brauchbar sind, werden sie als besondere Fälle viel umfassenderer Organisationsprinzipien verstanden. *(24)*
Die innere Flexibilität selbstorganisierter Systeme macht sie auch bis zu einem gewissen Grad autonom. Je komplexer Systeme sind, desto relativ unabhängiger werden sie normalerweise von Außeneinflüssen und vermögen sich selbst zu steuern und zu koordinieren. Selbstorganisation bedeutet die Fähigkeit, einerseits Systemkomponenten zu erneuern, in Gang zu bringen und die Integrität der Gesamtstruktur zu bewahren, aber auch andererseits flexibel auf Außeneinflüsse zu reagieren, zu lernen und über die eigenen, rein mechanischen Strukturen hinauszugreifen. Systemtheoretisch sind Notwendigkeit und Freiheit miteinander vereinbar. Selbstorganisierte Systeme sind stabil und dynamisch zugleich, ohne je starr determiniert zu sein. Sie sind bis zu einem gewissen Grad regenerationsfähig und in bestimmtem Sinne selbsttranszendierend. Die Naturwissenschaft ist mit transzendentalphilosophischen und sogar religiösen Vorstellungen durchaus vereinbar geworden. *(25)*
Die meisten Organismen sind in Ökosysteme eingebettet und bilden selbst ein Ökosystem für kleinere Organismen. Die selbstorganisierten Systeme kooperieren und bilden eine allesdurchdringende universelle Ordnung. Anders ausgedrückt stellen sie das Ergebnis einer solchen Ordnungshierarchie dar, sodaß es nur eine Frage des Betrachtungsmaßstabes ist, auch unseren Planeten als ei-

nen einzigen lebendigen Organismus anzusehen. Diese in Anlehnung an den antiken Mythos von der Erdmutter so genannte »Gaia-Hypothese« ist jedenfalls realistischer und wissenschaftlich besser gedeckt als die newtonsche Vorstellung von einer deterministischen Weltmaschine. In der Tat bildet die lebendige Natur auf unserer Erde zusammen mit den Ozeanen, der Erdkruste und der Atmosphäre ein komplexes System mit allen Kennzeichen der Selbstorganisation und des dynamischen (aber nicht starr deterministischen!) Gleichgewichtes. Die für das Leben notwendigen Bedingungen werden durch einen selbstregulierenden Prozeß dynamischer Rückkoppelungen und Wechselwirkungen erzeugt und erhalten. *(26)*

Selbst wenn es die zeitgenössische Sozialphilosophie mit ihren materialistischen Reminiszenzen noch nicht so recht rezipiert hat, gehört es doch mittlerweile zum Standard der modernen Naturwissenschaft, daß der Kosmos eher wie ein großer Gedanke und nicht wie eine überdimensionale Maschine aussieht. Diese Einsicht verdanken wir dabei nicht irgendwelchen metaphysischen »Spekulationen« vom Tugendpfad rein empirischer Forschung abgewichener Naturwissenschafter, sondern gerade ihren »harten« Untersuchungsmethoden und genauen Berechnungen. Auch kann es nicht an der Mathematik und Logik liegen, daß das simplifizierende mechanistische Naturmodell durch ein dynamisches abgelöst wurde, denn schon die zweite Physik bediente sich ihrer nicht minder als die dritte. Wenn man berechtigterweise konzediert, daß Mathematik und Logik letztlich apriorischen, abstrakten und ideellen Charakter tragen, so muß der heisenbergschen Physik billig sein, was der newtonschen recht war. Die Mathematik baut auf der Logik auf, und ohne beide ist keine Naturwissenschaft möglich *(27)*. Es wird an der immanenten Wirklichkeit selbst liegen, daß sie transzendent ist.

»Es ist psychologisch verständlich, daß Biochemiker und Molekularbiologen mehr den strukturellen Aspekt des Problems schätzen, während Mathematiker und Physiker der formalen Seite mehr abgewinnen. Biologen sind der Mathematik gegenüber oft skeptisch, betonen aber den holistischen Aspekt, daß das Ganze mehr ist als seine Teile. Diesem wichtigen Sachverhalt wird die moderne Systemtheorie gerecht, aber doch nur mit Mathematik. Ein Verständnis der biologischen Gestaltbildung erfordert eine interdisziplinäre Kombination von Analysen und Fakten der Biologie, Physik, Chemie und Mathematik. Diese Notwendigkeit nimmt uns aber nicht die Freiheit, den einen oder anderen Aspekt interessanter zu finden. Schließlich ist der relative Erklärungswert des Materiellen und Mathematischen Gegenstand einer Jahrtausende alten philosophischen Auseinandersetzung, die sich auf *Pythagoras* und *Platon* für die Mathematik und auf *Demokrit, Epikur* und später *Marx* für die Materie zurückführen läßt ...« *(28)*, meint der Physiker und Biologe *Alfred Gierer*, ohne daß sich der Streit naturwissenschaftlich entscheiden ließe. Da sich beide Seiten aber auf dieselbe meta-physische Logik berufen, die Mathematik auf die Logik aufbaut, die Axiome der empirischen Beobachtungs- und Experimentalstrategien vor dem eigentlichen, auf die Immanenz gerichteten Forschungsvorgang festgelegt werden, die Empirie ohne apriorische Strukturierungen tatsächlich unaufklärbar chaotisch erscheinen würde, und sich schließlich die Objekte der Nuklear- und Astrophysik selbst in geistige Strukturen auflösen, muß wissenschaftstheoretisch dem Idealismus der Vorrang zukommen.

Desweiteren ist nicht zu vergessen, daß die »Materie« in dieser genausowenig unmittelbar zu beobachten ist, wie die »Natur« in derselben. Beide Begriffe sind menschliche Artefakte zur Beschreibung bestimmter Erfahrungskomplexe. Ihre Verläßlichkeit und Wissenschaftlichkeit erhalten sie alleine aufgrund der Anwendung von Logik und Mathematik. In der »Principia Mathematica« vom *Whitehead* und *Russel* und dem Neopositivismus verschmelzen geradezu Logik und Mathematik und schärfen den Blick vor allem für erkenntnistheoretische Zusammenhänge, die den zeitgenössischen Vulgärmaterialisten längst aus den Augen gekommen sind und natürlich Auswirkungen auf erfahrungswissenschaftliche Interpretationen haben. Doch wie in jeder Physis ein metaphysischer »Rest« erhalten bleibt, so steckt selbst in der Metaphysik ein »numinoser« Rest, den sogar zu berechnen *Kurt Gödel* gelang: Wendet man nämlich die logistische Zahlentheorie auf sie selbst an, so kommt man zu unentscheidbaren Aussagen. Kein axiomatisches System ist wirklich geschlossen, und jedes verweist auf eine noch höhere Legitimation *(29)*. *Gödel* demonstriert in seinem »Unvollständigkeitstheorem« mit den Mitteln einer konsequent angewandten Mathematik, daß jedes logische System mindestens eine Prämisse haben muß, die systemimmanent nicht verifizierbar ist, wenn kein logischer Widerspruch in diesem System entstehen soll. *(30)*

Wie heute kein naturwissenschaftliches Lehrbuch mehr behauptet, es wäre nur noch eine Frage der Zeit, bis auch das letzte Geheimnis der Natur zu klären sei, so bleibt die Frage nach dem inhaltlichen Wesen des obersten Prinzips selbst der Philosophie verschlossen. Ist uns schon das kantsche Ding an sich unzugänglich, dann kann man erst recht mit *Luther* niemandem ersparen, den Weg zu Gott für sich alleine zu suchen. Über Ihn gibt es keine allseits zwingende, positiv nachvollziehbare und schlußendliche menschliche Aussage, höchstens allgemeine Umschreibungen. Erst im geistigen Vollzug wird erkenntnistheoretisch strukturiertes Sein erschaffen. Wegen der menschlichen Endlichkeit kann eine kalkulatorische Erkenntnis der göttlichen Unendlichkeit höchstens analog erfolgen. Gott bleibt Geheimnis, und die Frage nach Gott wird zur Frage an Gott. Offenbart Er sich uns, so tut Er es persönlich, wir haben ein persönliches Verhältnis zu Ihm, und Er wird unser persönlicher Gott. *(31)*

Alle endlichen Darstellungen des Unendlichen drehen sich letztlich im Kreis - der entelechetische Hinweis des Zeitlichen auf das Überzeitliche macht auch seine Anziehungskraft aus. Als typische ästhetische Beispiele dafür bringt *Hofstadter* in seinem zum »Kultbuch« gewordenen »*Gödel, Escher, Bach*« die bachschen Fugen und die optischen Täuschungen des Malers *Escher (32)*. Ein Betrachter auf Alpha Centauri, dem am weitesten entfernten Stern unseres Sonnensystems, könnte sich nur wundern über den menschlichen Anspruch, alles empirisch erklären zu wollen: In einem Modell, in dem die Sonne 2,5 cm im Durchmesser mißt, ist die kaum staubkorngroße Erde drei Meter von ihr entfernt, Alpha Centauri aber 640 km, und unser Sonnensystem ist bei weitem nicht das einzige! Werden unsere auf die Physis gerichteten Erkenntnismöglichkeiten aller menschlichen Voraussicht nach (und nur über sie können wir sinnvoll reden) nie zu einem letzten Ergebnis führen, so sind die transzendentalphilosophischen Grundzüge überschaubar, wenn auch nahezu unendlich anwendbar. Sie ermöglichen nicht nur unser empirisches Wissen, sondern orientieren vor allem auch unser praktisches Verhalten im Sinne von *Kant* und *Fichte* (aus dessen guten und auf die Wahrheit gerichteten Erkenntniswillen ja genaugenommen unser naturwissenschaftliches Wissen erst erwächst). Der Materialismus wird dadurch als ein mehrfach degenerierter Idealismus entlarvt: Schon der des 18. und 19. Jahrhunderts übersah und verdängte den metaphysischen Charakter sowohl der von ihm angewandten Logik und Mathematik als auch der speziellen eigenen Axiome; und der des 20. Jahrhunderts nimmt noch dazu nicht einmal mehr die aposteriorischen Einsichten der Quantenphysik und modernen Naturwissenschaft zur Kenntnis. Was aber inhaltlich sogar über den Idealismus hinausgeht, darüber muß man mit Wittgenstein schweigen. *(33)*

(1) Richard DAWKINS, Der blinde Uhrmacher. Ein neues Plädoyer für den Darwinismus. Aus dem Englischen von Karin de SOUSA FERREIRA. Kindler Verlag, München 1987.

(2) Robert MAY, Simple Mathematical Models with Very Complicated Dynamics (Dt. »Einfache mathematische Modelle mit sehr komplizierter Dynamik«). Nature 261 (1976), S 459-467.

(3) Robert MAY & George F. OSTER, Bifurcations and Dynamic Complexity in Simple Ecological Models (Dt. »Bifurkationen und dynamische Komplexität in einfachen ökologischen Modellen«). The American Naturalist 110 (1976), S 573-599.

(4) Die folgenden bahnbrechenden Überlegungen gehen zurück auf: Edward LORENZ, Deterministic Nonperiodic Flow (Dt. »Deterministisches nichtperiodisches Fließen«). Journal of Atmospheric Sciences 20 (1963), S 130-141.

(5) Colin SPARROW, The Lorenz Equatations, Bifurcations, Chaos and Strange Attractors (Dt. »Die Lorenz-Gleichungen, Bifurkationen, Chaos und seltsame Attraktoren«). Springer Verlag, Berlin 1982.

(6) Benoit MANDELBROT, Die fraktale Geometrie der Natur. Aus dem Englischen von Reinhilt und Ulrich ZÄHLE. Birkhäuser Verlag, Basel 1987.

(7) Heinz-Otto PEITGEN & Peter H. RICHTER, The Beauty of Fractals (Dt. »Die Schönheit der Fraktale«). Springer Verlag, Berlin 1986.

(8) David RUELLE & Floris TAKENS, On the Nature of Turbulence (Dt. »Über die Natur der Turbulenz«). Communication in Mathematical Physics 20 (1971).

(9) Mitchell FEIGENBAUM, Quantitive Universality for a Class of Nonlinear Transformations (Dt. »Quantitative Universalität für eine Reihe nichtlinearer Transformationen«). Journal of Statistic Physics 19 (1978), S 25-52.

(10) Albert LIBCHABER, Experimental Study of Hydronamic Instabilities. Rayleigh-Bérnard Experiment. Helium in a Small Box (Dt. »Experimentelle Studie über Strömungsinstabilitäten. Ein Rayleigh-Bérnard Experiment. Helium in einer kleinen Schachtel«). In: Nonlinear Phenomena at Phase Transitions and Instabilities (Dt. »Nichtlineare Phänomene bei Phasenübergängen und Instabilitäten«). Herausgegeben von T. RISTE. Plenum Verlag, New York 1982.

(11) J. R. BUCHLER et.al. (Herausgeber), Chaos in Astrophysics (Dt. »Chaos in der Astrophysik«). D. Reichl Verlag, New York 1985.

(12) Predrag CVITANOVIC, Universality in Chaos (Dt. »Universalität im Chaos«). Verlag Adam Hilger, Bristol 1984.

(13) Arun V. HOLDEN (Herausgeber): Chaos. Manchester University Press, Manchester 1986.

(14) J.O. CAVENAR et.al. (Herausgeber), Psychiatry: Psychobiological Foundations of Clinical Psychiatry (Dt. »Psychiatrie: Physiologische Grundlan der klinischen Psychiatry«). Lippincott Verlag, New York 1985.

(15) James GLEICK, Chaos - die Ordnung des Universums. Vorstoß in Grenzbereiche der modernen Physik. Aus dem Amerikanischen von Peter PRANGE. Verlag Droemer Knaur, München 1988.

(16) HAO Bai-Lin, Chaos. World Scientific Verlag, Singapore 1984.

(17) William M. SCHAFFER, Chaos in Ecological Systems: The Coals That Newcastle Forgot (Dt. »Chaos in ökologischen Systemen: Die von Newcastle vergessenen Kohlen«). Trends in Ecological Systems 1 (1986).

(18) Ilya PRIGOGINE, Vom Sein zum Werden. Zeit und Komplexität in den Naturwissenschaften. Aus dem Englischen von Friedrich GIESE. 4. überarbeitete Auflage, Verlag Piper, München 1985.

(19) Jürgen Albert OTT, Günter P. WAGNER und Franz Manfred WUKETITS (Herausgeber), Evolution, Ordnung und Erkenntnis. Verlag P. Parey, Berlin 1985.

(20) Jeremy RIFKIN, Entropie. Ein neues Weltbild. In Zusammenarbeit mit Ted HOWARD. Nachwort von Nicholas GEOGESCU. Aus dem Amerikanischen von Christa FALK und Walter FLIESS. Verlag Hoffmann und Campe. Hamburg 1982.

(21) Hermann HAKEN, Synergetik. Eine Einführung. Übersetzt von Arne WUNDERLIN. Springer Verlag, Berlin 1982.

(22) Hermann HAKEN, Advanced Synergetics (Dt. »Fortgeschrittene Synergetik«). Springer Verlag, Berlin 1983.

(23) Zuerst in: Wolfgang KOEHLER, Die physischen Gestalten in Ruhe und im stationären Zustand. Erlangen 1920. Zusammengefaßt in: Wolfgang KOEHLER, Die Aufgabe der Gestaltpsychologie. Mit einer Einführung von Carroll V. PRATT. Verlag Walter de Gruyter, Berlin 1971.

(24) Ludwig von BERTALANFFY, Systemtheorie. Vorwort von Ruprecht KURZROCK. Colloquium Verlag, Berlin 1972.

(25) Alfred GIERER, Die Physik, das Leben und die Seele. 3. Auflage, Verlag Piper, München 1986.

(26) James (Jim) E. LOVELOCK, Unsere Erde wird überleben. Gaia - eine optimistische Ökologie. Aus dem Englischen von Constanze IFANTIS-HEMM. Verlag Piper, München 1982. Herbert PIETSCHMANN, Das Ende des naturwissenschaftlichen Zeitalters. Paul Zsolnay Verlag, Wien 1980.

(27) Herbert PIETSCHMANN, Das Ende des naturwissenschaftlichen Zeitalters. Paul Zsolnay Verlag, Wien 1980.

(28) Alfred GIERER, Physik der biologischen Gestaltbildung. In: Andreas DRESS, Hubert HENDRICHS und Günter KÜPPERS (Herausgeber), Selbstorganisation. Die Entstehung von Ordnung in Natur und Gesellschaft. Verlag Piper, München 1986, S 119. Kursivstellung vom Autor.

(29) Kurt GÖDEL, Werke. Deutsch und Englisch herausgegeben von Soloman FEFERMAN. Oxford University Press, New York 1986.

(30) Siehe auch: Ken WILBER, Das Spektrum des Bewußtseins. Ein metapsychologisches Modell des Bewußtseins und der Disziplinen, die es erforschen. Aus dem Amerikanischen von Jochen EGGERT. Scherz Verlag, Bern 1987.

(31) (Pater) Emmerich (Graf) CORETH SJ, Metaphysik. Eine methodisch-systematische Grundlegung. 3. Auflage, Tyrolia-Verlag, Innsbruck 1980.

(32) Douglas R. HOFSTADTER, Gödel, Escher, Bach - ein endlos geflochtenes Band. Aus dem Amerikanischen von Philipp WOLFF-WINDEGG und Hermann FEUERSEE unter Mitwirkung von Werner ALEXI, Ronald JONKERS und Günter JUNG. 10. Auflage, Verlag Klett-Cotta, Stuttgart 1987.

(33) These 7 in: Ludwig WITTGENSTEIN, Tractatus logico-philosophicus. Logisch-philosophische Abhandlung. Suhrkamp Verlag, Frankfurt a.M. 1963.

4. KAPITEL

Bewußtsein und Wirklichkeit

Die Geschichte und die Entwicklung der Physik und der Naturwissenschaft demonstrieren überzeugend, daß alle Arten der uns je zugänglichen Wirklichkeit durch unser Bewußtsein bestimmt werden. Trotzdem mögen vielleicht immer noch hartnäckige Materialisten darauf verweisen, daß doch niemand ernsthaft bestreiten könne, wie das Bewußtsein auf die Prozesse des menschlichen Gehirns und damit doch auf das Wechselspiel von Materieteilchen zurückzuführen ist. Als ob auch für die Psychologie nicht das allgemeine Primat der Metaphysik vor der Physik gelten würde (1). Allein nach dem bisher Vorgetragenen muß schon jetzt dem viererlei entgegengehalten werden:
Erstens sind wir auch bei der Erforschung der Hirnfunktionen an dieselben apriorische Voraussetzungen gebunden, die für alle Erfahrungswissenschaften gelten - sie stellen die im Wesen der Vernunft selbst liegenden Bedingungen der Erkenntnis dar und werden bei der Tätigkeit des Erkennens und Wahrnehmens zwar gewonnen, aber nicht durch sie begründet. Zweitens beruhen die neurophysiologischen Forschungen auf einem weiteren axiomatischen Wissenschaftskanon - er wurde nicht minder vorher sowie unabhängig vom eigentlichen Forschungsgegenstand meta-physisch festgelegt, und ihm ist jede moderne Naturwissenschaft unterworfen. Drittens bleiben wir auch bei der Hirnforschung auf unsere fünf Sinne beschränkt, und allfällige außerhalb unser Reizrezeptoren liegenden Wahrnehmungsobjekte müssen uns prinzipiell verschlossen bleiben - technische Hilfsmittel mögen natürliche Reizschwellen verschieben und das Beobachtungsfeld erweitern, können aber keine grundsätzlich neuen Beobachtungsfelder erschließen (2). Viertens stellten sich nun sogar a posteriori die Materiebausteine selbst, aus denen auch unser Gehirn aufgebaut ist, als letztlich nicht stofflich und ideell heraus!
Damit ist ein hirnphysiologischer Materialismus schon von den allgemeinen erkenntnistheoretischen und naturwissenschaftlichen Grundlagen her unhaltbar. So wie jedes Lebewesen, so besitzt auch der Mensch seine spezifische »kognitive Nische«, die er

dank der Erfindung und Entwicklung von Hilfmitteln akzidentiell zwar erweitern, jedoch nie substantiell überspringen kann. In ihrer Evolution hat jede Gattung einen an die Wirklichkeit angepaßten Sinnesapparat entwickelt, ohne daß sie mit ihm die Fülle der ganzen Wirklichkeit völlig erfassen, geschweige denn unmittelbar beobachten könnte. Darin unterscheidet sich der Mensch von keinem anderen Mitglied des regnum phylum, er kann sich alleine dieser empirischen Tatsache bewußt werden. Die kognitive Nische ermöglicht das Leben innerhalb des artangepaßten ökologischen Sektors, doch zum Glauben, die Erkenntnismöglichkeiten des Lebewesens Mensch eröffnen die einzige, wirkliche Realität zur Gänze, sind wir selbst evolutionstheoretisch nicht berechtigt. *(3)*
Untersuchen wir weiter die Strukturen des Bewußtseins selbst, so löst sich die Annahme einer »wirklich« materialistischen Wirklichkeit, die erst das Bewußtsein konstituieren und bestimmen sollte, vollends im Nichts auf: Vom Standpunkt des auch den Menschen umfassenden Universums und bestätigt durch die Quantenphysik ist die Trennung zwischen beobachtendem Subjekt und beobachteten Objekt im Grunde willkürlich und illusorisch. Die Objektbeobachtung unterliegt zudem noch einer ständigen Wahrnehmungsselektion, die zunächst naiv und dann wissenschaftlich systematisiert abläuft. Ausschließlich auf quantifizierbare und meßbare Verifikation von Außenobjekten gerichtete Erkenntnisbemühungen erzielen zwangsläufig unvollständige, unscharfe, illusorische und auf willkürliche Bilder reduzierte Ergebnisse. »Die Welt des Physikers stellt sich dem Beschauer dar als Schattenspielaufführung des Bühnenstücks Alltagsleben. ... Das freimütige Gewahrwerden, daß die physikalischen Wissenschaften es mit einer Welt von Schatten zu tun haben, gehört zu den bedeutsamsten Fortschritten der jüngeren Zeit *(4)*.« Das Erkennen der Schattennatur empirischer Erscheinungen ist aber nicht die »Schuld« der Physik, sondern des grundsätzlichen Charakters unseres erfahrungswissenschaftlichen Bewußtseins.
Die apriorischen und axiomatischen Instrumentarien der Naturwissenschaften schaffen bildliche Repräsentationen der Welt (von den technologischen Hilfsmitteln oder »Verfremdungen« ganz abgesehen), aber nie die volle Wirklichkeit selbst. Die Verfeinerung

der Methodologie produziert nur raffiniertere Symbole, doch an ihrem schattenhaften Charakter ändert sie nicht das Geringste, im Gegenteil, sie entrückt sie noch weiter dem einzig wirklichen Urbild. Welchen erfahrungswissenschaftlichen Kanon man immer wählen und wieviele Physiken man noch entwickeln will, stets wird dem Menschen auf diese Weise das kantsche »Ding an sich« verborgen bleiben. In der naturwissenschaftlichen Perfektionierung liegt ihre Brillanz, aber auch ihr blinder Fleck. Wer erinnert sich nicht an das platonische Höhlengleichnis *(5)*? Das abendländische Erkenntnisbemühen scheint in der Tat eine sehr ausführliche Fußnote zu *Platon* zu sein. *(6)*

Obendrein arbeitet jede Wissenschaft - und auch die zweite Physik bildete darin keine Ausnahme - mit Begriffen, Vorstellungen und Worten. Sofern diese nicht überhaupt wieder auf andere Worte, Vorstellungen und Begriffe verweisen, sind sie nicht die Dinge selbst, die sie repräsentieren, sondern deren Symbole. Wer's nicht glaubt, versuche einmal mit dem Wort »Wasser« seinen Durst zu löschen. Unsere Aussagen über die Welt stellen bloß »Landkarten« dar, jedoch niemals ihr Territorium selbst. Je detailgetreuer, »wissenschaftlicher« und »echter« solche symbolische Abbildungen auch werden mögen, bleiben sie doch Karten von Karten von Karten. Der hohe Nutzen eines sehr genauen analytischen Bildes der Natur ist für gewisse Detailbereiche unbestritten und bleibt unverzichtbar. Aber wenn wir vergessen, daß die Karte nicht das Territorium ist, und wir die menschlichen Symbole der Wirklichkeit mit der vollen Realität verwechseln, betrügen und schaden wir uns selbst. Vergegenwärtigt man sich noch einmal das quantenphysikalische Welle-Teilchen-Problem, so ist eigentlich zu folgender Bemerkung *Ken Wilbers*, des führenden Denkers der »Neuen Psychologie« in Amerika, nichts mehr hinzuzufügen: »Die Wirklichkeit liegt sozusagen 'jenseits' oder 'hinter' den schattenhaften Symbolen, die bestenfalls ein Faksimile darstellen. Wo das vergessen wird, verlieren wir uns in eine Welt dürrer Abstraktionen und denken nur noch an Symbole von Symbolen von Symbolen von nichts ...«. *(7)*

Sich über diese grundlegenden erkenntnistheoretischen Tatsachen ins Klare zu kommen, hat mehr als »nur« wissenschaftssoziologische, sondern auch äußerst praktische gesellschaftspolitische Auswirkungen. Fühlten und fühlen sich zum Teil heute noch »naturwissenschaftliche« Vorkämpfer der newtonschen Weltanschauung berufen und veranlaßt, für diese »Symbole von Symbolen von Symbolen von nichts« mit einem inquisitorischen Eifer, der den alten vielleicht sogar übertreffen mag, Kriege zu führen sowie Menschen zu drangsalieren, zu verfolgen und umzuerziehen. Daß sie dabei noch die Lebensfähigkeit unseres Planeten ruinieren, um nur ja ihren »naturwissenschaftlichen« Pseudowahrheiten zum Durchbruch zu verhelfen, verschweigen sie außerdem lieber schamhaft. Begreifen sie im materialistischen Rausch schon nicht ihre eigenen transzendentalen Voraussetzungen, so sollten sie wenigstens *Heisenbergs* Unschärferelation, Fraktalgeometrie, Gestaltpsychologie, Nichtlinearität, Systemtheorie, *Gödels* Unvollständigkeitstheorem und moderne Semantik abhalten, weiterhin ein sehr bedingtes und obendrein veraltetes Modell zur Wirklichkeit schlechthin zu verabsolutieren. Dabei war bisher nur von den objektgebunden und noch nicht einmal von den intuitiven Bewußtseinsformen die Rede.

Auch die Vertreter der zweiten Physik hatten Bewußtseinserlebnisse, die nicht alleine auf Einweg-Kausalität, Analyse, Linearität und sogar Logik zurückgeführt werden können: Die plötzliche Einsicht, ein »Aha-Erlebnis«, das »Aufgehen des Knopfes«, ein unmittelbares Verstehen, die Imagination und die Intuition, welche schlagartig einsetzen, wenn ein Problem erkannt oder eine Lösung gefunden wird. Keine Entdeckung und auch kein künstlerischer Einfall ist je anders zustandegekommen. Mögen Grübeln und Ausprobieren eine gewisse Vorarbeit geleistet haben, im ugenblick der Einsicht kulminieren die am Verstehen beteiligten Komponenten nichtlinear, synthetisch und analog. Und genau deshalb läßt sich auch der Zeitpunkt einer Entdeckung, eines Einfalles oder einer Entwicklung nicht vorherbestimmen und vorausberechnen! Bei der Form dieses Erkennens wird der Erkennende mit dem Erkannten wieder »identisch«, er »begreift« den Gesamtzusammenhang und gewinnt unmittelbare »Einsicht« in die verzweigtesten Strukturen *(8)*. Jeder Erkenntnisvorgang wird zu einem ganzheitlichen Phänomen - selbst bei den kompliziertesten Berechnungen schwingt der ganze Kanon der Logik und Mathematik unbewußt und nichtlinear auch in den Bereichen mit, auf

die er unmittelbar gar nicht gerichtet ist und welche nur mittelbar vonnöten sind. Erst aus dem Einsehen des Ganzen versteht man seine Teilaspekte. *(9)*
Kommen bereits einfache Einsichten und normale Erkenntnisse auf analoge und nichtlineare Weise zustande, so gilt dies erst recht für komplexere Einsichten und tiefere Erkenntnisse. Einfache und normale können zwar durch die Vorarbeit intellektueller Analysen gewonnen werden, und oft wird es tatsächlich zu einer Auseinandersetzung mit dem Thema vor der Lösungsfindung kommen, aber nicht einmal das muß immer eintreten. Der »Genieblitz« schlägt nicht nur in der Kunst, sondern häufig auch in der exaktesten Wissenschaft urplötzlich, völlig überraschend und ohne lineare Beschäftigung mit dem nun gelösten Problem ein. Doch selbst ohne einem solchen »Geniestreich«, also nach gründlichen Überlegungen und langen Forschungen, kulminiert die Einsicht nichtlinear, überwältigend, holistisch und ohne direktes Abhängigkeitsverhältnis zur aufgewendeten Lösungsvorbereitung. Dieses unmittelbare, nichtsymbolische und nichtverbale Verstehen, das wohl jeder wenigstens schon beim Erlernen zusammenhängender Lektionen selbst erfahren hat, ist auch für die ästhetischen wie gefühlsmäßigen Empfindungen verantwortlich. Die Gestaltbildung in der Psychologie erfolgt auf keinem anderen als auf dem ganzheitlichen Weg. Eine Komposition oder der Geschmack eines Kuchens sind verbal nicht zu beschreiben, sondern »nur« ganzheitlich einzufühlen. *(10)* Komplexe Einsichten und tiefe Erkenntnisse erhalten ihre Überzeugungskraft und ihren Wirklichkeitscharakter nicht einmal bei den strengsten Naturwissenschaftern alleine aus dem ständigen und jederzeit bewußten Parathaben weitverzweigter analytischer Gedankenhierarchien, sondern wohl auch aus einem holistischen Verinnerlichen, in dem denkendes Subjekt und gedachtes Objekt zusammenfallen. Der Eindruck der Wirklichkeit entsteht erst in diesem intuitiven Identitätsgefühl, das die sonst unüberbrückbare Kluft zwischen Subjekt und Objekt, zwischen Sein und Schein sowie zwischen isoliertem Einzelnen und universeller Ganzheit und Gültigkeit überwindet. Kein Mystiker, sondern eine quantenphysikalische Kapazität spricht von der Identität der äußeren Welt und des Bewußtseins als einer ganzheitlichen geistigen Einheit. *(11)*

Die Logik ist dem Denken inhärent, sie ist mit uns als Denkende unmittelbar ident und wohnt uns untrennbar inne, woran selbst dadurch nichts geändert wird, wenn wir sie uns außerdem noch gegenüberzustellen und wie ein Objekt zu behandeln vermögen. Wollen wir uns nämlich über die Logik auseinandersetzen, können wir dies nicht anders als eben logisch. Im Apriorischen überwinden wir zuerst den Subjekt-Objekt-Dualismus, und nur wo uns diese trans-zendentale Einheit und Identität entsteht, sind wir auch in der Folge von etwas Wirklichem überzeugt. Selbst eine deterministische Analyse zergliedert, um die Bestandteile wieder zusammensetzen und daraus eine höhere Wahrheit ableiten zu können (nur sollte sie dabei nicht übersehen, daß das Ganze mehr ist als die Summe seiner Teile). Alleine wegen unserer grundsätzlichen und ganzheitlichen Wesensgleichheit mit dem uns umgebenden Kosmos können wir Objekte überhaupt erkennen und sie zu etwas Wirklichem erheben. Wenn es um Wirklichkeit geht, ist immer Synthese, Identität und Einheit mit einem Ganzen gemeint. *(12)* Die Qualität von Ganzheiten läßt sich nicht in adäquater Weise kommunizieren *(13)*, sondern nur symbolisch repräsentieren: In kein Buch der Welt läßt sich die Insel Madagaskar selbst aufnehmen, sondern nur ihre Landkarte. Überhaupt können ganzheitliche Wirklichkeiten bloß durch analogische Eigenschaften definiert (Umfang, Fläche Einwohnerzahl ...), durch Ausschluß ihrer Gegenteile umschrieben (nicht arktisch, keine reine Tiefebene, nicht von Chinesen bewohnt ...) oder aber selbst erfahren werden. Analogische Definitionen geben an, *wie* die Wirklichkeit ist; negative Ausschließungen zeigen, was die Wirklichkeit *nicht* ist; und die Injunktion ermöglicht es, die Wirklichkeit zu *erfahren* – doch beschreibt uns keine dieser drei grundsätzliche Möglichkeiten, wie die Realität »wirklich« ist *(14)*. Letzte Wirklichkeit kann nur selbst erfahren und nicht adäquat mitgeteilt werden.
Damit sind wir sogar bei einer Kombination dieser drei Methoden an eine unüberwindliche Qualitätsschwelle angelangt: Wie immer wir es anstellen, reproduzieren wir in den ersten beiden Möglichkeiten wieder Bilder und nicht das Urbild selbst, und in der letzten bleiben wir persönlich, subjektiv und nicht objektiv verifizierbar. Obendrein verwenden wir in allen Mitteilungen irgendwelche linguistische Symbole, seien es die der natürlichen Spra-

chen oder die von künstlich entwickelten *(15)*. Der einzig unmittelbare Eindruck ganzheitlicher Wirklichkeit wird persönlich durch Selbsterfahrung gewonnen, mag die Kommunikation darüber auch wieder mittels verbaler Repräsentanz erfolgen *(16)*. Die ganze Wirklichkeit enthält eine nichtlineare Sinnqualität, für die eine lineare Kommunikation nicht ausreicht, die aber der Selbsterfahrung zugänglich ist. *(17)*
Nicht die Existenz von Ganzheiten bereitet uns Schwierigkeiten, denn auf sie stoßen wir selbst a posteriori quantenphysikalisch, systemtheoretisch, gestaltpsychologisch, fraktalgeometrisch und unvollständigkeitstheoretisch immer wieder. Es sind die Probleme der Verbalisierung, der Wahrnehmungsselektion, der Darstellung in lineare Verifizierbarkeit und der Objektivität, die sich umso mehr zuspitzen, je umfassender das Ganze wird. Spätestens bei der Beschreibung universeller Zusammenhänge verschränken sich moderne Physik und Naturwissenschaft mit Transzendentalphilosophie, ja sogar mit Mystik und Religion. Doch gerade die Mystiker aller Himmelsrichtungen kennen nicht nur bewährte Experimentalreihen zur Selbsterfahrung letzter Absolutheit, sondern liefern auch in ihren (zwangsläufig rudimentären) Beschreibungen auffallende Ähnlichkeiten oder Analogien. Ihre injunktiven Selbsterfahrungen bieten gangbare Wege zum Verstehen und Einsehen ganzheitlicher Inhalte. Denn injunktives Experimentieren führt prinzipiell zu keinen anderer Erfahrungswahrheiten als physikalisches, allerdings sind Methoden und Zielrichtung verschieden. In letzter Konsequenz behandeln beide Experimentalarten wegen der kosmischen Einheit dieselben Inhalte und kommen zu einander alles andere als ausschließenden Ergebnissen *(18)*. Nicht zufällig liest sich heute quanten- wie astrophysikalische Lektüre über weite Strecken wie naturphilosophische Mystik.
In der wissenschaftlichen Auseinandersetzung mit der Empirie stellt sich der Mensch als Teil des Universums einen anderen Teil desselben »objektiv« gegenüber, auch bei der Analyse seiner selbst ist dies nicht anders. Dabei stehen ihm bloß seine fünf Sinne mit ihren absoluten und relativen Reizschwellen zur Verfügung - was jenseits von ihnen liegt, bleibt ihm gänzlich verschlossen und wird ihm bestenfalls mittelbar zugänglich. Das Chaos der Empfindungen, Wahrnehmungen und Eindrücke ordnet er mittels Wahr-

nehmungsselektion, gestaltpsychologisch und logisch, sodaß das empirisch Gefundene immer mehr den menschliche Vorstellungen davon gleicht, jedoch von den Dingen an sich laufend unabhängiger wird: Aus der Vielfalt der Erscheinungen werden einzelne mittels Wahrnehmungsselektion herausgefiltert - zunächst unbefangen passiv und später wissenschaftlich sogar bewußt aktiv *(19)*. Zugunsten der jeweils gewählten gestaltpsychologischen Figur wird der Hintergrund unterdrückt, und über die Figur wird der Raster zunächst der Logik und dann der wissenschaftlichen Axiome gestülpt. Schließlich werden in unsere Beobachtungsfelder die Annahmen der verwendeten Modelle projiziert. Die empirischen Objekte sind durch die Wissenschaft selber zu mentalen Projektionen geworden.

Die »Objekte« werden immer menschlich-subjektiver aufgefaßt, je raffinierter die Axiome und Modelle der Wissenschaften aufgebaut sind - die »Objektivität« beschränkt sich auf den allgemein gleichen Zugang zu den Dingen, führt aber zu einer Zunahme menschenbedingter Verzerrungen. Die Aussagen über die Empirie erfolgen in menschlicher Semantik, die Dinge »an sich« entfremden sich uns mit jeder Verfeinerung des wissenschaftlichen Systems weiter und weiter. Je mehr wir uns mit den Dingen beschäftigen, umso intensiver stellen wir uns selbst dar. Die Axiome und Modelle definieren den Charakter unserer Theorien, und nach *Albert Einstein* bestimmen die Theorien, was wir beobachten können *(20)*. Die Perfektionierung der empirischen Beobachtung gerinnt zu Rechen- und Meßproblemen. Der Stoff wird zum Geist, und zuletzt wird eine ihre eigenen Voraussetzungen verdrängende Naturwissenschaft zur Tautologie.

Neben diesen grundsätzlichen Beschränkungen unseres Zugangs zur empirischen Wirklichkeit unterliegt diese einem ständigen historischen, kulturellen, soziologischen und kommunikativen Wandel *(21)*. Nie steht wirklich endgültig fest, was empirisch »wirklich« ist. Darüber hinaus können nebeneinander sogar unterschiedliche, aber trotzdem sehr wohl logische Wirklichkeitsauffassungen bestehen, ohne daß eine wahrer als die andere wäre. Jede empirische »Wirklichkeit« beruht auf kommunizierten Konventionen, die sie erst erkenntnistheoretisch konstruieren. Logik und wissenschaftliche Axiome sorgen für die »Wahrheit« als Widerspruchsfreiheit, ohne daß deshalb eine endgültige »Wirklichkeit« entstünde *(22)*. Mag die Logik gleichbleiben, so ändern sich mit den Konventionen die Axiome: Auf welche Axiome man sich immer einigen mag, letztlich beruht das empirisch Vorgefundene auf Illusion oder »Maya«, Blendwerk. Für einen eschatologischen Glauben an die Gültigkeit empirischer Wissenschaften gibt es keinen wirklichen Grund, das einzig »Feste« ist tatsächlich der Geist. Er bildet das quantenphysikalische Endergebnis, und aus ihm bestehen Logik, Mathematik und Axiome genauso wie alle Modelle. Von Anfang an verhalten sich empirische Wissenschaften und Physik relativ zu ihrer metaphysischen Setzung. Deduktion und Induktion, Analyse und Synthese sind gleichermaßen transzendentale Denkmethoden, keine einzige von ihnen haftet unmittelbar an einem empirischen Gegenstand der beobachteten Immanenz. Wie sich die empirischen Wissenschaften und die Physik nicht selbst konstituiert haben, sondern von der Metaphysik installiert wurden, so kommt der Physis die passive und der Metaphysik die aktive Rolle zu. Stets bestimmt die Metaphysik, was Physik zu sein hat. Auch die Verifikation und Falsifikation erfolgen letztlich transzendental. Nach *Popper* kennzeichnet es geradezu eine wissenschaftliche Haltung, selber nach der möglichen Widerlegung einer persönlich aufgestellten Theorie zu suchen und sich jederzeit widerlegen zu lassen. Zum Wesen eines naturwissenschaftlichen Satzes gehört es, die Falsifikationsbedingungen direkt anzugeben. Die Zustimmung zu einem Satz ist prinzipiell nur als provisorisch zu qualifizieren. Verifikationen sind immer nur vorläufig, und Naturgesetze gelten stets nur solange, bis sie falsifiziert sind (woran zu arbeiten wieder jeder Naturwissenschafter selbst gehalten ist). *(23)* Es gibt damit keine letzte empirische Wirklichkeit, sondern bestenfalls eine ideelle.

Soziologische und politische Weltanschauungen direkt aus der Natur ablesen und gewinnen zu wollen, entlarvt den Materialismus als krasse und vulgäre Pseudowissenschaft - während die wirklichen Naturwissenschaft laufend sich selbst infrage stellt. Der Entschluß zum Materialismus erfolgt selbstverständlich auch nicht anders als transzendental, allerdings ist sein Materialismus ein nunmehr degeneriertes Geistesprodukt, da er seine metaphysischen Anfangsgründe genauso verdrängt, wie er seine transzendenten Endergebnisse einfach nicht zur Kenntnis nimmt. Unsere metaphysischen Vorstellungen bestimmen unsere Einstellung zur Immanenz *(24)*: Erkennen wir (durch einen transzendentalen Willensentschluß!) nurmehr als »wirklich« an, was nach positivistischem »Wissenschafts«-Kanon übrigbleibt, statt uns um ein Maximum an idealistischer Ganzheitlichkeit zu bemühen, so brauchen wir uns nicht über das reduktionistische, mit *Heisenberg* »unscharfe« und mit *Gödel* »unvollständige« Resultat zu wundern, das als einzig wirklich »positive« Nebenwirkung zum Geist des Anfangs zurückgekehrt ist.

Wenn sich schon der Materialismus als unvollständiger Idealismus herausstellt, und die dritte Physik zum Geist zurückgefunden hat, so kann alleine als sinnvolle Konsequenz der ganzheitliche Idealismus übrigbleiben. Tatsächlich hindert uns niemand und nichts, für einige makrokosmische Phänomene das Modell der zweiten Physik weiterhin anzuwenden. Für andere Erscheinungen und Bereiche stehen wieder andere Modelle zur Verfügung. Die zweite Physik stimmt als statistisches Mittel für viele Phänomene, die in der dritten Physik frei sind. Zufall und Notwendigkeit bilden die zwei Seiten eines größeren Ganzen, in dem sie sich sinnvoll ergänzen. *(25)*

Die empirische Wirklichkeit ist eben komplexer, als daß ein Beschreibungsparadigma ausreichen würde. Denken ist überhaupt nur in Modellen möglich, Modelle wiederum sind Gedankenkonstruktionen. Jedes Paradigma wird in einer Sprache abgefaßt, die selbst wieder ein linguistisches Modell darstellt *(26)*. Sprachen aber bedürfen der Interpretation *(27)*, unterliegen Konventionen *(28)*, sind übertragungsabhängig *(29)* und wandeln sich *(30)*. Auch unsere linguistischen Symbole bilden nur Repräsentationen des Wirklichen und dürfen nicht mit dem Repräsentierten selbst verwechselt werden. Wahrheit ist immer nur vermittelte Wahrheit und Wirklichkeit vermittelte Wirklichkeit. Das in der Vermittlung durchscheinende Urbild an sich kann nie linear, sondern höchsten injunktiv erfaßt werden. Doch selbst hier sind wir in seiner Erfahrung kognitiv an unserer Konstitution und kommunikativ an unsere Sprachbegriffe gebunden. Eine adäquate Apperzeption der ganzen Wirklichkeit ist daher endlichen Exemplaren einer endlichen Spezies sogar nichtlinear, geschweige denn linear

unmöglich. Unsere Wahrheiten nähern sich der Wirklichkeit an, ohne sie voll zu begreifen.
Die Vielfalt der Modellmöglichkeiten stellt einen Reichtum dar, während die beliebige Verabsolutierung eines einzigen Modells der Wirklichkeit zur Wirklichkeit schlechthin eine Verarmung bedeutet. Materialisten wollen als »schreckliche Vereinfacher« ein einziges Paradigma generalisieren, verursachen damit einen systematischen Fehler (den »bias« der statistischen Mathematik, der zu das ganze System verzerrenden Ergebnissen führt) und verdrängen noch dazu den ideelen Charakter grundsätzlich jeden Modells. Indem Idealisten darüber aber grundsätzlich Bescheid wissen, vermeiden sie einen solchen systematischen Fehler - auch wenn sie als endliche Menschen natürlich in Detailfragen nicht nur irren, sondern untereinander selbst streiten können (schließlich bedienen sie sich ebenfalls diverse Modelle und sprechen jeweils in einer speziellen Sprache, wodurch für genügend Möglichkeiten des Mißverstehens immer gesorgt ist). *(31)*
Es gibt verschiedene Wege zur Annäherung an die ganze Wirklichkeit. Der sicherlich grundfalsche liegt in der Verabsolutierung eines einzigen Modells *(32)*, vielleicht sogar noch des der deterministischen zweiten Physik. Dann noch Modelle der Wirklichkeit (zum Schluß gar ein einziges und naturwissenschaftlich überaltetes) für die »wirkliche« Wirklichkeit zu halten, verschärft die reduktionistische Verirrung: Bias-bedingte Verzerrungen müssen die zwangsläufige Folgen sein. Gesellschaft und Politik sind beispielsweise nicht das letzte Ergebnis der Wirtschaft alleine, oder nur des Kriegswesen oder der Psychologie oder der Kommunikation oder der Kulturgeschichte oder der Sozialkonflikte - oder, oder, oder. Selbstverständlich kann man sich zur Beschreibung und Lenkung gewisser Phänomene der Politik und Gesellschaft ökonomischer, militärischer, psychologischer, kommunikativer, kulturhistorischer oder konflikttheoretischer et cetera Modelle bedienen, solange einem ihr grundsätzlich nur paradigmatischer Charakter bewußt bleibt. Jedem wirklichen Naturwissenschafter ist dies mittlerweile wieder klar geworden. Aber Politik, veröffentliche Meinung und Sozialwissenschaften sind - großteils weiterhin unbeeindruckt von Quantentheorie, Fraktalgeometrie, nichtlinearer Mathematik, Systemtheorie, Kommunikationsforschung, Ge-

staltpsychologie und Unvollständigkeitstheorem - immer noch fest in der Hand materialistischer Halbgebildeter und Ewiggestriger.
Selbst die Kombination verschiedener Modelle ermöglicht bestenfalls eine asymtotische Annäherung an das einheitliche Ganze der vollen Wirklichkeit. Da das Ganze mehr ist als die Summe seiner Teile, werden auch nochsoviele Modelle nie die letzte Wirklichkeit und Ganzheit umfassen können. Idealisten wissen dies und werden sich vor der Generalisierung empiristischer »Weisheiten« hüten. Empirische Theorien mögen als pragmatisch verwendbare Instrumente und Hilfsmittel zu gebrauchen sein, eignen sich aber nicht zu einer ernsthaften Beschreibung ästhetischer, geschichtlicher und sittlicher (nichtlinearer) Erscheinungen, sind als konkrete Handlungsanweisungen gänzlich unzulänglich (sie sollte man einer indeterministischen Ethik überlassen) und gewähren keinerlei Einblick in letzte Wahrheiten und Zusammenhänge (die Aufgabe der Religion und Philosophie sind). Die ganze Wirklichkeit hat soviele Dimensionen wie das sie erst erschließende menschliche Bewußtsein, und für jede Dimension gibt es legitime und adäquate Beschreibungs-, Erklärungs- und Handlungsmodelle *(33)*.
Doch völlig unzulässig ist es, die Methode einer Dimension auf andere Dimensionen zu übertragen oder eine Dimension für die einzig wirkliche zu halten: Für die Bewohner einer zweidimensionalen Welt sieht die »Realität« völlig anders aus als für die Bewohner einer dreidimensionalen, erstere können sich nicht einmal einen Begriff von Welt letzterer machen *(34)*. Woher nehmen wir eigentlich die Sicherheit, daß unsere drei (oder mit der Relativitätstheorie vier) Dimensionen die volle Wirklichkeit ausmachen? Können sich die meisten bereits ein vierdimensionales Universum nicht mehr vorstellen, so erst recht niemand ein zum Beispiel siebendimensionales. Die Breite unseres Bewußtseinsspektrums konstituiert den Umfang und die Qualität der uns zugänglichen Wirklichkeit, ohne daß je diskursiv ein letztes Wort über die ganze Wirklichkeit und die Zahl ihrer Dimensionen gesprochen werden könnte.
Die Beschreibung keiner einzigen Bewußtseins- und Wirklichkeitsebene darf daher einen Alleingültigkeitsanspruch stellen oder nur für sich Wissenschaftlichkeit reklamieren. Nichtlineare Differen-

tialgleichungen, Intuition, Imagination, Gestaltwahrnehmung, Injunktion, Selbstorganisation und Ganzheitlichkeit sind sehr wohl wissenschaftlich in den Griff zu bekommen, nur müssen dazu weitere und teilweise andere Methoden als die des simplen linearen Determinismus verwendet werden. Die Scheuklappen des konventionellen Wissenschaftsbetriebes von Einzeldisziplinen bedürfen interdisziplinärer Korrekturen *(35)*. Ein Methodenmonismus kann niemals in die Lage versetzen, Einsicht in die ganze Wirklichkeit zu gewinnen. Je mehr bereits ein Student über Jahre gezwungen ist, die Unmenge spezieller wissenschaftlicher Terminologien und Technologien seines Wissensgebietes zu erlernen, desto mehr unterzieht er sich unbewußt einer Gehirnwäsche. Ein solchermaßen einseitig erzogener Wissenschafter droht sich immer mehr der Möglichkeit zu begeben, die Grundlagen seiner Wissenschaft zu hinterfragen *(36)*. Es gilt also, für jede Bewußtseins- und Wirklichkeitsebene die entsprechenden wissenschaftliche Methodik zu entwickeln und anzuwenden. Unwissenschaftlich kann allein die Verwendung der für eine Dimension legitimen Methode auf eine andere oder gar auf alle übrigen Dimensionen sein. Die newtonsche Mechanik vermag also in gewissen Bereichen durchaus ihre Gültigkeit zu bewahren, der reduktionistische Irrtum war nur, sie zu generalisieren und ihre Voraussetzungen zu negieren.

Analogische Definition, negative Ausschließung und Injektion sind wie Analyse und Synthese oder Induktion und Deduktion grundsätzlich gleichwertig. Sie werden in repräsentativen Symbolen kommuniziert und wissenschaftssoziologisch tradiert *(37)* - nicht ihre begriffliche Zeichen, sondern ihr verstehbarer, aber nicht voll übersetzbarer Sinn stellt den wahren Inhalt der ganzen Wirklichkeit dar. Nur in ihr kommt es zum Zusammenfallen der Gegensätze, zur »coincidentia oppositorum« des *Nikolaus von Kues (38)*. Diese Wirklichkeit, die Einheit von Objekt und Subjekt, dieser Sinn oder diese Ganzheit ist physikalisch wie philosophisch Geist, er steht a priori am Anfang und a posteriori am Ende. Deshalb führen auch deterministische Methoden gleicherweise wie meditative zu transzendentalen Ergebnissen. Jede Wissenschaft gebiert ihre eigenen Mythologien, die naturwissenschaftlichen ihre physikalischen und die theologischen ihre religiösen. Gemeinsam ist ihnen ihr unverändert transzendentaler Charakter:

Wie schon ihre Anfangsgründe immer nur metaphysisch gewesen waren *(39)*, so sind es wiederum ihre Produkte. *(40)*
Zwischen ideellem Anfang und ideellen Ende liegen die pseudomateriellen Manifestationen des Geistes in Zeit und Raum. Nach *Kant* stellen Raum und Zeit »Anschauungsformen« des wahrnehmenden Subjektes dar, die nur für die Erscheinungswelt, aber nicht »an sich« wirklich sind *(41)*. Für *Aristoteles* stellen sie »Kategorien« dar, tragen also auch intelligiblen Charakter. Und beide sind nach *Einstein* relative Begriffe *(42)*. Sie machen die Bedingungen für die Immanenz aus und sind empirisch selbst nicht unmittelbar faßbar, sondern werden nur anläßlich der Erfahrung gedanklich gewonnen. Ist der Raum die bloße Form der sinnlich wahrnehmbaren Welt und gekennzeichnet durch das Ausgedehntsein von Gegenständlichem sowie das Auseinandersein von Gegenständen in drei Dimensionen, so ist die Zeit die leere Form des Nacheinander, die zurückbleibt, wenn man von allem abstrahiert, was sich im Ablauf ereignet. Quantenphysikalisch kommt zu den drei Raumdimensionen die Zeit als vierte Dimension hinzu *(43)*. Die raumzeitlichen Anschauungsformen umfassen, enthalten und konstituieren die Empirie, ohne selbst als solche unmittelbar beobachtbar zu sein.
Raum und Zeit müssen also Ausschnitte eines Bandes sein, das über sie selbst, das heißt über Raum und Zeit hinausgeht. Dieser kosmologische Schluß erfährt nicht nur eine merkwürdige Entsprechung durch *Aspects* experimentelle Überprüfung der bellschen Ungleichungen *(44)*, sondern stützt sich vor allem auf die zahlreichen injunktiven Experimente und Techniken zu allen Epochen in allen Kulturen *(45)*. Meditationsübungen oder Zen- (chinesisch Chan-) Techniken erfordern nicht minder ernsthafte und jahrelange Beschäftigung wie die Experimentalphysik, um zu befriedigenden und brauchbaren Einsichten zu finden. Nur ihre Wege sind verschieden: Die Physik wendet sich an die äußeren Erscheinungen der beobachtbaren Phänomene, während die Meditation sich nach innen richtet, um der großen Einheit von Individuum und Kosmos gewahr zu werden. Für beide Wege sind nicht alle Menschen gleich begabt, doch sind sie gleichermaßen legitim und wahr. Vor allem aber kommt die dritte Physik zu Ergebnissen, die mit der Transzendentalphilosophie und der Mystik (»my-

ein« heißt die Augen schließen, sich versenken, introspektivisch schauen) geradezu ident sind *(46).*

Samt den darin enthaltenen »Objekten« bilden Raum und Zeit ein Kontinuum: Ohne zeitliche Dauer können keine Objekte existieren, und umgrenzte Objekte müssen von Raum umgeben sein. Zeit, Raum und Objekte bedingen sich also gegenseitig, hängen voneinander ab, sind untrennbar und durchdringen sich wechselseitig. Ist eines von ihnen unwirklich, so sind es die anderen auch. Wenn Raum und Zeit Anschauungsformen sind und die Natur der physischen Objekte (siehe Welle-Teilchen-Problem) mental bestimmt wird, wie wird wohl die Qualität des ganzen Kontinuums beschaffen sein - stofflich oder geistig? Obendrein gewinnen wir den Eindruck von Objekten gestaltpsychologisch, indem wir etwas aus dem kontinuierlichen Universum als »Figur« selektiv herausfiltern und vom untrennbar verbundenen »Hintergrund« abheben. Den so gewonnenen »Dingen« verpassen wir noch begriffliche Eigennamen und verwechseln immer mehr unsere Ausschnittssymbolik mit der einheitlichen Wirklichkeit an sich *(47).* Je weiter in der Folge der Wissenschafter die in Wahrheit untrennbare Wirklichkeit zerstückelt, analysiert und durch den Drehwolf der Experimente preßt, umso mehr muß er sich gleichzeitig stets bewußt machen und erhalten, daß im Grunde der Kosmos eins ist, das Sein in allen seinen Formen durch die Arten unseres Bewußtseins bestimmt wird, und sein Treiben nur Illusion bildet. Tut er dies nicht, wie es insbesondere die zweite Physik vergaß, verfällt er dem reduktionistischen »bias«.

Eben weil aber das Universum eine ganzheitliche Einheit darstellt, ist es zur Selbstorganisation fähig und verhält sich nichtlinear *(48).* Raum und Zeit bilden einen Ausschnitt aus einem weit über sie hinausgehenden, mehrdimensionalen und sie erst bedingenden Wirklichkeitsspektrum - und mit ihnen die Objekte in Raum und Zeit. »Das Endliche ist nicht das Gegenteil des Unendlichen, sondern nur sozusagen ein Auszug daraus.« *(49)* Die Unendlichkeit und die Ewigkeit sind aber keine Quasiverlängerungen von Raum und Zeit, sondern sind überräumlich und überzeitlich. Es gibt keinen Meditationsbericht, der nicht diesen dimensionalen Qualitätsunterschied schildert. Nicht nur *Aspect* sprang experimentell über die Zeitgrenze, sondern auch für die Mystiker aller Zeiten und Kulturen fallen Ausdehnung und Abfolge, Vergangenheit und Zukunft oder Gegenwart und Ewigkeit zusammen: *Plotin (50)*, *Augustinus (51)*, *Meister Eckehart (52)*, Zen *(53)*, Tien-tai (japanisch Tendai) *(54)*, Taoismus *(55)*, Sufismus *(56)*, Hinduismus *(57)*, heute Graf *Dürckheim (58)*, *Watts (59)*, *Govinda (60)*, *C.G. Jung (61)*, *Krishnamurti (62)*, der Dalai Lama *(63)* oder *V. E. Frankl (64)* - die Liste ließe sich beliebig fortsetzen. Die kosmischen Elemente agieren auch für die Systemtheorie nicht als isolierte Einheiten in linearer und mechanistischer Kausalität, sondern sind alle miteinander in untrennbaren Interaktionen verwoben *(65)*.

Wer sich nicht durch sein ästhetisches oder religiöses Empfinden, den Verlauf der Geschichte, die dritte Physik, die Gestaltpsychologie, die nichtlineare Mathematik und Fraktalgeometrie oder die Systemtheorie überzeugen ließ, dem stehen die injunktiven Methoden der Wirklichkeitssuche offen, um zum identischen Ergebnis zu gelangen: Das Leben und Treiben sowie die Erscheinungen in Raum und Zeit sind ein einziger großer Koan (chinesisch Kung-an). Es ist alles eins, gleich gegenwärtig, raumlos sowie geistig, und der Subjekt-Objekt-Dualismus wird als Illusion durchschaut *(66)*. Der menschliche Wille ist mit dem Willen Gottes eins geworden, das Individuum geht im ewigen All auf und nimmt am überzeitlichen Sein teil. Um den eigentlichen Sinn jenseits aller dualistischen Denkweisen und logischen Widersprüche wirklich zu erfassen, muß man sich durch einen nichtlinearen, intuitiven und injunktiven Sprung selbst transzendieren. Das Hua-tou (japanisch Wato) oder die »Pointe« des Kung-an/Koan muß man selbst »hautnah« erfahren - aus sich selbst heraus erklärt sich kein System deskriptiv vollständig (siehe *Gödels* Unvollständigkeitstheorem *(67)*).

Bloß die zweite Physik war geistfeindlich, die moderne ist es nicht mehr im Geringsten. Nur schade, daß Politik und Gesellschaft nach wie vor dem veralteten Naturwissenschaftsmodell verhaftet sind, welches physikalisch bestenfalls noch in einigen makrokosmischen Bereichen brauchbar ist, aber nicht einmal hier überall (siehe Bifurkationen oder seltsame Attraktoren). Der Materialismus präsentiert sich als die Weltanschauung der perfekten Apperzeptionsverweigerung. Wen wundert es, daß durch den herrschenden Mechanismus und oberflächlichen Atomismus heute mehr

Schaden als Nutzen anrichten wird? Es wird höchste Zeit, Politik und Gesellschaft vom Materialismus zu reinigen, geistfreundlich zu durchdringen und in weiterer Folge ethisch zu gestalten.

(1) Marin CARRIER und Jürgen MITTELSTRASS, Geist, Gehirn, Verhalten. Das Leib-Seele-Problem und die Philosophie der Psychologie. Verlag Walter de Gruyter, Berlin 1989.

(2) John C. ECCLES, Das Gehirn des Menschen. Sechs Vorlesungen für Hörer aller Fakultäten. Aus dem Amerikanischen von Angela HARTUNG. Völlig überarbeitete und erweiterte Neuausgabe. 5. Auflage. Piper Verlag, München 1984.

(3) Rupert RIEDL, Evolution und Erkenntnis. Antworten auf Fragen unserer Zeit. Piper Verlag, München 1982.

(4) Erwin SCHRÖDINGER, Geist und Materie. Verlag Vieweg, Braunschweig 1966, S 31.

(5) PLATON, Politeia (lat. »Res publica«, dt. »Staat«). Deutsch von K. VRETSKA. Verlag Philipp Reclam, Stuttgart 1985 (Universal-Bibliothek 8205).

(6) Alfred North WHITEHEAD. Abenteuer der Ideen. Verlag Suhrkamp, Frankfurt a.M. 1971.

(7) Ken WILBER, Das Spektrum des Bewußtseins. Ein metapsychologisches Modell des Bewußtseins und der Disziplinen, die es erforschen. Aus dem Amerikanischen von Jochen EGGERT. Scherz Verlag. Bern 1987, S 45.

(8) Erwin SCHRÖDINGER, Meine Weltansicht. Paul Zsolnay Verlag, Wien 1961.

(9) Pierre TEILHARD de Chardin, Der Mensch im Kosmos. 7. Auflage. C.H. Beck Verlag, München 1964.

(10) George Spencer BROWN, Laws of Form (Dt. »Formgesetze«). Verlag Julian, New York 1972.

(11) Erwin SCHRÖDINGER, Was ist Leben? Sammlung Dalp, Band I. Verlag Leo Lehnen, München 1951.

(12) Alan W. WATTS, The Supreme Identity (Dt. »Die höchste Identität«). Vintage Books, New York 1971.

(13) Michael DUMMETT, Wahrheit. Fünf philosophische Aufsätze. Übersetzt und herausge-(13)geben von Joachim SCHULTE. Philipp Reclam Verlag, Stuttgart 1982 (Universal-Bibliothek 7840).

(14) Siehe Fußnote 4, S 62.

(15) Alfred TARSKI, Der Wahrheitsbegriff in den formalisierten Sprachen. In: K. BERKA und L. KREISER, Logik-Texte. Wissenschaftliche Buchgesellschaft, Darmstadt 1983.

(16) Siehe Fußnote 4, S 58 ff.

(17) Zur ganzen Problematik vergleiche: Hans-Peter DÜRR (Herausgeber), Physik und Transzendenz. Scherz Verlag, Bern 1986.

(18) A. COMMINS & R.N. LINSCOTT (Herausgeber), Man and the Universe (Dt. »Menschheit und Universum«). Washington Square Press, New York 1969.

(19) Hubert BENOIT, Die hohe Lehre. Verlag O.W. Barth, München 1958.

(20) Albert EINSTEIN, zitiert in: Paul WATZLAWICK, Wie wirklich ist die Wirklichkeit? Wahn-Täuschung-Verstehen. 14. Auflage. Piper Verlag, München 1986 (Serie Piper 174), S 73.

(21) Peter L. BERGER und Thomas LUCKMANN, Die gesellschaftliche Konstruktion der Wirklichkeit. S. Fischer Verlag, Frankfurt a.M. 1970.

(22) Herbert PIETSCHMANN, Das Ende des naturwissenschaftlichen Zeitalters. Paul Zsolnay Verlag, Wien 1980, S 114-142.

(23) Sir Karl Raimund POPPER, Logik der Forschung. 8., weiter verbesserte und vermehrte Auflage. Mohr Verlag, Tübingen 1984.

(24) Wolfgang CASPART, Handbuch des praktischen Idealismus. Universitas Verlag, München 1987.

(25) Jacques MONOD, Zufall und Notwendigkeit. Philosophische Fragen der modernen Biologie. Aus dem Französischen von Friedrich GIESE. Vorwort zur deutschen Ausgabe von Manfred EIGEN. 6. Auflage. Piper Verlag, München 1983.

(26) Rudolf CARNAP, Logische Syntax der Sprache. 2. Auflage. Springer Verlag, Wien 1968.
(27) Willard van Orman QUINE, Wort und Gegenstand. Übersetzt von Joachim SCHULTE und Dieter BIRNBACHER. Philipp Reclam Verlag, Stuttgart 1980 (Universal-Bibliothek 9987).
(28) David LEWIS, Konvention. Eine sprachphilosophische Abhandlung. Aus dem Amerikanischen von Roland POSER und Detlef WENZEL. Verlag Walter de Gruyter, Berlin 1975.
(29) Paul HENLE (Herausgeber), Sprache, Denken, Kultur. Suhrkamp Verlag, Frankfurt a.M. 1969.
(30) Ronald D. LAING, H. PHILLIPSON und A. Russell LEE, Interpersonelle Wahrnehmung. Übersetzt von Hans-Dieter TEICHMANN. Suhrkamp Verlag, Frankfurt a.M. 1971.
(31) Donald DAVIDSON, Wahrheit und Interpretation. Übersetzt von Joachim SCHULTE. Suhrkamp Verlag, Frankfurt a.M. 1986.
(32) Paul WATZLAWICK (Herausgeber), Die erfundene Wirklichkeit. Wie wissen wir, was wir zu wissen glauben? Beiträge zum Konstruktivismus. Verlag Piper, München 1981.
(33) James R. NEWMAN, The World of Mathematics (Dt. »Die Welt der Mathematik«). Verlag Simon and Schuster, New York 1956.
(34) Edwin A. ABOTT, Flächenland. Eine phantastische Geschichte in vielen Dimensionen. Verlag Klett-Cotta, Stuttgart 1982.
(35) Thomas S(amuel) KUHN, Die Struktur der wissenschaftlichen Revolutionen. Aus dem Amerikanischen von Hermann VETTER. Suhrkamp Verlag, Frankfurt 1978.
(36) I. Bernard COHEN, Revolutions in Science (Dt. »Revolutionen in der Wissenschaft«). Belknap Press, Cambridge, Mass. 1985.
(37) siehe Fußnote 15.
(38) Nikolaus von KUES, De visione Dei (Dt. »Von der Schau Gottes«). Lateinisch/Deutsch in: Philosophisch-Theologische Schriften, herausgegeben von Leo GABRIEL, übersetzt von Dietlind und Wilhelm DUPRÉ, Band III. Herder Verlag, Wien 1967.
(39) Immanuel KANT, Metaphysische Anfangsgründe der Naturwissenschaft. Gesammelte Schriften (Akademie-Ausgabe), Band IV. Verlag Reimer, Berlin 1903 (Reprint Verlag Walter de Gruyter, Berlin 1968).
(40) Werner HEISENBERG, Quantentheorie und Philosophie. Vorlesungen und Aufsätze. Herausgegeben von Jürgen BUSCHE. Verlag Philipp Reclam, Stuttgart 1979 (Universal-Bibliothek 9948).
(41) Immanuel KANT, Kritik der reinen Vernunft. Felix Meiner Verlag, Hamburg 1976 (Philosophische Bibliothek 37a).
(42) Albert EINSTEIN, Über die spezielle und allgemeine Relativitätstheorie. 21. Auflage. Verlag Vieweg, Braunschweig 1969.
(43) Siehe Fußnote 42.
(44) Alain ASPECT, Jean DALIBARD & Gerard ROGER, Experimental Test of Bell's Inequalities Using Time-varying Analyzers (Dt. »Experimentelle Überprüfung der bellschen Ungleichheiten durch Verwendung zeitvarierender Zergliederung«). Physical Review Letters, 49, Nr. 91 (1982).
(45) Ananda K. COOMARASWAMY, The Transformation of Nature in Art (Dt. »Die Umwandlung der Natur in Kunst«). Verlag Dover, New York 1956.
(46) Werner HEISENBERG, Physik und Philosophie. Mit einem Beitrag von Günther RASCHE und Bartel L. van der WAERDEN. 3. Auflage. Hirzel Verlag, Stuttgart 1978.
(47) Siehe Fußnote 4, S 102 ff.
(48) Andreas DRESS, Hubert HENDRICHS und Günter KÜPPERS (Herausgeber), Selbstorganisation. Die Entstehung von Ordnung in Natur und Gesellschaft. Verlag Piper, München 1986.
(49) Ananda K. COOMARASWAMY, Time and Eternity (Dt. »Zeit und Ewigkeit«). Verlag Artibus Asial, Ascona 1947, S 71.
(50) POLTIN(OS), Enneaden (Dt. »Neuheiten«). Plotins Schriften, Griechisch/Deutsch, herausgegeben von Richard HADER, Rudolf BEUTLER und Willy THEILER. Neubearbeitung mit griechischem Lesetext und Anmerkungen, 6 Bände. Felix Meiner Verlag, Hamburg 1956-1971 (Philosophische Bibliothek 211a - 215c, 276).

(51) Aurelius AUGUSTINUS, De vera religione (Dt. »Über die wahre Religion«). Lateinisch/Deutsch und mit Anmerkungen von Wilhelm THIMME. Nachwort von Kurt FLASCH. Philipp Reclam Verlag, Stuttgart 1983 (Universal-Bibliothek 7971).

(52) Meister ECKEHART, Deutsche Predigten und Traktate. Herausgegeben von Josef QUINT. Carl Hanser Verlag, München 1963 (Diogenes Taschenbuch 20642).

(53) Daisetsu Teitaro SUZUKI, Satori - Der Zen-Weg zur Befreiung. Aus dem Englischen übersetzt von Jürgen EGGERT. O.W. Barth Verlag, Bern 1987.

(54) Charles LUK (d.i. LU Kuang Yü), Geheimnisse der chinesischen Meditation. Rascher Verlag, Zürich 1967.

(55) DSCHUANG Dsi, Das wahre Buch vom südlichen Blütenland. Übersetzt von Richard WILHELM. Verlag Diederichs, Düsseldorf 1972.

(56) Gustav MENSCHING, Die Religion. Eine umfassende Darstellung ihrer Erscheinungsformen, Strukturtypen und Lebensgesetze. Ungekürzte Lizenzausgabe. Wilhelm Goldmann Verlag, München o.J. (Gelbes Taschenbuch 882-883).

(57) Ursula von MANGOLDT (Übersetzerin), SHANKARA. Das Kleinod der Unterscheidung. O.W. Barth Verlag, Bern 1981.

(58) Karlfried Graf DÜRCKHEIM, Der Alltag als Übung. Verlag Hans Huber, Bern 1966. Oder derselbe, Zen und Wir. Verbesserte Neuauflage, Verlag Hans Huber, Bern, 1976.

(59) Alan W. WATTS, Zen-Buddhismus. Tradition und lebendige Gegenwart. Verlag Rowohlt, Reinbek 1961. Oder derselbe, Die Illusion des Ich. Kösel Verlag, München 1980.

(60) Lama Anagarika GOVINDA, Buddhistische Reflexionen. O.W. Barth Verlag, Bern 1983.

(61) Carl Gustav JUNG, Gesammelte Werke. Band V, Symbole der Wandlung. Rascher Verlag, Zürich 1952. Oder derselbe, Kommentar zu: Richard WILHELM (Übersetzer), Das Geheimnis der goldene Blüte. Diederichs Verlag, Köln 1986.

(62) Jiddu KRISHNAMURTI, Schöpferische Freiheit. 3. Auflage. O.W. Barth Verlag, Bern 1979.

(63) Dalai Lama TENZIN Gyatso, Das Auge der Weisheit. Grundzüge buddhistischer Lehre. O. W. Barth Verlag, Bern 1975.

(64) Viktor E. FRANKL, Der unbewußte Gott. Kösel Verlag, München 1974.

(65) Ludwig von BERTALANFFY, Systemtheorie. Vorwort von Ruprecht KURZROCK. Colloquium Verlag, Berlin 1972.

(66) Daisetsu Teitaro SUZUKI, Leben aus Zen. Einführung von WEIL-LANG (HUI-NENG). Vorwort von Eugen HERRIGEL. Übersetzt von Ursula von MANGOLDT und Emma von PELET. Lizenzausgaben, Suhrkamp Verlag, Frankfurt a.M. 1982 (Taschenbuch 846).

(67) Kurt GÖDEL, Werke. Deutsch und Englisch herausgegeben von Solomon FEFERMAN. Oxford University Press, New York 1986.

5. KAPITEL

Das Kernproblem der Teleologie

Bestimmt immer die Metaphysik, was je Physik sein wird, so kommt die moderne Naturwissenschaft - und nur darin unterscheidet sie sich von der zweiten Physik - selbst zu transzendentalen Ergebnissen: Sie sind letztenendes nichtlinear, fraktal, ganzheitlich, systemübergreifend und geistig. Trotzdem bedarf auch die dritte Physik *vorhandener* Beobachtungsgegenstände, im eigentlichen Sinn kann sie wie die zweite Physik nur Vergangenes untersuchen. Die Zukunft entzieht sich ihrem *unmittelbaren* Zugriff genauso wie dem ihrer Vorgängerin - empirisch beobachtbare Gegenstände müssen hic et nunc analysiert werden können. Es kann nicht genug betont werden, daß die Erfahrungswissenschaften letztlich allesamt *retrospektive* Methoden verwenden. Im Zuge der empirischen Beobachtungen bedient sich der Mensch derselben Logik wie bei der Beschäftigung mit Zukunftsfragen, wodurch der fälschliche Eindruck entsteht, als sei die Zukunft die bloße Fortsetzung der Vergangenheit, wodurch die Zukunft dank der retrospektiven empiristischen Methoden empiristisch vorhersagbar erscheint.

In Wahrheit sind aber die empiristischen Wissenschaften mit *Heisenberg* unscharf, mit *Gödel* unvollständig und mit *Popper* provisorisch, wie sich die Natur nach modernem Wissensstand ganzheitlich, synergetisch, nichtlinear und fraktal verhält, also indeterministisch. Die konsequente Anwendung deterministischer Methoden führte den Determinismus selbst ad absurdum und konstituierte sogar einen immanenten Indeterminismus (der transzendentale stand ohnehin seit der Nikomachischen Ethik des *Aristoteles (1)* oder der Theodizee von *Leibniz (2)* nie ernsthaft in Zweifel). Wenn sich demnach naturwissenschaftlich bereits die Empirie in der Vergangenheit nichtlinear verhalten hat, dann haben wir für die Zukunft erst recht keinen Grund, Linearität anzunehmen. An der Vergangenheit läßt sich nur deshalb nichts mehr ändern, eben weil sie schon eingetreten ist (aber nicht weil sie seinerzeit unfrei war!), während die Zukunft offen ist.

Warum beschäftigen wir uns überhaupt mit der Vergangenheit?

Wozu verwenden wir retrospektive Methoden? Wohl nicht zuletzt deshalb, weil wir in den bisher sichtbaren Strukturen Unterlagen und Mittel zur Gestaltung des Kommenden und unseres zukünftigen Lebens suchen. Am Geschehen können wir sowieso nichts mehr ändern - nicht um der Vergangenheit, sondern um der Zukunft willen beschäftigen wir uns mit dem Gewesenen. Die Befassung mit dem bisher Eingetretenen und die Verwendung retrospektiver Methoden haben also durchaus ihre Berechtigung, nur werden wir mit ihnen die Zukunft nie voll meistern können. Begehen wir den reduktionistischen Irrtum, die nach rückwärts gewandte lineare Methodik für erschöpfend zu halten, um die ganze Wirklichkeit beschreiben und sogar noch in die Zukunft hinein vorhersagen zu können, so erscheint das Kommende als die von hinten nach vorne weitergeschobene bloße Fortsetzung des Gewesenen. Wir könnten uns ruhig niedersetzen, zurücklehnen und die Augen schließen, denn das Notwendige wird künftig ohnehin eintreten müssen. Jede Eigentätigkeit wäre nicht nur Illusion, sondern vor allem auch überflüssig und sogar hinderlich, ließe sich überhaupt etwas unternehmen. Nur verhält sich eben kein lebender Mensch wirklich so, auch kein Wissenschafter und Politiker, nicht einmal die materialistischen.

Geschichte ist mehr als die Erinnerung an Vergangenes - sie ist zugleich noch die Erwartung des Künftigen. Genau deshalb beschäftigen wir uns ja auch mit ihr: In ihr drückt sich metaphysische Überzeitlichkeit aus, die der Materialist retrospektivisch »objektiviert« ausschließlich in den mechanistischen »Gesetzen« der physischen Welt vergeblich zu finden hofft. Das Nicht-mehr-Seiende und das Noch-nicht-Seiende gehören ganzheitlich zusammen und wirken als Ge-Schichte mehrdimensional, vielschichtig und über die Zeiten hinweg. Die in Vergangenheit und Zukunft wirkenden Kräfte bilden eine transzendentale Einheit, aus der heraus sie für unser raum-zeitliches Bewußtsein »dialektisch« erkennbar werden. »Geschichtliches Bewußtsein ist dialektisches Bewußtsein katexochen. Es deckt Unterschiede und Widersprüche auf zwischen dem, was ist und dem, was war, zwischen herrschenden und erhofften Zuständen und Verhältnissen. Solche Unterschiede und Widersprüche brechen die Gegenwart auf, sie relativieren sie: der Absolutheitsanspruch der gegenwärtigen Tatsachenwelt wird

zurückgewiesen. Geschichtliches Bewußtsein wird so zum stärksten und unbezwinglichen Gegner des Positivismus.« *(3)*
Zur Bewältigung der Zukunft bedarf es also in erster Linie »prospektiver« Methoden. Diese aber folgen keinen linearen Determinismen, sondern dem Sittengesetz, dem Kategorischen Imperativ *(4)*: »Handle so, daß die Maxime deines Handelns jederzeit zugleich als Prinzip einer allgemeinen Gesetzgebung gelten könne.« Das Sittengesetz ist das Prinzip des Handelns, ohne dem auch kein Erkennen möglich ist. Jedes Erkenntnis beruht auf Handlungen, die wieder auf dem redlichen oder sittlichen Willen zur wirklichen Erkenntnis aufbauen müssen, um überhaupt Wahrheit entstehen zu lassen. Das Prinzip des Erkennens, die Wahrheit, ist also vom Prinzip des Handelns abhängig und geht aus ihm hervor *(5)*. Alleine aus dem in die Zukunft gerichteten und ethischen Wollen gehen diejenigen Handlungen hervor, welche erst Wahrheit und Erkenntnis ermöglichen. Weil die Wahrheit zu erkennen schlechthin gut ist, eröffnet die sittliche Willenstat die Wirklichkeit. Wie die Metaphysik die Physik bestimmt, so bestimmt die Ethik die Wissenschaft. Die Moral legt fest, was erkannt wird, und jede wahre Erkenntnis ist sittlich. Das Soll des Sittengebotes, der Kategorische Imperativ, ist das einzig wirklich Feste und ermöglicht uns durch unser Handeln das Begreifen der Welt. *(6)*
Im Handlungsprinzip einigt sich die scheinbare Teilung der Betrachtung aus theoretischer (reiner) und praktischer Vernunft, und weil das Prinzip des Handelns ein sittliches ist, sowie Erkenntnis nur aufgrund eines ethischen Wollens möglich wird, ist die praktische Vernunft der verantwortlichen Freiheit die Wurzel aller Vernunft. Damit ist aber zugleich das ethische Prinzip die Wurzel aller Prinzipien und ihre Methode, die vorwärts auf den verantwortlichen Gebrauch der Freiheit gerichtete, die Wurzel aller Methoden. Alleine zufolge der Konstitution unserer raumzeitlichen Anschauungsformen teilt sich das, was jenseits von Raum und Zeit eine Einheit bildet, in die »Hälften« Vergangenheit und Zukunft. Mit dem Bewußtsein teilt sich auch unsere Vernunft in die theoretische (die mit retrospektiven Methoden arbeitet) und in die praktische (die mit prospektiven Mitteln ihre Aufgaben bewältigt). In der ethischen Durchdringung der Wissenschaften vereinigen wir das künstlich Geteilte wieder, geben ihm

die ganzheitliche sittliche Ausrichtung und ermöglichen uns ein Zurechtfinden im Chaos der Erscheinungen.
Niemand forscht nur deshalb, weil ihm ausschließlich das interessiert, was gewesen und nicht mehr zu ändern ist. Auch die theoretische Vernunft, ihre retrospektiven Methoden, jede Analyse und alle Wahrheitssuche zielen auf etwas, das entelechetisch über dem untersuchten Detail steht und uns noch heute etwas für die Zukunft zu sagen hat. Alle unsere Anstrengungen richten sich auf einen höheren Telos, den wahren Grund und das größere Ganze, welches über die feststellbare Vergangenheit noch in die Zukunft hineinreicht *(7)*. Die Ableitung »naturwissenschaftlicher Gesetze« dient ja genau dem Zweck, dieses Bleibende herauszufiltern. Letztlich ist all unser Streben final, intentional und teleologisch, nach einem letzten Grund hin, ausgerichtet, selbst das physikalische und retrospektivische.
Keine wissenschaftliche Forschung, kein gesellschaftliches Bemühen, keine ökonomische Anstrengung, keine militärische Aktion, kein Gebet und keine caritative Hingabe wäre antiteleologisch erklärbar. Die Teleologie läßt sich nicht aufheben, nur unterdrücken und verdrängen. Die Teleologiefeindlichkeit der alten newtonschen »Naturwissenschaft« entspringt denselben Motiven wie ihre Metaphysikfeindschaft, führt zum identischen, die Wirklichkeit verzerrenden »bias« und ist genauso unhaltbar. Der Mensch hat nun einmal einen unleugbaren Willen zum Sinn, dessen Unterdrückung nur Neurotizismen hervorruft *(8)*. Ist es wirklich unwissenschaftlich, nach dem »wozu« zu fragen, nur weil ein aufgeblasener Positivismus mit seinen Instrumentarien darauf nicht einzugehen vermag? Ein Positivismus, der in seiner Metaphysikfeindlichkeit seine eigenen metaphysischen Anfangsgründe verdrängt hat! Es darf niemanden mehr wundern, daß ein so entwickelter Materialismus durch seinen systematischen Reduktionsmus nicht nur der Wahrheit Abbruch tat und tut, sondern auch den Menschen und dem Leben buchstäblich Gewalt antat und antut.
Zur Gestaltung der Zukunft haben wir uns also an die prospektive Idee des an sich Guten zu halten, während die mit den retrospektiven Methoden gemessenen Objekte nicht mehr und nicht weniger als die Instrumente des sittlichen Willens bilden. Es ent-

spricht eben dem ganzheitlichen Charakter des Idealismus, weder materialistisch die in Verantwortung freie Zukunftsgestaltung zu ignorieren, noch in rein spiritualistischer Physisablehnung die naturwissenschaftlichen Hilfsmittel außer acht zu lassen. Jede Vernunftform hat ihre legitimen Aufgaben- und Einsatzgebiete, allerdings geht der Wille der Erkenntnis voraus, und die Ethik ermöglicht erst die Wahrheitsfindung. Dies drückt eine Vernunfthierarchie aus, innerhalb jeder Vernunftsdimension oder Bewußtseinsstufe freilich hat man sich an die jeweils legitime Methodologie zu halten: Nichts wäre falscher, als an die Mystik plötzlich physikalische Maßstäbe anzulegen, oder aber in der Physik auf einmal hierin nicht enthaltenen metaphysischen Gesichtspunkten zum Durchbruch verhelfen zu wollen.

Leider wird aber viel zu oft genau dieser Fehler begangen: Da bringen Physiker unzusammenhängend sogar mythologische Figuren in ihre fachspezifischen Forschungen ein *(9)*, Materialisten versteigen sich in Utopien *(10)*, Marxisten entdecken die Anthroposophie *(11)* oder Theologen stützen ihre Heilsgeschichten auf einzelne naturwissenschaftliche Aspekte *(12)*. Solche unzulässige Methodenmischungen stiften heillose Verwirrung und wirken kontraproduktiv für Anliegen, die auf einer anderen Bewußtseins- und Vernunftebene durchaus legitim sind. An sich ernstzunehmende Naturwissenschafter disqualifizien damit die Physik, und Theologen liefern sich dadurch dem Materialismus aus. In Wahrheit kann man Physiker, Ethiker und Mystiker zugleich sein, wenn man einerseits die jeweils gültige Methodologie auf der entsprechenden Ebene peinlich einhält und andererseits die dienende Rolle der Physik und die herrschende der Transzendenz anerkennt. Dann läßt sich mit retrospektiven und deterministischen Methoden jenes Material zurechtrichten, das zur freien Zukunftsgestaltung verantwortlich zu verwenden ist.

Das prospektive Sollen folgt dem ideellen Telos des schlechthin Guten, und nur aus ihm entspringt der Wille zur Erkenntnis der Wahrheit als der Wurzel der Wissenschaft. Aus der, auch das an sich Gute umfassenden obersten Ganzheit stammen die apriorischen Voraussetzungen der aposteriorischen Erfahrungen. Auf diesen letzten ganzheitlichen Telos verweisen uns wieder a posteriori die heisenbergsche Physik und moderne Naturwissenschaft durch den entelechetischen Charakter des Elementarteilchenverhaltens, der Astrophysik, der Synergetik, der Systemtheorie und der nichtlinearen Selbstorganisation zurück. Die Physik geht nicht nur auf metaphysische Anfangsgründe zurück, sondern verweist von sich aus sogar inhaltlich auf den transzendentalen Telos, ohne daß sie einer zusätzlichen religiösen Nachhilfe bedürfte. Wer sich zudem der Beschränktheit und Ergänzungsbedürftigkeit unseres Modelldenkens bewußt bleibt, wird unmittelbar und mit unwiderstehlicher Kraft auf die Einbettung der Physik in die Metaphysik verwiesen, ohne daß er voreilig und unzulässig die Methoden mischen müßte. Die einzige wirkliche Stütze für den Atheismus und Materialismus ist die erkenntnistheoretische Blindheit; wer sich hingegen über die Grundlagen des Erkennens Klarheit verschafft, wird sich ab einem gewissen Stadium mit dem Verhältnis von Wollen, Handeln und Erkennen beschäftigen müssen und von sich aus zum Vorrang der prospektiven Ethik kommen.

Da die Metaphysik auch die Physik umfaßt, indem diese aus jener axiomatisch abgeleitet wird und wieder zu ihr zurückführt, zerfällt der Kosmos nicht in zwei voneinander unabhängige Hälften, sondern ist letzlich in der Transzendenz einheitlich. Die insgesamt teleologische Ausrichtung der metaphysisch begründeten und zu transzendentalen Ergebnissen führenden Naturwissenschaft wie die nicht minder finale Ausrichtung unseres tagtäglichen praktischen Verhaltens zeigen beide gemeinsam und jede für sich, daß alles was in Zeit und Raum existiert, sich an einem über Zeit und Raum hinausgehenden Telos orientiert und alleine aus ihm seine Bestimmung erhält. Für uns physische Wesen in Zeit und Raum gibt es nichts, was nicht letzten Endes einen über Zeit und Raum hinausgehenden transzendentalen und teleologischen Bezug hätte. Alle Physis ist aus und durch die Metaphysik. Die illusorische Unterscheidung von Geist und Materie oder Metaphysik und Physik entsteht bloß durch einen geistigen Akt und kann auch durch einen ebensolchen wieder überwunden werden. Der Ort der Trennung und Wiedervereinigung liegt zudem im Geist selbst. Der menschliche Geist ist wiederum teleologisch auf eine höchste Idee ausgerichtet, für die sich das Synonym »Gott« eingebürgert hat.

Physik verhält sich stets relativ zur Metaphysik. Physik ist provisorisch, paradigmatisch und voraussetzungsabhängig - absolut ist nur Metaphysik. Wer also ein sinnerfülltes Leben führen will, wird sich des metaphysischen Telos der Physis und der ideellen Ausrichtung auf den höchsten Telos voll bewußt sein müssen. Wir selbst sind Teil dieses Zweckes und je mehr wir ihn anstreben, desto vollständiger gehen wir in ihm auf und werden eins mit ihm. Um die Frage »wozu?« kommt niemand herum, der in Raum und Zeit lebt. Ob wir uns dieser Kernproblematik nun mehr oder weniger bewußt sind, so dreht sich doch unser ganzes Leben nur um die Lösung dieser Frage und dient alleine ihrer Beantwortung.

Der Telos der Immanenz ist zugleich auch der Bereich, aus dem er abgeleitet wird, die Transzendenz. Die Transzendenz wiederum findet ihren Telos in der Idee, aus der sie hervorgeht, in Gott. Die Einheit von Gott, Transzendenz und Immanenz, von Geist und »Materie«, von Vergangenheit und Zukunft ist für den in Raum und Zeit Stehenden teleologisch zu erreichen. Jenseits von Raum und Zeit besteht diese Einheit immer und ruht in sich. Der Telos des Bedingten liegt im Unbedingten und Bedingenden, der des Endlichen im Unendlichen oder Überräumlichen, der des Zeitlichen im Ewigen oder Überzeitlichen und der des Ohnmächtigen in der Allmacht. Was transzendental absolut und stets richtig ist, gilt auch endlich. All unsere Bemühungen streben letztlich nach dem allzeit und absolut Richtigen. Selbst für den Positivisten ist nur das gültig, was überindividuell und »objektiv« über die Zeiten hinaus Geltung besitzt. Das Ziel des Endlichen und Bedingten ist die Harmonie mit dem Unendlichen und Bedingenden.

Sobald wir das Gute an sich um seiner selbst willen tun, dienen wir einem göttlichen Attribut und sind eins mit unserem höchsten Zweck. Indem der Mensch dem Sittengebot folgt, ist er in der Ewigkeit Gottes geborgen. Letztlich will niemand das Böse an sich, ein Irrtum ist nur in der Setzung der richtigen Reihenfolge der Güter möglich. Auch der Atheist leugnet nur deshalb Gott, weil er Ihn nicht zu erkennen vermag. Und der Materialist negiert den Geist, weil er von den metaphysischen Anfangsgründen und seit *Heisenberg* zudem von den transzendentalen Ergebnissen der Naturwissenschaften nichts weiß.

Wer freilich nicht den Kategorischen Imperativ zu seiner Handlungsmaxime zu erheben in der Lage ist, weil seinem einspurigen

Denken wegen der reinen Außenausrichtung seiner Beobachtungen die transzendentale Position mangelt, muß willkürlich Ersatzgüter an seine Stelle setzen. Diese sind aber untereinander gleichrangig, gleich wahr und gleich falsch sowie überzogen, da sie metaphysisch nicht überhöht werden können. Doch gerade in solchen Ersatzreligionen, materialistischen Weltanschauungen, Versatzeschatologien und Utopien kommt die unausrottbare teleologische Ausrichtung des Menschen zum Durchbruch. Nur sind diese zur »fixen Idee« generalisierten Güter untereinander beliebig austauschbar, da sie - wegen des Fehlens der Idee des Guten an sich - ethisch nicht in einen größeren Rahmen eingeordnet werden können. Deshalb sind sie auch untereinander zwangsläufig verfeindet und unversöhnlich friedensunfähig, selbst wenn sie rhetorisch den ewigen Frieden auf ihre Fahnen geheftet haben mögen.

Naturgesetze sind im Grunde keine Gesetze der Natur, sondern menschliche, die der Natur zugeschrieben werden. Deshalb sind naturwissenschaftliche Theorien bloß provisorisch gültig, womit sich angesichts der transzendentalen Ewigkeit auch tadellos leben läßt. Nun beweist die Sehnsucht pseudonaturwissenschaftlicher Materialisten nach »ewigen Naturgesetzen« erneut ihre letztlich genauso teleologische Orientierung (über die sie sich aber bei Metaphysikern mokieren), eine Hoffnung, die aber naturwissenschaftlich infolge des vorläufigen, unscharfen, unvollständigen und illusorischen Grundcharakters aller Erfahrungswissenschaften immer frustriert werden muß. Wenn Gesetze (die als solche stets menschliche Formulierungen sind) schon an die Ewigkeit heranreichen, so sind dies die metaphysischen. Wer sich als urbaner Massenmensch, gehalten in den seelenlosen Wohnbatterien der Großstadt und mit *Konrad Lorenz* der »Verhausschweinung« anheimgefallen in übelster materialistischer Manier ausschließlich an die stets provisorische Physik hält, verliert die Empfindung für die nichtlineare Ästhetik und wird zwangsläufig traditionslos *(13)*. Wessen einzige Stütze grundsätzlich provisorische Naturwissenschaftstheorien sind, kann selbst nur eine provisorische Daseinshaltung entwickeln, muß in den Tag hinein leben, wird zwangsläufig manipulierbar, findet seinen Rückhalt nur mehr im Kollektiv, flüchtet in seiner Existenzangst entweder in den Fatalismus oder in den Fanatismus und wird somit wortwörtlich Opfer einer kollektiven und noogenen Neurose im Sinne Frankls *(14)*. Materialismus macht krank.

Die Frustration des Sinnwillens und der Teleologie führt im psychiatrischen Sinn zur Neurose und im theologischen zur Diabolik *(15)*. Medizin und Religion gehören offensichtlich nicht nur bei den »Primitiven«, sondern auch bei den »Zivilisierten« doch irgendwie zusammen. In der Seelsorge haben in unseren heutigen metaphysikfeindlichen Zeiten vielfach die Psychotherapeuten, Ärzte und Psychologen die priesterlichen Aufgaben übernommen *(16)*. Die besseren unter ihnen haben längst die Transzendenz wiederentdeckt (während manche in »Paulus-Gespräche« mit dem Materialismus vertiefte Theologen sie zusehends verlieren) und verstehen es offenbar besser als ihre geweihten Vorgänger, die moderne naturwissenschaftliche Medizin in den Dienst der Metaphysik zu stellen.

Wenn wirklich die - grundsätzlich provisorische! - Naturwissenschaft die »Religion« unserer Zeit sein soll *(17)*, wofür tatsächlich vieles spricht, brauchen wir uns über den von der Wurzel her frustrierten Sinnwillen mit allen seinen Begleitfolgen nicht zu wundern. Da in der - nochmals sei's gesagt: prinzipiell unvollständig und unscharf erkennbaren - Physis selbst keine Sinnfindung erfolgen kann, wird es also höchste Zeit, wieder zur allein sinnstiftenden Metaphysik und damit zu einer unverfälschten Religiosität zurückzufinden. Letztere entsteht freilich nur, wenn man ein persönliches Verhältnis zu Gott gefunden hat, was wiederum nur in einer Beziehung der Unmittelbarkeit zu Gott möglich ist. Die häufige priesterliche Angst vor einer so zustande kommenden Privatisierung oder Individualisierung der Religion ist freilich in tieferem Sinne unbegründet: Im Verstehen des göttlichen Wesens wird auch die Wahrheit jeder Religion erkannt *(18)*. Lediglich die raum-zeitlichen äußeren Formen der historischen Religionen verlieren etwas von dem Stellenwert, auf welchen die Religionsorganisationen umso größeren Wert legen, je unlebendiger und adynamischer ihre eigene Beziehung zum Numinosen geworden ist. Je konfessioneller, dogmatischer und institutionalisierter Religionen kanonisch erstarrt sind, desto intoleranter werden sie nicht nur, sondern versperren auch noch den unmittelbaren Zugang zu Gott. *(19)*

Einem sinnsuchenden Menschen können keine Glaubensbekenntnisse helfen, sondern nur die lebendige Empfindung der über ihn hinausgehenden Allmacht, Unendlichkeit, Ewigkeit, Schönheit, universellen Einheit, Liebe, Güte, Furchtbarkeit, Erhabenheit und wie die Attribute Gottes immer noch lauten mögen. Wer zu keinen »Gipfelerlebnissen« oder »high experiences« gelangt, möge sich nicht nur dadurch trösten, daß selbst eine intensive Befassung mit Naturwissenschaft noch lange keine nobelpreisverdächtigen Forschungsergebnisse zutage fördern muß, sondern daß auch die apriorischen Voraussetzungen und die aposteriorischen Resultate der modernen Naturwissenschaften den nötigen Zugang zur transzendentalen Dimension eröffnen. Zweifellos ist es für einen im Alltagsleben Stehenden nicht leicht, vom »Apara-Vidya« zum »Para-Vidya«, vom Alltagswissen zur direkten, absoluten Erkenntnis, vom deskriptiven zum injunktiven Bewußtsein und von der objektiven Heilsvermittlung zur meditativen Heilssuche aufzusteigen. *(20)*
Als Minimaleinsicht genügt fürs erste, daß auch in der Transzendentalphilosophie der numinose »Rest« sichtbar wird. Dazu ist in der heisenbergschen Physik und modernen Naturwissenschaft die Metaphysik sogar inhaltlich greifbar. Selbst die konsequente Iteration deterministischer Methoden führt zu indeterministischen und fraktalen Ergebnissen sowie den Determinismus ad absurdum. Wem der materialistische Aberglaube noch nicht vollends mit eindimensionaler Blindheit geschlagen und jegliche nichtlineare Sensibilität geraubt hat, wird den Mantel Gottes noch in der Geschichte, der Kunst und der Natur rauschen hören. Richtig mag freilich sein, daß tiefere Religiosität nicht anders als die echte Naturwissenschaft die Sache einer soziologischen »Elite« ist, und die »breite Masse« nicht die Höhe der eigentlichen religiösen Ideen erreicht, sondern in einer »Vorhofreligion« stehen bleibt *(21)*. Je intensiver allerdings jemand auf der Sinnsuche ist, desto mehr wird er von der Einzelwissenschaft zur Transzendentalphilosophie und von der Vorhofreligiosität zu mystischer Eigenerfahrung schreiten.
Eine sinnentleerte und wertverlustig gegangene Zeit verlangt von sich aus nach Idealismus und Unmittelbarkeit zu Gott. Christlich gesprochen tut heute Katechese im idealistischen Sinn der augustinischen Theologie not, während die pseudorationalistische tho-

mistische Theologie das »gnostische« Bedürfnis *(22)* gerade des sinnsuchenden Teils der heutigen Christenheit unbefriedigt läßt.
Nur nebenbei bemerkt kommt die Gemeinsamkeit von *Augustinus* dem Einheitbedürfnis der christlichen Kirchen nur entgegen, wogegen *Thomas von Aquin* ein allein römisch-katholischer Kirchenlehrer ist. Der Thomismus konnte überhaupt nur auf dem bereits durch den augustinischen Neuplatonismus über Jahrhunderte hin aufbereiteten und gesicherten Boden entstehen und wachsen. Letzterer sprach in einer vergleichbaren Zeit durch seinen unmißverständlichen Idealismus die entwurzelten Menschen der Spätantike besser an als die aristotelische Peripatetik und wäre daher auch heute katechetisch geeigneter. Überhaupt ist der »Glaubensverlust« (besser: Verlust der Transzendenz zuerst, dann Verlust der religiösen Traditionen und schließlich Wertverlust allgemein) ein katechetisches und kein wissenschaftstheoretisches Problem.

Zweifellos haben die theologischen Kämpfe des Christentums vom 4. bis 8. Jahrhundert, im 12. und 13. Jahrhundert und dann wieder im 16. und 17. Jahrhundert hervorragende Werke hervorgebracht, »die hinsichtlich ihrer scharfen und durchdringenden Begriffsanalysen, ihrer Exaktheit, der Tiefe und Weite ihrer Gedanken und ihrer Logik den bedeutendsten Schöpfungen des Menschengeistes gleichkommen« *(23)*. Doch beweist der heutige materialistische Zeitgeist, daß die hohe Qualität und die weite Quantität dieser theologischer Studien alleine offensichtlich keineswegs ausreichen, sondern immer aus neue verinnerlicht werden wollen. Der teleologische »Trieb« verlangt nach einer lebendigen Katechetik und verständigen Transzendentalphilosophie, an scholastischen Lehrbüchern besteht dagegen in keiner (westlichen!) Bibliothek Mangel - dafür scheint im Osten ohne formale Stützen und trotz grausamster Repressionen der Sinn für lebendige Transzendenz sogar im Wachsen begriffen. Sollen die tiefschürfenden Gedanken früherer Generationen nicht verlorengehen, so brauchen sie weniger formal tradiert, als inhaltlich verstanden und verinnerlich zu werden.

Wenn mit *Gustav Mensching*, dem Nestor der vergleichenden Religionswissenschaften, Religion die erlebnishafte Begegnung des Menschen mit dem Numinosen und das antwortende Handeln des vom Numinosen bestimmten Menschen ist *(24)*, dann hat jede Religion einen absoluten und einen menschlich-relativen Anteil. Folglich können Religionen sterben, aber niemals Gott. Versagen historische Religionen hinsichtlich der Lebendigerhaltung ihrer eigentlich gemeinten »Lebensmitte«, und vermag die Priesterschaft einer Religion den typischen Kern ihres religiösen Anliegens katechetisch nicht mehr weiter zu vermitteln, dann ist es um den Untergang einer solchen Religion nicht schade: Ihren Platz wird eine andere, vielleicht sogar neue Religion einnehmen, und was an der alten noch lebenskräftig war, wird in die überlebende oder neu geschaffene Religion mit übernommen. Streiten sich also von Gott zwar inspirierte, aber von Menschen getragene Kirchen über äußere Erscheinungsformen, ohne daß sie den Kern des tradierten numinosen Begegnungserlebnisses lebendig erhalten können, so bleiben sie selbst im Vorhof stehen und bereiten sich ihr eigenes Ende. Der teleologische Trieb und das religiöse Bedürfnis der am Numinosen selbst interessierten Menschen wird sich neuen Erfahrungen und Begegnungserlebnissen zuwenden. Die höchste Idee Gottes teilt sich dann für die an ihr Interessierten eben anders mit: Eigenes metaphysisches Begreifen, frische Offenbarungen, andere mystische Erlebnisse und neue »Söhne Gottes« *(25)* treten an die Stelle derer, die nicht mehr verstanden werden oder nichts mehr zu sagen haben.

Für einen transzendental begabten Menschen bedarf es letztlich nicht einmal religiöser Traditionen, jedenfalls keiner erstorbener, denn im Grunde ist jedermann fähig, sich selbst auf die Sinn- und Gottessuche zu machen. Auch die beste und lebendigste Tradition wird jemandem, dem die Sinnfrage auf den Nägeln brennt, nicht vollständig befriedigen können, sodaß er sich - freilich gestützt auf vorhandene Überlieferungen - durch nichts von der eigenen Suche abbringen lassen wird. Die heiligen Schriften sind nicht Gott, sondern führen zu Ihm.

Religionen, die mystische Eigenerfahrungen fördern und selbst mystisch sind, tun sich bei der Vermittlung der »unio mystica« leichter als prophetische Buchreligionen, die eifersüchtig über ihr Offenbarungsmonopol wachen. Erstere können zugleich toleranter als letztere sein, wissen sie doch, daß ein »Erleuchteter« nach seinem numinosen Begegnungserlebnis die lebendige Wahrheit des eigenen kulturellen Traditionskerns wie das fremde religiöse Anliegen versteht. Religiöse Monopolinstitutionen dagegen fürchten theologisch wie soziologisch um ihre Exklusivrechte und oberste Autorität. Nur wenn sich der Mystiker vor der »gesehenen« - Apokalypse fürchtet, greift er zur Gewalt und wird intolerant *(26)*. Freilich muß sich dann der mystische Apokalyptiker die Frage gefallen lassen, ob ihm in Wahrheit die Welt mehr wert ist als Gott und das Weltende, mit dem doch die reine Herrschaft Gottes auch auf ihr endgültig errichtet sein soll.

Um das Kernproblem der Teleologie kommt somit auch keine Religion und keine Theologie herum: Zur Zeit ihrer Stiftung hat sie der Telos inspiriert, nun gilt es, ihn in der raum-zeitlichen Tradition lebendig und begreifbar zu erhalten. Freilich nur die im Vorhof Stehenden anzusprechen, und das von einer selbst im Vorhof stehenden Priesterhierarchie, langweilt und frustriert auf die Dauer die religiöse und transzendentale Elite, die dann selbständig ihren Telos suchen und finden wird. Ihre numinosen Erlebnisse gewinnen im antwortenden Handeln jene Eigendynamik, welche die im Vorhof Stehenden anzieht, aber die veräußerlichte Priesterschaft einer alten unlebendigen Religion im Vorhof einsam zurückläßt.

Infolge der ökologischen Ganzheitlichkeit des modernen idealistischen Denkens kommt der zentralen höchsten Idee eine durchschlagenden Wirkung zu, sodaß die Transzendenz zu wichtig ist, um ihre Interpretation konfessionellen Theologen und Dogmatikern alleine zu überlassen. Ist für den Christen die liebende Beziehung Gottes zu den Menschen, für den Muslim die unbedingte und Gehorsam erzwingende Allmacht Gottes, für den Hindu die laufende Wiederkehr der Erscheinungen des ewig Einen, für den Buddhisten das Leid der physischen Welt und ihre Aufhebung oder für den Taoisten die kosmologische Einbettung des menschlichen Geschicks in die ewige Ordnung des Universums der wesentliche Kern seiner Religion, so umfaßt Gott all diese Aspekte - und noch viele weitere. Für die eine Kultur steht eben der eine und für die andere ein weiterer numinoser Aspekt im Vordergrund, ohne daß der eine den anderen ausschlösse. Achtung gebührt jedem Aspekt, jeder Religion und aller Transzendentalphilosophie, doch die höchste Idee ist mehr als all dies zusammen: Es

gibt keinen exklusiven Gott nur für die Reichen oder nur für die Armen beziehungsweise ausschließlich für eine einzelne Kultur. Ein seines Namens würdiger Gott steht über solchen menschentypischen Kategorien, Er steht hinter jeder Religion und jedem ernsthaften Anliegen, Er ist das Erklärbare und das Unerklärbare sowie Notwendigkeit und Zufall in einem. *(27)*
Zum antwortenden Handeln des transzendental ergriffenen Menschen gehören einerseits speziell religiöses und allgemein ethisches Tun sowie andererseits Gemeinschaftsbildung und -bindung *(28)*. Schon von daher bewirkt Metaphysik immer unmittelbar soziologische Implikationen. Wer etwas zu sagen hat, bildet um sich einen Schülerkreis, der sich erweitert und meist organisatorische Formen annimmt. Auf der einen Seite bleiben sich diejenigen besonders verbunden, welche den Kern des Anliegen lebendig begreifen, auf der anderen Seite bilden sich Schulen heraus, die akademisch und dogmatisch die Aussagen und Lehren des »Meisters« sortieren, aufbereiten, sichern und tradieren. Überlieferung und Neubildung gehören stets zusammen und machen ein ganzheitliches Spannungsfeld aus, dessen eigentlich Gemeintes letztlich jedermann für sich erwerben muß. Lehrgebäude und Schultraditionen vermögen zu helfen, doch die lebendige Einsicht in den Wesenskern erfolgt nur über den Weg der unmittelbaren Verinnerlichung.

Die teleologische Ausrichtung jedes Menschen erfolgt natürlich in seinem jeweiligem Kulturmilieu. Deshalb ist einerseits jede Kultur und jede Religion gleich achtenswert, wie auch in jeder Kultur letztlich derselbe Gott zum Vorschein kommt. Andererseits wird man in keiner fremden Religion einen wirklich anderen Gott als in der eigenen entdecken. Jede historische Religion und menschliche Gottesvorstellung enthält die Entelechie des einen wirklichen, namenlosen und allumfassenden Gottes. Eine teleologische Sinnsuche bleibt unvollendet, wenn sie nicht über den dogmatischen Streit der Konfessionen hinausreicht. Religiöse Intoleranz mag sich legitim gegen den Atheismus wenden, entströmt aber in der Stellung der historischen Religionen und Kulturen zueinander keinesfalls dem höchsten Telos. Es im staatsrechtlichen Sinn nur mit einer einzigen Religion zu tun zu haben, der alle Bürger oder »Untertanen« angehören sollen, kann etatistisch von Vorteil sowie allenfalls noch in weiterer kasuisitscher Ableitung moralisch und sozialphilosophisch vertretbar sein, entspricht aber soziologisch einem möglichen Bedürfnis oder Wunsch des Staates und nicht primär einer wirklichen Gottesschau.

Sozialphilosophisch ist der Idealismus also konfessionell tolerant, so vorrangig ihm *wegen* der entelechetische Ausrichtung aller Lebensaspekte die höchste Idee schlechthin ist. *Für* die teleologische Sinnstiftung stehen Staat und Gesellschaft in einer dienenden Funktion, sind nie letzter Zweck an sich und bedürfen der transzendentalen, nun einmal ihren Ausgang im obersten Telos nehmenden Legitimation. Wichtiger als die äußeren Staats- und Gesellschaftsformen ist ihr geistiger Inhalt. Die bloßen Funktionsmechanismen und gesellschaftlichen Spielregeln bedeuten abstrakt solange nichts, bis sie transzendentalphilosophisch mit teleologischen Geist erfüllt werden. Gesellschaftliche Verantwortung erobert sich die idealistische Freiheit, welcher der höchste Telos die Bahn weist *(29)*. Indem die höchste Idee jedermann persönlich zu seiner individuellen Pflicht ruft, werden niemals Langeweile und Einförmigkeit aufkommen.

Dementsprechend haben die empirischen Wissenschaften die teleologische Grundproblematik des menschlichen Daseins selbst wiederentdeckt: Die Sinnfrage ist mittlerweile zu einer Grundproblematik der Psychologie und Psychotherapie geworden *(30)*. Die naturwissenschaftliche Erkenntnis kann nur in ethischer Verantwortung umgesetzt werden *(31)*. Humanethologisch ist der Mensch an die selbstgeschaffene Gigantomanie einer mechanistischen Technologie und Sozialphysik gar nicht angepaßt und kann sich in ihr bestenfalls noch ganzheitlich und ethisch zurechtfinden *(32)*. Sogar in den Wirtschaftswissenschaften weiß man heute, daß der allgemeinen geistigen Ausrichtung erst die Theorien, »Mechanismen« und ökonomischen »Gesetze« folgen *(33)*. Der Materialismus wird zuletzt auch entelechetisch überholt und falsifiziert.

---

(1) ARISTOTELES, Ethika Nikomacheia (Lat. »Ethica Nicomachea«, Dt. »Nikomachische Ethik«). Deutsch herausgegeben von G. BIEN. 4. Auflage, Felix Meiner Verlag, Hamburg 1985 (Philosophische Bibliothek 5).

(2) Gottfried Wilhelm (von) LEIBNIZ, Essais de theodicée sur la bonté de Dieu, la liberté de l'homme et l'origine du male (Dt. »Versuche der Theodizee über die Güte Gottes, die Frei-

heit des Menschen und den Ursprung des Übels«). Übersetzt von A. BUCHENAU. Felix Meiner Verlag, Hamburg 1977 (Philosophische Bibliothek 71).

(3) Friedrich ROMIG, Neopositivismus und Ganzheitslehre. Eine Auseinandersetzung mit K. Popper. Zeitschrift für Ganzheitsforschung, Wien IV/1972, S 56.

(4) Immanuel KANT, Kritik der praktischen Vernunft. Felix Meiner Verlag, Hamburg 1985 (Philosophische Bibliothek 38).

(5) Hartmut von HENTIG, Erkennen durch Handeln. Versuche über das Verhältnis von Pädagogik und Erziehungswissenschaften. Verlag Klett-Cotta, Stuttgart 1982.

(6) Wolfgang CASPART, Handbuch des praktischen Idealismus. Universitas Verlag, München 1987, S 33 ff.

(7) Robert SPÄMANN und Reinhard LÖW, Die Frage wozu? Geschichte und Wiederentdeckung des teleologischen Denkens. Piper Verlag, München 1981.

(8) Viktor E. FRANKL, Der Mensch vor der Frage nach dem Sinn. Eine Auswahl aus dem Gesamtwerk. 3. Auflage, Piper Verlag, München 1979.

(9) Robert OPPENHEIMER anläßlich des ersten Atombombenversuches in der Wüste von Nevada: »Wir haben die Arbeit des Teufels getan« (zitiert in: Herbert PIETSCHMANN, Das Ende des naturwissenschaftlichen Zeitalters. Paul Zsolnay Verlag, Wien 1980, S 323). Daß *Oppenheimer* im Nachhinein sein Gewissen gepackt haben soll, vermag ihn moralisch nicht zu rehabilitieren: Er hätte sich im Vornhinein seiner Sache ethisch sicher sein müssen, post festum (nach der physikalischen Kettenreaktion) kommt die Reue zu spät und hat im empirischen System selbst nichts mehr verloren.

(10) André GORZ, Wege ins Paradies. Thesen zur Krise, Automation und Zukunft der Arbeit. Rotbuch Verlag, Berlin 1988.

(11) Christoph STRAWE, Marxismus und Anthroposophie. Verlag Klett-Cotta, Stuttgart 1986.

(12) Am berühmtesten wohl bei: William PALEY, Natural Theology. Or Evidences of the Existence and Attributes of the Deity Collected from the Appearances of Nature (Dt. »Natürliche Theologie. Oder Beweise der Existenz und Merkmale des Göttlichen, gesammelt aus den Naturerscheinungen«). 2. Auflage, Verlag J. Vincent, Oxford 1828. Eine moderne Versionen derselben Vorgangsweise bietet zum Beispiel: Hugh MONTEFIORE, Bischof vom Birmingham, The Probability of God (Dt. »Die Wahrscheinlichkeit Gottes«). SCM Press, London 1985.

(13) Konrad LORENZ, Die acht Todsünden der zivilisierten Menschheit. 8. Auflage, Piper Verlag, München 1974.

(14) Viktor E. FRANKL, Theorie und Therapie der Neurosen. Einführung in die Logotherapie und Existenzanalyse. Ernst Reinhardt Verlag, München 1967, S 185 ff.

(15) Siehe Fußnote 6, S 164 ff.

(16) Viktor E. FRANKL, Ärztliche Seelsorge. Grundlagen der Logotherapie und Existenzanalyse. 9. ergänzte Auflage, Franz Deuticke Verlag, Wien 1979.

(17) Herbert PIETSCHMANN, Das Ende des naturwissenschaftlichen Zeitalters. Paul Zsolnay Verlag, Wien 1980, S 170 ff.

(18) Gustav MENSCHING, Toleranz und Wahrheit in der Religion. Bearbeitete Lizenzausgabe, Siebenstern Taschenbuch Verlag, München 1966 (Taschenbuch 81).

(19) Gustav MENSCHING, Die Religion. Eine umfassende Darstellung ihrer Erscheinungsformen, Strukturtypen und Lebensgesetze. Ungekürzte Taschenbuchausgabe, Wilhelm Goldmann Verlag, München o.J. (1959?) (Gelbes Taschenbuch 882-883).

(20) Ken WILBER, Das Spektrum des Bewußtseins. Ein metapsychologisches Modell des Bewußtseins und der Disziplinen, die es erfoschen. Scherz Verlag, Bern 1987.

(21) Gustav MENSCHING, Soziologie der Religion. Röhrscheid Verlag, Bonn 1947, S 148 ff.

(22) Zur Eschatologie und Gnosis zum Beispiel: Michael WALSH, Christen und Caesaren. Die Geschichte des frühen Christentums. Übersetzt von Gabriele WOLLMANN. Verlag Ploetz Freiburg, Würzburg 1988, S 133 ff.

(23) Arthur-Fridolin UTZ O.P. und Josef-Fulko GRONER (Herausgeber), Aufbau und Entfaltung des gesellschaftlichen Lebens. Soziale Summe Pius XII. Band III. Paulus Verlag, Freiburg i.d. Schweiz 1961, Absatz 4353.

(24) Siehe Fußnote 19, S 15.

(25) Gustav MENSCHING, Die Söhne Gottes. Leben und Legende der Religionsstifter. Texte ausgewählt und erklärt von Gustav MENSCHING. Holle Verlag, Darmstadt 1955.

(26) Hans-Jürgen GOERTZ, Thomas Müntzer. Mystiker-Apokalyptiker-Revolutionär. Verlag C. H. Beck, München 1989.
(27) Siehe Fußnote 6, S 48 ff.
(28) Siehe Fußnote 19, S 243 ff.
(29) Siehe Fußnote 6, S 219 ff.
(30) Viktor E. FRANKL, Die Sinnfrage in der Psychotherapie. Piper Verlag, München 1981.
(31) Hans-Peter DÜRR, Das Netz des Physikers. Naturwissenschaftliche Erkenntnis in der Verantwortung. Carl Hanser Verlag, München 1988.
(32) Irenäus EIBL-EIBESFELDT, Der Mensch - das riskierte Wesen. Zur Naturgeschichte menschlicher Unvernunft. Piper Verlag, München 1988.
(33) John Kenneth GALBRAITH, Die Entmythologisierung der Wirtschaft. Grundvoraussetzungen ökonomischen Denkens. Aus dem Amerikanischen von Monika STREISSLER. Paul Zsolnay Verlag, Wien 1988.

TEIL II:
IDEOLOGISCHE ENTFREMDUNG

6. KAPITEL:

Entstehungsbedingungen der Ideologien: Generalisierung, Relativierung und säkulare Mythenbildung

Ohne Zweifel sind einzelne Aspekte der empirisch faßbaren Wirklichkeit für die Menschen von größter Bedeutung. Hiezu gehören zum Beispiel die sozio-ökonomischen, biologischen oder ökologischen Einflüsse. Sie zu leugnen wäre absurd, nur über ihren Stellenwert kann man unterschiedlichster Meinung sein *(1)*. Da empirische Wissenschaften - richtig verstanden - auf transzendentalen Grundlagen aufbauen, verlieren sie vom idealistischen Standpunkt her betrachtet keinesfalls an Wert. Empirisch gewonnene Theorien erhalten doch unter transzendentalphilosophischen Gesichtspunkten ihre spezielle Bedeutung sowohl für das metaphysische Verständnis, als auch für idealistische Gestaltung und Durchdringung der Immanenz. Gerade der Idealismus gewährleistet den richtigen Umgang mit den empirischen Theorien und den sinnvollen Einsatz der Erfahrungswissenschaften als zielgerichtete Instrumente metaphysischen Wollens und Handelns.

Das Wesen einer Ideologie besteht hingegen darin, daß ein einzelner Aspekt der - mit *Einstein* relativen *(2)*, mit *Heisenberg* unscharfen *(3)*, mit *Gödel* unvollständigen *(4)* und mit *Popper* vorläufigen *(5)* - empirischen Wirklichkeit verabsolutiert und auf alle sonstigen Gesichtspunkte generalisierend übertragen wird. Die Überbewertung einer solchen einzelnen Einflußgröße bedingt die Relativierung aller anderen Kräfte und somit eine grobe Verzerrung der Realität. Die infolge Ideologisierung generalisierte empirische Theorie wirkt als systematischer Fehler oder »bias« und verfälscht nicht nur die Wertigkeit des eigenen Ansatzpunktes, die ihr unabhängig von jeder ideologischen Übertreibung zustehen würde, sondern auch die Bedeutung aller sonstiger empirisch gewonnener Theorien. *(6)*

Die zum verabsolutierten Götzen erhobene und maßlos generalisierte, ursprünglich aber erfahrungswissenschaftlich gewonnene Theorie bringt durch diese Ideologisierung die vorideologische Erkenntnis und das aus ihr möglicherweise fließende Anliegen noch selbst in Gefahr: Wer einen relativen Wert oder eine Einzelerkenntnis, die in einer größeren ethischen oder erkenntnistheoretischen Gesamtordnung durchaus ihre Berechtigung haben, aus dem ganzheitlichen Zusammenhang reißt und absolut setzt, darf sich nicht wundern, wenn man von ihnen angesichts ihrer mißbräuchlichen ideologischen Verwendung nichts mehr hören will *(7)*. Die Ideologisierung von theoretischen Begriffen wie Klasse, Rasse, sozialer Gerechtigkeit, Vaterland, Markt oder Gewinn droht die in ihnen ursprünglich enthaltenen Werte und Gültigkeiten pauschal zu diskreditieren.

Über empirisch gewonnene Theorien hinaus eignen sich auch Partialwerte für die Verabsolutierung zu Utopien, deren Generalisierungen nach dem Muster die Ideologiebildung vonstatten gehen *(8)*: Für ganzheitliche Zusammenhänge blinde Fanatiker sind heute schon feste dabei, durch Ideologisierung noch Demokratie, Frieden, Emanzipation und vielleicht sogar Umweltschutz obsolet zu machen. Da jede Ideologie eine empirisch gewonnene Theorie und jede Utopie einen Partialwert absolut setzt, ist keine mehr ideell zu überhöhen, weswegen sie untereinander zutiefst friedensunfähig und unversöhnlich sind. Sie müssen sich aus Gründen der Aufrechterhaltung des jeweils eigenen Absolutheitsanspruches gegenseitig bis aufs Messer bekämpfen, und wenn dabei die Welt zugrunde geht! An historischen Beispielen dafür fehlt es uns in diesem Jahrhundert wahrhaftig nicht. Nur dem Idealismus ist der Rückgriff auf die reinen und höchsten Ideen möglich, aus denen alleine jene wissenschaftstheoretische und ethische Aufbauleistung erbracht werden kann, die zur Reinigung mißbrauchter Theorien und Partialwerte von ihrer ideologischen Beschmutzung benötigt wird.

Soviele empirische Theorien es gibt, soviele Ideologien lassen sich erfinden. Daraus läßt sich sogar ein äußerst lehrreiches Gesellschaftsspiel machen: Man nehme nur irgendeine halbwegs interessante empirische Theorie, setze sie absolut, generalisiere ihre Bedeutung und relativiere alle anderen Gesichtspunkte und Theorien

- schon hat man eine »unschlagbare« Ideologie! Sophistische Beispiele gefällig? Bitte sehr! Bekanntlich gab und gibt es immer Wanderbewegungen in der überprüfbaren Menschheitsgeschichte. Je nach dem Grad des Überlebens und der historischen Wirkung ausgewanderter Völker oder Bevölkerungsschichten läßt sich daraus folgende Theorie aufstellen: Überflügelten die Auswanderer in ihrer geschichtlichen Wirksamkeit die Zurückgebliebenen (beispielsweise die Amerikaner die Engländer oder die Punier die Phönizier), so muß der »bessere« oder aktivere Bevölkerungsteil ausgewandert sein. War es umgekehrt (zum Beispiel die Ostgermanen in der Völkerwanderung), müssen die »minderwertigen« oder historisch gescheiterten Völker sich von den »höherwertigen« oder geschichtlich erfolgreicheren Brüdern getrennt haben oder gar ausgeschieden worden und auf »überlegenere« Völker getroffen sein, in die sie auf- und untergingen.
Soweit die Theorie, welche als eines unter vielen Modellen bis zu einem gewissen Grad brauchbar sein mag. Setzt man aber diese Theorie absolut, so »ist die Geschichte nichts anderes als« eine endlose Völkerwanderung. Eine perfekte Ideologie ist damit geboren, alle sonstigen geschichtswirksamen Einflüsse können zugunsten der neuen »fixen Idee« relativiert werden! Zwei flotte und zugleich beliebig austauschbare Ersatzmoralen können gleich mitgeliefert werden: Fühlt man sich dem zurückgebliebenen Bevölkerungsanteil angehörig, so bilden die Auswanderer den überschüssigen »Mob«, und man muß trachten, den »besseren« Teil der Bevölkerung im Lande zu behalten sowie den »schlechteren« loszuwerden. Empfindet man sich hingegen als Ausgewanderter, so gehören alle Emigranten einem höheren Menschenschlag an, und man muß sich bemühen, die eigene »Höherwertigkeit« zu erhalten, indem man alle Einwanderungswilligen nach den Kriterien der eigenen früheren Auswanderung qualifiziert.
Wem dieses Beispiel für Ideologiebildung zu einseitig sozialdarwinistisch erscheint, dem kann gerne ein milieutheoretisches zur Seite gestellt werden: Ein erdrückend umfangreiches empirisches Material weist darauf hin, daß zur Herrschaft innerhalb der menschlichen Gesellschaft ein gewisses Maß an Bildung sowie die Verfügungsgewalt über die Bildungseinrichtungen gehören. Idealerweise sind der »Herrscher« oder die Führungselite selbst die Gebildet-

sten, auf alle Fälle aber stehen sie an der Spitze der Bildungshierarchie, die sie selbst durchlaufen haben, aus der sie ihren Nachwuchs rekrutieren und deren Inhalte sie verkörpern. Daraus läßt sich spielend die Theorie aufstellen, daß die Verfügungsgewalt über die Bildungseinrichtungen und die damit gegebenen Indoktrinierungsmöglichkeiten eine wesentliche Quelle politischer Macht darstellen. An diesem theoretischen Modell wird wohl nicht so leicht zu rütteln sein.

Verabsolutiert man freilich diese Theorie, so ergibt sich folgendes Bild: »Die Geschichte ist nichts anderes als« Ausdruck der Herrschaft der relativ Gebildetsten und der Bildung. Innenpolitisch herrscht die nationale Bildungselite, außenpolitisch die gebildetste Nation und universell die Bildungselite der gebildetsten Nation! Auch diese prachtvolle Ideologie ist mühelos imstande, alle sonst geschichtswirksamen Faktoren zugunsten ihres generalisierenden Ansatzes zu relativieren! Natürlich ist auch für eine köstliche Ersatzmoral gesorgt: Wer Herr sein will, muß bestrebt sein, wenigstens der Bildungselite anzugehören und womöglich an ihre Spitze zu kommen; wer Knecht ist, hat dies seiner eigenen Unbildung zuzuschreiben. Dem Strebertum gehört die Welt. Bildung macht nicht nur frei, sondern bringt vor allem Macht, und alles, was der Bildung dient, ist auch für die Macht gut. Wer hegemonistische Ziele in der Außenpolitik verfolgt, muß unablässig das Bildungsniveau der eigenen Nation zu erhöhen bemüht sein. Macht durch Bildung und Bildung durch Macht!

Die Richtigkeit beider Beispiele ließe sich an historischem Material zur Genüge empirisch belegen, wie dies auch für alle anderen, nach derselben Methode entwickelten Ideologien der Fall ist. Ganze Bibliotheken lassen sich füllen, und trotzdem bleibt ein Pferdefuß: Jede Ideologie erhebt für sich den letzten Gewißheitsanspruch, sie alleine wisse empirisch, was das Wesen der Geschichte ausmache - doch jede Ideologie widerspricht jeder! Der Absolutheitsanspruch der einen Ideologie steht dem der anderen entgegen *(9)*. Jede behauptet anhand ihres empirischen Materials, nur ihre Version der »Die Geschichte ist im Grunde nichts anderes als ...« sei die wahrhaft richtige, und scheint dies durch ihre Beweismittel auch zu belegen.

Um bei den beiden soeben entwickelten Ideologiebeispielen zu bleiben: Die »Völkerwanderungsideologie« relativiert die »Bildungsideologie«, indem sie erklärt, daß die historisch Erfolgreicheren sich später eine höhere Bildung zulegen konnten, eben weil sie in erster Linie die Durchsetzungsstärkeren gewesen seien. Die »Bildungsideologie« wiederum relativiert die »Völkerwanderungsideologie« durch genau den gegenteiligen Hinweis, daß die geschichtlich Durchsetzungsstärkeren genau aufgrund ihres primär zugrundeliegenden höheren intellektuellen Potentials erfolgreich gewesen wären. Für die Völkerwanderungsideologen ist die Bildung nur ein Attribut der Durchsetzungskraft, während sich für die Bildungsideologen der Erfolg als Attribut der Bildung darstellt. Jede Ideologie erklärt die andere(n) bloß zu einer sekundären Funktion von sich selbst. Um jede Ideologie läßt sich in der Folge ein nicht enden wollender Kranz von Apologien, säkularen Mythen und Rationalisierungen flechten.

Die großen, historisch wirksam gewordenen Ideologien funktionieren allen nach dem selben Muster: Der Kapitalismus setzt das Modell des »homo oeconomicus« und sein »natürliches« Gewinnstreben absolut, der Nationalsozialismus den Sozialdarwinismus und der Marxismus die Zwangsläufigkeit seiner Auffassung des sozio-ökonomischen Geschichtsablaufes. Haben die kapitalistische und die marxistische Ideologie gemeinsam militärisch-politisch die nationalsozialistische besiegt, so stehen sich heute die beiden übriggebliebenen großen Ideologien bis an die Zähne bewaffnet feindselig gegenüber. Zum Teil selber (die Vereinigten Staaten in Korea oder Indochina) und vor allem durch ihre Stellvertreter (in Afrika oder Lateinamerika) bekämpfen sich die Vormächte dieser Ideologien weltweit, und daß es noch nicht zum offenen dritten Weltkrieg gekommen ist, verdankt die Menschheit nur der Angst auch der ideologischen Großmächte vor den Konsequenzen ihrer eigenen ABC-Waffen. Sieht man die jüngere Geschichte modellhaft als Auseinandersetzung der Ideologien (wobei der Idealismus weiß, daß noch andere Modelle nicht minder statthaft sind), so eröffnet sich letztlich nur eine einzige Folgerung: die nach der Überwindung des ideologischen Denkens.

Denn selbst wenn sich zum Schluß endlich nur mehr eine Ideologie durchgesetzt haben sollte (wobei es fraglich ist, ob angesichts der heutigen Waffentechnik dann die Welt noch steht), kann sie sich nicht zurücklehnen und ihren Sieg genießen. Immer muß sie fürchten, daß entweder die alten Ideologien wiederbelebt werden oder aber neue auftauchen. Daher müssen Ideologien stets tyrannisch sein: Im Kampf untereinander sind die eigenen »Reihen dicht geschlossen« zu halten, nach dem Sieg aber müssen die überwundenen ideologischen Gegenmächte am Wiederauftreten oder die Entstehung neuer Ideologien, die ja den Absolutheitsanspruch der herrschenden Ideologie infrage stellen würden, gehindert werden. Mögen also einzelne Ideologien in einer diesseitigen Eschatologie letztlich den Himmel auf Erden und den ewigen Frieden verheißen, so zwingt sie ihr eigener Mechanismus, daß sie ihr letztes Ziel nie erreichen. *(10)*

Da Ideologien definitionsgemäß durch die Verabsolutierung empirischer Theorien zustande kommen, innerhalb empirischer Modelle aber in deterministischen und mechanistischen Kategorien gedacht wird, wirft die soeben geschilderte Nichterreichbarkeit der ideologischen Ziele natürlich auch ein merkwürdiges Licht auf die als zwangsläufig dargestellten Ziele selbst: Denn entweder müssen sie notwendig eintreten, dann können sie weder durch einen revolutionären Voluntarismus gefördert noch durch feindliche Reaktionen behindert werden. Oder die Ziele sind faktisch unerreichbar, dann steht aber die ideologische Zwangsläufigkeit im schiefen Licht.

Untereinander sind alle Ideologien gleich »wahr«, nämlich gleich falsch. Ihr Irrtum liegt nicht in der ursprünglichen Theorie, sondern in deren Absolutsetzung. Wenn alle Ideologien ihre einander widersprechenden Lehren mit der Inbrunst letzter Wahrheit vertreten, die Erreichung ihrer eschatologischen Ziele selbst behindern und sich zudem jede durch die andere empirisch falsifizieren läßt, dann heben sie sich wechselseitig auf. Naturwissenschaftlich ist letztlich keine Ideologie, erstens wegen ihres, nach *Popper* unzulässigen Absolutheitsanspruches, zweitens wegen ihrer durch sie selbst erzeugten Unerreichbarkeit, drittens infolge ihres Widerspruches zwischen deterministischer Theorie und voluntaristischer Praxis und viertens wegen der schon durch die anderen Ideologien besorgten Falsifizierung. Wer ideologisch denkt, entschließt sich im Grunde für »seine« Ideologie aus subjektiven Motiven, die jenseits der für ihre ideologische Verbindlichkeit inanspruch genommenen Objektivität korrekter empirischer Wissenschaften liegen *(11)*. Selbst Ideologen kommen also um ein gewisses Maß an Transzendenz nicht herum, nur daß sie sich ihrer Metaphysik nicht mehr bewußt sind, wodurch sie ihre Ideen nicht konsequent ableiten, sondern an irgendeinem Punkt der Ideenhierarchie ihr Lieblingsthema willkürlich »fix« setzen.

Ob man sich beispielsweise für die Völkerwanderungsideologie, für die Bildungsideologie, oder aber kapitalistisch für die Verabsolutierung des »homo oeconomicus«, nationalsozialistisch für die Generalisierung des Sozialdarwinismus, marxistisch für die Absolutsetzung der dialektischen Wirtschaftsentwicklung oder für irgend eine andere, vielleicht sogar eine völlig neue Ideologie entschließt, ist in letzter Konsequenz eine überempirische »Glaubenssache«. Im Gegensatz zu Idealisten erfolgt dieser transzendentale Willensentschluß von Ideologen aber blind und willkürlich. Idealisten erkennen nämlich die Metaphysik prinzipiell an und wissen sie systematisch zu entwickeln, während die Fixierung der Ideologen auf ihre absolut gesetzte, ursprünglich empirisch gewonnene Theorie ohne übergeordneten Gedankenzusammenhang, ja sogar unter ausdrücklicher Verwerfung der Transzendenz und in vollem Stolz auf den rein »naturwissenschaftlichen« und »demaskierenden« Charakter ihrer »fixen Idee« erfolgt *(12)*.

Was die einzelnen Ideologien durch ihre wechselseitigen Widersprüche aneinander falsifizieren, sind nicht die wissenschaftlich korrekt gewonnenen Theorien, bevor sie ideologisierend generalisiert wurden, sondern ist der Absolutheitsanspruch und damit ihr eigentliches Charakteristikum. Marktgesetze, biologische Erscheinungen oder sozio-ökonomische Entwicklungen brauchen in einem erkenntnistheoretisch ganzheitlichen Rahmen nicht falsch zu sein, sie werden es erst durch ihre jeweiligen Generalisierungen *(13)*. Die Wichtigkeit einer freien Marktentwicklung, der Erbgesundheit oder von sozialen Gegensätzen wird kein Idealist bestreiten, sehr wohl aber ihre überbewertende Verabsolutierung. Es ist die Maßlosigkeit der ideell nicht überhöhten Ideologien, die zur Ausrottung der Indianer und Aborigines, den Opiumkriegen, den KZs und dem Gulag führen! *(14)*

Eine Ideologie betrachtet alles nur vom Standpunkt ihrer absolutgesetzten Theorie. Daher läßt sich von jedem beliebigen ideologi-

schen Gesichtspunkt aus die Geschichte neu schreiben und die Gesellschaftsentwicklung neu interpretieren *(15).* Jede Ideologie besitzt ihre eigene Geschichtsauffassung und Gesellschaftslehre, obwohl die wirkliche Geschichte doch immer dieselbe bleibt. Gerade weil die Sprache die Kultur schafft und die Begriffe das empirische Chaos erst erkenntnistheoretisch strukturieren, haben die Ideologien sogar ihre eigenen Sprachen entwickelt. *(16)*
Die Uminterpretation der historischen Ereignisse und gesellschaftlichen Entwicklungen führt letztlich zu säkularen Mythen, die so zahlreich sind, wie es Ideologien gibt. In ihren säkularen Mythos fließt bei jeder Ideologie die Apologie der eigenen Lehre ein, sie wird anhand der verabsolutierten Theorie »bewiesen«. Mühelos gelingt dieser Scheinbeweis jeder Ideologie, lassen sich doch sämtliche, gegen sie sprechende Gesichtspunkte relativierend unter die jeweils absolut gesetzte Theorie subsummieren. Folglich hat es wenig Sinn, mit einem Ideologen auf der Grundlage seiner Ideologie zu streiten. Der grundsätzliche Irrtum jeder Ideologie liegt in der willkürlichen Verabsolutierung einer empirisch gewonnenen Theorie und in der darauf folgenden paradoxen Ausbildung einer in der Regel antiideellen Ideenlehre.
Diese Widerspruch in sich ist der schlagendste Beweis für den Irrtum jeder Ideologie. Es kommt nicht darauf an, den Fehler der einen oder anderen Ideologie in diesem oder jenem Punkt zu beweisen, sondern den Grund für den Irrtum selbst. Der Fehler des ideologischen Denkens liegt in der Ideologiebildung selber und nicht in der eingestanden relativen, unscharfen, unvollständigen und provisorischen Theorie im Zeitpunkt vor ihrer Generalisierung. Es ist nicht sosehr maßgeblich, welche Theorie im Detail verabsolutiert und auf alle empirischen sowie historischen Phänomene ausgedehnt wird – entscheidend ist die Tatsache der unzulässigen Generalisierung überhaupt. Wer die Funktionsweise der Ideologisierung durch Generalisierung, Relativierung und säkulare Mythenbildung im Prinzip durchschaut hat, entlarvt jede Ideologie, gleichgültig was immer ihre fixe Idee sein mag.
Wer »berühmt« werden will, braucht nach dem soeben vorgestellten Muster nur eine neue Ideologie zu erfinden. Nie wird ihm langweilig werden, denn er kann nun fröhlich vom Ausgangspunkt seiner ideologisierten Theorie her seinen eigenen Mythos schrei-

ben. Alles läßt sich aus dem Blickwinkel einer fixen Idee über einen Kamm scheren und neu interpretieren. Solange es Leute gibt, die nicht gelernt haben und imstande sind, ihre Gedanken bis zu den höchsten Ideen fortzusetzen, wird der »Entdecker« einer neuen Ideologie eine staunende und bewundernde Anhängerschaft hinter sich herziehen. Wenn die von ihm absolut gesetzte Theorie ursprünglich empirisch-wissenschaftlich gewonnen wurde, darf er seine neue Ideologie auch noch »naturwissenschaftlich« nennen.
Die beste Methode, das ideologische Denken ein für alle Mal ad absurdum zu führen und zu überwinden, wäre vielleicht, jedermann zu veranlassen, selbst eine eigene Ideologie zu fabrizieren. Das Motto »jedem seine eigene Ideologie« würde die Haltlosigkeit des ideologischen Denkens am Anschaulichsten verdeutlichen. Denn soviele willkürlich und unterschiedlich absolut gesetzte »Wahrheiten«, wie es Individuen gibt, können nicht wirklich existieren. Der Wahrheitsanspruch setzt nämlich voraus, daß man eine Idee von der Wahrheit schlechthin besitzt und sich bewußt macht. Mit der Idee des Wahren an sich wird die Anarchie der gegensätzlichen Ideologien ideell überwunden, und an die Stelle einer Ideologie tritt eine reguläre Ideenlehre.
Ein ideologischer Mythos schildert die Welt aus der einseitigen Sicht einer generalisierten Theorie. Da eine solche Theorie ursprünglich empirisch gewonnen wurde, und empirische Wissenschaften konkrete immanente Objekte zum Gegenstand haben, handelt es sich beim ideologischen Mythos um einen säkularen. Wirkliche Mythen erzählen von den Manifestationen und den offenbarten Absichten Gottes. Da es unterschiedliche historische Ansichten der Menschen über Gott gibt, sind in der Geschichte auch verschiedene Götter und Mythologien entstanden *(17)*. Die höchste Idee, die Idee Gottes an sich, konkretisiert sich für die Menschen in ihren Ansichten über Gott, sodaß die historischen Götter für die Menschen in Raum und Zeit die Wiederspiegelungen des einen Gottes darstellen, der dimensional menschliche Vorstellungen übersteigt und nie semantisch erschöpfend beschrieben werden kann. Die religiösen Mythen tradieren die menschlichen Ansichten über das Wirken Gottes, während säkulare Mythen die menschlichen Ansichten über die Welt ohne Gott von der Warte einer Ideologie aus berichten. Hinter den mythologischen Bildern

der Religionen steht die Idee Gottes an sich, hinter den ideologischen Mythologien stehen die einzelnen verabsolutierten menschlichen Theorien.

Noch in der Ideologiebildung zeigt sich das Bedürfnis nach leitenden Ideen und steigert sich sogar zu säkularen Mythologien. Nur gewinnen die Ideologien ihre Mythen nicht aus der Vorstellung Gottes, sondern aus der Apologie willkürlich gewählter empirischer Theorien, die sie dann jede für sich generalisieren. Daß unter solchen Umständen die Folgen ideologischen Denkens chaotisch sind, erfahren wir Tag für Tag und braucht niemanden zu verwundern. Wer keine Klarheit in seine Ideen gebracht hat, indem er sie bis zu den höchsten Ideen vervollkommnet, muß als Ersatz zur Ideologiebildung schreiten. Die Ausbildung von Ideologien kommt nicht zufällig zustande, sondern entspringt der ideellen Ordnung an sich sowie dem menschlichen Ordnungsbedürfnis und ist unter der Bedingung einer antiidealistischen Haltung notwendig. *(18)*

Verdrängt man die metaphysischen Anfangsgründe der Naturwissenschaft, so erscheint die deterministische und mechanistische Empirie als die einzige und volle Wirklichkeit. Der so durch die Eliminierung der Transzendenz gewonnene Materialismus bildet damit die Grundlage aller Ideologien und ist selbst bereits die Primärideologie überhaupt. Auf der Basis eines solchen materialistischen Monismus lassen sich - unter Hintanhaltung ihrer transzendentalen axiomatischen Voraussetzungen, unter Vernachlässigung der modernen aposteriorischen Erkenntnisse der Quantenphysik, der nichtlinearen Mathematik und des Systemdenkens sowie der gödelschen und popperschen Wissenschaftstheorie - aus allen empirischen Theorien beliebig sekundäre materialistische Ideologien generalisieren. Sie schaffen im relativen, unscharfen, unvollständigen und vorläufigen materialistischen Chaos eine Ersatzordnung und geben dem menschlichen Sinnbedürfnis ein Ersatzziel.

Die willkürlichen Richtungen, welche Ideologien erhalten, entspringen den unterschiedlichen Ressentiments und höchstpersönlichen Traumata ihrer Träger. Zuerst kommt das generalisierte Vorurteil, dann werden die dazupassenden empirischen Befunde gesucht und prompt gefunden. Stets verhalten sich die naturwissenschaftlichen Belege passiv gegenüber ihren ideologischen Inanspruchnahmen. Noch für jede Ideologie haben sich die Beobachtungsdaten mühelos finden lassen *(19)*. Die Ideologiebildung folgt dem Grundsatz der Informatik: garbadge in, garbadge out. Einunddieselben Befunde lassen sich zudem noch gegensätzlich interpretieren (beispielsweise kann genetische Ungleichheit die pädagogische Forderung nach Nivellierung im Sinne der Vereinheitlichung aller Lebenschancen, oder aber nach spezieller Begabtenförderung hervorrufen). Die empirischen Belege haben die alleinige Funktion, als Alibi für die vorgefaßte ideologische Meinung zu dienen. Wird ohne Zurkenntnisnahme der metaphysischen Anfangsgründe der Naturwissenschaften die Empirie zur Fiktion, so führen die ideologischen Verabsolutierungen zur Quadratur der Fiktionen. Üben sich die materialistischen Ideologien hinsichtlich der holistischen, nichtlinearen und systemischen Ergebnisse der modernen Naturwissenschaften vollends in Apperzeptionsverweigerung, dann dreht sich mit allen konkreten Folgen des Denkens die ideologische Politik endlos in fiktiven Kreisen, ohne je herauszufinden.

Ideologen sind keine harmlosen Geistesgrößen, die im stillen Kämmerlein oder am erhabenen Lehrstuhl gedankenschwanger die Welträtsel lösen. Emsig arbeiten sie an der Bewältigung ihrer fixen Ideen und bedienen sich dabei des Abwehrmechanismus der Rationalisierung. Ihre Gedanken haben beinharte Folgen, eben weil der Geist die Materie bewegt. Die Folgen setzen bei der Grundsatzentscheidungen ein und ziehen sich durch alle politisch-sozialen Aspekte *(21)*. Ideologische Verzerrungen führen damit im großen zu den bekannten politischen Verbrechen und im kleinen zu den alltäglichen Irrtümern, die das Leben in ideologisch beherrschten Gesellschaften für alle die zur Quahl machen, welche nicht unter denselben Vorurteilen wie die Herrschenden leiden und sich nicht derselben Therapie wie sie unterwerfen können und wollen. Im Verein bewirken die vielen großen und die noch zahlreicheren kleinen ideologischen Fehler die Ausweglosigkeit der heutigen materialistischen Politik.

Wem der Materialismus die Sicht auf den transzendentalen Sinn der Geschichte verstellt, der muß alle seine Hoffnungen in die Politik legen *(22)*. Folgerichtig hat sich unter materialistischen Vorzeichen eine geradezu eschatologischer Glaube an die Politik herausgebildet: Jede Generation glaubt, das endgültige Heil an der politischen Oberfläche erreichen zu müssen, und erwartet, daß es unmittelbar bevorsteht. Sollte man schon das Unglück haben, in das irdische Paradies nicht mehr in der eigenen Generation eingehen zu können, so ist es doch auf alle Fälle der nächsten verheißen - und das seit materialistischem Gedenken! Im Namen solcher eschatologischer Politiken und materialistischer Ideologien wurden und werden Hekatomben von Menschen geopfert *(23)* - doch der Preis des Gewinns des endzeitlichen Heils steht immer noch aus. Wenn der Materialismus im 20. Jahrhundert seinen Höhepunkt erreicht hat (schließlich kulminierte er darin im Kapitalismus, Nationalsozialismus und Kommunismus), so hat freilich genau in diesem Jahrhundert so deutlich wie kaum zuvor die Politik Schiffbruch erlitten: Der Nationalsozialismus bereitete sich durch seine frevelhafte Selbstüberschätzung *(24)* im Zweiten Weltkrieg sein eigenes Ende. Der Kapitalismus glaubt mittlerweile selbst nicht mehr an die alleinseeligmachende Kraft des Marktes *(25)*. Und der Marxismus vollführt sowjetisch *(26)* wie rotchinesisch *(27)* die wildesten Bocksprünge im Zeichen der angeblichen Zwangsläufigkeit des Historischen Materialismus.

Trotz aller Arroganz der auf die »unschlagbare« Geschlossenheit ihrer Ideologien mächtig stolzen Materialisten sind sie im Grunde zu bedauern. Auch wenn sich die Ideologen noch weiß der Himmel wie modern gebärden, so bleibt selbst ihre technokratische Variante nur ein Aberglaube *(28)*. In allem bieten die Ideologien nur einen schwachen Abklatsch ihrer korrekten Vorbilder: Sie wirken wie die schlechten Karikaturen wirklicher Ideenlehren, und ihre Mythen folgen den Mustern der echten, ohne an ihren inneren Gehalt heranzureichen. Religiöse Mythen haben Absolutes zum Thema, säkulare dagegen nur relative Theorien, die rein willkürlich verabsolutiert werden. Da die antiidealistischen Ideologien den Widerspruch in sich tragen und sich von den Ideen entfremden, die letztlich auch sie bestimmen, dagegen aber alleine die regulären Ideenlehren sich zum eigentlich Ideellen bekennen, folgen die materialistischen Ideologien den wahren Ideenlehren und nicht umgekehrt. Indem der atheistische Materialismus zur Ideologiebildung und damit zur Nachahmung von offen idealistischen Ideenlehren gezwungen ist, an deren Spitze die Idee Gottes steht, trium-

phiert Gott selbst noch im Atheismus. Letztlich ist jede materialistische Ideologiebildung vergeblich, und die höchsten Ideen Gottes, des Guten, des Wahren und des Schönen sind unverzichtbar.
Als Ersatz regelrechter Ideenlehren brechen die widersprüchlichen Ideologien sofort zusammen, wenn man sie einer idealistischen Fundamentalkritik unterzieht. Von Haus aus a priori und immerhin schon seit Jahrzehnten a posteriori ist der Materialismus wissenschaftlich unhaltbar. Politisch ist noch vor allem der innerer Widerspruch zwischen mechanistischen und deterministischen Theorie einerseits und voluntaristischer Praxis andererseits durch alle historisch wirksam gewordenen Ideologien entlarvend: Die Ideologen wollen doch unbedingt an die Macht, sie wollen ja die Welt verändern und sie wollen vielleicht sogar den »neuen Menschen« schaffen! *(29)* Kein Ideologe denkt daran, angesichts der eigenen deterministischen Theorie die Hände in den Schoß zu legen und das Geschick den theoretischen Mechanismen zu überlassen. Wenn jede Theorie in der Praxis verifiziert werden muß, und die ideologische Praxis sehr wohl indeterministisch ist, so fällt die empiristische, deterministische und mechanistische Theorie des Materialismus von selbst. *(30)*
Letztlich geschichtswirksam geht es den Ideologen gar nicht um die Wahrheit, sondern um ihrer Minderwertigkeitskomplexe und deren Kompensation in Form der Errringung der Macht. Ideologien können bewußt erzeugt, beigebracht und erfunden werden, um knallhart die Macht zu erobern und auch mit Gewalt zu erhalten *(31)*. Die konkrete Ideologie spielt nur als relative »Derivation« eine austauschbare Rolle, vom Standpunkt der bleibenden Wahrheit regiert als konstantes »Residuum« immer das Ideelle *(32)*. Rein wissenschaftlich ist nichts Überflüssiger und ethisch nichts Entstellender, als den stets herrschenden Idealismus durch den simplifizierenden Reduktionismus einer angeblich »naturwissenschaftliche« Ideologie zu vernebeln.
Materialistische Ideologien sind von ihren eigenen Grundlagen her prinzipiell nicht in der Lage, Freiheit und Emanzipation zu gewährleisten. In Wahrheit geht es ihnen um die Revolution zur Errringung der eigenen Macht *(33)* - die empiristische, deterministische und mechanistische Theorie dient nur zur Umgarnung intellektueller Schwärmer. Ideologen »wollen« die Revolution »ma-

chen«, ihre vorgebliche Zwangsläufigkeit dient bloß der Motivation schwächlicher und schwankender Anhänger. Sobald die »Freiheit« durch die Revolution errungen wurde, wandeln sich die pseudoemanzipatorischen Materialisten flugs zu wackeren »Reaktionären« und betreiben zu ihrem eigenen Machterhalt dieselben Methoden noch ärger, die sie ihren eigenen bösen Vorläufern vorgeworfen haben *(34)*. Die Ideologien sind das Opium der Machtgierigen fürs Volk und bieten obendrein den Vorteil, daß sie den materialistischen Machthabern wegen der mechanistischen Theorie keine ethischen Schranken auferlegen. Mit ernsthafter Naturwissenschaft allerdings haben solche ideologischen Spielchen rein überhaupt nichts zu tun. Vom streng wissenschaftlichen Standpunkt aus betrachtet stellt jede Ideologie ein pures Vorurteil dar. *(35)*

Grotesk und für die Betroffenen tragisch wird die Situation, sobald herrschende Ideologen gezwungen sind, ihre eigenen materialistischen Lehren zu tradieren. Um selbst glaubwürdig und an der Macht zu bleiben, erziehen sie die folgenden Generationen gemäß ihrem mechanistischen Weltbild, das sie freilich nie an die Herrschaft gebracht hätte, wären sie wirklich nach seinem deterministischen Grundkonzept verfahren. Damit entfernen sie sich Schritt für Schritt immer weiter von der Realität, bis solche materialistischen Gesellschaften tatsächlich nicht oder kaum mehr imstande sind, die auf sie zukommenden Lebensprobleme zu bewältigen *(36)*. Immer panischer werden die ideologischen Bockssprünge, allmählich kommt die Ideologie selbst in Verfall, doch wirkliche Auswege findet wegen der zuvor erfolgten Ausrottung von Wille, Sittlichkeit und Idealismus niemand mehr. Je länger ein Materialismus regiert und je rigoroser seine Herrschaft war, umso hilfloser wird er und desto mehr leiden seine Untertanen. *(37)*

Die »Umwertung aller Werte« nach der fixen Idee des Ideologen verzerrt die Wahrheit, schafft aber keine neue. Die Ideologisierung der Realität durch die universelle Generalisierung empirischer Teilwahrheiten wirkt für den Wahrheitssuchenden nicht aufklärend, sondern vernebelnd, da sie den ideellen Wert aller sonstigen Gesichtspunkte zugunsten des bevorzugten ideologischen Ausgangspunktes funktionalisiert und relativiert. Die Ideologien verdrehen die Wirklichkeit, indem sie die herrschende Rolle des ideellen Überbaues zugunsten des materiellen Unterbaues negieren. Die materialistische Leugnung der Autonomie der Vernunft kann infolge des dadurch ausgeschalteten Sittlichkeitsgebotes für die Ideologen zwar im politischen Machtkampf vorteilhaft sein, führt aber unvermeidlich zu einem unvollständigen Bewußtsein und zur amoralischen wie unwissenschaftlichen Verengung des Blickfeldes. Mag die ursprüngliche Theorie noch so naturwissenschaftlich gewonnen worden sein, so kann keine Ideologie selbst Wissenschaftlichkeit für sich reklamieren, da exakt die ideologietypische Generalisierung empirischer Theorien unwissenschaftlich ist. *(38)* Die Ideologisierung entpuppt sich bestenfalls als mißlungene Kopie einer Idealisierung und im schlechteren Fall als pseudowissenschaftliches Vehikel amoralischen Machthungers. Hin wie her erweist sich jede Ideologie als eine unvollständige Ideenlehre. Die idealistische Ideologiekritik bemängelt genau diese Inkonsequenz und das Fehlen der höchsten Ideen. Akzeptiert man diese aber, so erspart man sich die Ideologiebildung und reicht an die wahre Wirklichkeit heran. Nur der Idealismus brachte schon seinerzeit die echte Aufklärung und nur er wird sie wieder bringen können.

(1) Alfred RACEK, Philosophie der Grenze. Ein Entwurf. Herder Verlag, Wien 1983.

(2) Albert EINSTEIN, Über die allgemeine und spezielle Relativitätstheorie. 21. Auflage. Verlag Vieweg, Braunschweig 1969.

(3) Werner HEISENBERG, Quantentheorie und Philosophie. Vorlesungen und Aufsätze. Herausgegeben von Jürgen BUSCHE. Philipp Reclam Verlag, Stuttgart 1979 (Universal-Bibliothek 9948).

(4) Kurt GÖDEL, Werke. Deutsch und Englisch herausgegeben von Solomon FEFERMAN. Oxford University Press, New York 1986.

(5) Sir Karl Raimund POPPER, Logik der Forschung. 8. weiter verbesserte und vermehrte Auflage. Mohr Verlag, Tübingen 1984.

(6) Wolfgang CASPART, Handbuch des praktischen Idealismus. Universitas Verlag, München 1987, S 75 - 177.

(7) Jenoe KURUCZ, Ideologie, Betrug und naturwissenschaftliche Erkenntnis. Saarländische Beiträge zur Soziologie 6, Saarbrücken 1986.

(8) Karl MANNHEIM, Ideologie und Utopie. 3. vermehrte Auflage. Verlag Schultz-Bulmke, Frankfurt a.M. 1952.

(9) Hermann ZELTNER, Ideologie und Wahrheit. Zur Kritik der politischen Vernunft. Fromann Verlag, Stuttgart 1966.

(10) Friedrich HEER, Kreuzzüge - gestern, heute, morgen? Bucher Verlag, Luzern 1969.

(11) Heinz Robert SCHLETTE, Philosophie-Theologie-Ideologie. Erläuterung der Differenzen. Bachem Verlag, Köln 1968.

(12) Paul SZENDE, Demaskierung. Die Rolle der Ideologien in der Geschichte. Europa Verlag, Wien 1970.

(13) Jeanne HERSCH, Die Ideologien und die Wirklichkeit. Versuch einer politischen Orientierung. Aus dem Französischen von Ernst von SCHENK. 3. Auflage, Piper Verlag, München 1976.

(14) Rudolf HOFMAN und Walter SAX, Der Ideologie-Täter. Badenia Verlag, Karlsruhe 1967.

(15) Eugen LEMBERG, Ideologie und Gesellschaft. Eine Theorie der ideologischen Systeme, ihrer Struktur und Funktion. Kohlhammer Verlag, Stuttgart 1971.

(16) Erich STRASSNER, Ideologie-Sprache-Politik. Grundfragen ihres Zusammenhangs. Niemeyer Verlag, Stuttgart 1987.

(17) Mircea ELIADE, Mythos und Wirklichkeit. Aus dem Französischen von Eva MOLDENAUER. Insel Verlag, Frankfurt a.M. 1988.

(18) Hansjürgen KNOCHE, Gott nach der Götzendämmerung. Ökumenische Antworten auf Fortschrittswahn, Ideologie und Materialismus. Meta-Verlag, München 1987.

(19) Max SCHELER, Das Ressentiment im Aufbau der Moral. Herausgegeben von Manfred S(ervatius) FRINGS. Klostermann Verlag, Frankfurt a.M. 1978.

(20) Vergleiche linguistisch z.B.: Willard van Orman QUINE, Die Wurzeln der Referenz. Deutsche Übersetzung von H. VETTER. Suhrkamp Verlag, Frankfurt a.M. 1976.

(21) Ein vielzitiertes Beispiel ist die ideologiebedingte Verkennung der sozio-ökomischen Grundgegebenheiten im sowjetisch-rotchinesischen Verhältnis: Conrad BRANDT, Stalin's Failure in China (dt. »Stalins Fehlschlag in China«). Harvard University Press, Cambridge/Mass. 1958.

(22) Leo KOFLER, Soziologie des Ideologischen. Kohlhammer Verlag, Stuttgart 1975 (Kohlhammer-Urban-Taschenbuch 868).

(23) Wolfgang KRAUS, Nihilismus heute oder die Geduld der Weltgeschichte. Paul Zsolnay Verlag, Wien 1983.

(24) Der führende nationalsozialistische Rassenkundler: Hans Friedrich Karl GÜNTHER, Herkunft und Rassengeschichte der Germanen. J.F. Lehmann Verlag, München 1935.

(25) John Kenneth GALBRAITH, Die Entmythologisierung der Wirtschaft. Grundvoraussetzungen ökonomischen Denkens. Aus dem Amerikanischen von Monika STREISSLER. Paul Zsolnay Verlag, Wien 1988.

(26) Michail Sergejewitsch GORBATSCHEW, Perestroika. Die zweite russische Revolution. Eine neue Politik für Europa und die Welt. Aus dem Amerikanischen von Gabriele BURKHARDT, Reiner PFLEIDERER und Wolfram STRÖLLE. Verlag Droemer Knaur, München 1987.

(27) DENG Xiaoping. Die Reform der Revolution. Eine Milliarde Menschen auf dem Weg. Mit einem Vorwort von Helmut SCHMIDT. Herausgegeben von Helmut MARTIN. Siedler Verlag, Berlin 1988.

(28) Hans LENK (Herausgeber): Technokratie als Ideologie. Sozialphilosophische Beiträge zu einem politischen Dilemma. Kohlhammer Verlag, Stuttgart 1973.

(29) Andrej SINJAWSKIJ, Der Traum vom neuen Menschen oder Die Sowjetzivilisation. Aus dem Russischen von Swetlana GEIER. Mit einem Glossar für die deutsche Ausgabe von Alexander KASAKEWITSCH und Elisabeth RUGE. S. Fischer Verlag, Frankfurt a.M. 1989.

(30) Werner HUTH, Glaube, Ideologie, Wahn. Das Ich zwischen Realität und Illusion. Nymphenburger Verlag, München 1984.

(31) George SOREL, Über die Gewalt. Mit einem Nachwort von Georg LICHTHEIM. Suhrkamp Verlag, Frankfurt a.M. 1969.

(32) Vilfredo PARETO, System der allgemeinen Soziologie. Einleitung, Texte und Anmerkungen von Gottfried EISERMANN. Enke Verlag, Stuttgart 1962.

(33) Jürgen FRIEDRICH, Ideologie und Herrschaft. Ein Lehr- und Sachbuch. Verlag Haag und Herchen, Frankfurt a.M. 1982.

(34) Michael Sergejewitsch VOSLENSKY, Nomenklatura. Die herrschende Klasse der Sowjetunion. Aus dem Russischen von Elisabeth NEUHOFF. Studienausgabe, 2. Auflage, Verlag Fritz Molden, Wien 1980.

(35) Ernst TOPITSCH und Kurt SALAMUN, Ideologie. Herrschaft des Vorurteils. Verlag Langen Müller, München 1972.

(36) Guiseppe CATAFAMO, Ideologie und Erziehung. Aus dem Italienischen übersetzt von Liselotte REICH-COREGLIANO und durchgesehen von Winfrid BÖHM. Verlag Königshausen und Neumann, Würzburg 1984.

(37) Günther WAGENLEHNER, Abschied vom Kommunismus. Der Niedergang der kommunistischen Idee von Marx bis Gorbatschow. Verlag Busse und Seewald, Herford 1987.

(38) Reinhard LAUTH, Die absolute Ungeschichtlichkeit der Wahrheit. Kohlhammer Verlag, Stuttgart 1966.

7. KAPITEL
Utopie versus Ideal

Setzt die Ideologie eine beliebige empirische Theorie absolut, so tut dasselbe die Utopie mit einem Partialwert. Auch das Ergebnis der Utopie gleicht dem der Ideologiebildung: Alle übrigen Werte werden zugunsten des willkürlich generalisierten Partialwertes relativiert, und zur eigenen Rechtfertigung wird ein Kranz kasuistischer Rationalisierungen und schwärmerischer Mythen geflochten. Selbstverständlich entschließt man sich für seine Lieblingsutopie nicht aus einer systematisch entwickelten Ethik, sondern wie bei der Ideologie aus einem höchstpersönlichen Ressentiment. Untereinander sind alle Utopien wieder gleichwertig, da sie wegen der Verabsolutierung irgendeines Partialwertes nicht mehr durch die Idee des schlechthin Guten überhöht werden können. Mögen sie auch noch so sehr den ewigen Frieden und den Himmel auf Erden oder was auch immer predigen, so erhebt jede für sich ihren Absolutheitsanspruch, womit dem Kampf der Utopien untereinander Tür und Tor geöffnet sind.

Bei aller theoretischen Friedfertigkeit entlarven sich die Utopien wegen des fehlenden, im Kategorischen Imperativ ausgedrückten Guten an sich als unversöhnbar und friedensunfähig. Sollte letztlich aber wirklich eine Utopie siegen, so muß sie genauso wie die Ideologie tyrannisch bleiben, da sie das Wiederauftreten der überwundenen Utopien oder die Entstehung neuer fürchten muß, welche ja nicht minder den sie bedrohenden Absolutheitsanspruch erheben. Die utopisch verabsolutierten Partialwerte verhindern damit selbst ihre eigene Verwirklichung. Erneut sind nicht die Partialwerte an den utopischen Entgleisungen schuld, sondern ihre willkürliche Generalisierung. In einem ganzheitlichen Zusammenhang haben die Partialwerte den ihnen zukommenden konstruktiven Wert, verabsolutiert sind sie aber kontraproduktiv.

Nicht zufällig folgen Ideologien und Utopien demselben Ausbildungsmuster: Gemeinsam sind ihnen die willkürliche Absolutsetzung von Relativem und der dies letztlich bedingende Mangel an den höchsten Ideen Gottes, des Guten, des Wahren und des Schönen an sich. Bilden die Ideologien unvollständige Ideenlehren, so

sind Utopien unvollständige Ethiken. Aufgrund der mangelnden ideellen Konsequenz stellt die Utopie wie die Ideologie ein typisches Entfremdungsprodukt dar: Hat sich die Ideologie in der Negierung ihrer Voraussetzungen und Ergebnisse sowie in der willkürlichen Absolutsetzung einer grundsätzlich provisorischen empirischen Theorie von der wissenschaftlichen Wahrheit entfremdet, so entfremdet sich die Utopie durch die Absolutsetzung eines Partialwertes von der sittlichen Folgerichtigkeit.
Grotesk wird es freilich, wenn sich die Utopie ein rationales Mäntelchen umhängt: Da wird ein Partialwert verabsolutiert, dessen Erreichung alleine rational erstrebenwert sein soll. Als ob an sich »rational« abgelehnte Werte »wissenschaftlicher« würden, wenn man einen beliebigen aus ihnen herausnimmt und absolutsetzt. Auch der Wunsch, einschließlich teleologischer und ethischer Ziele alles »naturwissenschaftlich« erklären und darstellen zu wollen, ist illusionistisch und vergißt die metaphysischen Anfangsgründe *(1)* wie Ergebnisse *(2)* der Naturwissenschaft. In der ideologischen Forderung, daß nur deterministisch-mechanistische Methoden universell gültig und als »gut« einzuhalten seien, verschränken sich Ideologie und Utopie. Die Ideologie bedarf zu ihrer Befolgung eines Wertrestes, sonst bringt sie sich um ihren eigenen Anspruch und ihre Wirksamkeit. Wenn aber ein Stück Ethik über die ideologische Hintertüre legitim bleibt, ist nicht nur der Wert der »Naturwissenschaft« oder ein sonstiger Partialwert, sondern das sittliche Prinzip überhaupt aufrechtzuerhalten. *(3)*
Selbstverständlich eignen sich Utopien genauso wie Ideologien für amoralisches Handeln, da ja alles dem Partialwert unterzuordnen ist. Schließlich entscheiden sich Utopisten ebenso wie Ideologen für ihre »fixe Idee« aus Gründen, die in ihrer eigenen Biographie liegen, und bezwecken letztlich eine Rationalisierung ihres kompensatorischen Machthungers. Indem Utopisten an die Macht wollen, erscheint ihnen alles nützlich, was der Utopie dient und sie an die Macht bringt, aber alles schlecht und bekämpfenswert, was ihren Ambitionen zuwiderläuft.
Ideologien und Utopien degradieren und relativieren die Frage nach dem moralisch Guten und Schlechten zu einem Problem der Nützlichkeit für ihre willkürlichen fixen Ideen. Im Grunde sind die Utopien nicht weniger beliebig austauschbar wie die Ideolo-

gien. Ihre soziologische Funktion liegt darin, im Machtkampf das Opium fürs Volk zur Rechtfertigung sowie Motivierung der eigenen Anhänger und Engagement suchenden Halbgebildeten zu liefern. Wie die Ideologien nichts mit wissenschaftlicher Wahrheit gemein haben, so haben die Utopien nichts mit Sittlichkeit zu tun. Zu Wissenschaft und Ethik gehört eine idealistisch-ganzheitliche Konsequenz, die über den ideologischen und utopischen Willkürakten steht. Je ressentimentgeladener ein Utopist ist, desto mehr wird er sich mit seiner eigenen Utopie identifizieren und ihr selbst aufsitzen, je skrupelloser aber sein Machtgier ist, umso instrumenteller wird er sie funktionalisieren.

Utopien teilen den ideologischen Vorteil, nicht unbedingt heute verwirklicht werden zu müssen. So läßt sich das Publikum auf die Zukunft vertrösten, in dem dann das goldene Zeitalter, das tausendjährige Reich, die perfekte Demokratie, das ökonomische Schlaraffenland oder der Urkommunismus wiederkehren. Jeder Krieg wird zum letzten, der dem ewigen Frieden auf die Sprünge helfen soll. Allerdings muß die verheißene Zukunft unmittelbar bevorstehen, sonst verliert sie an Zugkraft. Die Erreichung des utopischen Zieles bedarf einer genauen Planung, der sich die Menschen gefälligst unterzuordnen haben. Ja, alles hat sich total in den Dienst der hehren Utopie zu stellen, und wehe, wer den jeweiligen Partialwert nicht mit absolut setzen will! *(4)* Ideologie und Utopie verschränken sich: Die ideologische Generalisierung der einzelnen fixen Idee wird zum Gegenstand der Utopie. Utopisch-willkürlich setzen die Ideologen ihre Theorien absolut und fordern mit aller Gewalt Gefolgschaft, damit die utopische Revolution in der Zukunft Wirklichkeit werden kann. *(5)*

Gelangen Utopien an irgendeiner Stelle zur politischen Herrschaft, so kommen neue Probleme hinzu. Nicht nur, daß weiterhin die anderen utopischen Vorstellungen und darüber hinaus alle sonstigen Gesichtspunkte relativiert werden müssen, es muß noch die eigene Utopie tradiert und an die folgenden Generationen weitergegeben werden *(6)*. Schritt für Schritt entfernt und entfremdet man sich dadurch von der Wirklichkeit und wird zunehmend unfähiger, die heranstehenden Probleme anhand des noch zur Verfügung stehenden Instrumentariums lösen zu können. Das utopische Selbstverständnis weigert sich, den verabsolutierten Partialwert auf die Ebene der Realität zurückzuführen, indem man ihn unter das schlechthin Gute und den übergreifenden Systemzusammenhang stellt: Weiß das westlich-demokratische System nicht mehr weiter, stürzt es von Neuwahl zu Neuwahl, ohne daß sich die Parteienlandschaft und damit die Regierungskonstellationen grundlegend ändern; steht das östlich-volksdemokratische System vor unlösbaren Schwierigkeiten, wird die Parteilinie geändert, ohne daß das schuldtragende Grundkonzept modifiziert würde. Lösungen von Problemen, die durch die Generalisierung von Teilwahrheiten und Partialwerten entstanden sind, lassen sich aber nur ganzheitlich-idealistisch finden.

Lebensprobleme kommen nun einmal auf die Menschen zu und wollen gelöst werden, selbst wenn sie ideologischem und utopischen Denken unzugänglich sind. Sie resultieren aus einem holistischen Zusammenhang und fordern integrative Antworten. Wirkliche Probleme sind systemübergreifend, nichtlinear und letztlich geistig und verschließen sich den üblichen monokausalen Methoden deterministischer Ideologien und linearer Utopien. Die Zukunft ist nicht durch isolierte Einzelmaßnahmen, sondern nur durch ein sittliches Gesamtverhalten in den Griff zu bekommen: Die Ökologiekrise mit ihrer Bevölkerungsexplosion, knappen Rohstoffvorräten und Umweltbelastung reagiert beispielsweise auf eine einschneidende Einschränkung der Geburtenrate zwar mit einer Erhöhung des Lebensstandards, doch an einer Fortsetzung der Rohstoffausbeutung und Umweltvergiftung wird sich deshalb alleine nichts ändern. Nimmt hingegen die Globalbevölkerung weiter zu und beschneidet man die Freiheit der Menschen nicht, sinkt der Lebensstandard bei unverminderter Rohstoffausbeutung und Umweltbelastung. Steigert man dagegen aus humanitären Gründen die Investitionen in den Rohstoffabbau, werden Bevölkerung wie Umweltvergiftung mit wachsen. Werden die Umweltreinhaltungsbestimmungen verschärft sowie die Rohstoffe nur mehr geringer ausgebeutet, und steigt die Bevölkerungszahl weiter, so sinkt der Lebensstandard. Wie man es dreht und wendet - auch noch so humanitär Einzelmaßnahmen werden zu inhumanitären Ergebnissen führen, da ihnen das alte monokausale und nicht das moderne systemische Denken zugrunde liegt. *(7)* Mag eine Utopie noch so strahlend sein, immer beruht sie auf einer willkürlichen Absolutsetzung eines Partialwertes. Genau aufgrund dieser, vom Idealismus kritisierten Blindheit für Systemzusammenhänge und konsequente Ethik muß jede Utopie destruktiv enden. Zu Sachlösungen sind Utopien schon gar nicht geeignet, weil sie selbst das Entfremdungsprodukt fehlenden Denkens in Interdependenzen sind, dessen Vorhandensein alleine moderne Sachlösungskompetenz begründet *(8)*. Wie schon die Ideologie so entpuppt sich auch die Utopie als Degenerationserscheinung einer Idealisierung: An die Stelle eines erstrebenswerten, aber in Zeit und Raum unerreichbaren Hochzieles im Rahmen einer konsequenten Ideenlehre setzen die Utopisten beliebig fixe Ideen absolut und versuchen, ihre faktische Verwirklichung um jeden Preis immanent zu erzwingen.

Immer schon sind Utopien Ausdruck krisenhaften Denkens *(9)*. Sie inkarnieren die Hoffnung und Sehnsucht des aufs Materielle ausgerichteten Menschen auf eine bessere Welt und ein besseres Leben *(10)*. In seinem Wunsch, den Himmel auf Erden zu verwirklichen, muß sich der Utopist völlig der Politik ausliefern, denn nur sie vermag das immanente Glück zu schaffen. Die Utopie wird zum Religionsersatz, was in noch stärkerem Maß für die Ideologie gilt. Einen »Vorzug« besitzt nämlich die Utopie immerhin noch vor der Ideologie: Die Utopie leugnet ihren voluntaristischen Charakter nicht, während die materialistische Ideologie von einer deterministischen Theorie ausgeht. Deshalb kommt es in der Utopie nicht zum ideologischen Gegensatz zwischen mechanistischer Theorie und indeterministischer Praxis.

Allerdings macht genau dieser voluntaristische Vorteil die Utopie noch gefährlicher: Denn im utopisch nicht nur gestatteten, sondern sogar geforderten Willen zur Verwirklichung des verabsolutierten Partialwertes steckt ein wirklich ethischer Anteil, wodurch sich die idealistische Bereitschaft gerade der »besseren« oder engagierten Menschen leichter vor den Karren des absolut gesetzten relativen Gutes spannen läßt. Wie man will - die Diabolik oder/und der Irrtum der Utopie liegt nicht im offenen Voluntarismus, sondern in der sittlichen Unvollständigkeit. Doch wie gegen die Dummheit nur die Klugheit nützt, so schützt vor der unvollkommenen, ausnützbaren und fremdbestimmten ethischen Einsatzbereitschaft nur der konsequente und eigenbestimmte Idealismus.

Eben weil der Idealismus nicht nur das erkenntnistheoretisch bestimmende Prinzip darstellt, sondern vor allem auch der unverzichtbare und unleugbare Antrieb des menschlichen Willens ist, kann er bei entwurzelten Menschen insofern ausgenützt und fremdbestimmt werden, als in einer Ideologie ein utopischer Kern stecken muß, dessen voluntative Seite sich mißbrauchen läßt. Je stärker der utopische Anteil einer an sich materialistischen Ideologie ist, desto revolutionärer und umsetzungsfähiger ist sie. Die bloße materialistische Annahme automatisch ablaufender Mechanismen lockt niemanden hinter dem Ofen hervor, erst die utopische Verheißung setzt das geschichtswirksam werdende voluntative Potential frei. Die Ideologie hängt sich nur das Mäntelchen einer empirischen Theorie um, die dann generalisiert wird, und für die sich dann jeder wahre Revolutionär (dem zugrundeliegenden deterministischen Paradigma völlig zuwider) total einsetzen soll, während die Utopie immerhin einen Partialwert verabsolutiert und völlig offen an den sittlichen Willen appelliert.

Im Zuge der Verwissenschaftlichung der Vernunft sind natürlich auch die Ideologien bemüht, sich einen (da sie ja auf dem Materialismus aufbauen) naturwissenschaftlichen Anstrich zu geben, ja sie lehnen sogar die unwissenschaftlichen Utopien ausdrücklich ab. Das klassische Beispiel bietet dafür wohl der »wissenschaftliche« Sozialismus, der zwar selbst nur ein Mythos ist, sich aber über den »utopischen« Sozialismus nicht genug mokieren kann *(11)*. In seiner Apperzeptionsverweigerung gegenüber den idealistischen Voraussetzungen der Naturwissenschaft und den Ergebnissen der modernen Physik erschöpft sich die marxistische »Wissenschaftlichkeit« in immer komplizierteren Rationalisierungen und begreift nicht, daß es andere und tauglichere Ansatzpunkte für einen Sozialismus gibt. Der hegelianische Sozialismus eines *Proudhon (12)* oder *Lassalle (13)*, der ethische im Sinne eines *Stein (14)* oder *Schmoller (15)* und der religiös motivierte *(16)* wären tatsächlicher besser geeignet, Sozialismus zu begründen. Doch um ihn geht es den junghegelianischen Marxisten im Grunde gar nicht, sondern in ihrem Hader mit einem unverstandenen Gott eigentlich um Atheismus und Materialismus. Ihr revolutionäres Ventil bildet die utopische Fixierung auf den angeblich »naturwissenschaftlich notwendigen« Stufenablauf der Geschichte, den man

sich (plötzlich nicht mehr zwangsläufig) bewußt machen und damit beschleunigen könne.
Schon *Marx* merkte selbst, wie seine mechanistische ideologische Annahme die an einer konkreten Verbesserung ihrer sozialen Lage interessierte Arbeiterschaft nicht richtig motivierte, woran nicht zuletzt seine (die erste) »Sozialistische Internationale« scheiterte. Da die Arbeiterschaft auf die prophezeite, wegen der zunehmenden Verelendung des Proletariats automatisch kommen sollende Revolution nicht warten wollte, und sich durch die ersten staatlichen Sozialmaßnahmen allmählich auch die soziale Lage der Arbeiterschaft verbesserte, sah sich *Bernstein* zur Revision der Sozialdemokratie und zur Erringung von sozialen Verbesserungen gezwungen *(17)*, wodurch die verheißene Revolution erst recht verhindert wurde. *Lenin* ging es um die ungeteilte Herrschaft und wollte von solch »kleinbürgerlichen« Kompromissen nicht wissen, weswegen er seine revolutionäre Kaderpartei als »Vorhut der (letztlich unrevolutionären) Arbeiterklasse« schuf und mit ihr tatsächlich entgegen aller angenommenen ökonomischen Voraussetzungen an die heißersehnte Macht kam *(18)*. Soweit die bekannte Geschichte, doch was an ihr so lehrreich ist, ist die Notwendigkeit der voluntaristischen Utopie selbst für eine materialistische Ideologie, wenn sie etwas real in die Wege leiten will. Zwar verstümmelt, aber trotzdem triumphiert der Idealismus noch in der Utopie und über diese sogar in der Ideologie. Warum ihn dann freilich nicht gleich konsequent entwickeln?!
Die Ideologie bedarf der Utopie, um den in ihr liegenden voluntativen Kern zu nützen. Die Utopie kann hingegen auf die Ideologie verzichten, da der Utopismus von Haus aus sagt, daß er etwas »will«. Trotz dieses Vorzugs bleibt die Verabsolutierung eines austauschbaren Partialwertes statt der Befolgung des Kategorischen Imperatives als der Fehler jeder Utopie. Ihr liegt die immanente Ausrichtung des Bewußtseins, der Interessen und des Willens zugrunde, welche dann voll in der materialistischen Ideologie zum Tragen kommt. Dem utopischen Denken geht es letztlich nicht um einen ewigen metaphysischen Sinn, sondern alleine um die Verbesserung der physischen Lebensbedingungen für die geliebte eigene oder wenigstens für die nächste Generation *(19)*. Mag manch utopisches Ziel noch so erstrebenswert und moralisch er-

scheinen, so relativiert es mangels konsequentem Idealismus in Verfolgung des eigenen, im Grunde austauschbaren Vorurteils alle anderen moralischen Ziele.

Was die eine Utopie kann, können freilich alle anderen ebenfalls: Die Utopien heben sich gegenseitig auf und sind durch die Idee des Guten an sich nicht mehr zu versöhnen. Der Utopismus erweist sich nicht nur als ethisch entfremdet, sondern letztlich als unsittlich. Angesichts der ausschließlich immanenten Orientierung und des in der Utopie vom schöneren Leben bloß sittlich verbrämten Egoismus ist die destruktive Amoralität der Utopien kein Wunder - geht es doch nicht um das schlechthin Gute, sondern um die Absolutsetzung relativer Güter und Geschmäcker, die bekanntlich verschieden sind. Da sich jeder Partialwert zur Utopiebildung eignet, droht zum Schluß noch die Ethik selbst unter die Räder zu geraten: Durch die wechselseitige Wegreduzierung utopischer Partialwerte erhalten einfache Gemüter den Eindruck, es lohne sich nicht mehr, sich noch für irgendetwas einzusetzen. In der Tat ist keine Utopie wert, daß für sie gekämpft wird, ausschließlich der Aufruf des Kategorische Imperatives garantiert ein lohnenswertes Engagement.

Wie es der Ethik im Großen ergehen kann, so auch den einzelnen Werten im Kleinen: Droht die Ideologisierung ursprünglich korrekt gewonnener empirischer Theorien diese selbst zu diskreditieren, so geraten auch relative, in einem idealistischen Gesamtrahmen durchwegs legitime und konstruktive Werte in Gefahr, durch ihre Utopisierung disqualifiziert zu werden. Die idealistisch nicht mehr überhöhbare Absolutsetzung der Nation zum Beispiel bewirkt auf die Dauer, daß allmählich niemand mehr nationale Appelle hören kann. Die Anarchie der idealistisch nicht mehr überhöhbaren Güter folgt zwangsläufig allen utopischen Verabsolutierungen von Partialwerten. Es ist der Fluch der ausschließlich immanenten Ausrichtung, daß die transzendentale Orientierung verloren geht. Ohne sie aber gibt es keinerlei sonstige, und der willkürliche Kampf aller gegen alle wäre damit eröffnet - trotz oder besser gerade wegen der herrlichsten Utopien.

Der Utopismus ist kontraproduktiv und erreicht wegen seiner entfremdenden Übertreibungen genau das Gegenteil seiner Absichten. Wer also den Frieden will, tut gut daran, ihn nicht zu utopisieren, denn sonst ist nur der Krieg zum Zweck der Abschaffung des Krieges die Folge. Und wer die Freiheit liebt, ergreife sie mit Verantwortung und verabsolutiere sie nicht, sonst herrscht die Knechtschaft zur Unterdrückung der »Feinde der Freiheit« im Namen der Freiheit. Wer aber beides und noch vieles andere mehr erstrebt, muß Idealist werden.

Warum sollten im Übrigen ausgerechnet jeder gerade lebenden Generation die utopischen Köstlichkeiten hienieden beschieden sein? Sind die heute Lebenden bevorzugt? Ist die gegenwärtige Generation gar moralisch besser? Waren die verstorbenen Generationen so verderbt und dumm, daß ihnen das gütige Geschick die hehren Verheißungen nicht in den Schoß legen konnte? Berechtigen am Ende die politischen »Heldentaten« dieses Jahrhunderts zur Erwartung des eschatologischen Schlaraffenlandes? Nein, es sind der gierige Egoismus und der erbärmliche Materialismus der zum Idealismus unfähigen kleinen Geister, die Generation für Generation weder warten noch den transzendentalen Sinn und Charakter der Immanenz durchschauen können, dafür aber Ersatzbefriedigung in illusionistischen Utopien suchen. Ihre Frustrationen sind schon genauso Generation für Generation vorprogrammiert: Der Lohn des idealistischen Strebens ist die metaphysische Zielfindung (in der keine Generation bevorzugt oder benachteiligt wird), der der Utopie das »Land Nirgendwo«, wie ihre Übersetzung lautet.

Vom Standpunkt jedes beliebig verabsolutierten Partialwertes läßt sich die Weltgeschichte jeweils neu schreiben und uminterpretieren. Für den einen steht die unmittelbar bevorstehende Erringung der absoluten politischen Freiheit im generalisierten Zentrum, für den anderen die endgültige Sieg über die ökonomischen Nöte, für den Dritten die Erhaltung der Erbgesundheit, für den Vierten die menschliche Chancengleichheit, für den Fünften die Zurückeroberung des goldenen (ökonomischen, materiarchalischen, pazifistischen ...) Zeitalters *(20)*, für den Sechsten die Umweltverträglichkeit, für den Siebenten seine Nation, für den Achten seine Klasse, für den Neunten seine Kultur, für den Zehnten die »Vernunft«, für den Elften die »Tugend« und so endlos weiter. Martialische Gemüter schwärmen vom »Krieg als den Vater aller Dinge«, friedfertige dagegen von der kosmischen Harmonie. Gleich den

Ideologien eignen sich auch die Utopien zu zahllosen Mythenbildungen. Je mehr den Menschen das Verständnis für das eigentlich transzendentale Wesen der wirklichen Mythen schwindet, desto intensiver suchen sie in säkularen Pseudomythen Ersatz. *(21)*
Ein untrügliches Zeichen für die verlorengegangene metaphysische Identität kann darin erblickt werden, wie sich die »exakten«, »harten« und empirischen Wissenschaften problemlos in den Dienst jeder Utopie einspannen lassen. Statt für einen konsequenten Idealismus zu arbeiten, aus dem die Erfahrungswissenschaften a priori kommen und in den sie a posteriori münden, schließt sich manch sonst ernstzunehmender Naturwissenschafter - aus Gründen, die in seiner persönlichen Biographie liegen - irgendeinem utopischen Vorurteil an und verleiht damit seiner fixen utopischen Idee in den Augen der naiveren Zeitgenossen eine pseudowissenschaftliche Weihe. In Wahrheit leiden aber das korrekte, relative Partialgut wie die empirisch arbeitende, provisorische Naturwissenschaft gleichermaßen unter ihrer utopischen Übertreibung. *(22)*
Gerade der auf die Naturwissenschaften in Sinne *Newtons* ausgerichtete Mensch ist für Utopien anfällig. Der deterministische und mechanistische Reduktionismus führt zwangsläufig zu einem unvollständigen Weltbild, dessen Unvollkommenheit und Leere niemandem auf Dauer verborgen bleibt, weswegen der vom einem folgerichtigen Idealismus entfremdeten Menschheitsteil sich diverse Wunschbilder ohne inneren Zusammenhang und transzendentaler Überhöhung ausmalt, um das existenzielle Vakuum ersatzweise zu füllen. Der Mangel an leitenden höchsten Ideen beseitigt nicht die menschliche Sehnsucht nach ihnen, da sie ja den wichtigsten konstitutiven Bestandteil menschlicher Existenz bilden. Der ideologische Materialismus vermag zwar vordergründig die höchsten Ideen pseudonaturwissenschaftlich zu eliminieren, doch muß er an ihre Stelle irgendwelche Utopien setzen. *(23)*
Die Haltlosigkeit der herrschenden ideologischen Utopien äußert sich nicht nur in der materialistischen Negierung der metaphysischen Anfangsgründe sowie der modernen systemischen und nichtlinearen Ergebnisse der Naturwissenschaft, sondern vor allem in ihrer ausweglosen Verstrickung in innere Widersprüchliche: Auf der einen Seite ist man stolz auf die strenge Kausalität des erfahrungswissenschaftlichen Denkens, auf der anderen ergänzt man

es völlig willkürlich durch beliebige Utopien! Wozu benötigt man Utopien, wenn Utopia für Empiristen eigentlich nur ein Fortsetzungsroman des ohnehin schon Seienden ist? Nach mechanistischer Auffassung bildet doch die Zukunft die notwendige Weiterentwicklung des Bisherigen und wird von der Vergangenheit quasi »angeschoben«. Wenn die Zukunft materialistisch nur die lineare Fortsetzung des gegenwärtigen Getriebes ist, bräuchte man gar keine Utopien! Die Schuld an dieser deterministisch-utopischen contradictio in se trägt nicht die Kausalität, die ja auch bei Iteration in deterministischen Systemen zu nichtlinearen Resultaten und »seltsamen Attraktoren« führt. Sie liegt vielmehr zum Ersten in der Nichtzurkenntnisnahme der modernen Naturwissenschaft selbst und zum Zweiten besonders in der grundsätzlichen Ablehnung einer »unwissenschaftlichen« idealistischen Ethik und der hinter ihr stehenden Metaphysik - obwohl in ihr genau dieselbe kausale Logik herrscht wie in der Naturwissenschaft. Entfremdet durch vielleicht überzogene, unsympathische und intolerante historische Gottesvorstellungen geht es dem Materialismus im Grunde um die Negation der höchsten Idee sowie um den Ersatz der Sittlichkeit durch die ideologisch-utopische Brauchbarkeit. Im pseudowissenschaftlichen Atheismus drückt sich das materialistische Scheitern in der Suche nach Gott aus, in der Utopie die Perversion einer diesseitigen Moral ohne Kategorischem Imperativ und im revolutionären Aktionismus der vergebliche Konstruktionsversuch einer grundsätzlich besseren physischen Welt. *(24)*
Würde man sich gleich auf einen konsequenten idealistischen Standpunkt stellen, dürfte man bei Kausalität und Ethik zugleich bleiben und könnte sich den Widerspruch ersparen, unter den Auspizien »naturwissenschaftlicher Zwangsläufigkeit« und der »Herrschaft der Vernunft« utopische Wunschbilder zu zeichnen *(25)*. Unerklärbar bleibt freilich, warum man sich auf dem Boden eines »vernünftigen« Determinismus überhaupt Zukunftshoffnungen hingeben sollte, wo doch der »wissenschaftliche Mechanismus« immer schon im Gange war. Wenn der Determinismus vernünftig und ein ewiges systematisches Prinzip ist, warum soll es früher und heute unvernünftigere Situationen gegeben haben, als sie in der Zukunft herrschen werden? Wenn die Vernunft wie angenommen einen Teil des deterministischen Mechanismus dar-

stellt, warum konnte und kann es dann darin überhaupt weniger Vernunft oder gar Unvernunft geben? Nicht die Ethik ist unvernünftig, sondern die Apperzeptionsverweigerung, daß Mechanismus, Determinismus und Empirismus nur transzendente Modelle sind und nicht die volle Wirklichkeit. Den Gipfel der Unvernunft stellt freilich die Entwicklung »naturwissenschaftlicher« Utopien dar *(26)*. Ein Idealist kann sich Utopien ersparen, ein Materialist muß bei ihnen als Sinnersatz Zuflucht suchen.

Utopien unterstellen dem Gewesenen und Seienden im Vergleich zum Kommenden eine minderwertige Stellung. Wenn nämlich die höherwertige Zukunft kausal bestimmt sein soll, entspricht es der »wissenschaftlichen Vernunft«, daß Vergangenheit und Gegenwart minderwertig sind. Innerhalb der Kausalität und der »reinen Vernunft« kann es aber grundsätzlich keine Wertigkeiten geben, denn Werte gehören der sittlichen »praktischen Vernunft« an, selbst wenn das Gestern und Heute wirklich minderwertig wären. Um Wertfragen kommen also sogar Utopien nicht herum, warum darf man sich dann nicht gleich systematisch mit Ethik beschäftigen? Jedermann müßte sich dazu in eine sittliche Ordnung einfügen, doch dem sich selbst zum obersten Ziel setzenden Menschen geht es bloß um die Bewältigung seiner höchstpersönlichen fixen Idee oder seines Traumas und nicht um übergeordnete sittliche Prinzipien. Zur sittlichen und wissenschaftlichen, persönlichen wie zeitlichen Selbstüberschreitung ist der Utopist unfähig, da er mit der Selbsttherapie seiner privaten Lebensprobleme in der ideologisch-utopischen Generalisierung erschöpft. *(27)*

Lebten wir tatsächlich in immanenter Kausalität, warum macht sie dann zur Erreichung des historischen Endzieles den Umweg über vorhergehende Zwischenstationen? Wer gibt der Kausalität den Anstoß, damit sie überhaupt in Gang und auf eine Ursache eine Wirkung folgen kann? Ist ein kausales Endziel vernünftiger als seine Voraussetzungen? Hat es eine vernünftige Kausalität notwendig, sich auf frühere immanente Minderwertigkeiten einzulassen, die dann vom Standpunkt einer späteren höheren Vernunft weniger vernünftig wären? Ist nicht Vernunft immer vernünftig? Gibt es innerhalb der Vernunft verschiedene Grade an Vernünftigkeit? Warum sollte es eine kausale Vernunft auf ein historisches Endziel abgesehen haben? Bedarf die reine Vernunft überhaupt einer Entwicklung? Ist sie genötig, sich zu manifestieren? Wird sie dazu gezwungen, wer nötigt sie und warum? Was ist die Ursache aller folgenden Wirkungen und woher kommt sie? Alle Antworten auf diese Fragen muß der deterministische Kausalitätsbegriff schuldig bleiben, denn um dazu imstande zu sein, müßte er sich selbst setzen. Das tut er aber nicht, denn er kommt mit der Erkenntnis aus dem Prinzip des Handelns, welches seine Wurzeln wieder in der Idee des Guten an sich hat.

Für Utopien sind Gewesenes und Seiendes nur Mittel für das Kommende. Reduziert man die Ethik auf die Überbaufunktion einer materiellen Unterbaues, so kann man ruhig Vergangenheit und Gegenwart dem zukünftigen Heil opfern. Verstorbene Generationen bilden dann bloß minderwertige Kreaturen, die bestenfalls noch als Vorstufen zum »neuen Menschen« oder »Übermenschen« zu akzeptieren sind, und die lebenden Menschen dürfen im Interesse des kommenden Heilszustandes bedenkenlos verheizt werden. Und genauso verfahren auch alle grandiosen Utopisten - miteinander, untereinander und gegenüber allen Andersdenkenden. Da aber in Wahrheit alle Vorstellungen vom Sein dem Bewußtsein folgen *(28)*, der geistige Überbau den materiellen Unterbau bestimmt, und das sittliche Prinzip des Handelns überhaupt erst Erkenntnis ermöglicht, darf keine - grundsätzlich provisorische, unscharfe und unvollständige - empirisch gewonnene Erkenntnis Handlungen hervorrufen, die der Ethik widersprechen, und kein durch einen Partialwert bedingtes Verhalten dem Kategorischen Imperativ. Ideologien und Utopien erfüllen definitionsgemäß diese Voraussetzungen nicht und sind nie auch nur einen Schuß Pulver wert.

Keine naturwissenschaftliche Erkenntnis vermag je die Moral zu zwingen, vielmehr ist wahre Wissenschaft ohne die ethischen Voraussetzungen des Handelns unmöglich. Das sittliche Prinzip des Handelns konstituiert erst das Erkennen, und in der Ethik trifft sich die Erfahrungswissenschaft wieder mit ihren Anfangsgründen, ist sie keinem entfremdenden Trugschluß aufgesessen. Im Gegensatz zum ideologisch-utopischen Nützlichkeitsdenken sind idealistisch alle immanenten Ereignisse vor der transzendentalen Dimension gleich nahe: Es ist nicht gleichgültig, was man tut, sondern in welcher Generation man es macht. Nichts was je war, ist

umsonst gewesen. Selbst Irrtümer und Verbrechen, vor denen noch keine Zeit gefeit war, vermögen die Wahrheit und das Gute zu konterkarieren und als abschreckende Beispiele zu dienen. Es existiert transzendental kein Vorrang des Späteren vor dem Früheren. Der Zufall der späteren Geburt privilegiert kein spezielles Naheverhältnis zum Heil. *(29)*
Das wahre Heil winkt nicht aus einem unerfindlichen Grund irgendeiner Generation und erscheint nicht in Gestalt diverser hedonistischer Glückseligkeiten, sondern liegt in einer überzeitlichen und überräumlichen, eben metaphysischen und jenseitigen Sphäre, zu der alle Menschen gleichermaßen Zugang haben. Es bedarf einer gehörigen Portion wirklichkeitsentfremdeter Selbstbezogenheit, wenn sich ausgerechnet Menschen des 20. Jahrhunderts für ausersehen halten, daß gerade ihnen oder ihren unmittelbaren Nachkommen der Himmel auf Erden beschieden sein sollte. Die »civitas Dei« entsteht nicht erst nach unserem Tod, sondern war und ist stets allgegenwärtig und wird es immer sein - nur eben auf der Ebene der höchsten Ideen. Einen Ausschnitt daraus immanent in Utopien erzwingen zu wollen, vertieft die metaphysische Entfremdung, aus der sie kommt. Nur wer sich in materialistischer Apperzeptionsverweigerung grundsätzlich der Transzendenz zu verschließen trachtet, landet im Ersatz der Ideologien und Utopien, ohne freilich der Metaphysik entkommen zu können, wie die ideologischen und utopischen Widersprüche laufend beweisen. *(30)*
Wer sich bemüht, erreicht die höchsten Ideen überall, und in allen immanenten und historischen Erscheinungen vermag man das Walten Gottes zu sehen, dessen Teil wir in Raum und Zeit schon jetzt sind. Die Transzendenz ist auch in der Immanenz allgegenwärtig. Sobald wir durch unseren Tod die räumliche und zeitliche Schranke hinter uns lassen, sind wir ins »Jenseits« der Herrschaft der reinen Ideen wieder eingegangen, aus der wir schon kamen, als wir in die Dimension eintraten, welche durch Raum und Zeit begrenzt wird. Da Zeit und Raum transzendental gesetzt sind, ist auch alles, was in ihnen existiert, metaphysisch. Obwohl die Anfangsgründe wie die Resultate der Naturwissenschaft transzendental sind, holen die Materialisten in ihrem, die Metaphysik leugnenden Aberglauben das Heil in den Bereich der mechanistisch miß-

verstandenen und solchermaßen verabsolutierten Materie und in das Zeitliche. Da nun das, was das Heil zum Heil macht, genau in der negierten metaphysischen Ebene liegt und nur in ihr aufzuspüren sowie durch sie zu erlangen ist, können Ideologen und Utopisten trotz aller Verheißungen nie das in Aussicht genommene Heil erlangen. Was letztlich schon deshalb kein Wunder ist, da Heil, Glück oder Sinn transzendentale Begriffe bilden und sich der unmittelbar empirischen Beobachtung entziehen.

»Wasch' mir den noetischen Pelz, aber mach' mich nicht metaphysisch naß!« - lautet der unerfüllbare Wunsch der Materialisten. Beim vergeblichen Versuch der linearen Quadratur des nichtlinearen Kreises müssen sie in Utopien und Ideologien landen. Es sei denn, sie verzichten überhaupt auf den teleologischen Sinn, wozu der Existenzialismus wenigstens die Ehrlichkeit hatte. Doch selbst diese intellektuelle Redlichkeit zur Verzweiflung war vergeblich, denn der messerscharfe Schluß auf die Sinnlosigkeit der Existenz erfolgte nicht anders als über das logische Denken, welches freilich eo ipso nicht immanent, sondern transzendent ist. Auch diese metaphysische Komponente auszuschalten bedeutet hingegen den Verzicht auf das Denken schlechthin, womit allerdings selbst der Schluß auf die existenzielle Sinnlosigkeit unmöglich wäre. Wie wir es drehen und wenden: Cogito ergo metaphysica.

Utopia ist die Sehnsucht des Materialismus nach dem verdrängten Idealismus. Weil der Sinn transzendent ist, die Transzendenz aber nach deterministischem Aberglauben nicht existiert, müssen die Materialisten das Heil in den Bereich der mechanistisch verstandenen Immanenz und ins Zeitliche holen. Und da bisher das utopische Glück physisch nicht eingetreten ist, muß es in der materiellen Zukunft liegen. Als säkulare Heilsgeschichten vermögen die Utopien deshalb kein wirkliches Heil zu vermitteln, weil ihnen die alleine heilsvermittelnde idealistische Konsequenz fehlt. Gezwungen, das Zukünftige zu überschätzen und in das physisch Kommende den metaphysischen Telos zu legen, werden das Seiende und Gewesene zugunsten der übersteigerten Zukunftserwartungen instrumentalisiert und mißbraucht. Indem die utopischen Ziele nach persönlichem Geschmack festgelegt werden, steht dem gnadenlosen Kampf der »strahlendsten« Utopien nichts im Wege, wie er auch konkret ideologisch ausgefochten wird. *(31)*

Statt überall auf der Welt den Ort seiner Pflichten zu erkennen, ist es obendrein ganz famos praktisch, utopisch von der Zukunft zu träumen: Einfache Gemüter ersparen sich die Skrupel über die steinigen Pfade zur Befolgung des Kategorischen Imperativs, dafür haben sie ein Utopia, das den Vorzug besitzt, nicht nur sehr ferne zu liegen, sondern zugleich einen Fixpunkt für das eigene Selbstmitleid zu bieten. Die Schuld an allem Übel kann mühelos auf das Nochnichteingetretensein der lieben Utopie monokausal zurückgeführt werden, wodurch das Feld der eigenen Verpflichtung verringert, wenn nicht aufgehoben wird. Durch die Schaffung einer Utopie wird der Weg zur Flucht aus der konkreten Verantwortung bereitet. Politisch lassen sich Utopien damit sowohl zur Radikalisierung als auch zur Einschläferung mißbrauchen. *(32)*
Vom Ideal unterscheidet sich die Utopie durch die Frage der Überhöhbarkeit und Erreichbarkeit. Ein »Hochziel« oder Ideal wird nämlich immer durch die Idee des Guten an sich überhöht und ist anzustreben, eben weil es durch sie legitimiert wurde, während jede Utopie ideell nicht mehr zu überhöhen ist, und die Utopien ihren Stellenwert untereinander durch keine Vorstellung von einem schlechthin Guten zugewiesen erhalten. Untereinander sind scheinbar widersprüchliche Hochziele ideell versöhnbar, Utopien jedoch nicht. So kommt es darauf an, ob etwa kämpferisches Eintreten für die Ehre und friedfertiger Wille als Ideal oder als Utopie hochgehalten werden: Als Ideal läßt sich für beides eintreten, als Utopie aber nur für eines. Gerade weil Ideale transzendental überhöhbar sind, scheitern sie nicht an Antinomien, Paradoxa oder gegenseitigen Aufhebungen, wogegen die Utopien um jeden Preis ihre verabsolutierten Partialwerte mangels weitere Überhöhbarkeit zu verwirklichen trachten müssen und sich wechselseitig eleminieren. Statt sich in jeder Lebenssituation sittlich herausgefordert zu fühlen, reduziert die Utopie die Ethik auf die Verabsolutierung eines relativen Gutes und überschätzt die Wichtigkeit des Erreichens ihres zwar absolut gesetzten, doch endlichen Zieles.
Ideale sind ideelle Orientierungshilfen, aber keine »harten« Ziele, die unbedingt konkretisiert werden müssen. Vom Ideal weiß der Idealist, daß er sie anstreben kann, ohne daß alle endlichen Willen zusammen sie je voll erreichen werden. Während sich die Utopien wechselseitig ausschließen, bleibt jedes Ideal infolge seine meta-

physischen Überhöhbarkeit unversehrt erhalten. Verlieren deshalb Utopien ihre Glaubwürdigkeit, so erreichen wir in den Idealen das, was wir auch erreichen wollten, wenn wir uns um das ewig Gültige bemühen. Änderungen und Herausforderungen der sozialen Verhältnisse rufen zwar gerne unrealistische Wunschträume und illusionistische Utopien hervor *(33)*, lassen sich jedoch alleine ethisch bewältigen. Verschiedene Ideale sind wegen ihrer ideellen Versöhnbarkeit miteinander verträglich und bilden eine Art »Kategorischen Imperativ auf erkannt niedrigerer Stufe«. Ideale schaffen Klarheit, Utopien dagegen infolge ihrer gegenseitigen Verhinderung Verwirrung.

(1) Immanuel KANT, Metaphysische Anfangsgründe der Naturwissenschaft. Gesammelte Schriften (Akademie-Ausgabe), Band IV. Verlag Georg Reimer, Berlin 1903. Reprint Verlag Walter de Gruyter, Berlin 1968.

(2) Hans-Peter DÜRR (Herausgeber), Physik und Transzendenz. Scherz Verlag, Bern 1986.

(3) Helmut SCHELSKY, Die rationale Utopie und die Ideologie der Rationalität. Schwarz Verlag, Göttingen 1966.

(4) Ferdinand SEIBT, Utopica. Modelle totaler Sozialplanung. Schwann Verlag, Düsseldorf 1972.

(5) Bernard WILLMS, Planungsideologie und revolutionäre Utopie. Die zweifache Flucht in die Zukunft. Kohlhammer Verlag, Stuttgart 1969.

(6) Eberhard SCHÖNFELDT, Ideologie und Utopie als Probleme der Politischen Bildung. Philosophische Dissertation, Hamburg 1971.

(7) Gerhard BRUCKMANN, Um die Zukunft in den Griff zu bekommen. Was will und was kann die Futurologie? Die Presse, Wochenendbeilage, Wien 29. 1. 1972.

(8) Wolfgang TRAUTMANN, Utopie und Technik. Erscheinungs- und Bedeutungswandel des utopischen Phänomens in der modernen Industriegesellschaft. Verlag Duncker und Humblot, Berlin 1974.

(9) Gunther SWOZIL, Utopie als Krisenliteratur. Untersucht an Beispielen aus der Barockzeit. Geisteswissenschaftliche Dissertation, Salzburg 1980.

(10) Helmut SWOBODA, Utopia. Geschichte der Sehnsucht nach einer besseren Welt. Europa Verlag, Wien 1972.

(11) Robert TUCKER, Karl Marx. Die Entwicklung seines Denkens von der Philosophie zum Mythos. C.H. Beck Verlag. München 1963.

(12) Pierre-Joseph PROUDHON, System des contradictions économiques, ou philospohie de la misère (Dt. »System der ökonomischen Widersprüche oder Philosophie des Elends«). Deutsch bearbeitet von Karl GRÜNN. Neudruck, Scientia Verlag, Aalen 1967.

(13) Ferdinand LASSALLE, Gesammelte Reden und Schriften. Herausgegeben von Eduard BERNSTEIN. Vorwärts Verlag, Berlin 1892-1893.

(14) Lorenz von STEIN, Geschichte der sozialen Bewegung in Frankreich von 1789 bis in unsere Tage. Leipzig 1850. Neudruck der 2. Auflage, Verlag Wigand, Aalen 1968.

(15) Gustav von SCHMOLLER, Die soziale Frage. Klassenbildung, Arbeiterfrage, Klassenkampf. Leipzig 1918.

(16) Friedrich ROMIG, Die soziale Summe Pius XII. - eine ganzheitliche Soziallehre. Zeitschrift für Ganzheitsforschung. 6. Jahrgang, Wien IV/1962.

(17) Eduard BERNSTEIN, Zur Geschichte und Theorie des Socialismus. Gesammelte Abhandlungen. 4. Auflage, Vorwärts Verlag, Berlin 1901.

(18) Wladimir Iljitsch (ULANOW) LENIN, Werke. Ins Deutsche übertragen nach der 4. russischen Ausgabe. Deutsche Ausgabe wird vom Institut für Marxismus-Leninismus beim ZK der SED besorgt. Berlin 1971-1974.

(19) Franz BAUMER, Paradiese der Zukunft. Die Menschheitsträume vom besseren Leben. Verlag Langen Müller, München 1967.

(20) Einer der ältesten utopischen Topoi, der wiederzuerringende glückliche Urzustand, findet sich ideologisch in den dialektischen Stufen der ökonomischen Besitzverhältnisse beim Historischen Materialismus wieder. Zum »goldenen Zeitalter« siehe: Rigobert GÜNTHER und Reimar MÜLLER, Das goldene Zeitalter. Utopien der hellenistisch-römischen Antike. Lizenzausgabe. Kohlhammer Verlag, Stuttgart 1988.

(21) Wilhelm ANZ (u.a.), Säkularisation und Utopie. Ernst FORSTHOFF zum 65. Geburtstag. Kohlhammer Verlag, Stuttgart 1967.

(22) Karl HÖFFKES, Wissenschaft und Mythos. Auf der Suche nach der verlorenen Identität. Grabert Verlag, Tübingen 1983.

(23) Vergleiche: Lothar BOSSLE, Zur Soziologie utopischen Denkens - von Thomas Morus zu Ernst Bloch. Creator Verlag, Würzburg 1988.

(24) Zusammengefaßt bei: Wilhelm VOSSKAMP (Herausgeber), Utopieforschung. Interdisziplinäre Studien zur neuzeitlichen Utopie. 3 Bände. Metzler Verlag, Stuttgart 1982.

(25) Siehe Fußnote 3.

(26) Karl MANNHEIM, Ideologie und Utopie. 3. vermehrte Auflage. Verlag Schulte-Bulmke, Frankfurt a.M. 1952.

(27) Jonas COHN, Selbstüberschreitung. Grundzüge der Ethik - entworfen aus der Perspektive der Gegenwart. Aus dem Nachlaß herausgegeben von Jürgen LÖWISCH. P. Lang Verlag, Frankfurt a.M. 1986.

(28) Ken WILBER, Das Spektrum des Bewußtseins. Vom Gegeneinander zum Miteinander der Wissenschaften - ein übergreifendes Erklärungsmodell des Bewußtseins und der Disziplinen, die es erforschen. Aus dem Amerikanischen von Jochen EGGERT. Scherz Verlag, Bern 1987.

(29) Wolfgang CASPART, Handbuch des praktischen Idealismus. Universitas Verlag, München 1987, S 200-209.

(30) Burghart SCHMIDT, Kritik der reinen Utopie. Eine sozialphilosophische Untersuchung. Metzler Verlag, Stuttgart 1980.

(31) Arnhelm NEUSÜSS (Herausgeber), Utopie. Begriff und Phänomen des Utopischen. 3., vom Herausgeber überarbeitete und erweiterte Ausgabe. Campus Verlag, Frankfurt a.M. 1988.

(32) Dietrich NAUMANN, Politik und Moral. Studien zur Utopie der deutschen Aufklärung. Winterverlag, Heidelberg 1977 (Frankfurter Beiträge zur Germanistik 15).

(33) Horst BRAUNERT, Utopia. Antworten des griechischen Denkens auf die Herausforderung durch soziale Verhältnisse. Hirt Verlag, Kiel 1969.

8. KAPITEL

Verweltlichung und Klerikalismus

Setzt eine Ideologie eine beliebige empirische Theorie absolut, um von hier aus alle anderen zu relativieren, so verabsolutiert eine Utopie willkürlich einen Partialwert, dem gegenüber alle anderen Werte nachzureihen sind. Wenn nun historische Religionen oder besser Konfessionen ihre speziellen Dogmen, Riten, äußeren Erscheinungsformen, Traditionen, Mythologien und Organisationen für das eigentlich Gemeinte halten und absolut setzen, dann können auch sie dasselbe Ablauf- und Folgenschema in Gang setzen: Sie bekriegen einander unversöhnlich und bringen sich wechselseitig in Verruf. Jede Konfession hält ihre eigene Gottesvorstellung für die in letzter Konsequenz richtige und die anderen für minderwertig oder ketzerisch. Im Folgenden wird daher zu untersuchen sein, ob solche einzelreligiöse Intoleranz wirklich einer konsequent vom Numinosen gesteuerten Haltung oder einem von höchst weltlichen Rücksichten gespeisten Denken entspricht.

Vom Absoluten schlechthin, der höchsten Idee, können sich Menschen, die nun einmal ihrer »kognitiven Nische« verhaftet sind *(1)*, nur relative Begriffe machen. Die höchste Idee pflegt man mit dem Synonym »Gott« zu bezeichnen und mit Attributen wie Absolutheit, Unsterblichkeit, Unendlichkeit, Allmacht, umfassende Weisheit und ähnlichem zu umschreiben. Die göttlichen Eigenschaften werden vielleicht am Umfassendsten im islamischen Rosenkranz als »Namen« Gottes aufgezählt. Sämtliche sind Ausdrücke für das Numinose in der über unsere beschränkten Verhältnisse hinausgehenden Dimension. Pantheistisch läßt sich Gott in allem orten und »die Natur« zu einem Begriff Gottes machen. Bloß in der Summe der uns (gerade) faßbaren Erscheinungen und der Natur ist der Begriff der höchsten Idee noch nicht hinlänglich beschrieben, er enthält zudem das noch nicht und das überhaupt nicht Faßbare. Die höchste Idee umfaßt folglich nicht nur alle vernünftigen Ideen, sondern ist für uns Inbegriff alles dessen, was wir uns sowohl vorstellen, als auch nicht mehr vorstellen können.

Damit wird die höchste Idee zur Summe des menschlichen Ausdrucks für das Maximum einer allumfassenden Ganzheit. Sie selbst ist zwar menschlich formuliert, meint in ihrem eigentlichen Gehalt ein numinoses Ganzes, welches mehr ist als die beschriebene Summe der sie beschreibenden »Teile«. Begriffe beschreiben als Abbilder nur das, was in den urbildlichen Ideen eigentlich gemeint ist. Die vom Menschen erfaßten ideellen Urbilder gehen ihrer späteren begrifflichen Fixierung immer voraus. Besonders gilt der Nachrang von Definitionen und Beschreibungen für die uns a priori gegebenen höchsten Vorstellungen, dank derer wir erst denken sowie unsere Umwelt ordnen können und an deren Zustandekommen wir voluntativ unbeteiligt sind. Alleine ihrer konkreten Ausformulierung nach sind apriorische und höchste Ideen menschliche Erzeugnisse, die sie meinenden Inhalte sind hingegen von uns unabhängig.

Als endliche und sterbliche Wesen kommen wir a priori zur höchsten Idee des Unendlichen und Unsterblichen, ohne sie unmittelbar empirischen beobachten zu können. Auch die letzte Absicht des göttlichen Wirkens läßt sich durch menschliche Anstrengung nicht eruieren, enthält die höchste Idee neben dem uns Faßbaren per definitionem doch noch das uns Unfaßbare (2). Sie ist für uns alleine deshalb wichtig, weil sie der höchste Begriff unseres geistigen Seins ist. Gott ist »für uns« die höchste Idee, in der die Ganzheitlichkeit unseres Denkens kulminiert, Sein Wesen »an sich« übersteigt unser Vorstellungsvermögen dimensional. Er herrscht durch das uns unmittelbar ansprechende Prinzip des Sollens und durch die uns a priori gegebenen Erkenntnisvoraussetzungen. Zudem zeigt gerade die moderne Naturwissenschaft, wie sehr wir selbst a posteriori zur Transzendenz zurückgefunden haben (3). Die höchste Idee läßt uns die Freiheit, auf verschiedenen Arten unsere Pflicht zu tun, ja uns sogar irren zu können. Gott hält uns an der langen Leine des Sollens, das sich im Willen zum schlechthin Guten ausdrückt, und will offensichtlich, daß wir uns mit Ihm auseinandersetzen.

Das Erleben des ganzheitlichen Sinnzusammenhanges findet immer wieder in den personalen Begegnungen von Menschen mit Gott statt. Die Zeugnisse von solchen aufwühlenden »Gipfelerlebnissen« finden sich in den Religionsgeschichten und Mythologien, sie sind meist Anstoß zu geistiger Erneuerung, oft zu religiöser Reformation und mitunter sogar zu Religionsstiftungen. Ihre nichtlinearen Belege und Aha-Erlebnisse lassen sich noch in »trivialeren« Bereichen finden, in der Ästhetik, der Geschichte und sogar der Naturwissenschaft. Durch Offenbarungen Gottes erfahren Menschen vom Seinem eigentlichen Wesen und Wollen. Ihre Beschreibungen selbst werden freilich in menschliche Worte gefaßt und können nur insofern der Mitwelt zugänglich gemacht werden, als solche Begegnungen Menschen mit ihren spezifischen kognitiven Fähigkeiten erlebten und mit ihren beschränkten Ausdrucksformen wieder an Menschen mit selbst beschränkter Kognition weitergeben.

Mit jedem Weitergabeschritt besteht die Wahrscheinlichkeit, daß numinose Sinngehalte nicht überliefert werden und Informationsverlust eintritt. Die menschlichen Antworten auf Gipfelerlebnisse korrelieren mit der Lebendigkeit und dem unmittelbaren Sinnverständnis der Begegnungserfahrung. Religion ist die erlebnishafte Begegnung des Menschen mit dem Numinosen und die menschliche Antwort auf seine Begegnung mit Gott. So können religiöse Mitteilungen frisch und lebendig sein, aber auch bei Verlust der Lebendigkeit des Gemeinten veräußerlicht und leer werden. Religionen vermögen genauso zu sterben, wie sie geboren wurden. Doch nicht Gott wird geboren und stirbt, sondern die eine oder andere menschliche Vorstellung von Ihm und Antwort auf Ihn. Die hohe Zahl an verschiedenen Gipfelerlebnissen und unterschiedlichen Religionen sind nicht etwa Hinweis auf die Relativität Gottes, sondern Beleg der vielfältigen Kraft Seiner Absolutheit, die sich in jenen mannigfaltigen Zeugnisse manifestieren *(4)*. Nur wir Menschen sind in unseren Aussagemöglichkeiten (und zudem in unserer Erlebnisfähigkeit) beschränkt, weswegen wir die Unendlichkeit bloß mit endlichen Worten auszudrücken in der Lage sind. Das Numinose umfaßt zahllose Attribute und wird nur mit verschiedenen Namen belegt, wirklich gemeint ist immer Dasselbe. Ob es sich in einer Mythologie um einen Gott oder um viele Götter dreht, stets handelt es sich um den Versuch einer Beschreibung des Wesens und Wollens der höchsten Idee und letzten Wirklichkeit. *(5)*

Mag in der einen Religion beispielsweise die Güte und in einer anderen die Strenge Gottes betont werden, so geht es doch alleine

um den einen Gott, der eben einem Menschen als gütig und einem anderen als streng erschienen ist. Die höchste Idee umfaßt mehr als »nur« die Güte oder die Strenge, sie ist beides zugleich und noch die ganze Fülle des Faßbaren und Unfaßbaren. Beschränkte Wesen vermögen allerdings bloß beschränkt zu erfassen, zu erleben und zu antworten. Jedes spezielle Gottesverständnis bildet seinen historischen Mythos aus. *(6)*
Für gewisse Menschen, einzelne Epochen und bestimmte Regionen stehen unterschiedliche Gesichtspunkte des zusammengenommen viel größeren Seins im Vordergrund. So tut es der Größe der Natur keinen Abbruch, wenn ein Eskimo mehr ihre kalte Seite und ein Pygmäe eher ihre heiße zu Gesicht bekommen mag. Ob ein Angehöriger eines Steinzeitstammes sich mehr mit einer »primitiven« und ein Vertreter der Hochzivilisation stärker mit einer »entwickelten« Technologie herumschlägt, ändert am prinzipiellen Wesen der Technik nichts. Genauso stehen die Namen Christus, Allah, Jahwe und so weiter nur für verschiedene Seiten, »Lebensmitten« oder Betrachtungsweisen des einen Gottes, der als konstituierende und legitimierende Spitze erst die Hierarchie der Ideen ermöglicht.

Wahre Religiosität besitzt immer ein lebendiges Verständnis der höchsten Idee. Wirklich religiöse Menschen der einen Richtung verstehen auch das Anliegen einer anderen Religion. Sie begreifen in Gott die Allmacht und im Menschen die Relativität endlichen Bemühens *(7)*. Damit besitzen sie jene Haltung, die zu recht »fromm« genannt zu werden verdient. Geht die lebendige Beziehung zum eigentlich Gemeinten verloren, verweltlichen Religionen, und an die Stelle echter Frömmigkeit treten veräußerlichte Scheinfrömmigkeit, Aberglaube, entfremdete Magie und Scheinheiligkeit. Weil man mit dem Inhalt nichts mehr Rechtes anzufangen weiß, klammert man sich umso stärker an die Form. Durch sinnentleerte Äußerlichkeit und rituelle Litaneien sucht man den Inhalt zu zwingen, bis man schließlich die weltlichen Interessen kirchlicher Organisationen für den wesentlichen religiösen Zweck hält.

Wenn Religion die Begegnung des Menschen mit Gott und das antwortende Handeln des von dieser Begegnung geprägten Menschen ist *(8)*, dann wird es wegen der vielseitigen Verflechtung der immanenten und transzendenten Sphäre immer wieder solche Begegnungen und entsprechende Antworten geben. Die Religiosität wird schon deshalb genausowenig aussterben, wie Gott stirbt. Was absterben kann, sind lediglich bestimmte Anschauungen über die höchste Idee. An den traditionell organisierten Religionen liegt es, ihr Verständnis von Gott lebendig zu halten. Wo ihnen dies gelingt, werden sie ihre Gottesvorstellungen weiterhin tradieren können. Sollte es ihnen mißlingen, werden nicht die Religiosität oder Gott verschwinden, sondern bloß spezielle Religionsorganisationen und einzelne theologische Schulen. An die Stelle einer in Zeit und Raum gefaßten einzelnen Gottesvorstellung wird eben eine andere treten.

Beim heute so gerne strapazierten Versagen der Religion, über das schon ganze Bibliotheken geschrieben wurden, versagt nicht Gott, sondern der Mensch: Das Relative findet kein Verhältnis mehr zum Absoluten *(9)*. Auch den Schaden daran trägt nicht Gott, sondern wiederum der sich in seinem eigenen Absolutsetzungsversuch hoffnungslos überfordernde und vom eigentlichen Telos entfremdende Mensch. Gott »strafen« zu wollen, indem man sich vor Ihm in einen Schmollwinkel zurückzieht, Ihn wie *Nietzsche* für tot erklärt *(10)*, Ihn atheistisch negiert oder Ihn verflucht, belegt nur das naive menschliche Mißverstehen Gottes. Er ist der Pantokrator und nicht unser magisch erpreßbarer Hampelmann. Es gibt keine gleichwertige Partnerschaft zwischen Relativem und Absoluten, die höchste Idee bedingt uns schlechthin, und Gott ist kein »deus ex machina«, der erst dann auftritt, ja gefälligst aufzutreten hat, wenn wir uns selbst die Finger verbrannt haben.

Es täte dem Abendland gut, in Gott wieder die durchgängig konstituierende höchste Idee und damit den Pantokrator zu sehen, den absoluten Herren, die Quelle schlechthin und den unbedingten Inbegriff alles Seins. Mit der im 13. Jahrhundert beginnenden Versüßlichung des Gottesbildes haben wir uns zunehmend eine entfremdende Gottesvorstellung eingehandelt, in der Gott immer mehr zum magisch erpreßbaren Gehilfen unserer Wünsche und bestenfalls zum Objekt unserer Erbauung degenerierte, Seine Strenge und Herrschaft aber aus unserem Gesichtskreis verschwand. Man braucht sich nur den Motivwechsel in der bildlichen Darstellung von Christus vor Augen zu halten, um zu begreifen, was gemeint ist: Bis zum 13. Jahrhundert und in der orthodoxen Kirche bis heute ist der Heiland unser Herr *(11)*, seitdem ist er im Verständnis des westlichen Abendlandes zum »herzigen Jesukindlein«, zum »lieben Gott« und zu einem efeminierten »Schmerzensmann« verkommen. Mag Er auch dies alles sein, so ist er doch in erster Linie unser Herrscher schlechthin und muß es für uns wieder werden.

Mag einem mit *Frankl* die Religion noch lieber sein, die man erst hat, sobald es einem schlecht geht, als jene, die man nur hat, solange es einem wohl ergeht *(12)*, wird weder die »pure man religion« noch die »business man religion« der absoluten Gültigkeit und durchgängigen Bedeutung der höchsten Idee genügend gerecht. Eine Gottesvorstellung nur für das Proletariat ist genauso reduktionistisch wie eine bloß für das Establishment. Eine »höchste« Idee, die sich für die Ambitionen des einen oder anderen Ehrgeizes und Interesses vereinnahmen läßt, kann keine wirklich höchste mehr sein. Das Numinose steht über allen vordergründigen Absichten, Gott ist für alle Menschen - unabhängig von ihrem momentanen sozialen und materiellen Status - bindend. Eine kitschig reduktionierte Pseudoreligiosität steht in Wahrheit in ideologischen Diensten. Antwortendes religiöses Handeln hat sich ganzheitlich und idealistisch auf den Gott schlechthin zu richten. Er bedingt uns alle absolut und ist kein Lückenbüßer oder magischer Zauberer im Dienste menschlicher Egozentrik.

Um es in der Terminologie christlicher Theologie auszudrücken: In den gegenwärtigen agnostischen Zeiten, in der es sogar Priester und Pastoren geben soll, die selbst nicht mehr an Gott (nicht nur den tradierten) »glauben«, ist die durch das »natürliche Licht« jedem Menschen zugängliche Gotteserkenntnis in der Form der höchsten Idee bedeutsamer als der durch überlieferte Offenbarungen zustande gekommene spezielle oder konfessionelle Gottesglaube. Entfremdungen durch verkitschte, politisierende und relative Gottesvorstellungen von sich selbst für absolut haltenden Religionsorganisationen verstellen vielfach geradezu das »lumen naturale«. Ohne ideelle Gotteserkenntnis kann auch in speziellen Einzelreligionen kein Offenbarungsverständnis entstehen. Wer ideell nicht begreift, was Gott ist, wird auch mit überlieferten Offenbarungen nichts anzufangen wissen. Hingegen ermöglicht das

Verstehen der höchsten Idee das Begreifen der Offenbarungstraditionen.

Eine heute erfolgreiche Katechese setzt beim lumen naturale an und führt über die Gottesidee zur offenbarten Tradition speziellen Gottesglaubens. Das ganze Geheimnis des gegenwärtigen Versagens der etablierten Religionsgemeinschaften liegt darin, daß sie den katechetischen Weg in die verkehrte Richtung gehen *(13)*. Um gleich bei einer Einzelkonfession anzusetzen, bedarf es nicht nur eines nahezu arroganten Selbstbewußtseins, sondern vor allem eine soziologisch tief gefestigten Gottesidee schlechthin. Doch gerade an ihr mangelt es heute weiten Kreisen am meisten - der Grund dafür wird wohl sein, daß zulange spezialreligiöse Dogmen und kanonische Mythen gepredigt wurden und die Konfessionen sich gegenseitig bekriegten. Dadurch versagten die etablierten Religionen im Kampf gegen den materialistischen Atheismus, ihren eigentlichen Feind, der freilich nur über das »natürliche Licht« und nicht über rituelle Glaubensbekenntnisse zu besiegen ist.

Geht die religiöse Anfangsverbundenheit aus der Gründerzeit der Einzelreligion verloren, dann sucht die Gemeinde den religiösen Gehalt juridisch festzuschreiben und zu dogmatisieren *(14)*. Damit gewinnen Kanon und Liturgie nur zu leicht eine Eigendynamik, bei der die Lebendigkeit des eigentlich Gemeinten zuerst in den Hintergrund tritt und dann erlischt. An die Stelle Gottes tritt das kirchenorganisatorische Eigeninteresse, und dank der Identität von Gemeinde und Bürgerschaft wird der Staat hierokratisch verpflichtet. Die Staats- und/oder Kirchenraison hat sich über das mysterium tremendum, augustum und fascinans *(15)* erhoben. An die Stelle der freien Gottessuche und der angestrebten Vereinigung mit Gott tritt die entfremdete Angst der soziologischen Institutionen vor Abweichlern, Einzelgängern, Ketzern, Erneuerern und sonstigen, die Gemeinschaft auflösenden Erscheinungen. Die Organisation wird zum Selbstzweck.

Zum inneren Feind tritt der äußere. Die kompensierte Unsicherheit mündet in innere und äußere Intoleranz. Doch jeder Kampf und jeder Krieg demonstriert nur, daß wenigstens eine Seite oder Partei zur ideellen Überhöhung unfähig ist, wenn es nicht gleich beide sind. Das religiöse »Nullsummenspiel« kann beginnen *(16)*.

Wirklich lösbar sind echte Konflikte aber nur in der ideellen Überhöhung durch alle Beteiligte. Die einzig erfolgreiche Konfliktlösungsstrategie liegt nicht in der mechanistischen Arithmetik sozialer Sprengmittel, sondern im Finden, Aufzeigen und Verstehen des gemeinsamen Ganzen. Verweigert nur eine Partei die Toleranzbereitschaft zur Überhöhung, so sind Kampf und Gewalt unausweichlich, und es siegen (vorläufig!) die stärkeren Bataillone. Mit transzendentaler Wahrheit hat diese Durchsetzung freilich nichts gemein, auch ist sie nie endgültig, da die feindliche Gegenmacht ja stets aufs Neue ihr ketzerisches Haupt erheben kann. Für weitere Intoleranz ist also in aeternam gesorgt.

Erstaunlich ist die Intoleranz häufig deshalb, weil sie trotz vorgeblicher Menschenfreundlichkeit zustande kommt. Jede Religion und viele säkulare Weltanschauungen verfolgen einen liebenden Zweck, und trotzdem gehört es zur Regel, sich gegenseitig alles andere als hold zu sein. Stößt nämlich die Liebe auf Unverständnis oder keine Gegenliebe, schlägt sie in Ressentiment und Haß um *(17)*. Verbindet sich die Liebe mit eigenem Absolutheitsanspruch und wird sie in dieser Form einem anderen noch aufgedrängt, so ist das Mißverständis unversöhnbar geworden, zumal wenn auch der andere seine Vorliebe für absolut hält. Zwischenreligiöses Unverstehen findet seine Ergänzung im binnenreligiösen. Toleranz ist keine Einbahnstraße, und es muß zu Krieg und Kampf kommen, solange auch nur ein Beteiligter zur Überhöhung durch das gemeinsame Ganze unfähig ist. Stößt ein Toleranter auf einen hartnäckig Intoleranten, so wird auf die Dauer auch der Toleranteste nicht umhin können, heftig zu reagieren, wenn es um Lebensfragen geht. Letztlich lohnt sich innerhalb von Zeit und Raum aber Rechthaberei nicht, und ideelle Überhöhung wird immer möglich sein. Die Immanenz für sich ist zu nichtig und zu deutlich mit Transzendenz durchdrungen, als daß man nicht ins gemeinsame metaphysische Boot steigen und in ihr den alleinigen Gott finden könnte. Selbstverwirklichung wird nicht durch sture Selbstüberschätzung, sondern durch grenzüberschreitende Liebe, Hinwendung und Zuneigung umgesetzt. *(18)*

Von Gott und seinen Offenbarungen zu berichten und eine adäquate Antwort des Menschen zu finden, ist die ureigenste und unverzichtbare Aufgabe der Theologie. Aus den in den Mythen zu tagetretenden leitenden Vorstellungen wird eigendynamisch die Welt gesehen und Geschichte gemacht *(19)*. Die Erledigung der Tagesarbeit, des räumlich-zeitlich Zufälligen, kann die Theologie getrost anderen Institutionen überlassen, solange diese nur transzendental legitimiert sind *(20)*. Je äußerlicher aber Religion geworden ist, desto weniger haben theologische Juristen mit dem Begriff Gottes an sich zu tun und werden für imgrunde nichttheologischen Probleme frei. Gott tritt in den Hintergrund, die Ambitionen gelten der »Welt«. Sobald jetzt die höchste Idee kasuistisch tabuisiert ist, umso unklarer werden die Theologen im Grunde über sie, sodaß durch einen kompensatorischen Formalismus die eigene Unsicherheit im Grundsätzlichen zu bannen versucht wird. Eine speziell ausgebildete Priesterschaft muß sich selbstverständlich auf ein spezifisches Gottesverständnis in einer ganz bestimmten Konfession beziehen. Es ist deshalb geradezu ihre Pflicht, den Sinn und die Idee eines in Raum und Zeit »positiv« gewordenen Gottesbegriffs zu verdeutlichen und den mythologischen Wesenskern zu erklären *(21)*. Das Bedürfnis nach theologischer Interpretation einer religiösen Überlieferung entsteht und besteht immer dann, wenn eine »objektive« Manifestation Gottes nicht mehr ohne weiteres im ideellen Sinngehalt verständlich ist. Damit hat die Geistlichkeit alle Hände voll zu tun - Politik, Wirtschaft, Diplomatie, Kriegsführung, Kunst, Technik et cetera kann sie ruhig idealistischen Fachleuten überlassen. Alleine für die lebendige Begreifbarmachung der religiösen Traditionen sind Kleriker unverzichtbar.

Moral, Mildtätigkeit oder soziale Hinwendung sind auch ohne Geistlichkeit jederzeit vorstellbar, Ethik ist mit allen historischen Religionen vereinbar, und jeder Freimaurer weiß, daß Humanität keiner konfessionellen Bindung bedarf. Rein sachlich ist es also unnötig und überflüssig, daß sich Theologie und Geistlichkeit um die Tagespolitik kümmern. Ist die transzendentale Legitimität von Staat und Gesellschaft gesichert, so sollten sich Kleriker sogar vom politischen Geschäft fern halten, um nicht von ihren eigentlichen seelsorgerischen Aufgaben abgelenkt zu werden. Diese sind schwierig genug, um darin nur einen Priester zu entbehren. Trotzdem gab es immer wieder Zeiten, in denen sich schaarenweise Kleriker entweder direkt politisch betätigten oder wenigstens bei jeder

Gelegenheit zu tagespolitischen Fragen Stellung nahmen und theoretische Ratschläge erteilten. Und auch die heutigen Kirchentage strotzen davon.

Pseudotheologische Aktivitäten in der Tagespolitik zeigen, wie die politisierenden Geistlichen eigentlich ihren Beruf verfehlt haben. Daß gerade in Zeiten des Umbruches hierokratische Einmischungen in die Tagespolitik geschehen, mag zwar einerseits Ausdruck ernster Sorge um die Wege der Menschen ausdrücken, verrät aber andererseits in der Hinwendung zur Politik anstelle der Lebendigmachung des religiös Gemeinten, daß in Wirklichkeit die religionsorganisatorischen Eigeninteressen und deren Erhaltung, aber nicht Numinoses und das Seelenheil motivierend sind. Der Klerikalismus entlarvt in seinen eigenen Vorgehen, daß er den direkten »weltlichen« Mitteln mehr als den indirekten »geistlichen« oder geistigen vertraut. Damit stellt ein auf die kirchlichen Interessen einer institutionalisierten Geistlichkeit bezogenes Vorgehen letztlich seinen eigene transzendentale Grundlagen in Frage. *(22)*

Dem Klerikalismus ist der idealistische Begriff von der formenden Macht des Geistes abhanden gekommen. Er versucht im Grunde bereits materialistisch, über die immanente Form den transzendentalen Inhalt zu zwingen. Über die »Welt« müht er sich vergeblich um die »Rettung« des Ewigen. Die Unmöglichkeit eines solchen Gelingens ergibt sich schon aus der dabei verwendeten Terminologie, aus der Sicht einer idealistisch begriffenen Erkenntnistheorie und Ethik kann der klerikale Eifer geradezu als grotesk und kontraproduktiv bezeichnet werden. Nicht umsonst vermeiden ernsthafte religiöse Persönlichkeiten diese, von Religionsorganisationen und ihren Angehörigen selbst betriebene Verweltlichung. Eine vom wirklichen Gottesbegriff entfremdete Konfession veräußerlicht ihre eigene Religion - Klerikalismus entpuppt sich als Selbstverweltlichung. *(23)*

Natürlich kann es auch politisch begabte Geistliche geben, die wie Richelieu erfolgreich Staatspolitik betreiben mögen. In einem solchen Fall ist der Priester aber nicht als Priester, sondern als Staatsmann tätig, und sein Priestertum ist sein ursprünglicher »Zivilberuf«. Er agiert nicht im Namen des offenbarten Willen Gottes und will in seiner Politik nicht »die Religion« retten, sondern beispielsweise seinem König oder seinem Vaterland dienen *(24)*. Gelingt das Auseinanderhalten von Soutane und Staatsrobe, so mag bei aller Bedenklichkeit eines seinen seelsorgerischen Beruf verfehlenden oder nichtausübenden Priesters dessen staatspolitisches Engagement noch legitim sein, zumal wahre Staatsmänner selten sind und herangezogen werden müssen, aus welchen Berufen sie immer auch kommen. Solange traditionelle Gesellschaften religiös gefestigt sind, wird die auch von Geistlichen betriebene Politik religiös unverfänglich sein und nicht im Namen einer letzten Wahrheit ausgeübt, sie ist also nicht wirklich klerikal im Sinne von »institutionelle Kircheninteressen betreffend«, sondern rein weltlich wie jede andere Politik.

Lösen sich allerdings die überlieferten Bindungen, so droht die wirkliche Gefahr des Klerikalismus: Um den institutionalisierten Status zu halten, sind Kleriker versucht, die übliche Politik nun im Namen höchster göttlichen Wahrheit und mit Anspruch auf unbedingte Verbindlichkeit fortzusetzen. In römisch-katholischen Ländern wurde eine solche Politik im 19. Jahrhundert »ultramontan« genannt, der Klerikalismus »von rechts« wurde geboren. Er beruht im Grunde auf der Fortsetzung des alten Bündnisses von »Thron und Altar« beziehungsweise der wechselseitigen Unterstützung von »weltlichem und geistlichen Schwert«. Solange das religiöse Selbstverständnis noch ursprünglich lebendig war, mag diese gegenseitige Ergänzung notwendig und erfolgreich gewesen sein: Die Religion lieferte dem Staat die Legitimation und der Staat der Religionsorganisation Schutz und Alleingeltung. *(25)*
Spätestens aber hier vermengten sich staatliche und kirchliche Interessen, und je mehr sich die Religionsinstitutionen der staatlichen Instrumente bedienen konnten, desto stärker verweltlichten die Kirchen. Dies ging und geht kultursoziologisch solange gut, wie es zu keinem geistigen Bruch kommt, und jedermann seinen Standort im Kosmos kennt. Alleine im westlichen Christentum hielten sich Kaiser und Papst, Staat und Kirche mit wechselndem Erfolg gegenseitig in Schach, keiner obsiegte endgültig über den anderen. Dadurch war ein gewisser Freiraum geschaffen, den der orthodoxe Caesaropapismus, das islamische Kalifat oder das konfuzianische Reich der Mitte nicht kannte - und aus ihm erwuchs die typisch europäische Freiheit, als deren geistige Folge sich all-

mählich die wissenschaftliche und schließlich kolonialpolitische Überlegenheit Europas ausbildete.
Zugleich blieben Staat und Kirche aufeinander angewiesen. Aus der wissenschaftlichen Freiheit bildeten sich freilich auch jene Kräfte, welche die dogmatischen Konfessionen infrage zu stellen begannen. Statt darauf mit einer geistigen Verinnerlichung zu antworten, wuchs die dogmatische Intoleranz und die kirchliche Inanspruchnahme des durch Zentralisierungstendenzen immer stärker werdenden Staates durch Reformation und Gegenreformation. In der sich anbahnenden geistig-kulturellen Krise wurden die Kirchen immer steriler und der Staat immer tonangebender. Im evangelischen Bereich erzielte der Pietismus keinen durchschlagenden Erfolg, und der deutsche Idealismus kam für die Französische Revolution (jedenfalls für ihre späteren Auswirkungen in der Schreckensherrschaft) zu spät. Je schwächer die Kirche wurde, desto stärker bedurfte sie der staatlichen Krücke, und wohl in unbewußter Erkenntnis dieser Tatsache suchten die Religionsinstitutionen im Staat und im Klerikalismus ihr Heil. *(26)*
Die Revolutionen und gesellschaftlichen Umwälzungen richteten sich in der Folge vor allem gegen den dominanten Staat und erst nebenbei gegen die nicht mehr ganz voll genommene Kirche. Mit dem Zusammenbruch Europas um die beiden Weltkriege ging nicht nur die kirchlichen Legitimationen der Staaten zugrunde, sondern auch die Kirchen verloren den Rest ihres traditionellen Einflusses in ihren früheren staatlichen Verbündeten. Der Leninismus verfolgte alle Religionen offen, und im demokratischen Selbstbestimmung wurde der Wählerwille letzte Legitimationsquelle *(27)*. Während sich im Osten die brutal unterdrückte Transzendenz trotz aller Repressionen nicht ausmerzen ließ, wurde Religion im Westen zur belächelten Privatsache, und wo hier die Kirchen noch staatliche Privilegien genießen, können sie sogar diese Nischen kaum mehr ausfüllen.
Doch statt nun endlich eine innere Erneuerung und Verlebendigung der traditionellen numinosen Inhalte in die Wege zu leiten, sucht eine zutiefst verunsicherte Geistlichkeit ihr Überleben in einer »Hinwendung zur Welt«. Den Klerikern wurde nun zwar kirchenofiziell Parteipolitik verboten, dafür fordern sie jetzt in unzähligen Hirtenbriefen, Mahnungen, Aufrufen, Kanzelpredig-

ten, Rundschreiben, Kirchentagen und Synoden vom Staat - wieder Weltliches: Gerechtigkeit, Humanität, Solidarität mit den Schwachen und der Dritten Welt, wirtschaftliche Umverteilung, soziales Grundeinkommen, Empfängnisverhütung, Frauenfragen, Mitbestimmung, Entwicklungshilfe, Chancengleichheit, sogar Demokratie oder politische Toleranz. Die Liste rein weltlicher Themenkataloge ließe sich beliebig fortsetzen *(28)*. Als ob man dafür unbedingt Kirchen bräuchte, und diese nicht Jahrhunderte selbst Gelegenheit zur Verwirklichung gehabt hätten.
Der neue Klerikalismus kommt nun »von links« und ist vielleicht sogar noch verweltlichter als der alte »rechte«. Besucht man heute Kirchenversammlungen oder liest kirchliche Publikationen an eine breitere Öffentlichkeit, dann ist nirgends mehr von theologischen Themen und bestenfalls von zusammenhanglosen Träumereien, meist aber nur mehr von alltagspolitischen Phrasen die Rede. Wird Gott überhaupt noch in den Mund genommen, so dient Er ganz evident und ohne jeden systematischen Zusammenhang als willkürliches Vehikel für sehr diesseitige Bestrebungen. Erneut sucht man in blindem äußerlichen Aktionismus die eigene Entfremdung und Unsicherheit zu kompensieren. Je weiter die etablierten, jedoch blutleeren Kirchen von jener konkreten politischen Verantwortung entfernt sind, die sie die längste Zeit innehatten, umso illusionistischer, oberflächlicher und verbalradikaler werden ihre »Forderungen an die Gesellschaft«. Allmählich darf man froh sein, daß sie in ihren willkürlichen Lizitierungen von niemandem mehr ernst genommen werden und sich auch selbst offensichtlich kaum noch ernst nehmen. Zu idealistischer Katechese und zu kosmologischen, ontologischen oder teleologischen Wegweisungen ist der neue Klerikalismus nun vollends unfähig geworden. *(29)*
Während die nichtchristlichen Hochkulturen in der nachkolonialen Phase ihre eigenen Wurzeln wiederzuentdecken beginnen *(30)* und die moderne Naturwissenschaft zur Transzendenz zurückgefunden hat *(31)*, üben sich weite Kreise des Christentums im Vulgärmaterialismus. Als ob man eine sinnsuchende Menschheit mit den durchsichtigsten Lizitationsverheißungen ködern könnte. Statt das lumen naturale wiederzugewinnen, läuft ein anscheinend verlöschendes Christentum den materialistischen Modeströ-

mungen von vorgestern nach und überläßt die neue Gnosis der umgekehrten Mission der ostasiatischen Religionen. Weil unter deren Mantel tatsächlich auch einzelne Scharlatane ihr geschäftliches Süppchen kochen, rufen die etabilierten Religionsinstitutionen wieder einmal nach dem Staat, um das »Sektenunwesen« zu bekämpfen, und hoffen dabei, die erfolgreichere Konkurrenz mit unterdrücken zu können. Nur zu gerne kommt der agnostische bis atheistische Staat dieser kirchlichen Aufforderung nach, um sich endgültig zum Schiedsrichter in Sachen »Aberglaube« aufschwingen zu können.

In Wirklichkeit lassen sich fremde Religionen und »Sekten« an ihrer Verbreitung nur durch eine Lebendigmachung der eigenen numinosen Traditionen hindern. Denn wer in seiner eigenen Überlieferung die höchste Idee erkannt hat, braucht nicht zu konvertieren - er wird in einer neu angenommenen Religion auch nicht anderes finden als in der früheren. Bloß wer in einer sterbenden Religion nicht mehr Gottesbegegnung und aufs Heilige gerichtete Handeln zu erkennen vermag, wird zum Proselyten. Da kein Widerpart stärker sein kann, als man selbst schwach ist, trägt die Schuld an der heute umgekehrt verlaufenden Missionierung wohl wer?

Je rigoroser das religiöse Interpretationsmonopol eigens geweihter Theologen herausgestrichen wurde und wird, desto mehr arbeiten die Kleriker ihren materialistischen »Entlarvern« in die Hände, sobald sie ihre eigentliche priesterliche Funktion nicht mehr zu erfüllen in der Lage sind. Haben sie die Heilsvermittlung faktisch in ihren Händen monopolisiert und damit das allgemeine Priestertum zugunsten ihrer eigenen Mittlerschaft aufgehoben, so sind die Menschen den magischen Kräften ihrer Geistlichkeit ausgeliefert. Versagt diese nun, darf sie sich selbst nicht wundern, wenn ihre Welt zusammenbricht. Doch wirklich betrogen ist die hilflose Gemeinde, welcher der Weg zu Gott doppelt versperrt wurde: Durch die herrschsüchtige, aber nun impotente Hierokratie und durch den ersatzreligiösen ideologischen Materialismus mit seinen peudowissenschaftlichen Aporien. *(32)*

Die Negierung des allgemein menschlichen Priestertums kann auf dem Mißtrauen einer Priesterkaste gegenüber der religiös nicht sonderlich produktiven Masse, oder aber auf schlicht irdischem

Machtstreben beruhen. Selbstverständlich ist auch eine Kombination beider Begründungen möglich, und sie muß nicht einmal bewußt erfolgen. Wie jeder Ausdruckspsychologe weiß, enthält jede bewußte Äußerung neben dem Mitteilungsgehalt noch einen Ausdrucksgehalt, und beide müssen nicht unbedingt übereinstimmen, sondern können einander sogar widersprechen *(33)*. Spricht man neuklerikal von »Kirche« (Mitteilungsgehalt), so spielt in ihr jetzt nicht mehr Gott, sondern die Welt die Hauptrolle (Ausdrucksgehalt). Klerikale meinen Politik, wenn sie heute von »Kirche« reden.

Nun mag man für den dostojewskischen Großinquisitor allenfalls noch Verständnis aufbringen können *(34)*, wenn die hierokratische Trennung zwischen religiös Privilegierten und Minderberechtigten wenigstens nach dem Kriterium persönlicher Heilserfahrungen und Gipfelerlebnisse erfolgte. Doch in der Regel scheut sich jeder, der ein mysterium tremendum, fascinans und augustum erlebt hat *(35)*, vor oberflächlicher Machtausübung, sondern zieht sich eher zurück. Dagegen erfolgt die Aufnahme in die priesterliche Oligarchie nach Kriterien der Aneignung hierokratischer Verhaltensweisen und der Unterwerfung unter Dogmen und Organisationen. Die Beziehung des Menschen zu Gott hat tatsächlich nichts mit einer weltlichen Beamtung zu tun, sondern hängt alleine vom lebendigen Verstehen des ideellen Gehaltes des Gottesbegriffs ab. So kann es beamtete Kleriker geben, die keinen Zugang mehr zu Gott finden, und formell »Ungeweihte«, denen dies sehr wohl möglich ist.

Es ist die Berufung der Theologen, die Idee Gottes verständlich zu machen und zu erhalten. Lehren und erforschen sie nicht mehr Sein Wesen, um sich lieber mit Dingen zu befassen, die genausogut idealistische theologische »Laien« bewältigen können, so haben sie im Grunde ihren Beruf (der sich ja aus dem Begriff der »Berufung« ableitet) verfehlt. Die Welt braucht keine pseudotheologischen Rüstungs- und Abrüstungsexperten, Apartheidsbefürworter und -gegner, Militärstrategen und Friedensforscher, Sozialutopisten, Außenpolitiker, Landwirtschaftsfachleute, Politikwissenschafter oder Wirtschaftsexperten, sondern Theologen, die sich endlich wieder mit Gott selbst befassen. Während die moderne Naturwissenschaft die Nichtigkeit der »Materie« erkennt *(36)*, verliert sich der Klerikalismus in weltlichen Phänomenen.

Selbstverständlich wenden sich der Idealismus und eine ihrem Wortsinn entsprechende Theologie nach außen und an die Welt - doch nicht um der Welt willen, sondern aus dem transzendentalen Prinzip, das über der Immanenz steht. Alleine weil die immanenten Phänomene gänzlich transzendental durchwoben sind, lohnt sich überhaupt eine Beschäftigung mit ihnen. Eine kirchenoffizielle »Hinwendung zur Welt«, die sich nur noch um materielle Belange kümmert, statt die Allgewalt der Metaphysik aufzuzeigen, »gewinnt« in Zeiten der Wertunsicherheit keine »Seelen«, sondern beschleunigt den schon vom Materialismus initiierten Säkularisierungsprozeß. Sie vermeint in übelster materialistischer Manier, durch den »materiellen Unterbau« den »ideellen Überbau« bestimmen zu können *(37)*. Die kirchliche Aufgabe der idealistischen Grundposition spiegelt die Entfremdung weiter Theologenkreise wieder, die glauben, hinter jedem Materialismus nachlaufen, statt ihm entgegentreten zu müssen. Politisierende Kleriker zeigen bloß ihr Desinteresse an ihrem eigentlichen Beruf, den sie zugunsten ihres weltlichen Engagement hintanstellen.

Eine »Theologie« ohne Gott läßt sich genauso vor jeden ideologischen und utopischen Karren spannen wie ein Pflichtethos ohne Kategorischen Imperativ. Die Hinwendung zur Welt ist für jeden Idealisten eine konstituierende sittliche Forderung, doch darf sie nie den Bezug zu den höchsten Ideen verlieren. Ein Gott vergessender Klerikalismus wird blindwütig und kehrt sich gegen die ursprüngliche religiöse Absicht. Versteht man nicht mehr, was die Idee Gottes bedeutet, so wird man Ihn auch in der Welt nicht mehr finden.

Früher einmal war die Monarchie »modern«, also fühlten sich damalige »Theologen« in Übereinstimmung mit ihrem Zeitgeist berufen, die Gottgefälligkeit der Monarchie zu postulieren *(38)*. Heute erscheint die Demokratie opportun, folglich muß die Kirche demokratisiert werden. Vielleicht bildet die Aristokratie den letzten Schrei von morgen, dann wird die selbe Sorte von Pseudotheologen auch noch sie theologisieren. In Wirklichkeit haben Staats-, Regierungs- und Gesellschaftsformen zunächst mit Gott überhaupt nichts zu tun und stellen für die eigentliche Theologie eine völlig nachrangige Frage dar. Wichtig ist nur, in welchem Geiste gehandelt und woher die Legitimation abgeleitet wird *(39)*. Erneut belegen die häufigen kirchlichen Stellungnahmen zu Verfassungsfragen und kaum zu essentiellen Teilen der Religion selbst ihre weitgehende Sprachlosigkeit in katechetischer und wirklich theologischer Hinsicht. Das Ärgernis des Klerikalismus hängt prinzipiell nicht davon ab, ob er eher »rechts« wie früher oder eher »links« wie heute eingefärbt ist *(40)*. Ob sich jemand politisch »konservativ« oder »progressiv« empfindet, ist sein privates Bekenntnis und verblaßt angesichts dessen, was »an sich« oder »allzeit« gültig ist. Kirchenkritik ist obendrein durchaus auch »konservativ« oder von »rechts« her möglich *(41)*. Für eine idealistische und daher ideengeschichtlich allein authentische Beurteilung kommt es bei Verfassungsfragen zunächst darauf an, woher eine bestimmte Staats- oder Gesellschaftsordnung ihre Begründung ableitet und in welchem Geist ihre Träger handeln. Zudem wird die Funktionalität eines Verfassungstyps von Interesse sein. Die von der Wurzel her idealistische Legitimation ist die einzige, welche auch theologisch zu vertreten ist - und das können im Grunde alle klassischen Formen sein. Bezeichnenderweise »funktionieren« antiidealistisch legitimierte Sozialordnungen auf die Dauer nicht oder nur äußerst schlecht, wie auch ursprünglich idealistisch begründete ins Trudeln geraten, sobald der idealistische Geist des Sozialverhaltens verloren geht. Damit erweist die dauerhafte Funktionalität wiederum, daß sämtliche für den Menschen faßbare Wirklichkeit geistig strukturiert ist: Trägt man der idealistischen Legitimation nicht von Anfang an und in der Folge Rechnung, sind Fehlleistungen von dem Augenblick her zwangsläufige Folge, in dem man die Physis von jeglicher Metaphysik zu trennen sucht und einen gedanklichen Bruch mit der sämtlichen Phänomenen zugrundeliegenden Transzendenz vollzieht. Wie bei allen Staats- und Sozialverfassungen kommt es auch bei den Religionsorganisationen darauf an, was sie eigentlich und ideell meinen. Jedem verfassungsrechtlichen Grundtypus liegt ein Kernanliegen zugrunde, das an sich legitim ist. Daher und nicht nur deshalb, weil seit altersher bekannt ist, daß jede »reine« Staatsform zur Entartung führt, darf keine einziges legitimes Anliegen zu ungunsten eines anderen, nicht minder legitimen verabsolutiert werden. Folglich ist allen legitimen Anliegen zum Durchbruch zu verhelfen und keines zu vernachlässigen.

Und in der Tat läßt sich Transzendenz nicht dauernd unterdrücken: »Reine« Gesellschaftsordnungen kommen auch empirisch nirgends vor, sondern immer nur gemischte, wobei das allen Gemeinsame ihr quasiaristokratisch-oligarchischer Charakter ist *(42)*. Müssen entartete Despotien, Oligarchien oder Ochlokratien aber korrigiert werden, so erfolgt der Ausgleich erneut alleine auf ideellem Wege.
Idealistisch, staatstheoretisch und empirisch entspricht somit das »regimen mixtum« der Forderung nach allseitiger Berücksichtigung legitimer Ansprüche am besten. Je offener, bewußter und ehrlicher man sich zu ihm bekennt, desto vollständiger kommen alle, in den Idealtypen theoretisch gemeinten und legitimen idealistischen Anliegen auch praktisch zum Tragen. Die Überschätzung eines einzelnen, auch noch so berechtigten Wertes führt zur degradierenden Indienststellung aller anderen Werte zugunsten des bevorzugten. Das idealistische Bemühen richtet sich auf das summum bonum und duldet keinen wertbezogenen Reduktionismus, auch keinen ordnungspolitischen *(43)*. Vor der Idee des Guten an sich sind selbst die besten Sozialverfassungen nur relativ und müssen sich erst aus ihr legitimieren, wie sie von ihr getragen werden müssen. Für den Idealismus gibt es kein reduktionistisches »Entweder-oder« in Werten, sondern nur ein »Sowohl-als auch«.
Jede Religion kann grundsätzlich mit jeder Regierungsform leben, solange letztere nur transzendental legitimiert und von idealistischem Geist getragen wird. Entsprechen Regime freilich nicht dieser Forderung, so wird sich jede Religion gegen sie richten müssen. Die pro- oder contra-Haltung hängt alleine vom geistigen Inhalt ab, aus dem und mit dem regiert wird, und nicht etwa von der bloßen äußeren Form. Gott ist nicht irgendeiner äußeren Form speziell verpflichtet, sondern erwartet menschliches Handeln aus Seinem Geiste. Wer zur Herrschaft über Menschen berufen ist, muß sich von Gottes willen und Gnaden abhängig wissen. Tut er dies, ist es völlig nachrangig und kann der historischen Entwicklung überlassen bleiben, ob dieses Gottesgnadentum theoretisch monarchistisch, demokratisch oder aristokratisch formuliert ist. In der Praxis wird ohnehin kein reiner theoretischer Idealtypus vorliegen, sondern eine Mischform. Idealistisch unverzichtbar bleibt, unabhängig von allen möglichen Mischungsverhältnissen, nur die

Forderung nach einem lebendigen Verständnis des Gottesgnadentums für jede Verfassungsform. Verzichtet man auf die ideelle Legitimierung, so bleibt zwar die Tatsache der faktischen Mischform, doch wird dann für jeden Staatstheoretiker seine Lieblingsordnung zum Ersatzgott. Anstelle des göttlichen Geistes regieren nun verfassungspositivistische Kasuistik, spitzfindiger Formalismus und sterile Auslegungsklügelei. Die Frage, warum man gerade diese und keine andere Rechtsform gewählt hat, wird bestenfalls rechtshistorisch und rechtspositivistisch diskutiert, zum eigentlich ideell Gemeinten jeder Organisationsform läßt sich aber im Zeichen des negierten Gottesgnadentums nie vordringen. Im Streit der Materialisten über Verfassungsprobleme werden nun endgültig die legitimen Anliegen wegreduziert. Schließen sich dann verweltlichte Kleriker der im Grunde unidealistischen Parteiung für irgendeinen äußeren Formalismus an und theologisieren sie quasi kraft ihrer priesterlichen Amtsstellung eine oberflächlich gebliebene Parteienmeinung, behindern sie selbst wieder legitime Werte.

Wie das klerikale Nachlaufen hinter der Monarchie weder das Bündnis von Thron und Altar noch eine starke Stellung der Kirche erhalten konnte, so vermag die Verweltlichung auch der Demokratie keinen wirklichen Dienst zu erweisen. Wem es in der Demokratie um Freiheit und Selbstverantwortung ernst ist, wird auch imstande sein, hiefür idealistisch die richtige theologische Abstützung zu finden; wem dazu der nötige Idealismus fehlt, wird auch der Demokratie nicht nützen können und möge sie von klerikalen Phrasen verschonen. Im Übrigen entbehrt die jakobinische Richtung der Demokratie von sich aus gerne und spielend der klerikalen Anbiederung. Es ist die weltliche Existenzangst und nicht idealistisches Eigenmachtbewußtsein, welches den Klerikalismus sogar hinter dem Atheismus dreinlaufen läßt und von ihm einen Sitzwinkel erfleht.

Kein moderner Theologe braucht sich zu genieren, daß die Monarchie früher der Weihe des Gottesgnadentums teilhaftig wurde, er kann sie gleichfalls jeder anderen Regierungsform problemlos erteilen und damit auch der Demokratie. Hat doch *Tocqueville* glänzend gezeigt, wie sich das atheistische Jakobinertum transzendental überstrahlen läßt *(44)*. Doch dem schwachbrüstigen

Klerikalismus geht es ja gar nicht ums Gottesgnadentum, sondern um die verweltlichte Sozialanpassung: Ubi bene, ibi patria. Nur nicht anecken, von jedermann Pfründen annehmen und dem Starken Wohlverhalten geloben - gestern in der Monarchie, heute in der Demokratie. Und wenn sich gegenwärtig demokratische Geistliche darüber alterieren, daß seinerzeit die Kirche vom monarchistischen Staat ausgenützt wurden, so kann man sie ohne Schwierigkeiten damit beruhigen, daß sie es nun vom demokratischen gleicherweise wird. Dabei geschieht ihr noch durchaus recht, denn ohne idealistischer Konsequenz macht auch die Kirche (als organisierte menschliche Antwortweise auf eine ursprüngliche, offenbar aber vergessene Begegnung mit Gott) keine Ausnahme, sie hängt in der Luft, macht sich abhängig und wird von dem in Dienst genommen, dem sie sich andient.

Der Klerikalismus der Entfremdeten, Frustrierten und Inkonsequenten führt zu einer entfremdeten, frustrierten und inkonsequenten Pseudotheologie. Er entpuppt sich als »kongenialer« Bruder der Ideologie und Utopie: Entlarvt der hinter den Ideologien stehende Materialismus jede Ideologie als inkonsequente Ideenlehre, so stellt sich der Klerikalismus als Denkmuster dar, welches zwar ab und zu Gott noch im Mund führt, aber mit Ihm nichts mehr Rechtes anzufangen weiß und Ihn bloß noch als willkürlichen »deus ex machina« für tagespolitische Ambitionen vorschiebt. Je nach persönlichem Ressentiment wird im utopischen Stil irgendein göttliches Attribut absolut gesetzt und alle übrigen relativiert. Einmal wir die fixe Idee pseudotheologisiert und das andere Mal eben utopisiert und/oder ideologisiert *(45)*. Wie die generalisierte empirische Theorie in der Ideologie, der absolut gesetzte Partialwert in der Utopie sowie einzelne göttliche Attribute im Konfessionalismus nur relativ sind und nach einer über sie hinausgehenden konstituierenden letzten Absolutheit verlangen, fällt allen dreien nicht auf. Der einzige echte Unterschied zwischen allen drei Entfremdungserscheinungen besteht darin, daß Ideologien und Utopien offen als Ersatzgötter zu identifizieren sind, während beim Klerikalismus der zwar sinnentleerte, aber wenigstens theoretisch noch vorhandene Gottesbegriff immerhin noch verschoben zutage tritt.

Mit der Absolutsetzung der eigenen Konfession ist die erste Bedingung des Klerikalismus erfüllt, zu dessen Vollendung noch die Gleichsetzung oder gar Ersetzung des numinos Gemeinten mit den Interessen der eigenen Religionsorganisation hinzukommen muß. Damit wird der in Wahrheit holistische Gottesbegriff auf wenige oder gar ein einziges göttliches Attribut reduziert und die Kirche fast zum Ersatzgott hochstilisiert. Ist dann der konfessionelle Inhalt ausgedünnt, ritt an die Stelle konsequent ideeller Orientierung ein utopischer Illusionismus, dem heute meist noch ein pseudowissenschaftliches Mäntelchen in Form einer Ideologie umgehängt wird. Damit ist jene Verweltlichung eingetreten, die nun sogar in umgekehrter Richtung zurückwirken kann. Der teleologische Trieb des Menschen sucht nach Erkenntnis und Vereinigung mit Gott - kann ihn eine säkulare Zeit nicht mehr befriedigen, muß sie Ersatzbefriedungung in materialistischen Eschatologien zu finden trachten. *(46)*

Die ursprüngliche Entwicklungslinie der Verweltlichung aber beginnt mit der konfessionellen Arroganz. Sie setzt sich in der hierokratischen Überschätzung der kirchlichen Eigeninteressen fort, wodurch die Einzelreligion allmählich unglaubwürdig wird und nach dem Religionsersatz der Utopie verlangt. An deren Stelle und als Ergänzung im Zuge der Verwissenschaftlichung des menschlichen Denkens treten zuletzt absolutgesetzte empirische Theorien. Über den Klerikalismus und die Verweltlichung sind wir im Utopismus und in der Ideologisierung gelandet. *(47)*

Die Schuld an dieser Entwicklung trägt die religiöse Intoleranz. Wo an die Stelle der ideell begreifenden Religion und des toleranten Gottesverständnisses ein Klerikalismus getreten ist, setzen sich die Konfessionen dem Prozeß ihrer eigenen Säkularisierung aus und treten die Lawine der Utopien und Ideologien los, welche sie dann selbst begräbt. Da freilich Transzendenz unausrottbar ist, eliminiert der Klerikalismus mit seinen utopischen und ideologischen Folgen nicht die Metaphysik an sich, sondern bloß die unverständlich gewordenen Konfessionen. Wollen diese dem selbst bereiteten Untergang entgehen, haben sie nur die Möglichkeit, in toleranter Verinnerlichung das religiös Gemeinte wieder zu erarbeiten. Wenn es heute zu vereinzelter christlicher Toleranz kommt, so aus Resignation und nicht aus kraftvollem Selbstbewußtsein. Die inhaltliche Anerkennung unterschiedlicher Wege zu Gott,

ohne den eigenen aufzugeben oder gering zu achten, muß zum ehrlichen Anliegen werden, um wirklich zu toleranter Erneuerung fähig zu werden. *(48)*
Je prophetischer Einzelreligionen sind und je juridischer ihre Auslegung gestaltet wird, desto mehr neigen sie zur Intoleranz. Je allgemeiner das Priestertum und je mystischer die Gotteserfahrung erhalten bleibt, um so toleranter wird die Religion. Natürlich stützt sich jeder Prophet auf eine mystische Erfahrung, sodaß zunächst kaum ein Unterschied zwischen den beiden grundlegenden Religionstypen besteht; die wesentliche Trennung erfolgt durch die dogmatische Festschreibung der tradierten Gotteserfahrung. Und selbstverständlich kommt es in jeder Konfession immer wieder zu neuen Gipfelerlebnissen, sodaß eine Erneuerung immer möglich bleibt. Doch tendiert die prophetische Religion eher zur Unterdrückung der Mystik, wogegen mystische Religionen eben gerade die Selbsterfahrung fordern und fördern. Verliert nun eine intolerante Religion ihr kulturelles Selbstverständnis, so reagiert sie zunächst mit Klerikalismus (indem sie die staatliche Institutionen für ihre religionsorganisatorischen Interessen zuhilfe ruft) und endet dann mit weltlichen Utopismus, der im Abendland eine pseudowissenschaftliche Ergänzung in ideologischer Form erhalten hat. Im Islam bildete sich die volle Einheit von Staat und muslimischer Millet heraus, dafür entwickelte sich in ihm nicht die europäische Freiheit und die abendländische Wissenschaft, wofür ihm wiederum das kulturelle Selbstverständnis jedenfalls bis zum Eintritt ins Kolonialzeitalter erhalten blieb.
Als der europäische Kolonialismus in die muslimische Staatenwelt hereinbrach, fühlte er sich zwar dem Islam turmhoch überlegen - doch weniger aus religiösen, sondern aus technologischen Gründen. Auch fühlten sich die muslimischen Machthaber, welche zunächst die Europäer ins Land riefen, um alleine deren Technik nutzbar zu machen, der christlichen Kultur insgesamt keineswegs unterlegen *(49)*. Den Sieg (nicht nur über die muslimischen Staaten) errang das Abendland letztlich auch nur dank seiner Waffentechnik und technisierten Wirtschaft, aber nicht aufgrund seiner diversen Konfessionen. Der Materialismus schwang sich zudem just im Zeitpunkt der letzten kolonialen Durchdringung der Welt zur bestimmenden abendländischen Kraft empor, sodaß die euro-

päische Zivilisation den Völkern der heutigen Dritten Welt geradezu als Inkarnation des Materialismus erschien. Sobald die transzendentale Substanz des materialistisch gewordenen Europas verbraucht war, brach auch exakt sein Kolonialismus zusammen. Zur Christianisierung Amerikas und Teile Afrikas reichte noch das religiöse Selbstbewußtsein, zu der Asiens nicht mehr. Für ein religiöses Überlegenheitsgefühl des Christentums besteht demnach kein historischer Grund, und wohl niemand wird es den entkolonialisierten Völkern verübeln können, wenn sie nach dem kolonialen Schock des abendländischen Materialismus zu den Fundamenten ihrer jeweiligen Kulturen und Religionen zurückstreben.

Nach *Gustav Mensching* sind alle Religionsstifter, Propheten, Kirchenväter und Reformatoren gleicherweise »Söhne Gottes«. Zu ihnen kommen die Erleuchteten, Heiligen und von Gipfelerlebnissen Ergriffenen aller Zeiten, ihre Zahl ist unbegrenzt. Keiner von ihnen hat Gott alleine für sich gepachtet, in allen ihren Erfahrungen spricht der eine Gott *(50)*. Jedermann ist im Grunde fähig, die Konsequenz der ideellen Transzendenz zu begreifen, ohne die zehn Stufen eines Bodhisattvas durchlaufen zu müssen. Jede moderne Wissenschaft zeugt von der Nichtigkeit des Materiellen und ist selbst durchdrungen von den Manifestationen der Metaphysik in der Erscheinungswelt. Sollten ausgerechnet die historischen Konfessionen und ihre Institutionen als einzige die ideelle Überhöhbarkeit noch leugnen?!

Ein abendländischer Idealismus wird an der prophetischen Struktur des Christentums nichts ändern wollen und können. Doch darf er von seinen Religionsorganisationen nicht nur mehr idealistische Philosophie und Theologie etwa im Sinne *Augustinus'*, sondern auch mehr Offenheit für mystische Selbsterfahrung verlangen - nicht zuletzt auch im kirchlichen Interesse. Die Selbstsäkularisierung des Christentums ruft geradezu nach verinnerlichter Selbsterneuerung, die nun einmal nicht dogmatisch, sondern nur in erkennender Toleranz vonstatten gehen kann. Tritt sie nicht mehr ein, wird das Christentum überhaupt (aber nicht Gott!) erlöschen. Eine »linke« Fortsetzung des alten »rechten« Klerikalismus wird die weltlichen Utopien und materialistischen Ideologien nicht überwinden.

Religionen haben die Aufgabe, die »unio magica« *(51)* des beding-

ten Menschen mit dem ihn bedingenden Numinosen aufrechtzuerhalten; die Staaten widmen sich der Organisation ihrer Angehörigen zwecks Optimierung und Schutz der Lebensbedingungen. Menschen leben also natürlicherweise in beiden Organisationsformen. Diese wiederum bedingen und stützen einander wechselseitig, was zu ganz normalen Spannungen führen kann. Wer sie ideell nicht zu überhöhen vermag, wird sowohl Kirche und Staat als auch ihre Beziehungen zueinander nicht verstehen. Wiesehr sie wechselseitig aufeinander angewiesen sind, zeigen beispielsweise das schließliche Scheitern der Nestorianischen Kirche in Asien, welcher der staatliche Schutz der westlichen Kirchen fehlte, oder das Austrocknen des Buddhismus in Zentralasien, als seinen kulturtragenden Klöstern der Islam die soziologische Basis der tragenden Gemeinde entzog. (52)
Der Klerikalismus als verweltlichte Religionsentfremdung hat früher selber die ideologischen Prozesse losgetreten und steht heute selbst im Dienst von Ideologien. Von konfessioneller Arroganz über Klerikalismus hin zu Utopismus und Ideologisierung hat sich das Abendland aus der Geborgenheit der religiösen Traditionen hinausmanövriert: In der arroganten Überschätzung der eigenen konfessionellen Formen wurden die transzendentalen Inhalte obsolet, sodaß als Ersatz für die höchste Idee zunächst Partialwerte und dann empirische Theorien verabsolutiert wurden. Will das Abendland seine Identität bewahren, wird es ironischerweise dasselbe tun müssen wie ihre einstigen Kolonialvölker heute - wieder zu den eigenen metaphysischen Kräften und ideellen Ursprüngen finden.
Wollen sich die konfessionelle Institutionen nicht ausschließen, die geistige Erneuerung anderen (wie der modernen heisenbergschen Physik oder der Systemtheorie) überlassen und endgültig ins Abseits geraten, so werden sie am christlichen Neuplatonismus (dem historisch letzten Gemeinsamen des Christentums) anknüpfen müssen. Eigentlich bräuchten sie nur ihre Selbstsäkularisierung aufgeben, den Reichtum des theologischen Wissen vieler christlicher Jahrhunderte glaubhaft zu neuem Leben rufen und ihn in unsere Sprache übersetzen. Die Abendländer benötigen keine »neue« Theologie, sondern die Wiedererweckung des schon längst wartenden lumen naturale. Daß dieses dann christlich wird,

daran sollten selbstbewußte Abendländer eigentlich nicht zweifeln *(53)*. Es wäre im Grunde lächerlich, wenn angesichts der unübersehbaren materialistischen Misere die vielschichtige christliche Theologie doch noch in die Knie ginge und sich mit dem zu Ende gehenden Materialismus freiwillig ins selbe Totenbett legte.

In Anbetracht der durchgängigen Kraft der Transzendenz, wie sie wissenschaftstheoretisch, physikalisch, mathematisch, linguistisch oder systemisch überall zutage tritt, wird der Idealismus jedenfalls überleben. An den etablierten Religionsorganisationen liegt es, sich an der Überwindung von Materialismus und Atheismus glaubwürdig zu beteiligen. Wie in der Ideologie noch echte Wissenschaft und in der Utopie wahre Ethik zu eruieren sind, so ist auch im Klerikalismus noch Gott zu orten. Nur sind sie durch die Überbetonung eines relativen Ansatzes oder einer privaten Problematik verstellt. Zur Entzerrung und Aufhebung der selbstreflexiven Entfremdung darf man sich hier wie dort nicht ständig mit sich selbst beschäftigen, sondern muß sich selbst transzendieren *(54)*. In der »Dereflexion« findet man zu genau dem, was man in der Selbstbespiegelung vergeblich suchte. *(55)*

(1) Rupert RIEDL, Evolution und Erkenntnis. Antworten auf Fragen unserer Zeit. Piper Verlag, München 1982.
(2) (Pater) Emmerich (Graf) CORETH SJ, Metaphysik. Eine methodisch-systematisch Grundlegung. Tyrolia-Verlag, Innsbruck 1980, S 348 ff.
(3) Fritjof CAPRA, Wendezeit. Bausteine für ein neues Weltbild. Überarbeitete und erweiterte Neuauflage. Scherz Verlag, Bern 1986.
(4) Kurt HÜBNER, Die Wahrheit des Mythos. C.H. Beck Verlag, München 1985.
(5) Mircea ELIADE, Mythos und Wirklichkeit. Aus dem Französischen von Eva MOLDENHAUER. Insel Verlag, Frankfurt a.M. 1988.
(6) Gerhard von GRÄVENITZ, Mythos. Zur Geschichte einer Denkgewohnheit. Metzler Verlag, Stuttgart 1987.
(7) Gustav MENSCHIG, Toleranz und Wahrheit in der Religion. Bearbeitete Lizenzausgabe. Siebenstern Taschenbuch Verlag, München 1966 (TB 81).
(8) Gustav MENSCHING, Die Religion. Eine umfassende Darstellung ihrer Erscheinungsformen, Strukturtypen und Lebensgesetze. Ungekürzte Taschenbuchausgabe. Wilhelm Goldmann Verlag, München o.J. (1959?), S 15 (Goldmanns Gelbe Taschenbücher 882-883). Eine verständnisvollere und bejahendere Auseinandersetzung mit dem oft widersprüchlich erscheinenden und irritierenden Wesen der Religion kann kaum geliefert werden. Ihr wird hier weitgehend gefolgt.
(9) Heinz MEYER, Religionskritik, Religionssoziologie und Säkularisation. P. Lang Verlag, Frankfurt a.M. 1988.
(10) Friedrich NIETZSCHE, Also sprach Zarathustra. Ein Buch für Alle und Keinen. Sämt-

liche Werke. Kritische Studienausgabe in 15 Bänden, herausgegeben von Giorgio COLLI und Mazzino MONTINARI. Band IV. Deutscher Taschenbuch Verlag, München 1980.

(11) Günter SPITZING, Lexikon byzantinisch-christlicher Symbole. Die Bilderwelt Griechenlands und Kleinasiens. Eugen Diederichs Verlag, München 1989.

(12) Viktor E. FRANKL, Theorie und Therapie der Neurosen. Einführung in die Logotherapie und Existenzanalyse. 3. Auflage. Ernst Reinhardt Verlag, München 1970, S 153.

(13) Wolfgang CASPART, Handbuch des praktischen Idealismus. Universitas Verlag, München 1987, S 261-275.

(14) Siehe Fußnote 8, S 266-348.

(15) Rudolf OTTO, Das Heilige. Über das Irrationale in der Idee des Göttlichen und sein Verhältnis zum Rationalen. 31.-35. Auflage, Sonderdruck. C.H. Beck Verlag, München 1963.

(16) Paul WATZLAWICK, Anleitung zum Unglücklichsein. Piper Verlag, München 1983.

(17) Max SCHELER, Das Ressentiment im Aufbau der Moral. Herausgegeben von Manfred S(ervatius) FRINGS. Klostermann Verlag, Frankfurt a.M. 1978.

(18) Oskar LOCKOWANDT, Du kannst werden, der du bist. Wege der Selbstverwirklichung. Herder Verlag, Freiburg 1988.

(19) Gerd BRAND, Welt, Geschichte, Mythos und Politik. Verlag Walter de Gruyter, Berlin 1978.

(20) Siehe Fußnote 13, S 219-254.

(21) Gregor PAUL, Mythos, Philosophie und Rationalität. P. Lang Verlag, Fankfurt a.M. 1988.

(22) Hermann LÜBBE, Säkularisierung. Geschichte eines ideenpolitischen Begriffs. 2. unveränderte Auflage mit neuem Vorwort. Alber Verlag, Freiburg 1975.

(23) Paul Michael ZULEHNER, Säkularisierung von Gesellschaft, Person und Religion. Religion und Kirche in Österreich. Herder Verlag, Wien 1973.

(24) Carl J(akob) BURCKHARD, Richelieu. Der Aufstieg zur Macht. Verlag Georg D.W. Callwey, München 1935.

(25) Ulrich RUH, Säkularisierung als Interpretationskategorie. Zur Bedeutung des christlichen Erbes in der modernen Leistungsgesellschaft. Herder Verlag, Freiburg 1980.

(26) Hans WERHAN, Das Vorschreiten der Säkularisierung. Bouvier Verlag, Bonn 1969 (Abhandlungen zur Philosophie, Psychologie und Pädagogik 50).

(27) Hans BLUMENBERG, Die Legitimität der Neuzeit. Suhrkamp Verlag, Frankfurt a.M. 1966.

(28) Dolores BAUER, Franz HORNER und Peter KRÖN, Wir sind Kirche - sind wir Kirche? Eine Bestandsaufnahme aus Österreich. Otto Müller Verlag, Salzburg 1988.

(29) Vergleiche: Herbert MÜHLEN, Entsakralisierung. Ein epochemachendes Schlagwort in seiner Bedeutung dür die Zukunft der christlichen Kirchen. Schöningh Verlag, Paderborn 1971.

(30) Gerhard SCHWEIZER, Abkehr vom Abendland. Östliche Traditionen gegen westliche Zivilisation. Hoffmann und Campe Verlag, Hamburg 1986.

(31) Werner HEISENBERG, Quantentheorie und Philosophie. Vorlesungen und Aufsätze. Herausgegeben von Jürgen BUSCHE. Philipp Reclam Verlag, Stuttgart 1979 (Universal-Bibliothek 9948).

(32) Anton PEISL und Armin MOHLER (Herausgeber), Kursbuch der Weltanschauungen. Ullstein Verlag. Berlin 1980.

(33) Max PULVER, Grundsätzliche Bemerkungen zur Ausdruckspsychologie. In: Graphologia I, Beiheft zur Schweizerischen Zeitschrift für Psychologie und ihre Anwendung Nr. 6, Bern 1945, S 5-28.

(34) Fedor Michailowitsch DOSTOJEWSKI, Die Brüder Karamasoff. Übersetzt von Arthur MOELLER van den Bruck. Piper Verlag, München 1923.

(35) Siehe Fußnote 15.

(36) Werner HEISENBERG, Physik und Philosophie. 3. Auflage. Mit einem Beitrag von Günther RASCHE und Martel L. van der WAERDEN. Hirzel Verlag, Stuttgart 1978.

(37) Otto MANN, Die gescheiterte Säkularisation. Ein Irrgang der europäischen Philosophie. Katzmann Verlag, Tübingen 1980.

(38) Emmanuel Le Roy LADURIE (Herausgeber), Les Monarchies (dt. »Die Monarchien«). Presses Universitaires de France, Paris 1986.

(39) Thomas WÜRTENBERGER jun., Die Legitimität staatlicher Herrschaft. Verlag Duncker und Humblot, Berlin 1973 (Schriften zur Verfassungsgeschichte, Band XX).

(40) Karl FORSTER (Herausgeber), Klerikalismus heute? Mit Beiträgen von Franz X. ARNOLD u.a.. Echter Verlag, Würzburg 1964 (Studien und Berichte der katholischen Akademie in Bayern).

(41) Gerd-Klaus KALTENBRUNNER (Herausgeber), Antichristliche Konservative. Religionskritik von rechts. Herder Verlag, Freiburg 1982.

(42) Arnold GEHLEN, Vilfredo Pareto und seine »Neue Wissenschaft«. Gesamtausgabe, Band IV. Herausgegeben und kommentiert von Karl-Siegbert REHBERG. Klostermann Verlag, Frankfurt a.M. 1983.

(43) Siehe Fußnote 26.

(44) Alexis (Comte) de TOCQUEVILLE, De la démoratie en Amérique (dt. »Über die Demokratie in Amerika«). Herausgegeben von Jakob Peter MAYER in Gemeinschaft mit Theodor ESCHENBURG und Hans ZBINGEN. 2. Auflage, Deutscher Taschenbuch Verlag, München 1984.

(45) Wilhelm ANZ u.a., Säkularisation und Utopie. Ernst FORSTHOFF zu 65. Geburtstag. Kohlhammer Verlag, Stuttgart 1967.

(46) Vergleiche: Walter JÄSCHKE, Die Suche nach den eschatologischen Wurzeln der Geschichtsphilosophie. Eine historische Kritik der Säkularisierungsthese. Kaiser Verlag, München 1976 (Beiträge zur evangelischen Theologie 76).

(47) Karl HÖFFKES, Wissenschaft und Mythos. Auf der Suche nach der verlorenen Identität. Grabert Verlag, Tübingen 1983.

(48) Siehe Fußnote 7.

(49) Vor allem fühlte man sich zurecht militärisch unterlegen, vergleiche zum Beispiel: Gerhard SCHWEIZER, Die Janitscharen. Geheime Macht des Türkenreichs. Verlag Das Bergland-Buch, Salzburg 1979. Oder aber: Helmuth von MOLTKE, Unter dem Halbmond. Erlebnisse aus der alten Türkei 1835-1839. Herausgegeben von Helmut ARNDT. Horst Erdmann Verlag, Tübingen 1979.

(50) Gustav MENSCHING, Die Söhne Gottes. Leben und Legende der Religionsstifter. Texte ausgewählt und erklärt von Gustav MENSCHING. Holle Verlag, Darmstadt 1955.

(51) Gustav MENSCHING, Das Wunder im Glauben und Aberglauben der Völker. Brill Verlag, Leiden 1957.

(52) Hans-Joachim KLIMKEIT, Die Seidenstraße. Handelsweg und Kulturbrücke zwischen Morgen- und Abendland. DuMont Buchverlag, Köln 1988.

(53) Dietrich von HILDEBRAND, Die Umgestaltung in Christus. Gesammelte Werke, Band X. Verlag Josef Habbel, Regensburg 1971.

(54) Jonas COHN, Selbstüberschreitung. Grundzüge der Ethik - entworfen aus der Perspektive der Gegenwart. Aus dem Nachlaß herausgegeben von Jürgen LÖWISCH. P. Lang Verlag, Frankfurt a.M. 1986.

(55) Siehe Fußnote 12, S 83-102.

9. KAPITEL

Die Moral der Mittel und das höchste Gut

Bewußtes Verhalten resultiert aus dem Zweck, der Absicht und dem Wollen. Wenn jeder Telos, jede Vorstellung und jeder Wille letztlich transzendental sind, dann kann auch unser Bewußtseinsverhalten imgrunde nur auf ideelle Absichten gerichtet sein. Nicht nur die Naturwissenschaft, sondern auch Sittlichkeit und Recht beruhen auf metaphysischen Anfangsgründen *(1)*. Das Handeln geht auf den Willen, dieser auf ein angestrebtes Gut und dieses auf den Begriff des Guten schlechthin zurück. Zunächst geht es in der Ethik nicht um entschuldigende Rechtfertigung oder Entlarvung, sondern um das Prinzip des Handelns überhaupt. In letzter Konsequenz ist dieses immer moralisch, wie wir primär gar nichts anderes wollen als etwas Gutes oder das Gute an sich. Damit steht freilich jede Bewußtseinshandlung in einem moralischen Konnex.

Während die Entlarvung einer Handlung eine verborgene Absicht unterstellt, die mit dem moralischen Endzweck im Widerspruch steht, so entschuldigt die Rechtfertigung eine Handlung durch einen als vernünftig angesehenen Grund. Mögen im Einzelfall Entlarvung und Rechtfertigung legitim sein oder nicht, so kommt es bei einer auf grundsätzliche Entlarvung oder Rechtfertigungsentschuldigung zielenden Untersuchungshaltung auf etwas anderes an: In der Entlarvung wie in der entschuldigenden Rechtfertigung um ihrer selbst willen wird die unmittelbare Gültigkeit des Sittengebotes hintangestellt, relativiert, in Frage gestellt und erschüttert.

Die lebendige Moral des Willens und der Tat geht aber ihrer Entschuldigung oder Entlarvung voraus, die Tat bezweckt schlußendlich das ideell Gute als Abstraktum selbst. Unterstellt man der Handlungsethik einen vernünftigen Vorgrund zur entschuldigenden Rechtfertigung oder einen ihr sogar zuwiderlaufenden verborgenen und nun zu entlarvenden Zweck, übersieht man die finale und unmittelbare Ausrichtung der am Guten schlechthin ausgerichteten Moral des primären Willens. Wer mit der Konsequenz einer idealistischen Ethik nicht zurecht kommt und sie offen oder versteckt ablehnt, greift auf eine »Submoral« aus Vernunftgründen zur entschuldigenden Rechtfertigung oder aus verborgenen Zwecken zur Entlarvung zurück. Diese wird wie die echte Moral als wirklich, unmittelbar und primär wirksam aufgefaßt. Da aber auch die Submoral nur aufgrund der erwarteten Güter und damit letztlich wegen eines dahinter stehenden Guten an sich wirkt, kann sie die Voraussetzung des schlechthin Guten nie entkräften, sondern bestätigt sie noch unbeabsichtigt.

Die Submoralen sind somit Ersatzvorstellungen für die Moral der Idee des Guten an sich. Was die Güter erstrebenswert macht, ist ja ihr »guter« Charakter. Alle rechtfertigenden oder entlarvenden Scheingründe einer schlechten, weil nicht am überhaupt Guten orientierten Submoral greifen auf Ersatzideen zurück, die nur zufolge der sittlichen Grundidee selbst vorstellbar sind. Dabei ist es völlig gleichgültig, ob sich die Submoral nun historisch als das rassisch Gute wie im Nationalsozialismus, als das gewinnmaximierend Gute wie im Machesterliberalismus oder als das sozialrevolutionär Gute wie in der marxistischen Propaganda darstellt *(2)*. Sie sind alle gleichermaßen ideelle Prinzipien, nur eben einer niedrigeren Ordnung als die Oberidee des Guten schlechthin. Die ideelle Ausrichtung des Moralischen bleibt, also gibt es keinen überzeugenden Grund gegen die Konsequenz einer von Haus aus idealistischen Ethik.

Je niedriger die Ordnungsstufe der die Moral legitimierenden Idee ist und je weiter sie sich dem bloß materiellen Interesse nähert, umso einfacher ist sie als Scheinmoral tatsächlich zu entlarven. Je konkreter, an empirisch »Positivem« orientiert und kasuistischer ethische Normen werden, umso komplizierter und rationalisierender sind sie zu rechtfertigen. Eine sich vollends nicht mehr auf die Idee des Guten überhaupt berufende »Sittlichkeit« rechtfertigt sich wirklich nur mehr durch quasivernünftige und immanente Zwecke *(3)*. Freilich sind dann solche materialistisch-positivistische Normen wieder einmal beliebig austauschbar, untereinander gleichrangig, unüberhöhbar, entfremdet, im Grunde willkürlich und den Streit aller mit allen auslösend. Ohne Überhöhung durch die Idee des an sich Guten ist ihre Verbindlichkeit eine Fiktion und das Ringen um die »richtigen« materialistisch-positivistischen Normen auf ewig unentscheidbar, ein »Nullsummenspiel« *(4)*.

Die positivistische Normensetzung schafft wie die klerikale Absolutsetzung der eigenen Konfession, die utopische Verabsolutierung eines Partialwertes und die Generalisierung einer empirischen Theorie zur materialistischen Ideologie ihre eigenes Begiffssystem und eine systemimmanent unwiderlegbare Situation, für die im System keine Gegenbeweise erbracht werden können. Da sie mit der Leugnung der ideellen Überhöhung alle anderen Ansätze relativiert (im Fall der Moral die Idee des Guten an sich zugunsten von pseudorationaler Entschuldbarkeit und verborgenen materiellen Interessen), »beweisen« Erfolg wie Mißerfolg die »Richtigkeit« der eigenen Prämissen. Die Absolutsetzung eines selbst relativen, aber in Wahrheit überprüf- und überhöhbaren Systems schafft eine wissenschaftstheoretisch unhaltbare Situation (5). Allein die relativierende Prämissensetzung erfolgte immer noch ideell und schafft ihre eigene, obgleich willkürliche Absolutheit. Wenn aber die Prämissen ideell gesetzt werden, kann man gleich zum Idealismus übergehen, sich die willkürlichen Relativierungen und irrigen Verabsolutierungen ersparen und auf die wirkliche Absolutheit der höchsten Ideen zurückgreifen.

Dank unserer immanenten Gebundenheit an Zeit und Raum werden wir als auch physische Wesen die höchste sittliche Idee immer wieder konkret zu manifestieren haben und um ein positiv zu setzendes Recht nicht herumkommen. Doch entscheidend ist dabei, daß die ideelle Verbundenheit mit dem höchsten transzendentalen Legitimierungsgrund, der Vorstellung vom schlechthin Guten, erhalten bleibt. Geht die Verbindung von Partikularinteressen und positiven Normen zur höchsten transzendentalen Legitimation in der Form der Idee des Guten an sich verloren, büßen die Partikularinteressen und positiven Normen mit ihrer Legitimität auch ihre Verbindlichkeit ein. Der obligatorische Charakter der Moral selbst kommt tatsächlich von einer übergeordneten Instanz und nicht von willkürlichen Erfindungen einzelner (6). Wenn keine überhöhende Instanz zur Verfügung steht, kann kein positive Norm vor einer anderen und kein Partikularinteresse vor einem anderen Vorrang oder Gültigkeit beanspruchen.

Ein Recht, das den Kategorischen Imperativ überhaupt nicht mehr oder nur noch als fernes verschwommenes oder spekulatives Schattengebilde kennt, wird immer umfangreicher, kasuistischer, unüberschaubarer, entfremdeter und zuletzt nicht mehr judiziierbar. Ein idealistisches Recht kann auf die heutige Gesetzesflut weitgehend verzichten und auf die Kraft transzendentaler Auslegung vertrauen, die ihrer im Kategorischen Imperativ kulminierenden sittlichen Grundintention zum rechtlichen Durchbruch verhilft *(7)*. Ohne legitimiernde Transzendenz wird jede Norm und jedes Interesse auf die reine Willkür zurückgeworfen. Daß damit jeder Begriff von Moral und Recht aufgehoben wird, ist ja die kämpferische Absicht des politisierenden Materialismus. Die ideellen Voraussetzungen und Ergebnisse der modernen Naturwissenschaft selbst rücken jedoch die verborgenen materiellen Interessen und ihre rationalen Zwecke als Entlarvungs- und Rechtfertigungsgründe ins Zwielicht und verlangen geradezu nach der ideellen Ausrichtung des bewußten Verhaltens. Ohne Metaphysik gibt es weder ein geordnetes Handeln noch eine geordnete wissenschaftliche Erkenntnis. *(8)*

Das entfremdete und entfremdende Nullsummenspiel des Materialismus steht nicht zuletzt in direktem Widerspruch zur praktischen Erfahrung: Handeln und Denken sind sehr wohl geordnet möglich, jeder Berufstätige, Politiker oder Forscher praktiziert es tagtäglich. Sogar die ins Pseudowissenschaftliche sublimierte Behauptung, systematisches Denken und Wollen seien unmöglich, ist selber nur durch systematisches und geordnetes Denken zustande gekommen. Selbst die Möglichkeit, sich irren zu können, setzt voraus, sich auch nicht irren zu können. Dem trotz aller Scheinrationalität letztlich anarchistische Positivismus ist der Sinn für die Angemessenheit des eigenen Systemansatzes abhanden gekommen. *(9)*

Was die Rechtfertigung einer Handlung direkt will, nämlich den rationalen Grund des Verhaltens erklären und es als quasi zwangsläufig entschuldigen, besorgt auf Umwegen die Entlarvung der Moral, wenn sie den offiziellen Grund als Verschleierung des eigentlichen enttarnt. Darin erkennen freilich beide das leitende Prinzip des Handelns an, welches es nun einmal zu rechtfertigen oder zu entlarven gilt. Die Rechtfertigung sieht es in einem entschuldigenden Kausalnexus und die Entlarvung in einem von der falschen Moral versteckten verborgenen Zweck. Die Rechtfertigung ersetzt einen Grund durch einen anderen und die Entlarvung eine Moral durch eine andere. Wenn es aber einen entschuldigenden Grund und eine zu entlarvende Moral gibt, setzen Rechtfertigung und Entlarvung die Konsequenz einer »Metamoral« voraus, von der der Idealismus gleich ausgeht. Eine grundsätzlich entschuldigende Rechtfertigung sowie eine Entlarvung als Selbstzweck heben sich selbst auf, denn wenn es keine Schuld gibt, braucht man sich auch nicht rechtfertigend zu entschuldigen, und wenn es überhaupt keine Moral gäbe, könnte auch kein verborgener moralischer Zweck entlarvt werden.

Ohne wohlwollende Absicht, die letztlich aus der Liebe zum konstitutiven obersten Gut entspringt, ist ein praktisches Wertverhalten undenkbar *(10)*. Schlägt die Liebe in Haß um, stellt er die Werte auf den Kopf und produziert Ressentiments *(11)*. In letzter Konsequenz weist jede »Ressentimentmoral« der Schwachen und jede »Herrschaftsmoral« der Mächtigen auf eine Moral an sich hin, die frei von jedem Spezialinteresse ist. Erst die Idee eines höchsten Gutes konstituiert erstrebenswerte Güter, und ohne wirklicher Ethik gibt es nichts zu rechtfertigen, zu entschuldigen und zu entlarven. Bereits in den Begriffen »Rechtfertigung«, »Entschuldigung« oder »Entlarvung« steckt selbst ein sittlicher Anspruch. Eine pseudonaturwissenschaftliche und antimoralische Rechtfertigung, Entschuldigung und Entlarvung trägt demnach sowohl von ihren eigenen Voraussetzungen als auch von ihrem begrifflichen Selbstverständnis die contradictio in se.

In aller Immanenz scheint die Transzendenz durch, und keine gesetzte Norm ist ohne einer grundlegenden Sittlichkeit vorstellbar. Diese ursprüngliche Ethik kommt aus der richtunggebenden Selbstgewißheit der unmittelbaren Willenshandlung und ist prinzipiell durch keine retrospektive Reflexion im Nachhinein aufhebbar. Selbst in der Forderung nach der Verbindlichkeit positivistischer Normen dringt der sonst abgelehnte moralische Anspruch durch. Wäre zudem die Brauchbarkeit nicht »gut«, würde sich niemand pragmatisch verhalten. Wie man es dreht und wendet, letztlich wird die Idee des Guten an sich zum Maßstab und Ziel für alles geltenden Recht. Um diese »Innenlenkung« kommt keine Moral herum, (12) sei sie ansonsten normativ traditionsgelenkt oder neugeschöpft. Ist die oberste Maxime unseres Wollens und Tuns geeignet, auch gleichzeitig Maxime eines allgemein gültigen Sittengesetzes zu sein, so erstreben wir das Gute an sich *(13)*.

Die Minimalforderung des Kategorischen Imperativs deckt sich mit der banalen Volksweisheit: Was Du nicht willst, das Dir man tut, das füg' auch keinem anderen zu. Oder: Verhalte Dich so, wie auch Du wünschst, daß sich alle anderen (nicht zuletzt Dir gegenüber) verhalten sollten. Die Bewährungsprobe dafür, ob ein Handeln dem Kategorischen Imperativ entspricht, ist seine Eignung zum Vorbild. Denn nur das wirklich und immer Vorbildliche kann alleine gut sein. Was ein Verhalten vorbildlich und ethisch macht, ist seine bewußte Übereinstimmung mit der Idee des überhaupt Guten *(14)*. Kasuistische Normenkataloge, in denen das Bewußtseins des schlechthin Guten nicht mehr lebendig ist, werden auch nicht als wahr und glaubhaft empfunden. Die Gefahr der Kasuistik besteht darin, daß im Zuge der Ausarbeitung eines ausgeklügelten Rechtssystems das eigentlich Gemeinte verlorengeht *(15)*. Eine Norm wird nur mehr aufgestellt, weil sie angeblich ins System paßt, ohne daß ihr Sinn noch verstanden wird. Darum ist es wichtig, daß Gesinnungsethik und Verantwortungsethik ineinander übergehen: Wer eine konkrete Verantwortung trägt, verinnerlicht das lebendige Verständnis ihres Sinns.

Was jenseits von räumlichen und zeitlichen Beschränkungen liegt, in der Ethik das Gute schlechthin, fließt durch das menschliche Handeln - wegen der Zugehörigkeit des Menschen auch zur Immanenz - noch in Zeit und Raum ein. Das Beschränkende bestimmt das Beschränkte. Da das Wahre an sich gut ist, geht mit der Ethik auch die Wahrheit in die Immanenz über. Unterhalb der Ebene des an sich Guten entwickelt sich aus ihr eine immer mehr ins Materielle übergehende Hierarchie von Werten und Wahrheiten. Vom menschlichen Streben her gesehen heißt dies, daß das höchste Ziel nur über Zwischenziele erreicht werden kann. Wir benötigen also Mittel, um unsere Zwecke zu erreichen. Zwischenziele werden zu Mitteln für die Erringung des Endzieles. *(16)* Legitimiert nun die Erhabenheit des höchsten Gutes die Verwendung an sich nicht moralischer Mittel? Es ist dies die uralte Frage: Heiligt der Zweck die Mittel? So alt die Frage ist, so alt ist auch die idealistische Antwort: Nichts berechtigt zur Annahme, daß ausgerechnet unlautere Mittel zu lauteren Zielen führen sollten. Da

das schlechthin Gute uns unmittelbar gewiß ist, muß auch alles andere, das aus ihm folgt und zu ihm führt, gut und wahr sein. Die Lauterkeit der Transzendenz fordert die Lauterkeit der immanenten Mittel. Das positiv gesetzte Recht muß folglich selbst einem lauteren Ziel folgen; ein Positivismus, der keine Vorstellungen von einer schlechthinigen Ethik besitzt, kann weder Verbindlichkeit fordern noch Lauterkeit für sich reklamieren. *(17)*
Die werthierarchisch unter der Idee des Guten an sich angesiedelten Zwischenziele, deren Absicht auf das höchste Gut gerichtet ist und die nur aus ihm verständlich sind, müssen in lebendigem Kontakt mit dem Kategorischen Imperativ bleiben. Verselbständigen sich die Zwischenziele klerikal, utopisch oder ideologisch, so werden sie zu falschen Hauptzielen und ohne ideelle Überhöhung durch das schlechthin Gute beliebig wähl- und austauschbar. Obendrein bewirkt die Komplexität der Folgen unserer Handlungen Resultate, die nicht alle und nicht in letzter Konsequenz von vornherein zu übersehen sind, zumal wenn man die häufige Notwendigkeit zur raschen Entscheidungsfindung berücksichtigt: Daher hat die grundsätzlich ethische Zielsetzung unserer Handlungen auch für die zu ergreifenden Mittel zu gelten *(18)*. Wer kasuistisch bis zum Sankt Nimmerleinstag moralisch klügelt, wird nie zu einer Handlung kommen, also kann in diffizilen Fällen nur der Rückgriff auf den Kategorischen Imperativ ein Handeln mit korrekten Mitteln erlauben.
Weil aus der Idee des schlechthin Guten alles abgeleitet wird, was je gut sein kann, läßt sich zum Guten an sich nur über Mittel, Ziele und Güter gelangen, die in bewußter Verbindung mit dem Kategorischen Imperativ stehen. Ein guter Zweck wird somit nur über gute Mittel erreicht. Dabei ist niemand und nichts so gering, als daß er oder es bloß als Mittel zum Zweck dienen könnte. Kein Ding ist so minder, als daß man es unter dem alleinigen Ausbeutungsgesichtspunkt zum reinen Zweck degradieren dürfte. Unsere Welt ist so vernetzt, daß bereits biologisch und ökologisch isolierte Betrachtungsweisen zu falschen Wirklichkeitsbildern führen *(19)*. Die systemischen Wechselwirkungen bewerten nun auch moralisch die Systembausteine neu: Jeder steht mit jedem in Wechselwirkung und keiner ist minderwertig. Jedes Ding kann als gutes Mittel für einen guten Zweck verwendet werden und verdient

schon deshalb Achtung und sorgsamen Umgang. Letztlich wird aber jeder Zweck einmal zum Mittel und jedes Mittel zum Zweck - was bleibt, ist die Forderung nach der durchgängigen Moralität in Zielsuche und Mittelgebrauch.

Für das Verhältnis zwischen dem Guten an sich und den Zwischenzielen und Mitteln herrscht derselbe ganzheitlich Zusammenhang wie bei den empirischen Beobachtungen: Auch das sittliche Ganze ist mehr als die Summe seiner Zwischenziele und der zur Erreichung eingesetzten Mittel. Je weiter wir in der Verfolgung analytischer Erkenntnisschritte vorankommen, desto leichter verlieren wir die entelechetische Ausrichtung der Dingwelt außer Augen - und für je wichtiger wir die einzelnen Zwischenziele halten, desto eher entfremden wir uns vom schlechthin Guten und umso leichter sitzen wir den ideologischen, utopischen oder klerikalen Verabsolutierungen auf. Der entelechetische »Informationsverlust« wächst mit der Entfernung der Mittel und Zwecke vom Kategorischen Imperativ sowie mit dem Fortschreiten der analytischen Zerlegung eines Beobachtungskomplexes in seine Bestandteile. Die holistische Synthese gelingt in der Handlung nur durch die Lebendigerhaltung des Kategorischen Imperatives; im Erkennen wird sie durch das Bewußtsein von den metaphysischen erkenntnistheoretischen Voraussetzungen und den modernen nichtlinearen wie systemischen Ergebnissen der heutigen Naturwissenschaft möglich. (20)

Wenn die Hauptschwäche einer nicht mehr synthetisch korrigierten analytischen Methode im von Analyseschritt zu Analyseschritt vergrößerten Informationsverlust an Ganzheitlichkeit liegt, dann geht die reine Analyse noch weiter in die verkehrte Richtung: In den Bestandteilen wird das wahre Wesen des ursprünglichen Objektes vermutet, dessen Zweck aber holistisch ist. Der Telos liegt nämlich im größeren Ganzen und nicht im künstlich verkleinerten Teil. Eben weil der ganzheitliche Telos übergeordnet ist, ist die nichtverabsolutierte analytische Methode legitim, da sie die Mittel für die Handlungen zum ganzheitlichen Zweck erarbeitet: Sie liefert das Material für die Zwischenziele, aber nicht deren Sinn. Ohne synthetische Korrektur und entelechetische Rückbesinnung führt die Analyse zum systematischen Reduktionismus. Schritt für Schritt fördert sie dann ein immer en-

geres Bild vom dem zutage, dessen eigentliches und damit ganzes Wesen man ursprünglich erkennen wollte.
In der aristotelischen Physik ist alles beseelt und trägt als Entelechie seinen höheren Zweck in sich *(21)*. Der ostasiatischen Universismus sieht den Weg des Menschen im Weg des »Himmels« und des Kosmos eingebettet *(22)*. In der modernen Naturwissenschaft wirken die Systemteilnehmer nichtlinear zusammen und gleicht das Universum eher einem großen Gedanken als einer überdimensionalen Maschine *(23)*. Im sittlichen Handeln folgt der Mensch seiner ethischen »Entelechie«, ist in ökologische und systemische Zusammenhänge nichtlinear eingebunden und verfügt im Rahmen größerer, über ihn hinausgehender und auch ihn umfassender Bedingungen über die Freiheit, dem Kategorischen Imperativ zu folgen. Seine »Determinierung« besteht in der sittlichen Verantwortung seiner Handelns, aber nicht in der mechanistischen Festlegung seines bewußten Verhaltens.
Alleine mittels eines idealistischen Ansatzes kann überhaupt von echter Aufklärung, Emanzipation oder Befreiung gesprochen werden, im deterministischen Konzept des Materialismus findet so etwas wie »Selbstbestimmung« aus systematischen Gründen keinen wirklichen Platz. Wozu sollte und wie könnte man den Menschen denn befreien, wenn inklusive aller geschichtlichen, soziologischen und psychologischen Erscheinungsformen wirklich alles »naturwissenschaftlich notwendig« determiniert wäre? Wenn das Sein das Bewußtsein tatsächlich bestimmte, könnte das Bewußtsein das Sein niemals verändern. Auch allfällige Fremdbestimmungen wären zwangsläufig notwendig, ja sogar der Begriff »Fremdbestimmung« hat genaugenommen deterministisch keinen Sinn. Innerhalb des deterministischen Systems mag sich das vom Bewußtsein unabhängige und es bestimmende Sein vielleicht noch ändern können - wenngleich der Grund für diese Dynamik offen bleiben müßte - , doch eine Freiheit im Sinne einer bewußten Seinsveränderung bleibt allemal unmöglich.
Trotz dieser systemimmanenten Unmöglichkeit zur Freiheit sieht man immer wieder Materialisten hart daran arbeiten, die »Seinsmechanismen« zu »entlarven« und bewußt zu machen, um sie schließlich doch einer Veränderung zuzuführen *(24)*. Da Bewußtmachung und Entlarvung trotzdem Willenshandlungen bleiben,

die es im deterministischen System nicht geben dürfte, landen die Ideologien in immer komplizierteren Rationalisierungen. Je mythologischer, prophetischer, ressentimentgeladener, kompensatorischer, neurotischer und von der Wirklichkeit entfremdeter ihre Projektionen werden, für umso »wissenschaftlicher« halten sie ihre Rationalisierungen. Der pseudorationale Materialismus scheitert an seiner verkehrten Überbauvorstellung. Er zerstört im Namen der Vernunft die Vernunft selbst und gebiert einen Irrationalismus, der einer neuen Qualität von Aufklärung bedarf. *(25)*
Materialistische Befreiungsvorstellungen sind nicht aus den jeweiligen konkreten materiellen Seinszuständen erklärbar, sondern aus der Geistesverfassung ihrer Anhänger. Das deterministische System verrückt die Freiheit in eine - nach wie vor deterministisch zustandekommen sollende - Endzeit, statt sie als tagtägliche Wahrnehmung konkreter Verantwortung zu begreifen. Der chiliastische Zug der materialistischen Ideologien verlangt zwar nach politischem Einsatz, die Erlösung und Befreiung wird jedoch jeder Generation vorenthalten. In der Agitation und Propaganda wird zu idealistischer Hingabe im Kampf für die Erlösung und Befreiung der Endzeit aufgerufen, doch wie ein solcher Idealismus in einem deterministischen System überhaupt etwas bewirken soll, bleibt letztlich schleierhaft. Offenbar mißtrauen die Materialisten selbst dem Determinismus, doch ihn aufzugeben, fehlt ihnen die Konsequenz. Schließlich geht es den Ideologen ja um ihre privaten Ressentiments, für die Kultur, Geistesleben und Politik den Tummelplatz abgeben sollen. An die Stelle von Wahrheit und Ethik tritt ein stures Freund-Feind-Schema, »gut« ist nur mehr, was für die eigene fixe Idee brauchbar ist, und erst die Polarität macht sie soziologisch wirksam. *(26)*
Der Verkünder utopischer Freiheit unterstellt, daß die gegenwärtige Menschheit ihrer Freiheit beraubt sei und erst befreit werden müsse. Den an den Ablauf der Geschichte gebundenen Weg zur eschatologischen Freiheit, also den »Mechanismus« (wieder der typische deterministische Begriff!) der Befreiung, beherrscht derjenige, der den konkreten Ausgang der Geschichte kennt, oder besser: zu kennen vorgibt. Da die Menschheit bisher versklavt gewesen sei, kann nur der Prophet des »naturwissenschaftlich zwangsläufigen« ideologischen Geschichtsablaufes die Menschen befreien.

Wer nun die Menschen in die utopische Freiheit zu führen verkündet, beherrscht sie dank seines Wissens über den Weg dorthin heute und solange, bis sie in Utopia, dem Land Nirgendwo, angelangt sind, also dauerhaft. Und exakt darum geht es den Ideologen! Man braucht sich ihre scheinwissenschaftlichen Konstruktionen nur näher anzusehen, um überall hinter der pseudoobjektiven Fassade ihre subjektiven Leidenschaften, Emotionen und Herrschaftsgelüste aufzuspüren. Die affektgetriebenen Projektionen sind es ja gerade, die den Ideologien und Utopien noch in der Entfremdung ihre Faszination und Überzeugungsstärke verleihen. *(27)*
Zweifellos kann es in Raum und Zeit Zustände geben, die die menschliche Freiheit beengen, erschweren und behindern - doch prinzipiell unmöglich ist sie nie und unter keinen Umständen. Seit der Nikomachischen Ethik sollten wir es wirklich wissen (und sie wäre dazu eigentlich alt genug): Dem Wollenden geschieht kein Zwang *(28)*. Gestern, heute und morgen. Keine Generation hat einer anderen substantiell soviel voraus, daß gerade ihr jene Freiheit alleine beschieden sein soll, die den bisherigen versagt war. Dabei wurde noch gar nicht darauf eingegangen, von welcher Art von »Freiheit« überhaupt die Rede ist.
Die idealistische Handlungsethik hat ihren Schwerpunkt auf der »Freiheit wozu« und weniger bloß auf einer »Freiheit wovon«. Wer seinen Willen zur Selbstbestimmung auf etwas richtet, wird immer wenigstens an ihrer Vorbereitung arbeiten können. Orientiert sich der Handlungswille vollends an der Idee des Guten an sich, so findet er nicht nur seine gleichbleibende Ausrichtung, sondern auch ein unerschöpfliches Anwendungsgebiet. Dagegen hinterläßt der banale Reduktionismus der das materielle Sein überbewertenden Deterministen eine irrationale Lücke und ein noetisches Vakuum von solchen Ausmaßen, daß zu ihrer Füllung das Bedürfnis nach absolut gesetzten fixen Ideen und nach pseudoemanzipatorischen Utopien tritt. Wer hingegen stets das Sittengebot vernimmt, bedarf keiner Vertröstungen auf spätere Endzeiten. Er weiß sich zu etwas berufen und wird auch die behindernden Schwierigkeiten auszuräumen verstehen. Keinesfalls braucht er Mythen, Partialwerte und empirische Theorien überzubewerten, da ihm ihre grundsätzliche weitere ideelle Überhöhbarkeit bewußt ist. Im einzelnen wird er unkasuistisch tolerant sein dürfen:

Für den einen Idealisten wird dieses Verhalten der sittlich beste Weg sein und für einen anderen ein anderer. Nur die Kraft des Kategorischen Imperativs erlaubt einen ethischen Pluralismus im Umgang mit der empirischen Welt. *(29)*
Um doch noch der Herrschaft einer idealistischen Ethik zu entgehen, gehört es zum nicht aussterben wollenden und trotzdem von Anfang an entfremdeten Standardrepertoire des materialistischen Denkens, für das praktische Verhalten des Menschen empirische Phänomene alleinverantwortlich zu machen. Historisch und bis heute wirksam sowie immer wieder aufgewärmt zählen insbesondere biologische *(30)* und soziologische *(31)* Strukturen und »Mechanismen« zu den beliebtesten deterministischen Ersatzmoralen. Das materialistische Motto lautet: Für das menschlichen Verhalten seien letztenendes doch »die Biologie« (Rasse, Genetik, Ethologisches ...) oder »die Gesellschaft« (Produktionsverhältnisse, Klasse, Erziehung ...) verantwortlich. Das biologisch oder soziologisch Erstrebenswerte und Nützliche wird an die Stelle des an sich Guten gesetzt und als eigentliche Verhaltensursache angenommen. Die idealistische Antwort ist bekannt: Selbstverständlich bilden auch Biologie und Soziologie ideelle Artefakte *(32)* und sind von den metaphysischen Anfangsgründen *(33)* wie Ergebnissen der modernen Naturwissenschaft *(34)* nicht ausgenommen. Empirische Beobachtungen sind in bester Übereinstimmung mit ihr unscharf *(35)*, unvollständig *(36)*, provisorisch *(37)* und linguistisch *(38)* sowie kognitiv *(39)* beschränkt. Bis zu einem gewissen Grad werden tatsächlich empirische Faktoren und wissenschaftliche Erkenntnisse für unser Verhalten mit verantwortlich sein, aber eben nicht alleine! Jedes grundsätzlich und immer eingeschränkte Erfahrungswissen wird obendrein erst durch Handeln möglich, wobei das Handeln - nochmals sei's gesagt - anderen Gesetzen (nämlich denen der »praktischen Vernunft«) folgt *(40)* als das Erkennen (für das die »theoretische« oder »reine Vernunft« zuständig ist) *(41)*, und die praktische Vernunft die Wurzel aller Vernunft darstellt *(42)*. Handelndes Verhalten ist etwas anderes als erkennendes Systematisieren. Zudem bleibt die alte Antinomie, ob nun »wirklich« die Biologie oder doch die Soziologie (beziehungsweise welche Ansichten über sie) verhaltensbestimmend sein sollen - Fragen, die im empirischen Konzept nicht zu klären

sind. Vor allem wegen der anhaltenden politischen Bedeutung dieser ideologischen Denkmuster muß dennoch von neuem darauf eingegangen werden.

Für *Emile Durkheim* beginnt die Moral dort, »wo die Bindung an eine wie immer geartete Gruppe beginnt« *(43)*. Damit bestimmt eine willkürliche Gruppe eine beliebige Moral. Wie immer nun die Gruppe definiert wird (ökonomisch, biologisch, historisch, klassenbestimmt ...), stets ist die Moral nicht a priori, sondern im aposteriorischen Sinne außengesteuert. Im Grunde ist es von nun ab müßig, welcher empirischen Schule man sich anschließt. Nur untereinander sind sie trotz allen internen Streites gleichwertig, unüberhöhbar, austauschbar und relativ. Somit erscheinen freilich nicht nur die Moralen, sondern auch die angeblich allmächtigen empiristischen Lehren willkürlich.

Ist nun in Wahrheit die Moral oder sind die empirischen Erkenntnisgegenstände bedingt? Geht man zum Beispiel von der Systemtheorie aus, ist an sich die Erkenntnisfähigkeit des Menschen beschränkt: »Das Erkennen ist als Tun des Erkennenden in der Eigenart seines Lebendig-Seins, seiner Organisation, verwurzelt.« *(44)* Es gibt kein Erkennen einer empirischen Welt an sich *(45)*. Allein das Gesetz des Handelns ist unmittelbar und auf ein oberstes Gutes gerichtet, von dem die Verhaltensregeln auch kommen *(46)*. Der Mensch in seiner kognitiven Nische vermag immer nur beschränkte Bilder von Außenphänomenen zu gewinnen *(47)*, aber eben aufgrund seines (letztlich moralischen) Tuns! Der Wille ist mächtig vor dem Handeln. Weder im Wollen und Handeln noch in der empirischen Erkenntnis tritt uns je etwas anderes entgegen als letztlich ideelle Strukturen. Bedingend sind die höchsten Ideen, bedingt die empirischen Beobachtungen.

Wenn nun endliche Lebewesen durch ihre Fortpflanzung und Selbstzeugung innerhalb ihrer ökologischen Nische ihre eigene »Wirklichkeit«, Welt und Sinngebung erzeugen *(48)*, kommt man erkenntnistheoretisch um den Begriff der ganzheitlichen Wirklichkeit, die ideelle Konstruktion der erkennbaren Welt und den Telos nicht herum. Wie der Mensch und sein soziologisches System kommunikationswissenschaftlich nicht voneinander getrennt gesehen werden können *(49)*, so kann auch nichtmehr die ganzheitliche, selbsttragende und nichtlineare Natur der System-Umwelt-Beziehungen übersehen werden. Die Selbstregulierung nimmt die sittlichen Normen in einem ständigen Anpassungsprozeß nicht aus, wobei die Idee des an sich Guten im ethischen Pluralismus der Richtpunkt bleibt. Als »symbolische Generalisierung« *(50)* ist die Moral in ihrer Grundintention stabil, im alltäglichen Tun aber flexibel.

Kein soziologischer oder biologischer »Schlenker« ist imstande, den entscheidenden Punkt außer Kraft zu setzen, auf den sogar unorthodoxe »Marxisten« gestoßen sind: Ideen sind nicht der Reflex der Realitäten, sondern es verhält sich genau umgekehrt *(51)*. Wie die Weltbilder, Interpretationen und Dinge ist auch die Gesellschaft eine »imaginäre«, also bildliche und damit ideelle Institution *(52)*. Mit der modernen Naturwissenschaft wird auch die Soziologie wieder zum Ideellen zurückzufinden haben, zumal wenn sie auf »naturwissenschaftliche« Dignität stolz sein zu müssen glaubt. Bisher hat der Materialismus immer noch davon gelebt, daß bloß Hypothesen sofort bei ihrer Falsifikation fallengelassen werden, Paradigmen aber nicht sogleich, wodurch sie längerlebig sind. Mittlerweile gelingt es gerade naturwissenschaftlich nicht mehr, sein mechanistisches Modell mit der Wirklichkeit in Übereinstimmung zu bringen. Neue Paradigmen sind Zeichen der Krise, und sie treten immer dann auf, wenn dieser Anpassungsprozeß mißlingt *(53)* - wie nun bei der alten positivistischen und materialistischen Soziologie mit der heutigen Systemtheorie *(54)*, der heisenbergschen Physik *(55)*, der Semiologie *(56)*, der nichtlinearen Mathematik *(57)* und der Synergetik *(58)*.

Bleibt man beim alten materialistischen Denken, so führt es nur zu einer »esoterischen Selbstbezüglichkeit« *(59)*. Eine Wissenschaft«, die mehr verwirrt als erklärt, stellt sich selbst in Frage *(60)*. Natur und Gesellschaft gehen in Wahrheit über das mechanistische Modell *Newtons* hinaus und strafen das deterministische Paradigma wissenschaftlich Lügen *(61)*. Gesellschaft und Ethik lassen sich somit gerade aus heutiger Sicht nicht mehr materialistisch konstruieren *(62)*. Eine sich fraktal und bifurkatorisch verhaltende Natur *(63)* kann wohl kaum ein Vorbild für eine materialistische Gesellschaftswissenschaft bilden. Folglich wird auch die Handlungsethik nicht ernsthaft materialistischen Vorstellungen folgen können, sondern konsequent ihren idealistischen Grundmustern folgen müssen.

Natur, Biologie und Gesellschaft sind nicht das oberste Gut, sondern Teil einer über sie hinausgehenden intelligiblen und ideellen Struktur. Nicht an Subsystemen, sondern an der Idee des gemeinsamen Ganzen richtet sich unser Handlungswille individuell wie kollektiv aus. Tut er es nicht, so entfremden wir uns von unserem Sinn und Telos. Vor dem Hintergrund von Säkularismus und Wertkrise in Ost und West kann eine kuturbildende Ethik gerade heute alleine transzendental fundiert werden *(64)*. Da zuletzt der Materialismus selbst ein unvollständiger Idealismus ist, steht einer geläuterten Rückkehr zur idealistischen Ganzheitlichkeit auch ethisch nichts im Wege.

(1) Immanuel KANT, Metaphysische Anfangsgründe der Rechtslehre. Neu herausgegeben von Bernd LUDWIG. Felix Meiner Verlag, Hamburg 1986 (Philosophische Bibliothek 360).

(2) Robert SPÄMANN, Moralische Grundbegriffe. Verlag C.H. Beck, München 1982 (Becksche Schwarze Reihe 256).

(3) Ernst TUGENDHAT, Probleme der Ethik. Philipp Reclam Verlag, Stuttgart 1984 (Universal-Bibliothek 8250).

(4) Paul WATZLAWICK, Anleitung zum Unglücklichsein. Piper Verlag, München 1983.

(5) Sir Karl Raimund POPPER, Conjectures and Refutations. The Growth of Scientific Knowlege (dt. »Vermutungen und Widerlegungen. Das Wachstum wissenschaftlicher Erkenntnis«). Basic Books, New York 1962.

(6) Niklas LUHMANN, Soziale Systeme. Grundriß einer allgemeinen Theorie. Suhrkamp Verlag, Frankfurt a.M. 1984.

(7) Hermann REINERS, Grundintention und sittliches Tun. Herder Verlag, Freiburg 1966.

(8) Kurt WEINKE, Rationalität und Moral. Leykam Verlag, Graz 1977.

(9) Klaus GÜNTHER, Der Sinn für Angemessenheit. Anwendungsdiskurse in Moral und Recht. Suhrkamp Verlag, Frankfurt a.M. 1988.

(10) Robert SPÄMANN, Glück und Wohlwollen. Versuch über Ethik. Verlag Klett-Cotta, Stuttgart 1989.

(11) Max SCHELER, Das Ressentiment im Aufbau der Moral. Herausgegeben von Manfred S(ervatius) FRINGS. Klostermann Verlag, Frankfurt a.M. 1978.

(12) David RIESMAN, Reuel DENNY und Nathan GLAZER, Die einsame Masse. Eine Untersuchung der Wandlungen des amerikanischen Charakters. Mit einer Einführung in die deutsche Ausgabe von Helmut SCHELSKY. Aus dem Amerikanischen von Renate RAUSCH. Rowohlt Verlag, Hamburg 1982.

(13) Immanuel KANT, Kritik der praktischen Vernunft. Felix Meiner Verlag, Hamburg 1985 (Philosophische Bibliothek 38).

(14) Wolfgang CASPART, Handbuch des praktischen Idealismus, Universitas Verlag, München 1987, S 292-311.

(15) Josef PIEPER, Das Viergespann. Klugheit-Gerechtigkeit-Tapferkeit-Maß. Herder Verlag, Freiburg 1970 (Herder-Bücherei 361), S 45 ff.

(16) Peter LINNERT, Clausewitz für Manager. Strategie und Taktik der Unternehmensführung. Verlag Moderne Industrie, München 1971.

(17) Heinrich GEDDERT, Recht und Moral. Zum Sinn eines alten Problems. Verlag Duncker und Humbolt, Berlin 1984.

(18) Siehe Fußnote 7.

(19) Frederic VESTER, Unsere Welt - ein vernetztes System. Eine internationale Wanderausstellung. Verlag Klett-Cotta, Stuttgart 1978.

(20) Dieter BIRNBACHER (Herausgeber), Ökologie und Ethik. Philipp Reclam Verlag, Stuttgart 1980 (Universal-Bibliothek 9983).

(21) ARISTOTELES, Ta meta ta physika (lat. »Metaphysica«, dt. »Metaphysik«). Griechisch-Deutsch mit Einleitung und Kommentar herausgegeben von H. SEIDL. 2 Bände. Felix Meiner Verlag, Hamburg 1978/80 (Philosophische Bibliothek 307/308).

(22) J(ohann) J(Jakob) (Maria) de GROOT, Universismus. Die Grundlage der Religion und Ethik des Staatswesens und der Wissenschaft Chinas. Verlag Georg Reimers, Berlin 1918.

(23) David BOHM, Die implizierte Ordnung. Grundlagen eines dynamischen Holismus. Übersetzt von Johannes WILHELM. Verlag Dianus-Trikont, München 1985.

(24) Die typischsten Beispiele lassen sich wegen ihrer ungebrochenen Naivität wohl in der älteren Literatur finden, vergleiche: Karl KAUTZKY, Ethik und materialistische Geschichtsauffassung. Dietz Verlag, Berlin 1922.

(25) Gerd-Klaus KALTENBRUNNER (Herausgeber), Plädoyer für die Vernunft. Signale einer Tendenzwende. Herder Verlag, Freiburg 1974.

(26) Jack J. ROTH, The Cult of Violence - Sorel and the Sorelians (dt. »Der Kult der Gewalt« - Sorel und die Sorelianer«). University of California Press, Berkeley 1980.

(27) Sigrid HUNKE, Das nach-kommunistische Manifest. Der dialektische Unitarismus als Alternative. Seewald Verlag, Stuttgart 1974.

(28) ARISTOTELES, Ethika Nikomacheia (lat. »Ethica Nicomachea«, dt. »Nikomachische Ethik«). Deutsch herausgegeben von G. BIEN. 4. Auflage. Felix Meiner Verlag, Hamburg 1985 (Philosophische Bibliothek 5).

(29) Bruno SCHÜLLER, Pluralismus in der Ethik. Zum Stil wissenschaftlicher Kontroversen. Aschendorff Verlag, Münster 1988.

(30) Heinz-Georg MARTEN, Sozialbiologismus. Biologische Grundpositionen der politischen Ideengeschichte. Campus Verlag, Frankfurt a.M. 1983.

(31) Herbert MARCUSE, Eros und Kultur. Ernst Klett Verlag, Stuttgart 1957.

(32) Donald DAVIDSON, Wahrheit und Interpretation. Übersetzt von Joachim SCHULTE. Suhrkamp Verlag, Frankfurt a.M. 1986.

(33) Immanuel KANT, Metaphysische Anfangsgründe der Naturwissenschaft. Gesammelte Schriften (Akademie-Ausgabe), Band IV. Verlag Georg Reimer, Berlin 1903. Reprint Verlag Walter de Gruyter, Berlin 1968.

(34) Herbert PIETSCHMANN, Das Ende des naturwissenschaftlichen Zeitalters. Paul Zsolnay Verlag, Wien 1980.

(35) Werner HEISENBERG, Gesammelte Werke. Herausgegeben von Walter BLUM, Hans-Peter DÜRR und Helmut RECHBERG. 4 Bände, Springer Verlag, Berlin 1984. 5 Bände, Verlag Piper, München 1984.

(36) Günther RÖSCHERT, Ethik und Mathematik. Intuitives Denken bei Cantor, Gödel, Steiner. Verlag Freies Geistesleben, Stuttgart 1985.

(37) Sir Karl Raimund POPPER, Logik der Forschung. 8. weiter verbesserte und vermehrte Auflage. Mohr Verlag, Tübingen 1984.

(38) Willard van Orman QUINE, Wort und Gegenstand. Übersetzt von Joachim SCHULTE und Dieter BIRNBACHER. Philipp Reclam Verlag, Stuttgart 1980 (Universal-Bibliothek 9987).

(39) Rupert RIEDL, Evolution und Erkenntnis. Antworten auf Fragen unserer Zeit. Piper Verlag, München 1982.

(40) Siehe Fußnote 13.

(41) Immanuel KANT, Kritik der reinen Vernunft. Felix Meiner Verlag, Hamburg 1985 (Philosophische Bibliothek 37a).

(42) Johann Gottlieb FICHTE, Die Bestimmung des Menschen. Herausgegeben und mit einem Nachwort versehen von Theodor BALLAUF und Ignaz KLEIN. Philipp Reclam Verlag, Stuttgart 1966 (Universal-Bibliothek 1201/02/02a).

(43) Emile DURKHEIM, Soziologie und Philosophie. Suhrkamp Verlag, Frankfurt a.M. 1967, S 87.

(44) Humberto R. MATURANA und Francisco J. VARELA, Der Baum der Erkenntnis. Die biologischen Wurzeln menschlichen Erkennens. Aus dem Spanischen von Kurt LUDEWIG in Zusammenarbeit mit dem Institut für systemische Studien e.V. Hamburg. Scherz Verlag, Bern 1987, S 40.

(45) Siehe nochmals Fußnoten 35 bis 39.

(46) Siehe Fußnote 6.

(47) Jürgen Albert OTT, Günter P. WAGNER und Franz Manfred WUKETITS (Herausgeber), Evolution, Ordnung und Erkenntnis. Verlag P. Parey, Berlin 1985.

(48) Siehe Fußnote 44.

(49) Niklas LUHMANN, Gesellschaftsstruktur und Semantik. Studien zur Wissenssoziologie der modernen Gesellschaft. 2 Bände. Suhrkamp Verlag, Frankfurt a.M. 1980/81.

(50) Siehe Fußnote 6, S 320.

(51) Antonio GRAMSCI, Philosophie der Praxis. Herausgegeben und übersetzt von Christian RICHERS mit einem Vorwort von Wolfgang ABENDROTH. S. Fischer Verlag, Frankfurt a.M. 1967. Und: Derselbe, Zu Politik, Geschichte und Kultur. Ausgewählte Schriften. Aus dem Italienischen herausgegeben von Guido ZAMIS. Übersetzt von Maria-Louise DÖRING u. a. Philipp Reclam Verlag, Leipzig 1980.

(52) John R(ogers) SEARLE, Geist, Hirn und Wissenschaft. Die Reith Lectures 1974. Übersetzt von Hervey P. GAVAGAI. Suhrkamp Verlag, Frankfurt a.M. 1986.

(53) Thomas S(amuel) KUHN, Die Struktur der wissenschaftlichen Revolutionen. 3., mit der 2. idente, revidierte und um das Postskriptum von 1969 erweiterte Auflage. Aus dem Amerikanischen von Hermann VETTER. Suhrkamp Verlag, Frankfurt 1978.

(54) Ludwig von BERTALANFFY. Systemtheorie. Vorwort von Ruprecht KURZROCK. Colloquium Verlag, Berlin 1972.

(55) Carl Friedrich von WEIZSÄCKER, Aufbau der Physik. 2. Auflage. Carl Hanser Verlag, München 1986.

(56) Roland BARTHES, Elemente der Semiologie. Aus dem Französischen von Eva MOLDENHAUER. Suhrkamp Verlag, Frankfurt a.M. 1983.

(57) James GLEICK, Chaos - die Ordnung des Universums. Vorstoß in Grenzbereiche der moderenen Physik. Aus dem Amerikanischen von Peter PRANGE. Verlag Droemer Knaur, München 1988.

(58) Hermann HAKEN, Advanced Synergetics (dt. »Fortgeschrittene Synergetik«). Springer Verlag, Berlin 1983.

(59) Roland BARTHES, Das Reich der Zeichen. Aus dem Französischen von Michael BISCHOFF. Suhrkamp Verlag, Frankfurt a.M. 1981, S 13.

(60) Siehe Fußnote 6.

(61) Andreas DRESS, Hubert HENDRICHS und Günter KÜPPERS (Herausgeber), Selbstorganisation. Die Entstehung von Ordnung in Natur und Gesellschaft. Piper Verlag, München 1986.

(62) Alfred GIERER, Die Physik, das Leben und die Seele. 3. Auflage, Piper Verlag, München 1986.

(63) Benoit MANDELBROT, Die fraktale Geometrie der Natur. Aus dem Englischen von Reinhilt und Ulrich ZÄHLE. Birkhäuser Verlag, Basel 1987.

(64) Josef THESING und Klaus WEIGELT (Herausgeber), Leitlinien politischer Ethik. Christliche Verantwortung vor dem Hintergrund von Säkularismus und Wertkrise in Ost und West. Verlag Ernst Knoth, Melle 1988.

10. KAPITEL

Der wahre Frieden

Die Ausrichtung aller Teile des Seienden auf die Einheit, das Ziel, auf Gott ist nach *Augustinus* der wahre Friede. Der Friede ist die Ruhe der Ordnung, welche den Dingen den ihnen entsprechende Platz zuteilt *(1)*. Die Harmonie mit Gott und die Einheit in der Vielheit bilden den wirklichen Frieden, der allein aus dem Streben nach Einheit, Ordnung und Schönheit auch in der Zeit erwächst *(2)*. Der »Große Friede« im Sinne der »Harmonie mit Gott« stellt also die Voraussetzung des »Kleinen Friedens« im Sinne der bloßen »Abwesenheit von Krieg« dar.
Die Harmonie ist nicht nur für den Idealismus und das Christentum, sondern auch für alle anderen großen Weltreligionen die Begleiterscheinung der Ruhe des Absoluten. Im Buddhismus drückt das Begehen des Weges zu einem Endpunkt noch Bewegung aus, während die Bewegung in jener Ruhe das Ziel erreicht, die für das Absolute kennzeichnend ist. Die höchsten Buddhas des Mahayana, welche künstlerisch die Ruhe des Nirvana verkörpern, verharren selbst in der größten Ruhe. Der Buddha der Zukunft, Buddha Maitreya, ist im Tushita-Himmel von harmonischer Musik umgeben, die in der Welt vernehmbar wird, wenn große Heilsereignisse stattfinden. Auch für den Manichäismus galt die harmonische Musik als Kennzeichen der Freude des Lichtreiches *(3)*. Noch *Josef Haydn* dankte und pries seinen Herrn freudigen Herzens mit harmonischer Musik - ein bezeichnender Gegensatz zu mancher Kakaphonie gegenwärtiger (Kirchen-)Musik. Bemüht sich der kultische Künstler um eine Vorwegnahme jener vollkommenen Harmonie, die im Jenseits herrscht *(4)*, so faseln »moderne Rationalisten« zwar vom »Weltfrieden«, doch die ihm zugrunde liegenden Begriffe wie »Harmonie« oder »Transzendenz« sind ihnen suspekt.
In der »Universismus« genannten taoistischen und konfuzianischen Religion Ostasiens *(5)* wird die vollständige Übereinstimmung der irdischen Befindlichkeiten mit den himmlischen Gesetzen wortwörtlich als der »Große Friede« bezeichnet und wurde am Taishan mit großen Staatsopfern dem Himmel gemeldet. Als

akzidenzielle Anzeichen dieses substanziellen Zustandes herrschten »Friede im Reich«, allgemeines Glück und keine Naturkatastrophen. Bei allem konfuzianischen Selbstbewußtsein *(6)* hatte die letzten tausend Jahre kein »Sohn des Himmels« je die Stirn, seinem »Vater« den »Großen Frieden« zu melden, auch wenn einmal Friede, relativer Wohlstand und Verschonung von Naturkatastrophen eingetreten war *(7)*. Die chinesischen Kaiser wußten von der Vergänglichkeit solch immanenter Erscheinungen - unseren pseudorationalen und atheistischen Politikern ist es vorbehalten, allen Ernstes den »Weltfrieden« mit immer neuen Kriegen erkämpfen zu müssen, von denen selbstverständlich jeder immer der endgültig letzte auf Erden sein soll.
Wie der Materialismus ein entfremdeter Idealismus ist, so bilden die ideologischen, utopischen und klerikalen Chiliasmen eine entfremdete Karikatur der religiösen Eschatologien *(8)*. Die materialistische Verabsolutierung des Immanenten zäumt auch in ihrem Pazifismus das Pferd von hinten auf: Via Immanenz will man etwas (den Frieden) erzwingen, das in Wirklichkeit aber ein transzendentaler Begriff ist, den man jedoch mit der Metaphysik verdrängt hat. Statt Sittlichkeit, Liebe oder wenigstens wechselseitiges Verständnis zu predigen, wollen die verschiedenen Ideologen über die Abschaffung von bestimmten Waffenkategorien den Frieden fördern. Als sei es ein Unterschied, ob man von einem Schwert oder einer Keule erschlagen beziehungsweise von einer Fünf- oder Zwanzigmegatonnenbome verbrannt wird. Solange man nicht gegenseitig einsieht, daß auch der Andere dasselbe ernstzunehmende Bemühen wie man selbst an den Tag legt, ist »Abrüstung« schon deshalb vergebliche Mühe, weil die verbotenen oder reduzierten Waffensysteme nach Kriegsausbruch jederzeit wieder ausgebaut werden können. Wer den Frieden wirklich will, muß die materialistische Entfremdung idealistisch aufheben.
Nur im Idealismus ist die Überhöhung sonst unversöhnlicher Standpunkte möglich; die diversen Ideologien, Utopien und Klerikalismen schließen einander wechselseitig aus. Sie sind wegen ihrer willkürlichen Absolutsetzungen und gegenseitigen Wegreduzierungen grundsätzlich friedensunfähig. Mechanistische Konflikttheorien und -strategien mögen interessante Hilfsmodelle liefern, lösen aber nie den Kern des Problems. Wirkliche Konfliktlösungen

gründen auf der ideellen Überhöhung der Gegensätze und nicht auf ihrer quasimathematischen Austarierung *(9)*. Mühsam erzielte Gleichgewichte verrutschen rascher, als man sie erreicht hat, wogegen die Einsicht in das gemeinsame Ganze Konflikte von der Wurzel her entschärft. Auch hier besteht das materialistische Mißtrauen gegen den holistischen Idealismus zu unrecht, denn auch die Mechanik und die Mathematik sind ideelle Artefakte, sodaß man gleich von Haus aus idealistische Friedensarbeit leisten kann.
Ein konsequenter Idealismus sieht das gemeinsame Ganze und braucht sich nicht auf künstliche Gleichgewichte zu verlassen. Gelingt es einer Streitpartei nicht, die andere davon zu überzeugen, daß sie im selben Boot wie der Gegner sitzt, wird durch eine künstliche Austarierung der Kräfte der Konflikt prolongiert und seine Austragung nur hinausgeschoben, der Gegenstand des Streites aber nicht aufgehoben. In einem Fall mögen die gleichstarken Feinde ermüden und allmählich auf die Feindschaft »vergessen«, im anderen aber werden die laufenden Übertragungen, Sublimierungen und Kompensierungen sowie das wachsende gegenseitige Mißtrauen die Aversionen verschärfen. Eine Garantie für Frieden bietet das »Gleichgewicht des Schreckens« oder das »Gleichgewicht der Mächte« keineswegs: Nie weiß man, ob und wann jemandem die Geduld reißt. Die Gleichgewichte verschieben sich leicht, das alte Konfliktpotential ist erhalten geblieben, und im Zuge der Rückkoppelungen können bei »Phasenübergängen« stark wechselwirkende Systeme leicht umkippen *(10)*. Aufheben läßt sich also Feindschaft nur idealistisch.
Den »Großen Frieden«, den »ewigen Frieden« oder den »Weltfrieden« wird das mühsame Geschäfte diplomatischer Abrüstungsverhandlungen zur Erzielung künstlicher Gleichgewichte nie erreichen lassen. Er ist ein eschatologisches Ziel und wird auf transzendentalem, aber nicht auf ideologischem, utopischen oder klerikalen Weg erreicht. Von chiliastischen Zielen zu träumen, sie gar mit aller Gewalt erkämpfen zu wollen, aber zugleich mit der Metaphysik auf Kriegsfuß zu stehen, ist Ausdruck tiefster Entfremdung. In ihr spiegelt sich die Unterdrückung der metaphysischen Dimension des Menschseins wieder und ruft die Folgen und Abwehrmechanismen neurotischen Denkens nach sich: Ins Unermeßliche übersteigerte Selbstgeltung, Kompensierung, fixe Ideen, Verfol-

gungswahn, Übertragung, Aggression, Verdrängung, Apperzeptionsverweigerung und Rationalisierungen. *(11)*
All das und die Millionen von toten und geschundenen Opfer der politischen Ideologien ließen sich vermeiden, würde man die Immanenz nicht so maßlos überschätzen. Der an der moderenen Physik Orientierte wird es anhand des Welle-Teilchen-Problems *(12)* und der an der exotischen »Romantik« Begeisterte anhand der Diamant-Sutra begreifen *(13)*: Alle phänomenalen Erscheinungen sind nicht letzte Wirklichkeit, sondern Projektionen des eigenen Geistes. Nicht nur alle religiösen Darstellungen und traditionellen Überlieferungen leiten zu einem letztlich unanschaulichen und unausprechbaren Absoluten hin *(14)*, sondern auch alle naturwissenschaftlichen Erklärungen empirischer Erscheinungen veranschaulichen einen imgrunde geistigen Sachverhalt, der immer nur linguistisch deformiert *(15)*, mathematisch unvollständig *(16)*, systemisch selbstorganisiert *(17)*, fraktal und nichtlinear *(18)*, physikalisch unscharf *(19)* und erkenntnistheoretisch vorläufig *(20)* darzustellen ist.

Alleine weil das Zeitlose auch im Zeitlichen zur Geltung kommt, ist es überhaupt sinnvoll, sich mit dem Frieden zu befassen. Denn er ist imgrunde die Kenngröße geistiger Reinheit und vollendeten Idealismus' und stellt sich in der gefundenen Ruhe der Ordnung von selbst ein. Um der reinen Immanenz willen mit bloß materiellen Mittel erstrebt, wird der wahre Friede nie zu erreichen sein. Friede ist eine transzendentale Begleitkategorie, und wer ihn haben will, kommt um die metaphysische Konsequenz nicht herum *(21)*. Deshalb ist der nur immanente Pazifismus ein völlig vergebliches Werk und trotz aller Rhetorik das Papier nicht wert, auf dem seine Resolutionen stehen. Solange nur eine völkerrechtliche Macht oder gesellschaftliche Kraft sich vom Materialismus nicht trennen will, solange wird gekämpft, bekriegt und im ideologischen Namen gestorben werden.

Jede Erlösung und alle Heilserfahrungen finden im Geistigen statt, mit dem Frieden ist es nicht anders. Die »benefits« im Immanenten ernten zu wollen, ohne vorher transzendental gesäht zu haben, ist unmöglich und gleicht dem Wunsch nach dem gewaschenen Pelz, ohne naß zu werden. Ein »Friedensengagement« materialistischer Ideologen ist noch immer gescheitert und dient bestenfalls zur Einlullung ideologischer Gegner. Wer den Frieden wahrhaftig sucht, muß zuvor Idealist werden. Oder er muß auf den Frieden verzichten, darf sich aber dann nicht beklagen, wenn er vielleicht selbst im immanenten Kampf Prügel bezieht. Doch so wie die Vorstellung von der »Materie« eine ideelle Schöpfung ist, so gilt auch für den Frieden dasselbe. Das Bewußtsein bestimmt alle Formen des uns faßbaren und erreichbaren Seins. *(22)*

Indem die Metaphysik die Physik bestimmt, ist es um der Metaphysik willen wert, sich um die Physis zu kümmern. Alleine in der Metaphysik findet man den Frieden, den Sinn, das Ziel und die Ganzheit. Durch den Gleichklang der darauf gerichteten transzendentalen Willen lassen sie sich in weiterer Folge auch immanent erreichen, finden und orten, aber nie umgekehrt *(23)*. Sind doch Friede, Sinn, Telos und Ganzheit nicht weniger als Materie und Natur ideelle Begriffe. Ein ganzheitlicher Idealist wird den ganzen Menschen und alle Dimensionen sehen. Er wird nicht um des »himmlischen Lohns« willen das »Elend auf Erden« inkaufzunehmen gewillt sein. Gerade aufgrund seiner ideellen Absichten wird er immanent wirken müssen. Doch einer eschatologischen Hoffnung auf die Machbarkeit der Welt durch die Politik wird er sich nicht hingeben: Dazu war, ist und wird der träge Widerstand der überwiegend am Immanenten Ausgerichteten zu groß sein, obendrein kommt dem Physischen kein Eigenwert zu, erst metaphysisch bedeutet es etwas. Schon die ärgsten immanenten Katastrophen zu verhindern, wäre heutzutage eine idealistische Großleistung. Kriege werden im Inneren des Menschen geboren, und nur dort können sie bekämpft werden. *(24)*

Wirkungsbeziehungen werden systemanalytisch über Sinnbeziehungen erschlossen. Um die Einflüsse und Abhängigkeiten der an Konfliktbeziehungen beteiligten Kräfte festzustellen, bedarf es auch psychologisch eines sinnstiftenden Ganzheitsbegriffs. »Ganzheitlichkeit ist geradezu die Mitbedingung der Sinnhaftigkeit.« *(25)* Aus der letztlich in der »unio mystica« gipfelnden Ganzheit erwächst der teleologische Sinn menschlichen Verhaltens und damit des Friedens. Konfliktlösungen lassen sich nur aus einer über den Streitgegenständen liegenden Ganzheitlichkeit ableiten. Aus Sinnstiftung und Ganzheitsbezug entwickelt sich nebenher der Friede. Wer es auf ihn selbst abgesehen hat, kommt folglich um die Mit-

einbeziehung der übergeordneten transzendentalen Ziele nicht herum. Angesichts der vielfachen Selbstauslöschungskapazitäten der heutigen Menschheit ist also in der Pflicht zum Frieden auch die Pflicht zur Metaphysik mitgeboten.
Ernsthafte Arbeit am Frieden darf sich nicht in schwärmerischen Hochzielen erschöpfen, sondern muß die Kräfte von konkreten Konfliktpotentialen diagnostizieren. Hiezu bedarf es freilich mehr als nur des alten mechanistischen Modells, das selbst am Materialismus, seinen politischen Ideologien und unseren ökologischen Problemen Schuld trägt. Systemtheorie und Konstruktivismus eignen sich zum Verstehen komplexer Zusammenhänge besser als der überholte atomistische Determinismus und lassen sich ohne Systembruch mit den grundlegenden ethischen Absichten verbinden, die weiland für den Materialismus überhaupt irrelevant waren. Dynamische Wechselwirkungen zwischen Staaten und innerhalb der Gesellschaft beruhen auf einer Vielzahl nichtlinearer Elemente und können systemanalytisch prägnanter, präziser, valider und stringenter verstanden werden, je weiter wir uns in unserer Diagnostik von monokausalen Mechanismen entfernen. Als funktionale Netze ändern sich dynamische Systeme als Ganze gleichzeitig und nicht in hintereinandergeschachtelten Teilschritten *(26)*. Nicht nur in der letzten Zielsetzung, sondern auch in der praktischen Umsetzung sind ganzheitliche und idealistische Vorgehensweisen unverzichtbar.
Ganzheitliche Idealisten werden nicht nur mit ihren Mitmenschen, sondern auch mit ihrer Umwelt in Frieden zu leben trachten. So wie wir uns dank der ideologisch-materialistischen Entfremdung atomar, biologisch und chemisch auszurotten drohen, so leben wir auch mit unserer Mitwelt in Unfrieden. Wäre der Mensch der höchste aller Gedanken, dann dürfte er sich die Erde untertan machen. Aufgrund dieses alttestamentarischen Mißverständnisses haben sich die Abendländer ihr dermaßen zugewandt, im Zuge der allgemeinen Säkularisierung vor ihr jeden Respekt verloren und sie dabei so geschädigt, wie dies keinem Hindu, Buddhisten oder Taoisten je in den Sinn gekommen wäre, von instinktsichereren »Naturvölkern« ganz abgesehen. Doch wie sich der endliche Mensch mit anderen endlichen Wesen die Erde teilt, so steht er unter dem höheren Gesetz ihm übergeordneter Ideen,

denen er zu dienen hat oder untergehen muß. Der newtonsche Physiker macht die Erfahrung, daß die hemmungslose Anwendung seiner eigenen Wissenschaft jene Natur zerstört, die er zu erkennen glaubte. Der ideologische Mensch handelt falsch, weil er falsch denkt. Infolge desselben materialistischen Modells entfesselt die ideologische Politik entgegen ihrer eigentlichen Intention nach bleibenden Ordnungen destruktive Prozesse. *(27)*
Im ökologischen Friedensprozeß geht es erst in zweiter Linie um Emmissionsmessungen und in erster Linie um eine grundsätzliche Umkehr des Denkens. Die Entfremdung vom umweltfeindlichen Materialismus läßt sich nur durch den Idealismus aufheben. Die universelle Eingebundenheit des Menschen in eine höhere Ordnung ist nur ideell zu orten und setzt das richtige Verhältnis von Transzendenz und Physik voraus. Die Störung dieser Beziehung manifestiert sich in der Ökologiekrise *(28)*. Das Denken hat nun einmal höchst konkrete und immanente Folgen. Nur rächt sich, wenn man in der macherischen Selbstüberschätzung des gottlosen Menschen Ursache mit Wirkung verkennt. Uns hilft keine immanente Symptomkur mehr, sondern bloß noch konsequenter Idealismus, wissenschaftstheoretisch und ethisch.
Das Versagen der Ideologien, Utopien und Klerikalismen hat beim positivistischen Teil der Menschheit Resignation und Entmutigung ausgelöst. Sie bekommen mit ihren mechanistischen Mitteln die Dinge nicht mehr in den Griff. Das »Prinzip Hoffnung« ist in das »Prinzip Angst« umgeschlagen. Gemeinsame und öffentliche Angelegenheiten scheinen sich nicht mehr vernünftig regeln zu lassen. Der vermeintlich nur akzidentielle Überbau paßt nicht mehr zum angeblich substanziellen Unterbau der Materialisten. Tagtäglich bekommt eine in der empiristischen Sozialphysik großgezogene Menschheit das Desaster der politischen Systeme, sozialen Anstrengungen, Friedenspolitik und Umwelt via alle Medien frei Haus geliefert: Contergan, Seveso, Bhopal, Harrisburg, Tschernobyl, Exxon Valdez, Drogenstatistik, Kriminalreport, Stellvertreterkriege, Libanon, Rote Khmer, Bedrohung und Aussterben von Tierarten, Amazonasabholzung, Aids, Krebs, Schülersuicid, Börsenkrach und und und. Dem Planer und »Macher« wird nicht mehr geglaubt, der Katastrophismus feiert fröhliche Urständ' wie in der Spätantike oder zu manchen Phasen des Mit-

telalters. Und tatsächlich gibt es einen guten Grund für die gängige apokalyptische Überbau-Larmoyanz: Die Staatengemeinschaft, der Staat und die Gesellschaft sind nicht untätig, vielmehr sind ihnen die »Sachen« zu schwierig und die Neben- und Wechselwirkungen unüberschaubar geworden - dank des immer noch verwendeten, falschen materialistischen Handlungsmusters. *(29)*
Lebenskräftiger als die Resignierer sind die rationalistischen Zyniker. Auch ihnen ist das Versagen der Ideologien, Utopien und Klerikalismen nicht entgangen. Zugleich haben sie ihre Lektion an Positivismus gelernt. Sie sind soweit »aufgeklärt«, als ihnen die alten Traditionen obsolet sind, zur Vollendung der Aufklärung im Sinne einer lebendigen Übernahme idealistischer Verantwortung sind sie aber gleich unwillens wie unfähig. Während sich der Resignierer jedoch zurückzieht, handelt der Zyniker wider besseren Wissens. Nur noch von Machtdrang und/oder Geldgier getrieben, hat er sich orientierungslos pessimistisch und diffus sarkastisch einen Rest an Arbeitsfähigkeit erhalten. Der diffuse Zynismus beherrscht längst die Schlüsselstellungen der Gesellschaft, von den Parlamenten und Vorständen über die Lektorate und Fakultäten bis zu den Praxen und Redaktionen. Die tonangebenden Zyniker sind nicht dumm, in schicker Bitterkeit sehen sie durchaus das Nichts, aus dem ihr materialistisches Treiben kommt und zu dem es sie führt. Sie wissen, daß ihr Tun letztlich Unsinn ist, aber sie tun es, weil Sachzwänge und Selbsterhaltungstrieb sie auf Trab halten. Andere würden es ohnehin tun, vielleicht sogar noch schlechter. So wirkt der vordergründig kaltschnäuzige, hinter vorgehaltener Hand aber weinerliche und in Wahrheit entfremdete Zynismus im Materialismus sogar noch quasi integrierend sowie system- und indentitätsstabilisierend. *(30)*
Der zynische, blinde und nur zur Selbstbeschwichtigung dienende Aktionismus metaphysisch Entwurzelter ist Ausdruck eines sich selbst und seine konstituierende Ordnung vergessenden Geistes. In seiner Abwendung von der Transzendenz mindert er den Sinn seines Seins, verstrickt sich in Fehlleistungen und sucht, sich in geschäftiger Aktivität und ruhelosem Vergnügen ohne letzten Ziel und Zweck zu betäuben. Aus Eigenliebe, Selbstvergottung, Überheblichkeit und Abkehr von Gott klammert sich der Materialist in seiner Suche nach einem Ersatzziel an die vorgeblich Sicherheit

gewährenden Objekte der Außenwelt, läßt seinen Willen von ihnen ergreifen und unterliegt dem Gewichtszug von außen. Das ruhelose Dahintreiben und Sichverlieren kennzeichnet den ohne idealistische Mitte und nicht aus dem Bewußtsein seiner transzendentalen Ordnung Lebenden *(31).* Um nicht von jenem Gott abhängig sein zu müssen, als dessen metaphysischer An- und Bestandteil jedes immanente Wesen geborgen ist, nimmt der Materialist in Kauf, dafür nun physisch und vermeintlich sogar deterministisch fremdbestimmt zu werden - Emanzipation auf ideologisch!
Mit der idealistischen Aufhebung der ideologischen Entfremdung werden nicht alle Probleme gelöst sein. Nur den systematischen Fehler des Materialismus samt seinen klerikalen und utopischen Vorläufern werden wir dann ausgeräumt haben - immerhin auch keine Kleinigkeit. Über die Ausformung transzendentaler Ideen und ihre immanente Gestaltung wird die Menschheit weiterhin zu ringen haben *(32).* Die Beseitigung des materialistisch-ideologischen »bias« ist der wichtigste Schritt zur Vermeidung der Fortsetzung selbstgemachter Katastrophen. Die idealistische Überwindung des Materialismus wird uns davor bewahren, aus ökologischer Angst in einen »grünen« Totalitarismus und Ideologismus zu verfallen. Chiliasmus und Totalitarismus sind Produkte der Furcht und angstgeleitete Fehlantworten *(33).* Idealisten können im Detail auch irren und streiten, sie werden aber nicht von Haus aus fehlen und in die grundsätzlich falsche Richtung gehen. Idealismus hat nicht Langeweile zur Folge, sondern den Ausschluß eines systematischen Fehlers oder Grundsatzirrtums.
Eben weil unsere heutigen Schwierigkeiten selbstgemacht sind, kommt der Grundsatzkorrektur die entscheidende Bedeutung zu. In ihrem Stellenwert zurechtgerückt vermögen auch alte Modelle und Technologien in Zusammenhang mit neuen noch Konstruktives zu leisten *(34).* Das Paradies auf Erden werden und brauchen wir nicht zu erreichen, dazu wäre die Immanenz selbst zu nichtig. Auf die redliche Gesinnung und ehrliche Haltung kommt es an und weniger auf den unmittelbaren Erfolg. Nur wer angesichts von Schwierigkeiten zur ideellen Überhöhung unfähig ist, will hysterisch den immanenten Erfolg erzwingen und verstärkt kontraproduktiv das Desaster *(35).* Durch den Sinn kommt der Erfolg,

aber nie umgekehrt. Und sollte tatsächlich morgen die Welt zugrunde gehen, wäre es wirklich besser, noch heute ein Bäumchen zu pflanzen, als angstvoll still zu sitzen oder hektisch zu akkumulieren. *(36)*

(1) Aurelius AUGUSTINUS, De civitate Dei (dt. »Über den Gottesstaat«). Übersetzt von Wilhelm TIMME. 2. Auflage. Deutscher Taschenbuch Verlag, München 1982, XIX. Kapitel.

(2) Odilio (Hans Helmut) LECHNER (OSB): Idee und Zeit in der Metaphysik Augustins. Salzburger Studien zur Philosophie, Band 5. Verlag Anton Pustet, München 1964, S 69-105.

(3) Hans-Joachim KLIMKEIT, Die Seidenstraße. Handelsweg und Kulturbrücke zwischen Morgen- und Abendland. DuMont Buchverlag, Köln 1988, S 226.

(4) Georg PICHT, Kunst und Mythos. Mit einer Einführung von Carl Friedrich von WEIZSÄCKER. Verlag Klett-Cotta, Stuttgart 1986.

(5) J(ohann) J(akob) (Maria) de GROOT, Universismus. Die Grundlage der Religion und Ethik des Staatswesens und der Wissenschaft Chinas. Verlag Georg Reimer, Berlin 1918.

(6) Jonathan D. SPENCE, Ich, Kaiser von China. Ein Selbstportrait des Kangxi-Kaisers. Aus dem Englischen von Stefan B. POLTER. Insel Verlag, Frankfurt a.M. 1985.

(7) Werner EICHHORN, Die alte chinesische Religion und das Staatskultwesen. Brill Verlag, Leiden 1976.

(8) Wilhelm E(mil) MÜHLMANN u.a., Chiliasmus und Nativismus. Studien zur Psychologie, Soziologie und historischen Kasuistik der Umsturzbewegungen. Verlag Georg Reimer, Berlin 1964.

(9) Kurt BECSI, Aufmarsch zur Apokalykse. Große Allianz oder Dritter Weltkrieg? Paul Zsolnay Verlag, Wien 1971.

(10) Hans-Peter DÜRR, Das Netz des Physikers. Naturwissenschaftliche Erkenntnis in der Verantwortung. Carl Hanser Verlag, München 1988, S 304 ff.

(11) Viktor E. FRANKL, Der unbewußte Gott. Kösel Verlag, München 1974.

(12) Werner HEISENBERG, Der Teil und das Ganze. Gespräche im Umkreis der Atomphysik. 3. Auflage. Deutscher Taschenbuch Verlag, München 1976 (dtv 903).

(13) Max WALLESER (Übersetzer), Prajnaparamita, die Vollkommenheit der Erkenntnis. Nach indischen, tibetischen und chinesischen Quellen. Verlag Vandenhoek und Ruprecht, Göttingen 1914.

(14) Dietrich SECKEL, Jenseits des Bildes. Anikonische Symbolik in der buddhistischen Kunst. Winter Verlag, Heidelberg 1976.

(15) Willard van Orman QUINE, Wort und Gegenstand. Übersetzt von Joachim SCHULTE und Dieter BIRNBACHER. Philipp Reclam Verlag, Stuttgart 1980 (Universal-Bibliothek 9987).

(16) Kurt GÖDEL, Werke. Deutsch und Englisch herausgegeben von Solomon FEFERMAN. Oxford University Press, New York 1986.

(17) Andreas DRESS, Hubert HENDRICHS und Günter KÜPPERS (Herausgeber), Selbstorganisation. Die Entstehung von Ordnung in Natur und Gesellschaft. Piper Verlag, München 1986.

(18) Benoit MANDELBROT, Die fraktale Geometrie der Natur. Aus dem Englischen von Reinhilt und Ulrich ZÄHLE. Birkhäuser Verlag, Basel 1987.

(19) Werner HEISENBERG, Physik und Philosophie. 3. Auflage, mit einem Beitrag von Günther RASCHE und Bartel L. von der WAERDEN. Hirzel Verlag, Stuttgart 1978.

(20) Sir Karl Raimund POPPER, Logik der Forschung. 8. weiter verbesserte und vermehrte Auflage. Mohr Verlag, Tübingen 1984.

(21) Karlfried Graf DÜRCKHEIM, Der Alltag als Übung. Verlag Hans Huber, Bern 1966.

(22) Ken WILBER, Das Spektrum des Bewußtseins. Vom Gegeneinander zum Miteinander der Wissenschaften - ein übergreifendes Erklärungsmodell des Bewußtseins und der Disziplinen, die es erforschen. Scherz Verlag, Bern 1987.

(23) Carl Friedrich von WEIZSÄCKER, Der bedrohte Friede. Politische Aufsätze 1945-1981. 4. Auflage. Carl Hanser Verlag, München 1983.

(24) Hartmut von HENTIG, Arbeit am Frieden. Übungen im Überwinden der Resignation. 2. Auflage. Carl Hanser Verlag, München 1987.

(25) Hans-Jürgen PFISTNER, Handlungsfreiheit und Systemnotwendigkeit. Ein Beitrag zur Frage: Was ist Psychologie? Verlag Hogrefe, Göttingen 1987, S 127.

(26) Günter SCHIEPEK, Systemische Diagnostik in der klinischen Psychologie. Psychologie Verlags-Union, Weinheim 1986.

(27) Carl Friedrich von WEIZSÄCKER, Wahrnehmung der Neuzeit. 5. Auflage. Carl Hanser Verlag, München 1984.

(28) Hans-Peter DÜRR (Herausgeber), Physik und Transzendenz. Scherz Verlag, Bern 1986.

(29) Hartmut von HENTIG, Die entmutigte Republik. Politische Aufsätze. Ungekürzte Lizenzausgabe. Fischer Taschenbuchverlag, Frankfurt a.M. 1982.

(30) Peter SLOTERDYK, Kritik der zynischen Vernunft. Suhrkamp Verlag, Frankfurt a.M. 1983.

(31) Aurelius AUGUSTINUS, De trinitate (dt. »Über die Dreieinigkeit«). Des heiligen Kirchenvaters Aurelius Augustinus 15 Bücher über die Dreieinigkeit. Aus dem Lateinischen übersetzt und mit einer Einleitung versehen von Michael SCHMAUS. 2 Bände. Kösel Verlag, München 1936-36, Buch X.

(32) Wolfgang CASPART, Handbuch des praktischen Idealismus. Universitas Verlag, München 1987, S 167.

(33) Norman COHN, Das Ringen um das tausendjährige Reich. Revolutionärer Messianismus und sein Fortleben in den modernen totalitären Bewegungen. Aus dem Englischen übertragen von Eduard THORSCH. Francke Verlag, Bern 1961.

(34) Karl STEINBUCH (Herausgeber), Diese verdammte Technik. Tatsachen gegen Demagogie. Mit Beiträgen von Hans-Herrmann CRAMER u.a.. Herbig Verlag, München 1980.

(35) Michael BARKUN, Desaster and Millenium (dt. »Desaster und das Tausendjährige Reich«). Yale University Press, New Haven 1974.

(36) Ulrich H.J. KÖRTNER, Weltangst und Weltende. Eine theologische Interpretation der Apokalyptik. Verlag Vandenhoek und Ruprecht, Göttingen 1988.

TEIL III:
ETHIK STATT MANTIK

11. KAPITEL:
Die Aufhebung der materialistischen Entfremdung

Was immer wir in der Welt erkennen, stets präsentiert sie sich als eine Ordnung von Ideen. Jede »Weltanschauung« gibt somit Aufschluß über die Leitvorstellungen ihrer Träger und ist mehr oder weniger offen ideell. Mit »Materie« haben Weltanschauungen, Paradigmen, Philosophien und Religionen nur insofern etwas zu tun, als sie ihr unterschiedliche Stellenwerte einräumen. Eine leitende Funktion hat das als »materiell« Bezeichnete selbst in offen materialistischen Vorstellungen niemals, denn die scheinbar beherrschende Stellung der Materie, der Empirie und des »positiv Beweisbaren« in ihnen geht ausnahmslos auf vorhergehende geistige axiomatische Voraussetzungen zurück *(1)*. Jede empirische Theorie ist zugleich eine Simplifizierung wie auch eine Extrapolation über den Bereich der unmittelbaren Beobachtung hinaus. Die aristotelische Physik, die euklidische Geometrie, der newtonsche Empirismus, die Relativitätstheorie und die Quantenphysik sind ihrerseits nicht minder geistige Abstraktionen. Was sie inhaltlich umfassen, ist mindestens ebenso intelligibel wie »materiell«.

Der Streit kreist daher immer prinzipiell darum, ob und wieweit man sich des a priori ideell Vorausgesetzten bewußt ist oder nicht. Erst danach lassen sich die beiden Grundrichtungen - die offen idealistische und die zwar nicht minder auf Geistiges aufbauende, sich dieses Umstandes aber nicht bewußte, die »Materie« verabsolutierende und folglich materialistische - in Untergruppen, »Schulen« und Fraktionen aufgliedern. Entschieden kann diese Auseinandersetzung letztlich nur auf geistiger und nie auf materieller Ebene werden, denn was als »Materie« definiert wird, wird allemal ideell bestimmt. Auch die interfraktionellen Unterschiede in den materialistischen wie idealistischen Anschauungen beruhen ausschließlich auf verschiedenen geistigen Ansichten und gründen in keinem Fall auf materiellen Divergenzen. Der Materialismus ist letztlich ein seiner eigenen Voraussetzungen (und seit einigen Jahrzehnten auch der Ergebnisse der modernen Naturwissenschaften) unbewußter und unvollständiger Idealismus, womit der Streit endgültig zugunsten des Idealismus entschieden ist.

Die materialistische Entfremdung beruht auf dem entäußernden Verzicht auf Freiheit und Verantwortung, auf dem Mangel an Sittlichkeit *(2)*. Um »objektive« Sicherheit zu gewinnen, entledigte sich der Junghegelianismus des moralischen Risikos. Bei einigen seiner Vertreter mag es auch umgekehrt gewesen sein: Um sich der Moral entziehen zu können, schob man die Scheinsicherheit der Naturwissenschaften vor. Doch wie dem auch sei, zur Aufhebung der materialistischen Entfremdung, zur Negation der Negation, ist die Rückkehr allgemein zur konstituierenden Transzendenz und - für das soziale Handeln - zur Ethik unabdingbar.

Wenn der »rechte« *Max Weber* das Entstehen der westlichen Naturwissenschaften und des Kapitalismus auf spezielle kulturelle, religiöse und ethische Zielvorstellungen zurückführt *(3)*, und der »linke« *Joseph Needham* den Unterschied zwischen den Kulturen aus besonderen sozialen, intellektuellen und ökonomischen Bedingungen erklärt *(4)*, so meinen beide im Wesenskern dasselbe: Die bestimmende Kraft ist das Geistige. Denn daß zu Kultur, Religion, Ethik und Intellekt wenigstens eine ideelle Komponente gehört, wird höchstens ein radikaler Materialist bestreiten können, dessen monistische Ansichten sich aber ohnedies naturwissenschaftlich als unhaltbar (siehe *Einstein, Heisenberg, Popper, Gödel, Bertalanffy, Feigenbaum, Mandelbrot* und so weiter) erwiesen haben. Auch »Gesellschaft« kann immer nur paradigmatisch verstanden werden *(5)*, die soziologischen Paradigmen wechseln, das Wissen über die Gesellschaft erfolgt selektiv statt kumulativ *(6)* und wird rezeptiv wie kommunikativ semantisch geprägt *(7)*. Bei vorsichtigster Formulierung läßt sich also auch hier keine ausschließlich materielle Gestaltungskraft auf die Gesellschaft konstruieren. Auch die Wirtschaft verhält sich nichtlinear und synergetisch *(8)*, in ihr herrschen keineswegs durchgängig materielle Strukturen und eherne Gesetze, und sie ist von der Politik und den herrschenden Ideen nicht zu trennen. Die Wirtschaft wirkt auf die Politik und die Ideen und diese wieder auf die Wirtschaft *(9)* - kurz, sogar die Ökonomie hat (äußerst zurückhaltend formuliert) ideelle Implikationen und ist alles andere als wirklich materialistisch.

Ob man sich philosophiegeschichtlich mit *Kant* begnügt, daß der Stoff aller Erkenntnis aus der Erfahrung stammt, während die hiefür nötigen begrifflichen Voraussetzungen a priori gegeben sind; ob man dem subjektiven Idealismus *Fichtes* oder dem objektiven *Schellings* nahesteht; oder ob man sich dem absoluten Idealismus *Hegels* anschließt, - hängt vom eigenen Schwerpunkt oder dem »Temperament« des Betrachters ab. Die Elemente des Realistischen und des Spirituellen lassen sich mit *Schleiermacher* transzendental überhöhen und vereinen *(10)*. Und der Pessimist mag sich an *Schopenhauer* halten *(11)*. Worauf es ankommt, bevor man sich in den Schulenstreit begibt, ist allein der letzte Grundsatz des Ideellen.

Heute treten die geradezu transzendentalen Erkenntnisse der modernen Naturwissenschaft und heisenbergschen Physik hinzu *(12)*. Hing der alte Deutsche Idealismus noch manchen Veredelungs-Schwärmereien nach, so dürften uns diese nach zwei Weltkriegen, dem Nationalsozialismus und dem Kommunismus als zeitbedingt vergangen sein. Hatte der Materialismus doch tatsächlich Gelegenheit, zu zeigen, was er gesellschaftspolitisch kann: Nur mehr schätzbare Millionenopfer der Indianer- und Aboriginesausrottungen, 6 Millionen gerichtsnotorische KZ- und 30,2 Millionen Gulag-Opfer allein unter *Lenin* und *Stalin* (4,8 Millionen Tote des russischen Bürgerkrieges und der ersten Liquidierungen 1918-1921, 5,9 Millionen Tote der Hungersnot 1921-1923, 9,5 Millionen Umgekommene durch Hunger und Terror bei der Zwangskollektivierung 1931-1933 und circa 10 Millionen Säuberungsopfer *Stalins* nach 1936) *(13)*, von den Millionen Toten der chinesischen Revolution und Kulturrevolution *(14)* beispielsweise gar nicht zu sprechen. Der von der »68-er Generation« romantisch-exotisch verklärte *Mao* hat allein in seinem »Großen Sprung nach vorwärts« mit 20 Millionen Toten mehr Menschen ums Leben gebracht *(15)* als *Stalin* mit seiner »Entkulakisierung«. Ob jüngst ein trefflicher »Volksbefreier« wie Herr *Pol Pot* die Hälfte, ein Drittel oder »nur« ein Viertel seiner kambodschanischen Bevölkerung im ideologischen »Höhenflug« ums Leben brachte, läßt sich zur Zeit noch nicht genau eruieren. Politische Erfahrung wie naturwissenschaftliche Erkenntnis erzwingen eine sozialphilosophische Neurezeption und -konzeption des Idealismus. Wenn es je einer empirischen Bestätigung bedurft hätte, so wurde sie im 20. Jahrhundert sozialpolitisch geliefert: Nicht schlimme Zustände erzeugen böse Gedanken, sondern verquere Gedanken schaffen arge (oder noch ärgere) Zustände. Jetzt gilt es wirklich, die ursprünglich vielleicht spielerische Umkehrung des hegelianischen Idealismus durch *Strauss (16)* und vor allem *Feuerbach (17)* in den Materialismus ihrerseits wieder umzukehren. Um im hegelianischen Bild zu bleiben, ist es mittlerweile wortwörtlich »not-wendig« geworden, die materialistische Entfremdung idealistisch aufzuheben. Die Negation der Negation ist gefordert. Wie der Nationalsozialismus *(18)* ist auch der Marxismus kein zwangsläufiges Ergebnis blindwütender Naturkräfte, sondern ein gedankliches Artefakt *(19)*. Es ist also höchste Zeit, die Ideen wieder als leitend anzuerkennen und zu systematisieren, statt empirische Theorien willkürlich zu verabsolutieren.

Eine moderne, grundlegende und um die Aufhebung der materialistischen Entfremdung bemühte idealistische Sozialphilosophie wird keine Duodez-Apologetik für irgendwelche gängigen politischen Schlagworte welcher Provenienz auch immer bringen können, sondern ihrerseits das gesellschaftspolitische Begriffsvokabular vom Standpunkt eines erneuerten Idealismus zu durchleuchten und neu zu bewerten haben. Folglich darf man sich vom Idealismus nicht erwarten, daß er »links« oder »rechts«, »progressiv« oder »konservativ«, arbeitnehmer- oder arbeitgeberfreundlich, »international« oder »national«, matriarchalisch oder patriarchalisch, »liberal« oder »reaktionär«, pazifistisch oder militant und dergleichen mehr zu sein habe. Manchmal wird er beides zugleich, einandermal mehr dieses als jenes und ein drittes Mal nur das eine und nicht das andere sein. Er verschließt sich dergleichen Kategorisierungen weitgehend und beurteilt vielmehr sie selbst nach idealistischen Kriterien. *(20)*

Entweder ist der Materialismus an sich richtig, oder er ist falsch – dann aber war, ist und wird er immer falsch sein. Durch nichts ist ersichtlich, wie angesichts der Verbrechen und Fehlleistungen der historisch wirksam gewordenen Ideologien irgendwelche neue materialistischen Ideologien von ihnen frei bleiben sollten. Der gewollte reduktionistische »bias« des Materialismus stellt sich bewußt in Gegensatz zur holistischen Wirklichkeit und muß im Versuch, sozial wirksam zu werden, zu massiven Irrtümern und systematischer Gewalt führen. Das Mörderische steckt im materialistischen Ansatz und nicht in den folgenden Details. Auf einen marxistischen »Sozialismus mit menschlichem Antlitz« beispielsweise müßten wir vergeblich warten, nicht weil ein Sozialismus der transzendentalen conditio humana grundsätzlich widerspricht, sondern weil es der historische und dialektische Materialismus tut. Die Weltprobleme und -rätsel *(21)* wird kein System lösen, das empirische Theorien willkürlich verabsolutiert. Wie immer er eingefärbt sein mag, auch jeder neue Materialismus wird katastrophal enden.

Da alles Physische nur metaphysisch faßbar ist, und ein gesellschaftlich wirkender Idealist etwas immanent umsetzen will, wird eine idealistische Sozialphilosophie weder einem spiritualistischen Purismus huldigen, für welchen mit der Immanenz auch alles Soziologische und Politische nur Ausdruck des reinen »Schleier der Maya« und folglich uninteressant ist. Noch wird sie den materialistischen Fehler begehen, der Immanenz eine alles entscheidende Bedeutung zuzumessen. Vielmehr wird der Idealist die Physis metaphysisch interpretieren und ethisch handeln. Tut er dies konsequent, wird die Immanenz völlig transzendent durchdrungen, alle Entfremdungen werden aufgehoben, und jegliche Strukturen werden geistig erfaßbar und einsichtig. Die Immanenz ist raum-zeitlicher Ausdruck der Transzendenz, und materielle Nöte, Bedrohungen und Konflikte sind Resultat eines unreinen Geistes, fehlgeleiteter Einzelwillen sowie eines unvollkommenen Bewußtseins. *(22)*

Der Idealismus in seiner Ganzheitlichkeit wird sich heute also nicht nur Übertreibungen jeglicher Herkunft enthalten, sondern sie sogar ausgleichen. Modeströmungen wie dem Feminismus, dem Pazifismus oder einer neuen »exotischen« Gnosis *(23)* wird er in derselben Haltung gegenübertreten. Reduktionistische Extreme wird er überwinden und die positiven Seiten ihres nichtverabsolutierten Anliegens miteinander verbinden. Indem er sie in Ausgewogenheit und Harmonie integriert und transzendental überhöht, ist er alleine in der Lage, sie auch wirklich aufzugreifen und in machbarer Art konstruktiv umzusetzen. Klar transzendental inspirierte Epochen führten daher immer zu den edelsten Höhepunkten kultureller Entwicklung in Kunst, Wissenschaft, Philosophie und auch Technologie *(24)*. Dagegen entbehrt es nicht einer gewissen inneren Logik, wenn auf die Herrschaft des einen Extrems der Wechsel zu einem anderen folgt; müssen doch die ideologiebedingten Defizite der einen Seite durch die ideologischen Überspitzungen der anderen aufgearbeitet werden. Während die Wechselbäder der Extreme zerrütten, baut ein holistischer Idealismus auf und führt grundsätzlich zur qualitativ höheren Synthese.

Idealistische Epochen entsprechen mit ihrer Ausgewogenheit künstlerisch in der Regel klassischen Perioden der Kultur. Bei den Griechen *(Platon)* und Römern *(Plotin)* wie bei den Deutschen *(Kant, Fichte, Schleiermacher, Schelling, Hegel,* aber auch *Schiller* und für manche Perioden *Goethe)* fielen Klassik und Idealismus augenfällig zusammen. In der »Klassik« harmonieren Rationalität und Emotionalität, Erkenntnis und Wille sowie Sein und Sollen, wodurch in ästhetischer Vollendung die Blütezeit einer Kultur auch nach außen hin sichtbar wird. Die äußere Form bildet die faßbare und Zeitfremden zugängliche Erscheinung für den geistigen Inhalt, sodaß sich an den formalen Ausdrücken einer Kultur ihr innerer Zustand ablesen läßt. Solange die Gleichgewichte ganzheitlich im Lot sind, solange halten die klassischen Perioden des Idealismus an. Das materialistische Weltbild ist heute wissenschaftlich tatsächlich am Ende, die Frage ist nur, wie lange es noch in den politischen Ordnungsprinzipien nachwirkt, und ob nicht vielleicht noch neue Ideologien den seit *Einstein* und *Heisenberg* angezeigten Übergang zu einer wieder mehr offen ideenbestimmten Periode hinauszögern. Der Niedergang der wahrnehmungsbestimmten empiristischen Zivilisation ruft nach einem grundsätzlichen Wechsel, der notwendigerweise im Zeichen des Idealismus stehen muß. *(25)*.

Klassische Perioden drücken die Ausgewogenheit des Idealismus aus, weswegen sie aus verräterischer Feindschaft von allen Materialisten diffamiert und perhorrisziert werden. Doch gerade die ideologischen Angriffe stellen die Klassik in ein noch höheres Licht, ist sie doch frei von den Disproportionen, Maßlosigkeiten, Überzeichnungen, Hysterien, Ressentiments und Unausgereiftheiten aller Spätzeiten. Seit Platons »Symposion« gelten Klugheit, Gerechtigkeit, Tapferkeit und Maß als die Grundtugenden menschlichen Verhaltens *(26)*: Zum idealistischen Wollen kommt das rechte Verhalten. In der Spätzeit unserer zu Ende gehenden materialistischen Epoche herrschen dementsprechend statt Klugheit Intellektualismus, Zynismus, Expertismus und Technokratie, *(27)* statt Gerechtigkeit »Engagiertheit«, Voreingenommenheit und Parteinahme, statt Tapferkeit Populismus (sogar totalitäre Regime schaffen sich eine künstliche propagandistische Scheinpopularität), feige Anpassung, Konventionalität und bestenfalls »Avantgardismus« á tout prix *(28)* sowie statt Maß Hektik, Übertreibung, Ratlosigkeit, Abstraktion und Wertunsicherheit *(29)*.

Das Ideelle ist unaufhaltsam im Kommen, wie es selbst im Materialismus (wenn auch verdrängt) immer schon vorhanden war. Bleibt nur die Frage, wieweit das Pendel nun in die spirituelle Gegenrichtung ausschlägt. Wegen der Länge der politologischen und sozialphilosophischen Sickerzeit schlittern wir gegenwärtig in einen unverbindlichen Allerweltsmaterialismus, um den sich augenblicklich alles zu drehen scheint: Die »Grünen« werden »rot«, die Kommunisten versozialdemokratisieren wie die Liberalen, während die Sozialdemokraten die positiven Seiten des Kapitalismus entdecken. Daher wird die Abkehr vom Materialismus gründlich werden. Gesellschaftspolitisch wird es darauf ankommen, den voluntativen Aspekt des Spiritualismus aufzugreifen und nicht in den rein kontemplativen abzurutschen, welcher wohl für den langen Stillstand unseres Mittelalters und manche »Vergreisung« außereuropäischer Kulturen wenigstens mitverantwortlich zeichnet. Der Mensch ist ein teleologisches Wesen, er ist, um zu sollen, und nicht bloß, um zu erfahren. Das transzendentale Wollen will nichts in den rechten Proportionen Berechtigtes auslassen und umfassend sein. *(30)*

Für den Idealisten sind Individualität und Gemeinschaftstugenden keine Gegensätze. In transzendentaler Überhöhung halten sie sich die Waage und bedingen einander sogar. Jeder für sich genommen sind der ideologische Individualist und der etatistische Totalitarist gleicherweise zersetzend: Während der erste die Gemeinschaftsansprüche untergräbt, verachtet der zweite die berechtigten Ambitionen und die Ehre der Person. Autochthone Freiheiten wie sittliche Bindungen werden aus derselben metaphysischen Quelle gespeist. Ohne Mäßigung durch transzendental inspirierte Tradition und/oder Sittlichkeit herrscht das Faustrecht und gehört dem physisch (oder in bourgoisen Zeiten: dem ökonomisch) Stärkeren das Recht. Ohne nicht minder moralische Anerkennung selbständiger Zwischengewalten und der Möglichkeit, sich auszeichnen zu können und zu dürfen, erdrückt ein totalitärer Etatismus seine eigenen physischen Voraussetzungen, mag er sich theoretisch nochsosehr der Gleichheit der Bürger vor dem Gesetz verschrieben haben. Wird im ersteren Fall der physische Zweikampf zum Gottesurteil, so wird im zweiteren eine etatistische, wenn nicht gar totalitäre Kasuistik unempfindlich gegen die moralische Seite der Rechtskränkung (der beleidigende Tatbestand eines Vertragsbruches wird noch höchstens materiell abgegolten). *(31)* Beide Seiten des Rechts (selbständiges Eintreten und sittliche Garantie) gehören zusammen, eine ist ohne der anderen nicht durchzuhalten, und gemeinsam legitimieren sie sich aus der sie überhöhenden Metaphysik.

Aus der unmittelbaren Selbstgewißheit entspringt das Wollen und in weiterer Folge das Erkennen. Zum Selbstbewußtsein gehört die Achtung vor der eigenen und der fremden Integrität, der persönliche Ehre. Mangels ethischen Wollens bringen folgerichtig entfremdete Materialisten kein Verständnis für die Ehre - vor allem für die der anderen, teilweise aber auch für die eigene - auf. Der materialistisch gestörte Wille sieht in seiner verzerrten Erkenntnis nicht zuletzt die Ehre als ein feiles Ding, dessen Verletzung gerichtlich höchstens finanziell abzugelten ist. In seiner kapitalistischen wie in seiner marxistischen Version fehlt dem Materialismus die Einsicht in die konstitutive Rolle der Ehre. Man braucht sich nur den rüden Ton in den internen Auseinandersetzungen der Beteiligten während der Entstehungszeit des »wissenschaftlichen Sozialismus« anzusehen, um ihr von jedem »akademischen« oder sonst ehrenhaften Benehmen entfremdetes Bewußtsein zu begreifen *(32)*. Ihre durchwegs unproletarische Herkunft scheinen sie durch besonders rüpelhaftes Verhalten in typischer Entfremdung kompensiert zu haben, um sich dann bei intimen Angelegenheiten plötzlich wieder auf feudale Verhaltensnormen bis hin zum Duell zu besinnen. *(33)*

Wenn alles materiell ist, so muß es auch das eigene Selbstbewußt-

sein sein. Dafür einzutreten gilt dem Materialismus als Relikt überwundener Zeiten. Was für die feindlichen materialistischen Brüder der Kapitalisten und Marxisten heute das Geld ist, war freilich bis vor kurzem noch für andere Gesellschaftskreise die Ehre *(34)*. Damit hat der Materialismus in der Tat ein Objekt und ein Symbol gefunden, welche für seine eigene Vergänglichkeit geradezu idealtypisch sind. Wer Selbstachtung besitzt, erkennt auch die Ehre des Mitmenschen und die Integrität seiner Mitwelt an, er verfügt mit einem Wort ein Verständnis für eine ethische Grundordnung. Der Ehrenstandpunkt stellt sich somit als Indikator eines sittlichen Selbst- und Grundverständnisses dar. Ein amoralischer Materialismus beginnt bei der Verachtung der Ehre und endet in Genociden, Gulags und KZs - und das alles im Namen einer besseren Zukunft und eines höheren Menschseins.
Klassik und Idealismus kennen weder Kulturpessimismus noch Fortschrittseuphorie. Beide sehen weder in der Vergangenheit den unwiderruflich verlorenen Höhepunkt der menschlichen Entwicklung, noch erblicken sie in der Zukunft den automatischen Eintritt ins irdische Paradies. Sie sind weder nostalgisch noch avantgardistisch und weder konservativ noch progressistisch. Beide sind in Klugheit und Mäßigung auch angesichts des Todes und allen Leidens nicht pessimistisch und angesichts der modernen Physik und Technik genausowenig fortschrittsgläubig. Denn sie sehen in allen Zeiten - der eigenen wie der vergangenen und der zukünftigen - das überzeitlich Bleibende und Gültige. Was bleibt, ist stets die Idee, und das, was bleibenden Wert hat, gilt immer auch als »klassisch«.
Im Blick für das ewig Gültige behalten für Idealismus und Klassik die Äußerungen aller Menschen und aller Epochen ihren Sinn. Gilt dies sogar für die menschlichen Fehler und Irrtümer, aus denen ja durchaus gelernt werden kann, so trifft dies erst recht für die allzeit gültigen Kulturleistungen zu. Nur wem die ideelle Perspektive verloren ging, nimmt sich selbst und seinen eigenen Lebensabschnitt furchtbar tragisch und landet in der kurzatmigen Selbstbezogenheit, welche für die Hoffnungslosigkeit von sich in Spätzeiten wähnenden Menschen charakteristisch ist. Doch ist die Zeit keine an sich selbsttätige schöpferische Kraft, sondern bloß eine Kategorie des immanenten Lebens, sodaß wir selber den Geist unserer Epoche bestimmen. Das Auf und Ab irgendwelcher Kon-

junkturen vermag keinen hinreichenden Grund für wirklichen Optimismus oder Pessimismus zu liefern. Nicht einmal große Niederlagen (und Siege!) sind wirklich imstande, Menschen aus der Bahn zu werfen, wenn sie es nur wollen. Wer das Überzeitliche und Vorbildliche im Auge behält, bewahrt sich das rechte Maß, bleibt zur Konkretisierung des Ideellen auch in seiner Zeit fähig und vermag den Idealismus zu erneuern. *(35)*
Für den Idealismus ist es nie zu spät, man muß ihn nur bewußt wollen und anstreben. Sobald der geistige Inhalt stimmt, kommt auch die klassische Form wieder hervor. In längeren Zeiträumen gedacht, ist es in den meisten Kulturen immer wieder zu klassischen und idealistischen Epochen gekommen. Nicht in Homologie, sondern in Analogie wird in den klassischen Formen der idealistische Geist des Überzeitlichen erneut sichtbar. Der wirkliche Kampf der Menschen gilt weder der krampfhaften Suche nach um jeden Preis Neuem, noch gar der bloßen Wiederherstellung des Alten, vielmehr der Erfassung des über räumliche und zeitliche Zufälligkeiten hinausgehenden Sinns fürs Ewige. Letztlich darum ringen zu allen Zeiten an allen Orten alle Menschen - nur ihr Bewußtseinsgrad über das Wesen ihres Strebens ist unterschiedlich. So wie ein unbewußter und ungewollter Konservatismus am substanziellsten, selbsttragendsten und bleibendsten ist *(36)*, so sind Idealismus und Klassik Ausfluß einer »natürlichen« und ungezwungenen Selbstgewißheit. Vor allem der newtonsche Empirismus und seine Afterwissenschaften hatten es nötig, mit aller Gewalt ihre Scheinrationalität und ihren transzendenzfeindlichen Positivismus hervorzukehren. Die Verwüstungen zunächst unseres Geisteslebens und dann unserer ökologischen Mitwelt zeugen von den Folgen eines dermaßen entfremdeten ideologischen Bewußtseins. Doch mit der Herstellung des transzendentalen Bewußtseins ist durch die Aufhebung der Entfremdung auch unsere Kultur jederzeit wieder erneuerungsfähig.
Da die abendländische Kultur im zuendegehenden Imperialismus und Kolonialismus sogar bis in die Nichtkolonien mit ihrer mittlerweile ins Materialistische gehenden Denkweise und wenigstens nur zum Teil erstrebenswerten Erscheinungsformen die ganze Erde umzogen hat, kommt es in erster Linie ihr selbst zu, in der Abkehr vom Materialismus und in der Hinwendung zum Idealismus

voranzugehen. Selbstverständlich können auch alle anderen Kulturen ihren eigenen Zugang zur Transzendenz wiederfinden, selbst wenn alte abendländische Materialisten die einheimischen Traditionsanknüpfungen als »Fundamentalismus« mißverstehen *(37)*. Letztlich bleibt sogar keinem Individuum die idealistische Aufhebung der materialistischen Entfremdung erspart, eine Stellvertretung durch die »Gesellschaft« oder den »Staat« ist ernstlich nicht möglich. Andererseits wird sich die transzendentalphilosophische Erneuerung auch gesellschaftlich und staatlich auswirken, denn der Mensch wirkt als geselliges Wesen nun einmal in seinem natürlichen Umfeld. Das »Erkenne dich selbst« am Apollotempel zu Delphi richtet sich an den metaphysischen Aspekt, den jeder in sich trägt, der den Einzelnen mit seiner Umwelt verbindet und darin überzeitlich verankert. Das lutherische »Abenteuer mit Gott« muß jeder für sich eingehen und duldet keinen Ersatz. Hat man es aber auf sich genommen, so erkennt man in seinem Nächsten den Bruder und in der anderen Kultur nur eine brüderliche. In den Ideen ist die Welt einheitlich, doch eben bloß in ihnen.
Es läßt sich in der Gegenwart nur für die Zukunft arbeiten, und das allein mit teleologischen und nicht retrograd mit empiristischen Mitteln. Das eigentliche Ziel bildet dabei weder die Gegenwart noch die Zukunft um ihrer selbst willen, sondern das an sich Gültige. Im Anpeilen des Überzeitlichen und Vorbildlichen wird am ehesten etwas geschaffen, das wirkliche Gültigkeit besitzt. Restaurative Absichten bleibt die Erfüllung versagt, wenn sie die alten Formen für wichtiger als den ideellen Inhalt nehmen *(38)*; progressistische schießen am Ziel vorbei, weil sie mit den beschränkten und noch dazu nach rückwärts auf das bisher Beobachtete gerichteten Mitteln die Zukunft meistern wollen. Kein Wunder, daß die materialistischen Ideologien genauso wie vor ihnen die Strukturkonservativen die Zukunft verspielt haben.
Der Materialismus probiert anhand eines reduktionistischen, mechanistischen und positivistischen Weltbildes mit retrograden und antiteleologischen Mitteln intentionale, finale und teleologische Aufgaben zu meistern, die es zufolge seiner eigenen deterministischen Grundannahme eigentlich gar nicht geben und die er gar nicht angehen dürfte. Seine Ideologien praktizieren den perfekten Widerspruch in sich und verzerren die Wirklichkeit, wie sie selbst

Ausdruck eines entfremdeten Bewußtseins und neurotischen Zeitgeistes *(39)* sind. Als echte Mantiker vermeinen Ideologen in den materiellen Strukturen die Zukunft ablesen und sich danach richten zu können, anstatt in ethischer Verantwortung teleologisch vorzugehen. Die Zukunft ließe sich freilich nur anhand deterministisch gleichbleibender Hinweise vorherbestimmen, was wiederum ausschlösse, daß man sich nach ihnen einrichten könnte: Dazu müßte man nämlich gegen die deterministisch in die Zukunft gerichteten Spuren zu handeln in der Lage sein, womit aber der Determinismus wiederum fällt und exakte Zukunftprognosen unmöglich sind.

Nur um der Ethik einer teleologischen Praxis zu entgehen, läßt sich der Materialismus auf einen quasiwissenschaftlichen Fatalismus ein, den er aber spätestens in seiner ideologischen Agitation selbst Lügen straft. Als eigentliche Wurzel materialistischer Haltung stellt sich somit immer aufs neue und immer deutlicher eine gewollte und zutiefst unsittliche Absicht heraus. Der höchstpersönliche Egoismus und »bestenfalls« die individuelle Neurosenbewältigung sind die konstituierende Kraft des Materialisten, der sich einfach nicht vorstellen kann, sich und seine Problematik einer übergeordneten Instanz einzufügen. Die neurotische Rationalisierung in pseudowissenschaftlichen Ideologien findet ihr theologische Parallele im sich von Gott abwendenden Bewußtsein: Der sich und seinen transzendentale Ordnung vergessende Geist betäubt sich durch geschäftige Aktivität und ruheloses Vergnügen, verstrickt sich in Ungenügen und mindert den Zweck seines Sein. Das Verlangen nach Sinn und Ziel klammert sich nun suchend an die sich darbietenden Objekte der Außenwelt, die dann den Willen ergreifen, indem dieser dem Gewichtszug der immanenten Welt erliegt. Das Sichverlieren an die Physis als Abwendung von Gott stellt damit eine Spielart der ungebremsten Eigenliebe und Selbstvergottung dar. *(40)*

Der pseudodeterministische Fatalismus und mantische Positivismus dienen als scheinwissenschaftlicher Abwehrmechanismus und werden sofort aufgegeben, wenn es um die konkrete Umsetzung der tatsächlichen Absichten geht. Selbstverständlich hat sich dann alle Welt gefälligst den jeweiligen mantischen Auslegungskünste der ideologischen Rationalisierungen anzuschließen und unterzu-

ordnen. Der mechanistische Determinismus ist nur der pseudowissenschaftliche Trick, um die staunende Mitwelt fatalistisch ruhig und möglichst vom ethischen Verhalten abzuhalten, während sich die Herrn Ideologen die mantische Auslegung selbstverständlich vorbehalten (einschließlich des antinomischen Rechtes, auch indeterministisch handeln zu dürfen). *(41)*
Die deterministische Mantik unterscheidet sich selbst nur in einer einzigen Facette von der magischen: In der Magie ist Gott nicht »verboten«, sehr wohl aber im »wissenschaftlichen« Positivismus. Doch beide starren auf die »Zeichen« und erwarten sich von ihnen Aufschluß über die Zukunft inklusive der paradoxen Möglichkeit, sie beschleunigen oder auch verhindern zu können. Zur Abwehr des angeblich notwendigermaßen eintretenden Zukünftigen oder zur »Änderung der Parteilinie« bedarf es bloß neuen mantischen Zaubers *(42)*. Was unterscheidet also die mantische Prophezeiung von der futuristischen Prognose?
Da der Mantiker sich grundsätzlich derselben Logik wie der Prognostiker bedient, kann der Unterschied nicht darin bestehen, daß ersterer bloß ein irrationaler Phantast und letzterer allein der vernünftige Wissenschafter wäre. Auch die Objekte des Geomantikers und des Geologen, des Astrologen und der Astronomen oder des Auguren und des Veterinärmediziners sind prinzipiell dieselben. Man braucht sich nur einmal die hochdifferenzierte altchinesische Wahrsagerei anzusehen (die immerhin noch bis 1912 zum offiziellen Staatskult gehörte), um zu begreifen, daß Mantik nichts mit naiver Einfachheit zu tun hat *(43)*. Substanzielle Differenzen können also nicht in der Logik an sich oder den reinen Beobachtungen liegen, wenn es sie überhaupt gibt, sondern müssen in den Vorannahmen und/oder den Schlußfolgerungen zu finden sein.
Das unterschiedliche Niveau der »primitiven« und der »modernen« Wissenschaften erklärt sich vor allem aus den verschiedenen wissenschaftstheoretischen Axiomen oder Vorannahmen. Doch wie die Rückkehr der heisenbergschen Physik zu fast schon aristotelischen Anfängen zeigt, sind »Primitivität« und »Modernität« relative Begriffe. Einfache wissenschaftliche Ansätze vermögen komplizierte Ergebnisse zutage zu fördern und umgekehrt komplexe wissenschaftliche Anordnungen einfache Resultate *(44)*. Wie steht es mit den Schlußfolgerungen, existieren hierin wirkliche Unter-

schiede? Während exakte Naturwissenschafter sich mit dem Beobachtbaren und damit mit dem bisher Gegebenen beschäftigen, widmen sich Mantiker und Prognostiker gleicherweise der Zukunft, indem sie vom Bisherigen linear aufs Zukünftige schließen.
Damit reduziert sich der Unterschied zwischen »Primitivität« und »Moderne« auf die relativen Differenzen in den Axiomen oder den Vorannahmen zwischen früheren und heutigen Naturwissenschaften. Wenn wir uns zur Diagnostik heutiger Zustände eher der modernen als einer alten Naturwissenschaft anschließen, so wohl aus dem pragmatischen Grund der im Schnitt höheren Verläßlichkeit ersterer. Zwischen Mantik und Prognostik dagegen gibt es überhaupt keinen echten Unterschied, die axiomatischen Differenzen betreffen nicht ihr ureigenstes Geschäft, sondern die Voraussetzung empirischer Beobachtungen. In Zukunftsfragen taugen Prognostik und Mantik folglich prinzipiell gleichgut. Bleibt angesichts des unverändert provisorischen, unscharfen, unvollständigen, relativen und nichtlinearen Charakters der modernen Naturwissenschaft das bisher zu Beobachtende schon so ziemlich schleierhaft *(45)*, dann eignet es sich erst recht nicht zu einer linearen Transponierung in die Zukunft. Schlüpft die Mantik ins Kleid einer säkularen Mythologie, so dient sie sich zwar einer materialistischen Ideologie an, verliert aber ihren unwissenschaftlichen Charakter nicht. Mantik bleibt Mantik, gleich ob sie magisch oder ideologisch ist. Zur Bewältigung von Zukunftsaufgaben bedarf es anderer Instrumentarien als empirisch retrograder, nämlich final teleologischer und intentional ethischer.
Das Bisherige mag bei aller seiner Relativität, Unschärfe, Unvollständigkeit und Nichtlinearität die Grundlage für unser zukünftiges Tun darstellen, der psychologischen Gestaltbildung unterliegen *(46)* und psycholinguistisch rezipiert und kommuniziert werden *(47)*, - was aber zu unternehmen ist, bestimmt weiterhin das Sittengebot *(48)*. Wie sich schon in der Vergangenheit die Menschen nicht immer von der Idee des Guten schlechthin leiten ließen (welche sie aber bereits damals nicht bloß auf eine einzige kasuistische Möglichkeit determiniert hätte), so werden sich auch die gegenwärtigen und zukünftigen Menschen nicht immer der Durchgängigkeit des Kategorischen Imperativs bewußt sein. Doch selbst wenn sie es täten (wir könnten uns dazu nur gratulieren), wä-

re die Zukunft trotzdem immer noch nicht monokausal, uniform und linear vorherbestimmt, wie sich dies eingeschichte Deterministen alleine vorzustellen vermögen. Lieber üben sie weiterhin konsequente Apperzeptionsverweigerung und suchen die Scheinberuhigungen beliebiger Ideologien samt ihren rationalisierenden Ausreden, als mit den Voraussetzungen und Ergebnissen der modernen Naturwissenschaft auch noch die unmittelbaren Aufrufe des Gewissens zu rezipieren. Wissenschaft wie Ethik würden sie vom Indeterminismus und der Schwierigkeit schwerwiegender Gewissensentscheidungen überzeugen. Doch dies hieße sowohl die egoistische Selbstherrlichkeit als auch die ideologische Scheinsicherheit genauso verlieren wie wirkliche Selbstverantwortung zu gewinnen, wozu freilich echte Mündigkeit anstelle bramarbasierender Phraseologien gehört.

Selbst der subjektistischste Voluntarist hat noch nie ernsthaft behauptet, solipsistisch alles zu schaffen - da war ihm die Ethik und das Bewußtsein der eigenen Endlichkeit vor. Doch gerade die Anhänger mechanistischer Ideologien empfehlen sich der Welt als »Macher« und liefern das beste Zeugnis für die entfremdete Zerrissenheit des Materialismus: Obwohl die Ideologen ihre eigene deterministische Theorie im Grunde zur Inaktivität verurteilen würde, wollen ausgerechnet sie den »neuen Menschen« schaffen! Ob es daran liegt, daß sie nach der Todeserklärung Gottes nun unter Kandidaturzwang, Nachfolgezumutung oder Gottwerdungsdruck stehen? Materialisten müssen unweigerlich zwischen der Alternative zum absoluten Fatalismus oder zum unbeschränkten Aktivismus wählen. Abgesehen davon, daß mit einer Entscheidung bereits der Determinismus gefallen wäre, gingen mit der ersten Annahme die eigentlichen psychologischen Ambitionen der Ideologen und grundsätzlicher die Freiheit und Emanzipation der Menschheit zu Ende, während mit der zweiten Annahme erneut nicht nur die materialistische Grundlage des deterministischen Mechanismus aufgehoben wäre, sondern darüber hinaus die tatsächliche Verantwortung für (und mehr noch: die ernsthafte Verfügbarkeit über) alles Geschehen übernommen werden müßte. Selbstverständlich können auch die perfektesten Sozialtechnologen nicht alle Folgen ihres Tuns kontrollieren, sodaß sie sich auf mechanistische Ersatzgötter, strukturelle Neo-Parzen und Drahtzieher-Nornen ausreden

und zurückziehen müssen, womit die Tragikomödie des Materialismus wieder von vorne beginnen kann. *(49)*
Dank der von ihnen vorgenommenen Verabsolutierung des »Schleiers der Maya« müssen es sich die Materialisten gefallen lassen, genau am Ort ihrer eigenen »wissenschaftlichen« Allmacht und Weisheit geprüft und als zu leicht empfunden zu werden. Also ob je der wütendste Idealist verlangt hätte, alles planen und im Griff haben zu können. Den materialistischen Ideologen fehlt eben das Maß, deshalb reißen sie die Welt und die Menschen ins systematische Unglück. Wäre es nicht wirklich klüger, statt absoluter Verfügbarkeit oder totaler Unfreiheit Maß zu halten und zu erkennen, daß die Freiheit als ein relatives Gut an gewisse konstitutionelle Gegebenheiten angepaßt ist, die sie weder erdrücken, noch ihr ungehindert alles gestatten? Wenn wir schon naturwissenschaftlich nichts Endgültiges über die materielle Struktur unserer Konstitution feststellen können, so wissen wir doch von den Sittengeboten, die uns auch nicht alternativlos determinieren, sondern das schlechthin Gute auf verschiedenen Wegen finden lassen. Die Hingabe in den Willen Gottes (arabisch »Islam«) bedeutet nicht, in die Ruhe des Nichtstuns zu fallen und Gott alle Handlungen zu überlassen. Die Muslime haben gerade in ihrer Erfolgszeit sehr wohl gehandelt und militärisch, kulturell, wirtschaftlich und politisch enorm viel geleistet. Nur haben sie sich im Willen Gottes geborgen gewußt. Die Hingabe in den Willen Gottes entspricht der »Haltung des Gottesknechtes, der seine Freiheit im Gottvertrauen erlebt« *(50)*. Nicht seine Handlungsfreiheit verliert der Hingabebereite, vielmehr mißt er den physischen Erfolgen nicht die zentrale Bedeutung zu. Der sich Aufopfernde kennt den Sinn seiner Handlungen, sodaß er stets einen transzendentalen Erfolg bucht, selbst wenn das immanente Resultat aus momentanem Blickwinkel zu wünschen übrig läßt. Was bedeutet schon eine provisorische, unscharfe, unvollständige und nichtlineare Immanenz, wenn man sich transzendental bestens aufgehoben weiß? Stimmt die Gesinnung, so kann man sich auf alles einlassen.
Der Ideologe gibt vor, den immanenten Gang der Geschichte zu kennen, und stellt sich kontratheoretisch in ihren Dienst, wenn er sich nicht gar zu forcieren sucht. Der Idealist kennt den Ausgang der physischen Welt nicht, sie ist ihm auch nachrangig, und weiß

nur, zu ethischem Handeln aufgerufen zu sein. Als ob es für die existenziellen Fragen der Menschheit nicht gleichgültig ist, ob dieser oder jener Staat nach der Hegemonie strebt, diese oder jene Verfassung gilt, dieses oder jenes Parlament gewählt wird, die eine oder andere Parteioligarchie ans Ruder kommt. Aus Mitgefühl, Pflichtbewußtsein und Hinwendung zu den Mitmenschen kümmert sich der Idealist um die Mitwelt, aber doch nicht um die eine oder andere Vergänglichkeit festzunageln. Eben weil sich die Ideen in Zeit und Raum physisch manifestieren, hat es überhaupt einen Sinn, sich immanent zu betätigen. Ein Balkanese beispielsweise hätte aus der heutigen historischen Distanz wirklich umsonst gelebt, wäre es der letzte Sinn der Geschichte und menschlicher Ambitionen, auf seinen Boden das byzantinische *(51)* oder das osmanische Reich *(52)* zu errichten. Bei aller Großartigkeit wie auch Vergeblichkeit dieser und aller anderen Reiche, kommt es nicht auf ihre physische Errichtung an, sondern auf das, was sich die Menschen dabei metaphysisch denken, in letzter Konsequenz auf die Reichsidee. *(53)*
Nur weil sich Ideen in Raum und Zeit manifestieren, stehen wir nicht ernsthaft unter dem uns rettungslos überfordernden Zwang, alle und jede immanenten Details verfügbar haben, kontrollieren und planen zu müssen. Aufgrund der Ordnung der Ideen existiert auch eine Ordnung der Physis, selbst wenn uns die Physis stets bloß provisorisch, unscharf, unvollständig und nichtlinear greifbar ist - ihre Ordnung ist geistig. Genau wegen der physischen Einbettung in eine metaphysische Ordnung, die uns in Maßen Freiheit läßt, vermögen wir in unseren Handlungen auch das eine oder andere zu bewegen. Vielleicht sind wir heute sogar imstande, unseren Planeten zu vernichten, doch den Kosmos selbst rührt dies kaum - eine andere Galaxie würde unseren Selbstmord nicht einmal als ein fernes Räuspern wahrnehmen. In Maßen mögen wir also etwas erreichen, doch die transzendentale Ordnung läßt sich nicht aufheben, und wer dies versucht, muß aus Eigenerhaltungsgründen selbst aufgehoben werden. Diese Ordnung gilt es aufzuspüren, nur deshalb forschen wir überhaupt. »Die Sitte oder Unsitte, sich täglich etwas voraussagen zu lassen, ist bei unseren Zeitgenossen eher ein Anzeichen für allzu aktivistische als für allzu passivische Lebensführung. Und ähnlich verhält es sich wohl

bei den älteren Kulturen, die man als wahrsagefreudig und fatalistisch zu kennen glaubt. ... Die Völker, die oft das Schicksal zu befragen pflegen, sind deswegen nicht etwa entschlußlos, ängstlich, realitätsfremd« *(54).*

In der Welt der physischen Manifestationen des Metaphysischen leben wir immanent, also läßt sich sicherlich einiges über unser metaphysisches Schicksal aus immanenten »Zeichen« erschließen. Doch schon allein wegen der apriorischen Beschränktheiten und dann noch wegen der grundsätzlich relativen, unscharfen, provisorischen und unvollständigen Ergebnisse der modernen Naturwissenschaft werden wir a posteriori nie unser endgültiges Schicksal erfahren. Obendrein verhält sich die Natur selbst nichtlinear, sodaß sie frei und unser physisches Geschick bereits daher offen ist. Was wir erforschen können, ist eine Reihe von physischen Randbedingungen für unsere Handlungen. Immerhin. Das Physische stellt einen gewissen Rahmen und zudem das »Spielmaterial« für unsere Taten zur Verfügung. Auch nicht schlecht! Was wir aber tun sollen, ist ein rein metaphysisches und ethisches Problem. Prognosen mögen also Begleiterscheinungen etwas in den Griff bekommen, doch determinieren diese nie mantisch die Zukunft oder unser Handeln. Wie sehen aber diese physischen Begleiterscheinungen und Materialien unserer Handlungen aus? Begrifflich und linguistisch sind sie unsere Produkte, letztere bleiben a posteriori zudem stets provisorisch, unscharf, relativ und unvollständig. Mit einem Wort, die Immanenz bildet die Projektion unserer transzendentalen Vorstellungen. Endgültig deshalb vermag die physische Vergangenheit und Gegenwart die Zukunft nicht zu erschlagen und zu determinieren. Ist also schon das Bisherige kein »hartes Faktum«, sondern a priori von den wechselnden physikalischen Vorstellungen und wissenschaftlichen Axiomen abhängig, so gilt die Willensfreiheit erst recht für die Zukunft. Was immer geschehen sein mag, so ist an der Vergangenheit nichts mehr zu ändern, rein weil sie sich ereignet hat, aber nicht, weil sie durch unveränderliche physikalische Gesetze dazu gezwungen wurde. Und was immer eintreten wird, ist nicht bloß die nichtlineare (!) Fortsetzung einer an sich bereits nichtlinearen Vergangenheit, sondern auch von unserem Willen mit abhängig. Der menschliche Wille wiederum - nochmals sei es gesagt - hat zwar die Leitidee des schlechthin Gu-

ten, der nun einmal auf verschiedenen Wegen und nicht alleine auf einer Schiene gefolgt werden kann.
Gäbe es keinen Zufall, könnte niemand mangels Kontrast auf Gesetzmäßigkeiten schießen. Mathematisch ermöglicht der Zufall sogar erst das Errechnen von Regelmäßigkeiten, Beständigkeiten und Gesetzmäßigkeiten *(55)*. Quantenmechanisch kommen wir erst aufgrund »mikrokosmischer« Unregelmäßigkeiten zu den statistischen Gesetzen des »Makrokosmos« *(56)*. Angesichts der Genstruktur bloß einer Bakterienzelle von 102 Millionen Möglichkeiten, des gesamten Materiegehalts des Universums in der Größe von »nur« 19 hoch 79 mal der Masse des Wasserstoffatoms und des Alters der Welt von 10 hoch 17 Sekunden wird evident, daß bloß ein verschwindend kleiner Bruchteil aller möglicher Alternativen bisher erst Wirklichkeit werden konnte. Die Evolution läßt viele Wege offen, und daß sie den nun einmal eingeschlagenen Weg ging, stand von Haus aus niemals fest. Alleine damit sie ihn gehen konnte, bedurfte es eines radikalen Indeterminismus, und sie wird ihn auch weiterhin indeterministisch fortsetzen (jedenfalls ist durch nichts ersichtlich, warum sie es beim Niederschreiben dieser Zeilen nicht tun sollte). Beim Beschreiten ihrer Bahn folgt die Evolution sehr wohl Gesetzen, aber erstens geistigen und zweitens Alternativen zulassenden. Unbestimmtheit und Bestimmtheit gehören auch biologisch-entisch zusammen. »*Schicksal* als eine Kombination von *Zufall* und *Gesetz* ist inhärent in den natürlichen, materiellen Prozessen verankert, und zwar sowohl im *Detail* des Elementarprozesses als auch in der *ungeheuer komplexen Vielfalt* möglicher *Überlagerungen* der Einzelprozesse«. *(57)*
Ausgerechnet die moderne Naturwissenschaft entzieht dem Determinismus noch seinen letzten Boden, den aposteriorischen. Für die »praktische Vernunft« hatte er ohnedies von Haus aus keinerlei Relevanz. Die Evolution vollzieht sich selbst indeterministisch. Die Freiheit unseres Handelns gründet sich auf die Kombination von Zufall und Gesetz in unseren Vorgaben, wobei der Wille trotz unvollkommener Kenntnis und Beeinflussungsmöglichkeiten des Details bestimmte Ziele ansteuern kann *(58)*. Was in der Prognose als Randbedingungen erkannt wird, ist selbst geistig abhängig, ohne je mantisch zu determinieren. Nichts hindert

uns, in unserer Zukunftsarbeit gleich ideellen Kriterien zu folgen, nämlich ethischen.

Wie die Natur und die Materie in diesen nicht unmittelbar zu beobachtet sind, sondern menschliche Kunstbegriffe darstellen, so ist selbst der Determinismus ein geistiges Artefakt! Sogar dieser letzte Rettungsanker des Materialismus stellt sich somit als ideell heraus, auch wenn er auf keinem Irrtum beruhte. Wahrheit und Irrtum sind eben selbst geistige Kriterien, und für nichts findet der Materialismus eine durchhaltbare Begründung.

Noch jede Kultur hat sich mit der Natur beschäftigt, die sie umgibt, von der sie lebt und in der sie sich verwirklicht. Unsere gegenwärtige bildet nur ein Extrembeispiel dafür. Diese Hinwendung beruht freilich weniger auf dem ausschließlichen Interesse an dem Bisherigen, an dem nichts mehr zu ändern ist (weil es vergangen ist und nicht, weil es je determiniert war, als es noch selbst in der Zukunft lag). Vielmehr gründet sich diese Beschäftigung mit der Umwelt auf ihrem instrumentellen Charakter für unsere Handlungen. Damit enthält jede Anwendung der Naturwissenschaften eine finale, prognostische und quasi mantische Note. Auch unsere gegenwärtige Prognostiksucht und -flut stellt nur wieder ein Extrembeispiel für dieses universelle Kulturphänomen dar *(59)*. Daran ist solange nichts auszusetzen, als man erkennt, daß die Natur die Bausteine und Randbedingungen für unseren ethischen Willen liefert, ihn aber nicht determiniert.

Genau aufgrund der durchgängig metaphysischen Konstituierung der Physis lebt der Mensch zweifellos als Teil der Natur in dieser. Da die Natur selbst einer indeterministischen Evolution unterliegt, ist auch der Mensch in seiner Entwicklung frei. Eingeschränkt ist er nur durch die allgemeinen natürlichen Rahmenbedingungen und durch die generelle Ausrichtung seiner Handlungen an der Idee des Guten an sich. »Universistisch« ist also nicht nur die altchinesische Kultur, sondern auch die moderne abendländische. Der Unterschied zwischen ihnen besteht darin, daß erstere sich um eine Einbettung des menschlichen Tao in das gesamtirdische und himmlische bemühte, während sich letztere bis vor kurzem dadurch »auszeichnete«, daß das »menschliche Tao« durch die naturwissenschaftlichen Erkenntnisse das universelle Tao zu instrumentalisieren versuchte. Nicht nur die ökologische und waffentechnische Krise *(60)*, sondern auch das neue Wissen um die systemischen *(61)*, holistischen *(62)* und selbstorganisierenden *(63)* Zusammenhänge der Natur (von der Astronomie bis zur Gesellschaft) *(64)* haben nun eine Umkehr von der macherischen Präpotenz zu einer größeren Bescheidenheit bewirkt.

Exakt um eine materialistische Ausuferung der vulgär-taoistischen Mantik hintanzuhalten und die konfuzianischen Ethik nicht im Aberglauben zu ersticken, unterwarfen die chinesischen Kaiser die taoistischen (und buddhistischen) Klöster einer strengen Aufsicht, die von konfuzianisch gebildeten Beamten vorgenommen wurden *(65)*. Die sogar (bis 1912) staatsoffizielle Astrologie und Geomantik übersah also einerseits nie die in der konfuzianischen Ethik enthaltene Freiheitskomponente des menschlichen Willens, die gerade in der Überwachung und Zurückdrängung einer quasideterministischen Afterwissenschaft zum Ausdruck kommt, und kontrollierte andererseits an den Zeichen des Himmels und der Erde die Übereinstimmung des menschlichen Weges mit dem übergeordneten Tao *(66)*. Je unsicherer das ethische Selbstverständnis, desto eher lehnt man sich an pseudodeterministische Sicherheiten an, in China und anderswo *(67)*. Die in der Grundkonzeption »moderneren« (oder besser: überzeitlich fundierteren) Himmelssöhne und Konfuzianer vollzogen vor uns, was wir uns heute mühsam via Relativitätstheorie, Quantenphysik, Systemtheorie, nichtlineare Mathematik, Fraktalgeometrie und Synergetik *(68)* wieder erarbeiten müssen: Die Garantie der Willensautonomie in der Moral und dem ökologischen Universalismus. Nirgends sind wir »natürlicher«, als wenn wir sittlich sind.

Wir haben lange genug den materialistischen Tiger geritten *(69)*, sodaß es höchste Zeit wird umzusteigen. Das newtonsche Untier hat jetzt durch die ökologische und waffentechnische Krise zwar den Höhepunkt seiner Gefährlichkeit erreicht, doch ist es zugleich altersschwach und sowohl wissenschaftlich als auch politisch mehr als am Ende, es ist überholt. Wenn nicht jetzt, wann sonst wollen wir zum offen Idealismus übergehen? Dem newtonschen System ist es zwar gelungen, den seinerzeitigen wissenschaftlich-technologischen Vorsprung des Nahen und Fernen Ostens einzuholen und zu überholen, doch hat es mittlerweile längst die Grenzen der Brauchbarkeit seines Monismus überschritten und gehört dringendst ganzheitlich und idealistisch eingebunden. Während dies die eigentliche moderne Naturwissenschaft längst verstanden hat, scheint diese Einsicht weder in die soziale Theorie noch gar in die politische Praxis eingesickert zu sein. Der Hauptgrund für den zeitweiligen Erfolg der newtonschen Methodik lag in den Vorteilen des aggressiven Experimentierens, solange der Fundus an unbewußter Metaphysik noch nicht aufgebraucht war. Im Abendland bis zur Renaissance, im Islam bis zum Übergang vom 18. zum 19. Jahrhundert und in China bis zum Untergang der Monarchie zu Beginn des 20. Jahrhunderts herrschte eine nicht-interventionistische Einstellung zur Natur vor, der einer ebensolchen Haltung zum Menschen und zur Gesellschaft entsprach. Am Typischsten kommt dies im chinesischen Begriff des »wu wei« zum Ausdruck, der Bezeichnung für »den Dingen ihren Lauf lassen«, die Natur sich selbst überlassen, wissen, nicht eingreifen zu brauchen, und davon leben, mit dem Strom, statt gegen ihn zu schwimmen. Der Begriff »wei« hingegen bedeutet Gewalt, Intervention und die Entschlossenheit, die Dingen, die Natur und die Menschen einer Ordnung zu unterwerfen. Sogar für den angeblich so despotischen Kaiser galt das Ideal, ruhig mit nach Süden gewandtem Antlitz am Thron zu sitzen und allein mittels seiner charismatischen Ausstrahlung zu regieren, ohne direkt eingreifen zu müssen. *(70)*

Es blieb der newtonschen Methodik des Abendlandes vorbehalten, den Menschen und der Natur Gewalt anzutun. Nebenbei sei erneut auf das Paradoxon hingewiesen, daß man dazu der Natur zwar einen deterministischen Mechanismus unterstellte, sie selbst aber (zunächst im Experiment, dann technologisch und zuletzt ökologisch) und in weiter Folge den Menschen und seine Gesellschaft durchaus voluntativ und aggressiv auf die naturwissenschaftliche Folterbank streckte. Die Tragikomödie setzt sich fort: Just als die Avantgarde der modernen Naturwissenschaften via Relativitätstheorie und Quantenmechanik die newtonsche Physik »ausgereizt« hatten und ihre Beschränktheit einzusehen begannen, fingen nicht nur die abendländischen Sozialwissenschaften an, sich dem newtonschen Modell zu unterwerfen, sondern gaben die asiatischen Völker ihre eigenen metaphysischen und dem newtonschen Reduktionismus überlegenen (wissenschaftlichen wie sozialen) Traditionen auf, um sich genau jener westlichen »Wissenschaftlichkeit« auszuliefern, deren Überlegenheit man ihnen schmerzvoll eingeprügelt hatte *(71)* und die mittlerweile überholt war. Im selben Jahrzehnt der heisenbergschen Unschärferelation siegten die Bolschewiki im Bürgerkrieg *(72)*, wurde *Mustafa Kemal Atatürk* türkischer *(73)* und *Sun Yat-sen* chinesischer Präsident *(74)*.

Alles vergebliche Mühe, inzwischen entdecken moderne europäische Physiker sogar das chinesische Tao wieder *(75)*. Konvergenzen bestehen nicht nur zwischen der heisenbergschen Physik und dem Taoismus, sondern im transzendentalen Kern auch zwischen dem Idealismus und den religiösen Metaphysiken sowie - wie bislang gezeigt wurde - vor allem zwischen der abendländischen Transzendentalphilosophie und der modernen Naturwissenschaft. Die Aufhebung der Entfremdung funktioniert in allen zwischenkulturellen Fällen auf dieselbe Weise, wie bei wissenschaftlichen Modellunterschieden: durch die metaphysische Überhöhung der Gegensätze und durch das Wissen von den metaphysischen Anfangsgründen.

Aufgrund der letztlich aus Mitleid und Liebe motivierten Hinwendung des Idealisten zur Welt wird er ihr ideell gegenübertreten. Der Grund des praktisch-idealistischen Motivs liegt in der Zusammengehörigkeit von Metaphysik und Physik. Die hegelianisch sich in Raum und Zeit entäußernde Metaphysik erkennt in der Physis sich selbst wieder und hebt die dialektische Trennung in der liebenden Hinwendung zur Physis, in der Vereinigung und Identifizierung mit ihr wieder auf. Der Idealist wird in Erkenntnis der metaphysischen Zu- und Zusammengehörigkeit aller Gemeinschaftswesen die Sozialstrukturen ethisch durchzukonstruieren suchen. Wenn er sich immanenter Bausteine bedient, wird er ihren wahren Charakter als Provisorium, Unschärfe, Unvollständigkeit, Relativität und Nichtlinearität niemals übersehen. Bei Verwendung naturwissenschaftlicher Kriterien bleibt ihm stets ihre Modellhaftigkeit bewußt. Letztlich ist alles eins *(76)*, und in allem erkennt der Mensch die Transzendenz, aus der er kommt, der er selbst immanent stets weiterhin angehört und in die er eingeht. Nicht um der Immanez, sondern der Transzendenz willen handeln und leben wir.

Geschichte und Metaphysik lehren uns für die Zukunft bestimmt nicht das eine oder andere immanente »Endziel« der Menschheit, das doch nur je nach ideologischem Vorurteil - trotz aller angeblichen »naturwissenschaftlichen Notwendigkeit« - jederzeit beliebig ausgesucht wird. Sie zeigen uns auch nicht, daß jedermann unabhängig von seiner Umgebung, seiner Mitwelt, seinen Traditionen und seinen Randbedingungen solipsistisch herumfuhrwerken und seinen »neuen Menschen« (den wievielten eigentlich?) schaffen kann. Sie demonstrieren vielmehr, daß alles Handeln in einem größeren sittlichen Rahmen vonstatten geht, der die eigene Kultur, den eigenen Staat und die eigene Nation miteinschließt. Unabhängig von der eigenen geschichtlichen, nationalen und kulturellen Einbettung ist kein Handeln, auch kein politisches und soziales denkbar. Die Kultur und die Nation, in die man hineingeboren wurde und in deren Kategorien man denkt und spricht, sind der Ort der sittlichen Handlungen jedes Menschen - einschließlich seiner sozialen und politischen. Sie sind nicht ihr oberster Gott, aber ihr Schauplatz und ihr Werkzeug. *(77)*

Die Metaphysik liefert uns das Koordinatenkreuz, die Mitte und das Maß. Transzendental abgesichert erkennen wir, daß viele, einander an der Oberfläche widersprechende Ansichten und Sozialstrukturen überhöhbar sind und in die rechte Ordnung gebracht ihre Berechtigung haben und behalten können. Nicht aus Opportunismus oder Oberflächlichkeit, vielmehr aus metaphysischem Tiefgang ist der Idealist zu einem maßvollen Eklektizismus fähig. Der Idealismus muß das Rad nicht nochmals erfinden, doch ermöglicht er unter neuen und komplizierteren Umständen seine erweiterte Verwendung. Die früheren Menschen haben nicht umsonst gelebt, gerungen und gehofft. Ihre Gedanken sind eine Fundgrube, aus der es bloß zu schöpfen gilt und die alleine idealistisch neugeordnet zu werden braucht. Neuerungen und Innovationen erhalten ihren Wert gleichermaßen aus ihrer Stellung im transzendentalen Ideengebäude. Ein idealistischer Eklektizismus beruht auf der gleichzeitigen Relativierung und Rehabilitierung des Zeitlichen. Relativiert wird die Bedeutung, rehabilitiert die grundsätzliche Möglichkeit verschiedener, sich sonst wechselseitig bekämpfender und unterdrückender zeitlicher Modelle.

(1) Vergleiche u. a.: Marek J. SIEMEK, Die Idee des Transzendentalismus bei Kant und Fichte. Aus dem Polnischen von Marek J. SIEMEK unter Mitwirkung von Jan GEREWICZ. Felix Meiner Verlag, Hamburg 1984 (Schriften zur Transzendentalphilosophie, Band IV).

(2) Zum Problem des Machiavellismus siehe schon: Charles BENOIST, Le Machiavélisme (dt. »Der Machiavellismus«). 4 Bände. Librairie Plon, Paris 1907-1936.

(3) Max WEBER, Wirtschaft und Gesellschaft. Vollständiger Nachdruck der Erstauflage von 1922. Mohr-Siebeck Verlag, Tübingen 1972.

(4) Joseph NEEDHAM, Wissenschaftlicher Universalismus. Über Bedeutung und Besonderheit der chinesischen Wissenschaft. Herausgegeben, eingeleitet und übersetzt von Tilman SPENGLER. Suhrkamp Verlag, Frankfurt a.M. 1977.

(5) Hans-Ulrich WEHLER, Deutsche Gesellschaftsgechichte. 1. Band 1700-1815. Verlag C.H. Beck, München 1987, S 28.

(6) Thomas S(amuel) KUHN, Die Struktur der wissenschaftlichen Revolutionen. Aus dem Amerikanischen von Hermann VETTER. Suhrkamp Verlag, Frankfurt a.M. 1978.

(7) Niklas LUHMANN, Gesellschaftsstruktur und Semantik. Studien zur Wissenssoziologie der modernen Gesellschaft. 2 Bände. Suhrkamp Verlag, Frankfurt a.M. 1980-81.

(8) In aller Gerafftheit zusammengefaßt bei: Ekkehard Johannes SCHLICHT, Ökonomische Theorie, speziell auch Verteilungstheorie, und Synergetik. In: Andreas DRESS, Hubert HENDRICHS und Günter KÜPPERS, Selbstorganisation. Die Entstehung von Ordnung in Natur und Gesellschaft. Piper Verlag, München 1988, S 219-227.

(9) John Kenneth GALBRAITH, Die Entmythologisierung der Wirtschaft. Grundvoraussetzungen ökonomischen Denkens. Paul Zsolnay Verlag, Wien 1988.

(10) Richard KRONER, Von Kant zu Hegel. Mohr Verlag, Tübingen 1921-24 (Grundriß der philosophischen Wissenschaften, Band II).

(11) Vergleiche zB.: Rüdiger SAFRANSKI, Schopenhauer und Die Wilden Jahre der Philosophie. Eine Biographie. Carl Hanser Verlag, München 1987.

(12) Hans-Peter DÜRR (Herausgeber), Physik und Transzendenz. Scherz Verlag, Bern 1986.

(13) Laut ersten offiziellen sowjetischen Veröffentlichungen des Bevölkerungsexperten PEREWERSEW in der »Molodaja Gwardija«, zitiert nach: »Salzburger Nachrichten« vom 5. 8. 1989, S 4.

(14) Alleine die Kulturrevolution sei mit den schlimmsten Jahren des stalinistischen Terrors und der Säuberungen vergleichbar: Zbigniew BRZEZINSKI, Das gescheiterte Experiment. Der Untergang des kommunistischen Systems. Aus dem Amerikanischen von Hilde LINNERT und Uta SZYSZKOWITZ. Verlag Carl Ueberreuter, Wien 1989, S 178.

(15) LIU Binyan, China! Mein China! Herausgegeben und kommentiert von Jean-Philippe BÉJA. Aus dem Französischen von Petra HUSTEDE. Paul Zsolnay Verlag, Wien 1989, S 298.

(16) David Friedrich STRAUSS, Das Leben Jesu. Kritisch bearbeitet. 2 Bände. Nachdruck. Wissenschaftliche Buchgesellschaft, Darmstadt 1969.

(17) Ludwig FEUERBACH, Das Wesen des Christentums. Sämtliche Werke, Band VI. Herausgegeben von W. BOLIN und F. JODL. 2. Auflage. Fromann Verlag, Stuttgart 1960.

(18) Philip REES, Fascism and Pre-Fascism in Europe 1890-1945. A Bibliography of the Extreme Right (dt. »Faschismus und Vorfaschismus in Europa 1890-1945. Eine Bibliographie der extremen Rechten«). The Harvester Press, Brighton/Sussex 1984

(19) Robert TUCKER, Karl Marx. Die Entwicklung seines Denkens von der Philosophie zum Mythos. Verlag C.H. Beck, München 1963.

(20) Wolfgang CASPART, Handbuch des praktischen Idealismus. Universitas Verlag, München 1987, S 210-260.

(21) So der bezeichnende Titel der »Bibel« des monistischen biologischen Materialismus oder Sozialdarwinismus: Ernst HAECKEL, Die Welträtsel. Nachdruck der 11. Auflage. Alfred Kröner Verlag, Stuttgart 1984.

(22) Joachim WIDMANN, Die Grundstruktur des transzendentalen Wissens. Nach Johann Gottlieb Fichtes Wissenschaftslehre 1804. Felix Meiner Verlag, Hamburg 1977.

(23) Wie sehr sich die Zeiten ähnlich sind, mag ein Vergleich mit der antiken Gnosis zeigen: Hans LEISEGANG, Die Gnosis. 5. Auflage. Alfred Kröner Verlag, Stuttgart 1985.

(24) Hans SEDLMAYR, Der Verlust der Mitte. 7. Auflage. Otto Müller Verlag, Salzburg 1961.

(25) Pitirim A(lexandrovic) SOROKIN, Social and Cultural Dynamics. A study of change in major systems of art, thruth, ethics, law and relationships (dt. »Soziale und kulturelle Dynamik. Eine Studie über den Wandel in großen Systemen hinsichtlich Kunst, Denken, Ethik, Gesetz und Beziehungen«). Vom Autor durchgesehen und gekürzt in einem Band. Verlag P. Owen, London 1957.

(26) Josef PIEPER, Das Viergespann. Klugheit - Gerechtigkeit - Tapferkeit - Maß. Herder Verlag, Freiburg 1970 (Herder-Bücherei 361).

(27) Peter SLOTERDYK, Kritik der zynischen Vernunft. Suhrkamp Verlag, Frankfurt a.M. 1983.

(28) Helmut SCHELSKY, Der selbständige und der betreute Mensch. Politische Schriften und Kommentare. Seewald Verlag, Stuttgart 1976.

(29) Harmut von HENTIG, Die entmutigte Republik. Politische Aufsätze. Ungekürzte Lizenzausgabe. Fischer Taschenbuchverlag, Frankfurt a.M. 1982.

(30) Einen frühen, aber bleibend maßlichen Grundriß eines »ethischen Idealismus« liefert Platon. Eine gute Zusammenschau in: PLATON, Hauptwerke. Ausgewählt und eingeleitet von Wilhelm NESTLE. 8. Auflage. Alfred Kröner Verlag, Stuttgart 1973.

(31) Mohammed RASSEM, Die Volkstumswissenschaften und der Etatismus. Zweite, um einen Anhang vermehrte Auflage. Mäander Kunstverlag, Mittenwald 1979, S 91 ff.

(32) Obwohl die Zitatensammlung alles andere als vollständig ist, gewinnt man in der neueren Literatur doch einen richtigen Begriff vom Umgangston der führenden Gründungssozialisten, z.B. in: Christiane KLING-MATHEY, Gräfin Hatzfeldt. 1805-1881. Eine Biographie. Verlag J.H.W. Dietz, Bonn 1989.

(33) Herbert KATER, Das Duell des Yanko Fürst v. Racowitza, Angehöriger des Corps Neoborussia Berlin, und Ferdinand Lassalle, Angehöriger der Burschenschaft der Raszeks, am 28. Aug. 1864 im Wäldchen Carrouge bei Genf. Einst und Jetzt, 25. Band, Jahrbuch 1980 des Vereins für copsstudentische Geschichtsforschung, S 29-59.

(34) Marion Gräfin DÖNHOFF, Kindheit in Ostpreußen. Siedler Verlag, Berlin 1988, S 60.

(35) Wie sehr sich noch im existentialistischen Umfeld Idealismus behauptet, zeigt: Simone WEIL, Philosophie-Religion-Politik. Herausgegeben von Heinz Robert SCHLETTE und André DEVAUX. Verlag Josef Knecht, Frankfurt a.M. 1985.

(36) Henry A. KISSINGER, Großmachtdiplomatie. Von der Staatskunst Castlereaghs und Metternichs. Aus dem Amerikanischen von Horst JORDAN. Neuauflage. Econ Verlag, Düsseldorf 1980, S 222 ff.

(37) Gerhard SCHWEIZER, Abkehr vom Abendland. Östliche Traditionen gegen westliche Zivilisation. Hoffmann und Campe Verlag, Hamburg 1986.

(38) Zu konservativen Überlegungen im Vormärz siehe: Christoph (Freiherr von) THIENEN-ADLERFLYCHT, Graf Leo Thun im Vormärz. Grundlagen des böhmischen Konservativismus im Kaisertum Österreich. Verlag Hermann Böhlau, Graz 1967.

(39) Viktor E. FRANKL, Homo patiens. Versuch einer Pathodizee. Verlag Franz Deuticke, Wien 1950.

(40) Aurelius AUGUSTINUS, De trinitate (dt. »Über die Dreieinigkeit«). Des heiligen Kirchenvaters Aurelius Augustinus 15 Bücher über die Dreieinigkeit. Aus dem Lateinischen übersetzt und mit einer Einleitung versehen von Michael SCHMAUS. 2 Bände. Kösel Verlag, München 1936-36, Buch X.

(41) Zur quasitheologischen Interpretationselite siehe auch: Ettore E. ALBERTONI, Mosca and the Theory of Elitism (dt. »Mosca und die Elitetheorie«). Ins Englische übersetzt von Paul GOODRICK. Verlag Basil Blackwell, Oxford 1987.

(42) Erwin FAUL, Der moderne Machiavellismus. Verlag Kiepenheuer und Witsch, Köln 1961.

(43) J(ohann) J(akob) M(aria) de GROOT, The religious System of China (dt. »Das Religionssystem Chinas«). 6 Bände. Reprint. Chengwen Verlag, Taibei (Taipe) 1969.

(44) Vergleiche zB. übersichtlich: James GLEICK, Chaos - die Ordnung des Universums. Vorstoß in Grenzbereiche der modernen Physik. Aus dem Amerikanischen von Peter PRANGE. Verlag Droemer Knaur, München 1988.

(45) Siehe Teil I und die entsprechende Literaturangaben vor allem zu z. B. *Popper, Heisenberg, Gödel, Einstein, Mandelbrot, Feigenbaum* und *Bertalanffy.*

(46) Wolfgang KOEHLER, Die Aufgabe der Gestaltpsychologie. Mit einer Einführung von Caroll C. PRATT. Verlag Walter de Gruyter, Berlin 1971.

(47) Donald DAVIDSON, Wahrheit und Interpretation. Übersetzt von Joachim SCHULTE. Suhrkamp Verlag, Frankfurt a.M. 1986.

(48) Hans-Peter DÜRR, Das Netz des Physikers. Naturwissenschaftliche Erkenntnis in der Verantwortung. Carl Hanser Verlag, München 1988.

(49) Odo MARQUARD, Ende des Schicksals? Einige Bemerkungen über die Unvermeidlichkeit des Unverfügbaren. In: Schicksal? Grenzen der Machbarkeit. Ein Symposion. Mit einem Nachwort von Mohammed RASSEM. Deutscher Taschenbuch Verlag, München 1977, S 7-25.

(50) Josef van ESS, Fatum Mahumetanum. Schicksal und Freiheit im Islam. In: Schicksal? Grenzen der Machbarkeit. Ein Symposion. Mit einem Nachwort von Mohammed RASSEM. Deutscher Taschenbuch Verlag, München 1977, S 44.

(51) Um sich eine Vorstellung vom ernsthaften Bemühen vergangener Generationen zu machen, ist es empfehlenswert, sich wenigstens in einer Zusammenschau mit ihrer Geschichte zu befassen, z. B. in: Georg OSTROGORSKY, Geschichte des byzantinischen Reiches. Unveränderter Nachdruck. C.H. Beck Verlag, München 1980.

(52) Zur Abwehr von Einseitigkeiten schadet auch ein Blick von der anderen Seite nicht, um die Tiefe uns sonst vielleicht fremder Gedanken zu erfassen, z.B. in: Die Osmanen in Europa. Erinnerungen und Berichte türkischer Geschichtsschreiber. Ausgewählt und herausgegeben von Stefan SCHREINER. Verlag Styria, Graz 1985.

(53) Otto von HABSBURG, Die Reichsidee. Geschichte und Zukunft einer übernationalen Ordnung. Amalthea Verlag, Wien 1986.

(54) Mohammed RASSEM. Nachwort. In: Schicksal? Grenzen der Machbarkeit. Ein Symposion. Mit einem Nachwort von Mohammed RASSEM. Deutscher Taschenbuch Verlag, München 1977, S 200.

(55) Manfred EIGEN und Ruthild WINKLER, Das Spiel. Naturgesetze steuern der Zufall. 7. Auflage. Piper Verlag, München 1985.

(56) Erwin SCHRÖDINGER, Was ist Leben? Verlag Leo Lehnen, München 1951 (Sammlung Dalp, Band I).

(57) Manfred EIGEN, Gesetz und Zufall - Grenzen des Machbaren. In: Schicksal? Grenzen der Machbarkeit. Ein Symposion. Mit einem Nachwort von Mohammed RASSEM. Deutscher Taschenbuch Verlag, München 1977, S 191.

(58) Roger SPERRY, Naturwissenschaft und Wertentscheidung. Aus dem Englischen von Juliane GRÄBENER. Piper Verlag, München 1985.

(59) Ernst JÜNGER, An der Zeitmauer. Werke in 10 Bänden, Band VI. Ernst Klett Verlag, Stuttgart 1960-65.

(60) Carl Friedrich von WEIZSÄCKER, Die Zeit drängt. Eine Weltversammlung der Christen für Gerechtigkeit, Frieden und die Bewahrung der Schöpfung. Carl Hanser Verlag, München 1986.

(61) Ludwig von BERTALANFFY, Systemtheorie. Vorwort von Ruprecht KURZROCK. Colloquium Verlag, Berlin 1972.

(62) David BOHM, Die implizite Ordnung. Grundlagen eines dynamischen Holismus. Übersetzt von Johannes WILHELM. Carl Hanser Verlag, München 1979.

(63) Andreas DRESS, Hubert HENDRICHS und Günter KÜPPERS (Herausgeber), Selbstorganisation. Die Entstehung von Ordnung in Natur und Gesellschaft. Piper Verlag, München 1986.

(64) Erich JANTSCH, Die Selbstorganisation des Universums. Vom Urknall zum menschlichen Geist. Carl Hanser Verlag, München 1979.

(65) J(ohann) J(akob) M(aria) de GROOT, Sectarianism and Religious Persecution in China. A Page in the History of Religions (dt. »Sektenwesen und religöse Verfolgung in China. Eine Seite in der Geschichte der Religionen«). 2 Bände. Nachdruck in einem Band. Literature House, Taibei (Taipe) 1963.

(66) J(ohann) J(akob) M(aria) de GROOT, Universismus. Die Grundlagen der Religion und Ethik des Staatswesens und der Wissenschaft Chinas. Georg Reimer Verlag, Berlin 1918.

(67) Zur Dialektik von Freiheit und Ordnung, von Konfuzianismus und Taoismus siehe: Wolfgang SCHLUCHTER, Max Webers Studie über Konfuzianismus und Taoismus. Interpretation und Kritik. Suhrkamp Verlag, Frankfurt a.M. 1983.

(68) Hermann HAKEN, Advanced Synergetics (dt. »Fortgeschrittene Synergetik«). Springer Verlag, Berlin 1983.

(69) Die Metapher stammt von: Julius EVOLA, Erhebung wider die moderne Welt. Aus dem Italienischen übertragen von Friedrich BAUER. Deutsche Verlags-Anstalt, Stuttgart 1935.

(70) Siehe Fußnote 4.

(71) Besonders drastisch und Auslöser aller Auflösungserscheinungen war immer die waffentechnische Überlegenheit, als deren deutsches Beispiel: Carl TANERA, Deutschlands Kämpfe in Ostasien 1900 bis 1901 dem deutschen Volke erzählt. C.H. Beck'sche Verlagsbuchhandlung, München 1902.

(72) Über die schauerlichen, pseudowissenschaftlichen und widersprüchlichen Sozialexperimente in der Sowjetunion siehe: Andrej SINJAWSKIJ, Der Traum vom neuen Menschen oder Die Sowjetzivilisation. Aus dem Russischen von Swetlana GEIER. Mit einem deutschen Glossar von Alexander KASAKEWITSCH und Elisabeth RUGE. S. Fischer Verlag, Frankfurt a.M. 1989.

(73) Im osmanischen Machtbereich setzte nach dem Scheitern von Sultan Selim III. die Verwestlichung zuerst in Ägypten ein, siehe: Mameluken, Paschas und Fellachen. Berichte aus dem Reich Mohammed Alis 1801-1849. Ausgewählt und kommentiert von Thankmar Freiherr von MÜNCHHAUSEN. Erdmann Verlag, Tübingen 1982.

(74) Ein Zitatenschatz chinesischer Nachäfferei westlicher Vorstellungen im newtonschen Stil ist zu entnehmen bei: Tilman SPENGLER, Die Entdeckung der chinesischen Wissenschafts-und Technikgeschichte. In: Joseph NEEDHAM, Wissenschaftlicher Universalismus. Über Bedeutung und Besonderheit der chinesischen Wissenschaft. Herausgegeben, eingeleitet und übersetzt von Tilman SPENGLER. Suhrkamp Verlag, Frankfurt a.M. 1977, S 33-52.

(75) Fritjof CAPRA, Das Tao der Physik. Die Konvergenz von westlicher Wissenschaft und östlicher Philosophie. Vom Autor revidierte und erweiterte Neuauflage von »Der kosmische Reigen«. Scherz Verlag, Bern 1984.

(76) Karlfried Graf DÜRCKHEIM, Im Zeichen der Großen Erfahrung. Studien zu einer metaphysischen Anthropologie. O.W. Barth Verlag, Bern 1974.

(77) Hellmut DIWALD, Geschichte macht Mut. Verlag Dietmar Straube, Erlangen 1989.

12. KAPITEL
Grundlagen idealistischer Politik

Aufgrund der ethischen Implikationen der Transzendentalphilosophie findet es der Idealist überhaupt erst wert, sich der Erscheinungswelt, der Immanez, der Umwelt, den Mitmenschen, dem Gemeinschaftsleben und der Politik zuzuwenden. Dazu spielt im transzendentalen Wissen vom letztlich Alleinen ein moderner Idealismus souverän auf der Klaviatur empiristischer Modelle. Auch seinen eigenen historischen Vorläufern kann er nur in dieser eklektizistischen Haltung begegnen, spiegelt doch selbst jeder in Zeit und Raum geäußerter Gottesbegriff bloß die höchste Idee des überzeitlichen und überräumlichen Gottes. Dementsprechend weiß der Idealist auch von der Zeitlichkeit und Relativität seiner eigenen Aussagen im Vergleich zum eigentlich Gemeinten und zur ewigen Substanz. In diesem »Relativismus« drückt sich der Respekt des Endlichen vor dem Absoluten aus und entspricht keineswegs dem materialistischen Reduktionismus, der sich gegen die Absolutheit der Metaphysik zugunsten einer Verabsolutierung des Physischen richtet. Umsomehr ist man berechtigt, von der eigenen Beschränktheit zu wissen und sprechen zu dürfen, als auch die Wissenschaftsgeschichte und -soziologie vom ständigen Wechsel der geistes- und naturwissenschaftlichen Positionen zu berichten weiß. (1)
Die Anfänge der Naturwissenschaft kennzeichnet in Europa wie in Asien ganz vorwiegend eine beobachtende Empathie und eine nicht-interventionistische Haltung gegenüber den Untersuchungsobjekten. Die feinsinnige Versenkung in die Natur und die meditative Einkehr entsprechen derselben Grundposition und wurden vom selben Personenkreis vorgenommen. Mystik und empathische Naturwissenschaft gehörten im Morgen- wie im Abendland zusammen und stehen hier wie dort am Beginn aller Erfahrungswissenschaften. Die Mystiker stellten in Europa, dem muslimischen Orient und im Fernen Osten, aber auch in Indien und Amerika zugleich die Alchemisten und Chemiker, Astrologen und Astronomen, Geomantiker und Geologen, Kosmologen und Meteorologen, Montanisten, Metallurgen, Pharmazeuten und

Ärzte *(2)*, während die rationalistischen Philosophen für die Ethik, das Rechtswesen und die Verwaltung zuständig waren (und im Grunde bis heute sind). Noch im 17. Jahrhundert waren die katholischen Theologen in zwei Lager gespalten: Während die Mystiker *Galilei* und die sich abzeichnenden neuen Wissenschaften unterstützten, lehnten sie die scholastischen und rationalistischen Aristoteliker-Thomisten ab *(3)*. Was nicht in den kanonischen Schriften stand, konnte auch nicht in der Natur beobachtet werden. Ein ähnliches Mißtrauen beseelte stets in China die staatstragenden Konfuzianer gegen die mystischen und der Natur zugewandten Taoisten. Indem die Mystiker an Magie und Mantik glaubten, förderten sie die Anfänge der Naturwissenschaften, während sie die rationalistischen Scholastiker in ihrer anti-empiristischen Einstellung behinderten. Christliche, islamische wie konfuzianische Juristen/Theologen saßen in ihren Amts- und Gelehrtenstuben, lasen, schrieben und hüt(et)en sich vor der Handarbeit der Unterschichten.

»Man kann nicht behaupten, daß der Rationalismus im Laufe der gesamten Geschichte die hauptsächliche Kraft des Fortschritts in der Gesellschaft gewesen sei. Zwar war dies manchmal der Fall, doch zu anderen Zeiten überhaupt nicht, denn im 17. Jahrhundert unterstützten in Europa z.B. die mystischen Theologen die Wissenschaftler. Schließlich wurden damals die Naturwissenschaften als 'natürliche Magie' bezeichnet. Genauso war im klassischen China der ethische Rationalismus der Konfuzianer gegenüber der Entwicklung von Wissenschaft feindlich eingestellt, während der empirische Mystizismus der Taoisten sie beförderte. Wenn die Taoisten über das Tao sprachen, oder über das 'Festhalten an dem Einen', dann befindet man sich auf einer Stufe, in der Religion kaum von Wissenschaft getrennt ist, denn das Eine kann genausogut das Eins des religiösen Mystizismus wie die universale Ordnung der Natur sein, so wie wir sie im wissenschaftlichen Sinne verstehen.« *(4)* Wenn dem so war, dann hat mittlerweile die newtonsche Scholastik die Rolle des wissenschaftsfeindlichen Pseudorationalismus übernommen und stellt sich nicht nur der ganze Wahrheit und Wirklichkeit in den Weg, sondern sägt durch seinen Reduktionismus ökologisch wie waffentechnisch an dem Ast, auf dem sie sitzt. Der vermeintliche »Fortschritt der Gesellschaft« ist unter

materialistischem Vorzeichen zum tödlichen Rückschlag geworden.
Die Rationalität ist also nicht auf eine Grundposition festgelegt und kann an verschiedenen Orten tätig sein. Zur einfühlsamen Naturbeobachtung wie zur systematischen Philosophie und Sozialethik sind Vernunft, Logik und planmäßiges Vorgehen nötig. Rationalistische Mandarine und Theologen bedienen sich ihrer nicht weniger als frühe (und spätere) Naturwissenschafter. Nichtinterventionistische Einfühlung und analytische Systematik gehören somit als gleicherweise vernünftig zusammen. *Needham* stellt ja ausdrücklich fest, daß der »harte« Rationalismus zeitweilig zum »Fortschritt« geführt habe und zeitweilig eben nicht. Demnach ist er weder prinzipiell richtig oder falsch, sondern er kann es jeweils in gewissen Phasen sein. Er steht demnach zur Verfügung, und es ist nur die Frage, wann es opportun ist, ihn abzuberufen. Zugleich muß dasselbe Recht auch für die Empathie und die Mystik gelten. Zum vollen Menschsein gehört eben immer beides, Analyse und Synthese, Deduktion und Induktion, Aktivität und Passivität, Geisteswissenschaft und Naturwissenschaft, Linearität und Nichtlinearität, injunktives und symbolisches Erkennen, Objektivität und Subjektivität. Ohne die eine Methode ist die andere letztlich nicht zu begründen, und die eine Hälfte der Wirklichkeit bedarf zu ihrer Erkenntnis der anderen. (5)
Wenn *Needham* freilich zur Erklärung für die Unterschiede der europäischen und asiatischen Wissenschaften behauptet, »philosophische und ethische Gedanken lassen sich nicht von ihrer materiellen Basis trennen« (6), und dies mit der Wirkung militärischer Technologie und technischen Produktionsweisen begründet, so ist ihm doch sein marxistisches Denkmuster durchgegangen, wenngleich er in seinen Beobachtungen weit über die historisch-materialistische Orthodoxie hinauskommt. Sollten nämlich kulturelle Entwicklungen tatsächlich auf die Militär- und Produktionstechnik zurückzuführen sein (ob und wieweit sie das tun, interessiert einstweilen nicht), so stellen diese Ursachen doch eine merkwürdige »materielle Basis« dar: Militär- und Rüstungswesen sind doch genauso wie Produktionstechniken keine zwangsläufigen Folgen urtümlicher Naturkräfte, sondern mittels menschlichem Intellekt entwickelte Artefakte. Keine »materielle Basis« wirkt magisch auf

die Menschheit, welche dann mantisch die »materiellen Kräfte« beschwören könnte. Das, was ökonomische wie militärische Techniken zu dem werden ließ, was sie geworden sind, wurde genau durch Geist, Gedanken und Ideen bewirkt und basiert gerade nicht auf einer selbstwirkenden Materie (welche ja ebenfalls keineswegs unmittelbar zu beobachten ist). Exakt weil die passive Materie nicht, zu wenig oder jedenfalls nicht im erhofften Sinn selbsttätig ist, entwickeln Menschen durch Geistesarbeit Militär- und Produktionstechniken. Die »materielle Basis« philosophischer und ethischer Gedanken ist damit selbst ideell.

Die Wahrheit besteht darin, daß aufgrund von Gedanken Menschen »materielle« Bausteine formen, die dann ihrerseits wieder mit den ursprünglichen Überlegungen wechselwirken. Die Wirkung ökonomischer, militärischer und ähnlich »materieller Basisursachen« geht selbst auf Ideen zurück. Natürlich wird niemand ökonomische und militärische Faktoren in der Geschichte leugnen, doch sind diese keine selbständig über uns hereinbrechende Kräfte oder gar materielle Urgewalten, sondern schlicht unsere eigenen Erzeugnisse. Kulturelle und wissenschaftliche Unterschiede zwischen Europa und Asien beruhen damit auf ideellen Unterschieden, divergierenden Überlegungen und differenten Auffassungen, aber nicht auf grundsätzlichen Unterschieden der »materiellen Basis«. Wenn *Needham* die moderne westliche Wissenschaft und Technologie (gemeint ist damit das alte newtonsche System) auf den Untergang der Feudalismus und die Entstehung des Kapitalismus zurückführt, während in China die konfuzianische Bürokratie den protowissenschaftliche Taoismus niederhielt und den Aufstieg der Kaufmannsklasse an die Macht verhindert habe *(7)*, so hat sich (selbst wenn die Behauptung stimmt) hier wie dort keine ungeistige »materielle Basis« durchgesetzt, sondern wiederum die einen oder anderen Ideen. Auch Ackerbau, Handwerk, Handel sowie Feudalismus, Kapitalismus und Bürokratie sind ideelle Konstrukte und nichts ursprünglich Materielles.

Wie im europäischen Kulturkreis jede Naturwissenschaft von ihren metaphysischen Anfangsgründen abhängig ist *(8)*, so sind Konfuzianismus und Taoismus die zwei Seiten einunddesselben Universismus *(9)*. Während für den großen Sinologen *de Groot* der Taoismus eher der Träger des Aberglaubens und der Magie ist, und der Konfuzianismus die von ihm eher favorisierte Staatsphilosophie und Sozialethik repräsentiert, gehören die Sympathien des berühmten vergleichenden Wissenschaftshistorikers und -soziologens *Needham* mehr der taoistischen Seite. Doch beiden ist durchaus die tiefe Verwebung und wechselseitige Bedingung der zwei Richtungen bewußt. Eher »taoistische« Textstellen finden sich in konfuzianischen Klassikern, zugleich nimmt der Taoismus teilweise »konfuzianische« Topoi in Beschlag. *Needham* zitiert den für die Gemeinsamkeit rationaler und kontemplativer Haltungen typischen chinesischen Witz: »Konfuzianismus ist die Lehre der Gelehrten, wenn sie im Dienst sind, und Taoismus ist die Haltung der Gelehrten, wenn sie nicht im Dienst sind.« *(10)* Klarer kann die transzendentale Flexibilität nicht umrissen werden. Nicht weil das Amt gänzlich gegensätzliche Einstellungen hervorrufen würde, sondern wegen der zutiefst ganzheitlichen Zusammengehörigkeit ihrer Grundlagen kann der Mandarin je nach Erfordernis und Bedürfnis wählen.

Die sich in soziologische und ökonomische Strukturen niederschlagenden menschlichen Ideen beeinflussen umso stärker die nachfolgenden Gedanken, je mehr das Bewußtsein vom ideellen Charakter der Strukturen verloren geht und an seiner Stelle den Anschein »materieller Natur« annimmt. Eine ihrer wirklichen Legitimation entfremdete Bürokratie ist zweifellos nicht nur ein Hindernis freier kultureller, wissenschaftlicher und noetischer Entfaltung, sondern engt auch die ökonomische und politische Entwicklung ein. Dieses Phänomen beschränkt sich freilich nicht bloß auf das klassische China, sondern bedingte über seinen Erstickungseffekt direkt die Öffnungsversuche zum Beispiel im Kommunismus. Insbesondere die kommunistischen Großmächte sind in Konkurrenz mit dem nichtkommunistischen »kapitalistischen« Mächten unter dem Zwang des außenpolitischen Primats genötigt, einen innenpolitischen Seiltanz zu vollführen. *(11)*
Die experimentelle Auflockerung des Kommunismus wird scheitern, weil niemand zwei Herrn, der Freiheit und dem Determinismus, gleichzeitig dienen kann, von denen einer (der Determinismus) aus systematischen Gründen schon die beschränkte Möglichkeit des anderen (die Freiheit und Sittlichkeit) negiert *(12)*.
Während ein freiheitliches System sich relativer deterministischer

Modelle in vollem Bewußtsein ihrer eingeschränkten Gültigkeit bedienen kann, steht und fällt der historische Materialismus mit der »naturwissenschaftlichen Zwangsläufigkeit« seiner eigenen Begründung. Der Kommunismus ist nicht reformierbar, jedenfalls nicht freiheitlich, sondern nur abzuschaffen. Ihm ist es gelungen, unter der Behauptung der Herstellung des »zwangsläufig« letzten, freiesten und »fortschrittlichsten« Stadiums der Geschichte seine eigenen fiktiven Vorläufer selbst zu verwirklichen - und das in einem: die Sklavenhaltergesellschaft, die asiatische Produktionsweise und den bürokratischen Feudalismus. Während der konfuzianische »bürokratische Feudalismus« immerhin den Familien, Dorfgemeinschaften und Kaufmannsgilden eine gewisse Autonomie ließ und lieber »aus der Entfernung handelte« *(13)*, läßt der Totalitarismus der feudalen »neuen Klasse« *(14)* von Nomenklaturisten *(15)* auf dem Weg zur »naturwissenschaftlich notwendigen« Schaffung des »neuen Menschen« *(16)* nicht einmal diesen Spielraum.

Gibt es nun menschliche Artefakte, die Wissenschaft, Wirtschaft und Freiheit zu beeinträchtigen in der Lage sind, so liegt es genauso im menschlichen Willen, diese Umstände zu erkennen und auszuschalten. Im Vergleich zur unter dem »Parkinsonschen Gesetz« wuchernden »modernen« Bürokratie in Verwaltung und Wirtschaft selbst des Westens war das an der langen Leine regierende Mandarinat ein Pappenstiel. Erdrückt eine mächtige Bürokratie tatsächlich den »Fortschritt der Gesellschaft«, dann wäre dies bei uns heute eher zu erwarten als früher bei den konfuzianisch beherrschten Chinesen. Allenfalls könnte noch die kommunistische Bürokratie und der zentrale Planstaat für die Regression diesseits und jenseits des Tien-shan verantwortlich gemacht werden. Die dezentralere administrative und ökonomische Bürokratie des Westens würde im Vergleich dazu immer noch eine Stagnation hervorrufen müssen - doch in Wahrheit ereignet sich hier das exponentielle Wachstum der Wissenschaften (wie es auch die westlichen Naturwissenschafter sind, die die Konvergenz zum universistischen Osten wiederentdecken, *(17)* und nicht die östlichen, die keineswegs ihre alten Traditionen wiederbeleben).

Zugleich zeigt die jahrhundertelange Überlegenheit vor allem der chinesischen, aber auch der arabischen und indischen Wissenschaft und Zivilisation *(18)*, daß es ohne ein Minimum an systematischer Verwaltungsorganisation auch nicht geht: Denn zur Zeit der wissenschaftlich-kulturellen Hegemonie Asiens bestanden in diesen Ländern bereits nichterbliche Beamtenhierarchien, während die europäischen »Staaten« reine Lehensverbände darstellten, deren zentrale Verwaltungsakte Belehnungen bildeten und im Übrigen die Vasallen frei walten ließen, solange sie den Lehensherrn loyal blieben. Daher waren vor allem die Oberschichten in Europa politisch-institutionell freier als in Asien, sodaß bei Annahme einer negativen Auswirkung der Bürokratie das von ihr freie alte Europa wissenschaftlich-zivilisatorisch führend gewesen sein müßte. Doch noch im 18. Jahrhundert war der Lebensstandard in China und Indien *(19)* im Schnitt gleich oder sogar höher als in Europa. Wenn Asien in Zeiten der Hochblüte seiner Bürokratie Europa überlegen war und umgekehrt Europa zur Zeit des Wachstums seiner Bürokratie Asien, so kann die konfuzianische Bürokratie nicht schuld am Verlust des wissenschaftliche Vorsprungs Chinas vor Europa tragen.

Die Universalität und die Einheit der Wissenschaften bestehen von Anfang an und müssen nicht erst in einer etwas krampfhaften Vereinheitlichung der Axiome mit anschließender Annäherung der Ergebnisse gesucht werden: Sie beruhen auf den grundsätzlich metaphysischen Anfangsgründen jeglicher Form von Wissenschaft. Unterschiede ergeben sich aus der Verschiedenheit von axiomatischen Grundsatzüberlegungen und erst in zweiter Linie aus »sozialen Ursprüngen« *(20)*, die wiederum Ausformungen sozialphilosophischer Vorstellungen und nicht zwangsläufige Resultate urwüchsiger Naturkräfte sind. Subsumierte man »Soziologie« gleich unter die »Geistes«-Wissenschaften, könnte man Wissenschaftsentwicklungen historisch-materialistisch unverzerrt sehen. Aber sogar für einen »undogmatischen Marxisten« wie *Needham (21)* kommt dies leider nur schwer in Betracht.

Nicht bestimmte materielle und ungeistige sozio-ökonomische Strukturen bewirken eine gewisse Mentalität, sondern umgekehrt die Mentalität soziologische Strukturen. Daß letztlich *Needham* selbst nicht ganz an den Aberglauben vom Primat des »materiellen Unterbaues« glaubt, geht aus einer anderen Überlegung von ihm hervor und ehrt ihn: Er meint nämlich, in den unterschiedlichen Zeitvorstellungen in Europa (kontinuierlich) und China (aufgeschachtelt) »den Schlüssel zur Antwort auf die Frage gefunden zu haben, warum sich die moderne Wissenschaft nicht spontan in China entwickelte.« *(22)* Mit »moderner Wissenschaft« meint er zwar das newtonsche System, während die heute wirklich moderne längst wieder metaphysikfreundlich ist *(23)* - doch abgesehen davon läßt sich wohl mit nichts besser der Vorrang des »ideellen Überbaues« nachweisen als mit (die Worte sollte man sich auf der Zunge zergehen lassen) unterschiedlichen Zeit-Auffassungen.

Nicht Bürokratie oder keine, regelmentierte oder marktwirtschaftliche Ökonomie und Freiheit oder Ordnung lauten die unwiderrufliche Alternativfragen des Soziallebens, deren Extreme sich ausschlössen. Das Problem liegt vielmehr in der Zusammengehörigkeit der jeweiligen Komponenten und in ihrer wechselseitigen Gewichtung. Gäbe es nur Freiheit, so käme niemand auf den Gedanken einer Ordnung, und existierte nur Ordnung, so hätte niemals die Idee einer Freiheit aufkommen können. In Wirklichkeit ist Freiheit nicht solipsistisch und Ordnung nicht deterministisch zu verstehen. Naturwissenschaftlich *(24)* wie sozialpsychologisch *(25)* kann die eine nur in Relation zur anderen stehen und ermöglicht die eine erst die andere. Sie sind Variationen eines ganzheitlichen Themas. Es gibt kein Entweder-oder dafür, sondern nur ein Sowohl-als-auch.

Der liberalste Staat kann nicht auf Ordnung verzichten, und die autoritärste Regierung vermag die Freiheit nicht gänzlich zu unterdrücken. Jedenfalls die herrschende Schicht oder wenigstens der Monokrat beansprucht für sich Freiheit und wird sie zur Aufrechterhaltung des eigenen Regimes nützen. Soziologisch wie politisch gibt es also weder rein »liberale« noch stur »diktatorische« Ordnungen *(26)*. Zu verantwortungsloses Wirtschaften führt zum Chaos und im Gegenschlag zur Zwangsregelmentierung und die stumpfsinnige Unterdrückung zur Aufruhr. Obwohl diese Weisheit banal und alles andere als neu ist, trifft man in der politischen Agitation und leider auch im sich als »engagiert« verstehenden Teil der Politologie immer wieder auf eine einseitige Schwarz-Weiß-Malerei (selbst will man unbedingte Freiheit, die böse Gegenmacht aber gehört mit Stumpf und Stengel ausgemerzt). Wahre

Staatskunst weiß sich der ganzen Bandbreite staatlicher Ordnungsmittel zu bedienen, um ihre eigentlichen Aufgaben zu bewältigen, die Organisation des Zusammenlebens der Bürger nach innen und ihren Schutz nach außen zu gewährleisten. So sind *Bismarcks* berühmte Worte an den späteren Kaiser *Wilhelm II.* zu verstehen: »Es gibt Zeiten des Liberalismus und Zeiten der Reaction, auch der Gewaltherrschaft.« *(27)* Außenpolitisch mag *Metternich Bismarck* kongenial gewesen sein *(28)*, doch innenpolitisch beharrte ersterer auf der Reaktion (nur in der Wirtschaft duldete und förderte er sogar den Liberalismus, wohl nicht zuletzt als Ablaßventil für sozialen Überdruck), während letzterer auch hierin alle Register zu ziehen wußte.

Es ist nicht Aufgabe eines Staates und eines wirklichen Staatsmannes, immer nur reaktionär oder liberal zu sein, sondern den staatlichen Hoheitsauftrag je nach Situation so oder so wahrzunehmen. Wie die römische Diktatur eine verfassungsrechtliche Institution auf begrenzte Dauer war *(29)*, so ist der Staat kein Selbstbedienungsladen für Ober- oder Unterschichten und nicht bis zur Anarchie zu »liberalisieren«. In Anbetracht einer immer komplizierter werdenden Welt hinsichtlich Arbeitsteilung, berufliche Differenzierung, technologischer Entwicklung, Generationen- und Geschlechterkonflikte, Nord-Süd-Auseinandersetzungen et cetera kann selbst der illusionistischste Träumer nicht ernstlich erwarten, daß die staatlich-gesellschaftliche Organisationsdichte zurückgehen oder gar die Staaten verschwinden würden. Die Tendenzen laufen vielmehr in die Gegenrichtung, wodurch es zur Aufgabe eines nicht lebensfremden Idealismus wird, verbleibende Möglichkeiten und Wege realistischer institutioneller Freiheiten sozialphilosophisch zu sichern und aufzuzeigen. Auch der moderne Staat und seine Zwänge sind ideelle Artefakte, wie es schon alle früheren waren - in ihren metaphysischen Wurzeln und der Transzendierung liegt die politische Freiheit. *(30)*

Eben weil Gedanken höchst konkrete Folgen (auch politische und soziologische) nach sich ziehen *(31)*, ist es von eminenter Bedeutung, sich der metaphysischen Anfangsgründe jeder Staats- und Gesellschaftsordnung bewußt zu bleiben. Versucht man (natürlich im Grunde gedanklich), Staat und Gesellschaft materialistisch zu begründen, können die Widersprüche und der Reduktionismus der Grundlegung in weiterer Folge nicht mehr ausgeräumt und der materialistische Staat nur mehr beseitigt werden. Im idealistischen System erfolgt die Begründung immer klar transzendental, und die Möglichkeiten zur Transzendierung bleiben auch dann anerkannt, wenn oberflächliche spätere Generationen den historischen Konnex verloren haben sollten. Insofern bleibt noch der »schlechteste« idealistische Staat dem »besten« materialistischen überlegen, wie auch der »reaktionärste« erstere mehr Freiheit mit sich bringt als der »liberalste« letztere. Der Idealismus ermöglicht jedem Freiheit, der Verantwortung zu übernehmen bereit ist, weil sich in ihm die Pflicht das Recht schafft. Dagegen will der pseudoemanzipatorische Materialismus zunächst alle bindenden Strukturen zerschlagen, um dann zu sehen, was da im folgenden Vakuum kommen möge, und wundert sich, daß nun doch keine Freiheit entsteht, die es seinem System gemäß auch nicht geben kann. Die Freiheit verliert nie die sittliche Bindung, ihre Konkretisierung läßt aber Alternativen offen, wogegen der Determinismus auch dann keine Freiräume kennt, wenn er alle frühere »Repression« zerstört. *(32)*

Im Grunde enthält jede Staats- und Gesellschaftsverfassung soziopolitische Freiheit, in der Verantwortungsübernahme gefördert wird und die transzendental legitimiert ist. Nur sollte man sich keinen Illusionen über die allgemeine Bereitschaft hingeben, überall tatsächlich Verantwortung und Pflicht übernehmen zu wollen. Wie wahre Religiosität und konsequenter Idealismus ein »Minderheitenprogramm« sind, so legte und legt ein Großteil der Staatsbürger in allen Staaten, in denen demoskopische Umfragen möglich sind, nachweislich kaum wert auf tatsächliche politische Mitbestimmung und ist selbst dementsprechend desinformiert. Je mehr der Bürger zu seiner sozialen und ökonomischen »Betreuung« nach dem Staat ruft, statt selbstgestalterisch auch Risiko einzugehen, desto stärker verzichtet er freiwillig auf seine politische Freiheit *(33)*. Es läßt sich nicht nach dem Wohlfahrtsstaat rufen und zugleich am Ende noch das »Absterben des Staats« erhoffen. Sicherheit geht allemal auf Kosten von Freiheit und Risiko.

Auch die Mitbestimmung mittels Wahlen in Großorganisationen wie Betrieben oder gar staatlichen Hoheitsebenen enthält nicht wirklich Individualfreiheit, denn man unterwirft sich darin dem

Mehrheitsvotum mit der Möglichkeit des Überstimmtwerdens und hat in der Regel kaum Einfluß auf die Auswahl der Abstimmungsthemen. Zu häufig behandeln Politiker selbst die Verfassungen nicht als Richtlinie und Grenze der Politik, sondern verstehen sie als Geschäftsordnungen, die sie nach Belieben manipulieren *(34)*. Die Verfilzung des politischen Systems der modernen Demokratie, die Bildung von innerparteilichen »Seilschaften« und die Verbürokratisierung begrenzen sehr eng die Entfaltung einer lebendigen staatspolitischen Gesinnung *(35)*. Wie jeder nur selbst leben und dies nicht jemandem anderen übertragen kann, so lassen sich nur persönlich Freiheit und Verantwortung, Rechte und Pflichten, Chancen und Risken übernehmen oder gar nicht. Wer im streßgeplagten Berufsalltag, vielleicht angesichts des häufigen Wechsels von Absolutheitsansprüche stellenden Regimen im mitteleuropäischen 20. Jahrhundert oder wegen anderer Prioritätensetzung von Politik nichts (mehr) wissen will, ist durchaus zu verstehen, muß sich aber über die Konsequenzen im klaren sein.
Wenn in sozialen und ökonomischen Krisen, die letztlich wiederum Symptome geistiger Fehlentwicklungen darstellen, Gesellschaften auseinanderzufallen drohen, wie beispielsweise in Kontinentaleuropa im Zuge des Ersten Weltkrieges, werfen die Gesellschaften aus Furcht vor Hunger und Bürgerkrieg die Freiheit weg und suchen bei der Autorität, oft noch bei totalitären Ideologien Zuflucht *(36)*. Was die Völker in Freiheit nicht erreichen oder vollenden können, streben sie dann durch den Appell an die Macht zu gewinnen. Tyrannis, Caesarismus, Bonapartismus und Faschismus, aber auch der Leninismus/Stalinismus sind der gewaltsame Ordnungsversuch beim Scheitern vor allem der Demokratie, im Altertum wie in jüngerer Vergangenheit. Was getan werden muß, muß getan werden, in Liberalität oder in Despotie. Es liegt an der Mündigkeit aller Beteiligten, sich in Freiheit oder autoritär zu organisieren *(37)*. Will man die anspruchsvollste Gesellschaftform, die Demokratie, die die Mündigkeit der Bürger genauso voraussetzt wie ihre Teilnahme am politischen Geschehen, dann muß diese Organisationsweise wenigstens die Minimalanforderung erfüllen, ein funktionierendes Zusammenleben zu ermöglichen. Demokratie verlangt Verantwortungsbewußtsein und Mäßigung aller Staatsbürger, mit einem Wort eine idealistische Haltung. Will eine

Interessengruppe egoistisch alles und verweigert ideologisch den anderen die Gleichberechtigung, schlittert man zwangsläufig (weil die sittliche Forderung nach geordnetem Zusammenleben nun einmal erfüllt werden will) in einen autoritären Regierungsstil, in dem wenigstens einige die staatstragende Pflicht erfüllen. Eine überlebenswillige Demokratie muß Freiheit und Ordnung miteinander verbinden *(38)*. Kann oder will sie das nicht, wird die Gesittung eben oktroiert, nur mehr die Herrschenden sind politisch frei und übernehmen zentral die sozialen Gestaltungsfunktionen, für deren Wahrnehmung sich die Beherrschten (oder die politischen Gegner) selbst als unfähig erwiesen.

Freiheit und Ordnung können sowohl verantwortungsvoll gebraucht wie verantwortungslos mißbraucht werden. Die Freiheit kann zur Anarchie und die Ordnung zur Tyrannei entarten. Freiheit und Ordnung können für Gutes wie für Böses verwendet werden, in sich vermögen sie beide Richtungen zu tragen. Das was beide verbindet und rechtfertigt, ist die Verantwortung, in letzter Konsequenz der Kategorische Imperativ. Ist er die oberste Maxime unseres Wollens, sind Freiheit und Ordnung im Ausgleich und Gleichgewicht. Da die Menschen von Haus aus unterschiedliche Begabungen zeigen, verschiedene Stärken besitzen und anderen Interessen nachgehen, verhindert nur eine dem Kategorischen Imperativ folgende Sozialethik, daß sich der Stärkere auf Kosten des Schwächeren ungehindert ausleben darf. Schon der Kategorische Imperativ ordnet die Freiheit und verneint das Laisser-faire, welches auf die Dauer die Unterdrückung der Schwächeren durch die Stärkeren hervorbringt. Das Kriterium und die Legitimation der Herrschaft haftet nicht an der physischen oder ökonomischen Stärke, sondern am sittlichen Willen. *(39)*

Es gehört zur Verantwortung, sich selbst Grenzen aufzuerlegen. Zu ihr gehört nicht nur, daß die Freiheit des Einzelnen dort endet, wo die des Nächsten beginnt, sondern daß auch die Kleinen vor den Großen und überhaupt die gesellschaftlichen Gruppen vor ihren wechselseitigen Egoismen geschützt werden. Zugleich muß sie aber noch die Entfaltungsmöglichkeiten der Begabten gewährleisten, denn auch diesen steht Freiheit zu, zumal ihre Leistungen wesentlich das gesellschaftliche Gesamtgefüge tragen und damit nicht zuletzt sogar den Schwächeren zugute kommen. Daher sind die Er-

folgreichen heute genausowenig das Ausbeutungsobjekt der Kürzertretenden, wie es seinerzeit im ethischen Sinne die Arbeiter für die Kapitalisten sein durften. Zum sozialen Ausgleich von Freiheit und Ordnung zählt folglich, den hemmungslosen Ambitionen aller Gesellschaftsschichten gewisse Zügel zu setzen. Je sittlicher die Haltung aller Beteiligten ist, desto leichter werden sie sich selbst idealistisch dazu bereitfinden; je weniger sie es freilich sind, desto mehr begeben sie sich der selbstgestalterischen Freiheit und liefern sich gesellschaftlich-staatlicher Autoritäten aus, die dann über ihn stehen und denen sie nichtmehr direkt angehören. *(40)*
Die Freiheit besteht nicht im hemmungslosen Ausleben individueller Habgier, Wollust und Selbstsucht auf Kosten der Mitwelt, sondern im Finden des klassischen Maßes, kurz im Idealismus. Niemand wird im Idealismus gezwungen, sich selbst gänzlich zu vernachlässigen, wie in ihm auch kein Platz für moralisch verbrämten Neid ist. Das eigentliche Leben des Menschen ist das geistige, sodaß im Grunde auch keine Berechtigung besteht, im Gesellschaftsleben alleine das Physische regieren zu lassen. Nicht derjenige ist der herrschaftsberechtigte »Aristokrat«, dessen ökonomischen, demagogischen oder advokatorischen Fähigkeiten obsiegen, sondern derjenige, welcher im Maßhalten den Blick fürs Ganze und für die Rechte aller behält *(41)*. Befleißigen sich alle sozialen Kräfte der selbstgewählten Zurückhaltung, dann sind sie nicht nur wirklich reif zur Selbstregierung, sondern minimieren auch noch den Bedarf an Regierung selbst. Auch das Delegieren, Dezentralisieren und Sichselbstverwaltenlassen will begriffen, verstanden und praktiziert werden. *(42)*
Wie beispielsweise das Welle-Teilchen-Problem *(43)*, die Fraktalgeometrie *(44)* oder die Synergetik zeigen *(45)*, herrschen in der Physis Freiheit und Ordnung zugleich, wodurch nichts dagegen spräche, beide Prinzipien auch sozial zu akzeptieren. Die Alternativen und freie Entwicklung zulassende Ordnung des Universums macht vor dem Gesellschaftsleben der Menschen nicht halt *(46)*. Wenn eine aufs Immanente gerichtete Mantik schon naturwissenschaftlich unsinnig ist, dann ist sie es erst recht soziologisch. Es liegt an den Menschen selbst, durch eigenes und freiwilliges Maßhalten sich das Maximum an Selbstgestaltungsmöglichkeit offen zu halten. Der Wahn des maßlosen Egoismus dauert kurz, die

Schmerzen seiner Folgen wirken aber lang. Je weniger wir uns an die physische Objektwelt verlieren und entfremden, umso freier sind wir ideell, umso reifer sind wir zur Selbstverwirklichung und umso mündiger sind wir politisch.

Von keiner einzigen, durch menschlichen Willensentschluß zustande gekommenen Verfassungsform dürfen wird uns das Ende aller irdischen Probleme und das Paradies auf Erden erwarten *(47)*. Immer aufs Neue sind wir herausgefordert, und konstant ist nur unsere auf das schlechthin Gute gerichtete Absicht *(48)*. Politisch ist homolog alles im Fluß; was gestern zutraf, gilt heute nicht mehr, und morgen ist ein Drittes gefordert. Was für die eine Kultur gut und richtig ist, muß noch lange nicht für eine andere oder gar für alle anderen stimmen. Nicht nur die Wege zu Gott sind verschieden, sondern auch die politischen Anschauungen wechseln. Wie wichtig es dazu ist, die Geschichte zu transzendieren, um überhaupt aus ihr lernen zu können, zeigt schon, daß einunddasselbe Ereignis wie ein Krieg von jeder Seite anders interpretiert wird. Der Zweite Weltkrieg zum Beispiel ist aus deutschnationaler Sicht die Fortsetzung des Ersten und ein Krieg Amerikas gegen Deutschland *(49)*. Für Frankreich ging es um die Erhaltung der im Ersten Weltkrieg mühsam genug erkämpften Hegemonie am Festland und der Kleinen Entente *(50)*. Aus sowjetischem Blickwinkel diente er als »Zweiter Großer Imperialistischer Krieg« zur gegenseitigen Aufreibung der kapitalistischen Mächte, wobei *Hitler* zu seiner Entfesselung von *Stalin* veranlaßt *(51)* und übertölpelt wurde *(52)*. Aus deutscher wie aus britischer Sicht wiederum erscheint seine Ausweitung nach Osten als deutscher Versuch, doch noch den Westen im Osten zu bezwingen *(53)*. Aus ungarischer, japanischer, italienischer, neuseeländischer oder brasilianischer Warte erscheint er wiederum anders. Neben der politischen Seite hat jeder Krieg natürlich noch die militärische *(54)*. Alle diese (keineswegs vollständigen) Sichten sind irgendwo richtig und zugleich in ihrer Verkürzung falsch. Nicht nur in der Naturwissenschaft kommt es zu einer »Pluralität der Erscheinungen« *(55)*, die allein durch ideelle Überhöhung verstanden, eingeordnet und versöhnt werden können.

Die repräsentative Demokratie war zu Beginn des 19. Jahrhunderts revolutionär, »links« und »progressiv«, heute ist sie stabil staatstra-

gend, »rechts« und im Vergleich zum Rätesystem oder zur Radikaldemokratie »konservativ«. Im feudalen und zünftischen Wirtschaftssystem war Freihandel Sprengstoff, heute ist er der Kitt der Weltwirtschaft. Als allseits anerkanntes Verbindungsglied der entwickelten Wirtschaftsmächte war er solange unbestritten, bis sich die zentrale Marktwirtschaft zum Credo der Intellektuellen mauserte. Mittlerweile scheint der Sozialismus sich als teuerste Zwischenstufe zwischen Marktwirtschaft und Marktwirtschaft zu entpuppen *(56)*. Umweltschutz und Ganzheitsdenken wurden lange als erzkonservative Romantizismen belächelt, heute überschlagen sich »rote Grüne« in ökologischen Kapriolen. Soziale Modelle enthalten keine pseudoreligiöse Ziele, sondern sind vom Idealismus flexibel handhabbar. *(57)*
Der alte Hochadel war international miteinander verwandt und seine Politik übernational *(58)*, dann wurde es modern, national zu sein. Der fortschrittliche Nationalismus überwand im Verein mit dem Liberalismus das reaktionäre »Zopfsystem«. Inzwischen entdeckten die neuen nationalen politischen Eliten, allerdings hervorgerufen durch das Fiasko ihrer eigenen Chauvinismen in den beiden europäischen Bürgerkriegen, den Internationalismus wieder. Zu dieser Erkenntnis hätte man sich den Umweg über die neue Oberschicht freilich ersparen können. Immer ist es für Intellektuelle chique, gegen das Herrschende zu sein - bis man selbst regiert. Dann plötzlich ist für dieselben Kreise die Repression der Anderen nicht mehr reaktionär. Ein österreichische Sprichwort nach dem Ersten Weltkrieg lautete: »Das selbe Werkel, eine neue Clique und fertig ist die Republik.« Revolutionen sind tatsächlich der schmerzlichste Übergang von der Herrschaft der einen Oberschicht zu der einer anderen *(59)*. Tendierte die »Staatsklasse« noch im Merkantilismus zur Planwirtschaft, huldigte sie im Liberalismus dem Freihandel, um im Sozialismus zur Planwirtschaft zurückzukehren, um schließlich neoliberal wieder zur Marktwirtschaft zu schwenken. Soziologische Interessen und Positionen ersetzen weder Teleologie noch Ethik und können idealistisch als Paradigmen eklektisch zur Umsetzung höherer Ideen eingesetzt werden.
Der Sozialismus vermochte marxistisch international zu sein, aber auch national *(60)* und faschistisch *(61)*. Der vormarxistische So-

zialismus war offen hegelianisch und damit idealistisch inspiriert *(62)*. Auch noch später existierten nicht nur republikanische Sozialismen, sondern sogar monarchistische *(63)* und kirchenchristliche *(64)*. Ein solchermaßen vielgestaltiger Sozialismus entpuppt sich damit als transzendierbar und nicht als monolitischer Ersatzgott.

Die moderne Demokratie zeigte sich seit der Französischen Revolution nationalistisch *(65)*, wurde dann unter marxistisch-sozialdemokratischem Vorzeichen wenigstens fraktionsweise international und ist es heute im Grund in allen Parteien. Sogar die »Nationalen« sind wenigstens in Europa zu »Internationalisten« geworden. Der Liberalismus war ursprünglich national *(66)*, heute ist er internationalistisch; dasselbe gilt für den Republikanismus. Wie in Italien ein Monarcho-Faschismus möglich war *(67)*, so konnte man in Deutschland ein kaisertreuer Demokrat sein *(68)*. In Nordamerika nennt sich »konservativ«, was in Europa wirtschaftsliberal heißt; dafür entspricht der amerikanische »Liberalismus« der europäischen Sozialdemokratie *(69)*. Eine monistische Lösung der Welträtsel kann aus so vielschichtigen und wechselhaften Begriffen wohl nicht abgeleitet werden, vielmehr verlangen sie geradezu nach ideeller Verarbeitung.

Waren die Monarchisten des ancien régime übernational *(70)*, so fühlten die späteren Monarchisten national *(71)*. Gilt der Monarchismus gerne als verstaubt und antiquiert, so war doch er es, der den modernen Staat mit seinen zentralistischen Tendenzen und etatistischen Instrumenten geschaffen hat *(72)*. Gegen sie wendet sich exakt der heutige Regionalismus und Autonomismus, dessen Pendent in den vorabsolutistischen Zeiten die Selbstverwaltung der ständischen Monarchien, aristokratischen Republiken und patrizischen Städte bildete. So haben heute die »modernen« Nationalstaaten mit regionalen und Minderheitenproblemen zu kämpfen, die die »reaktionären« Feudalsysteme nicht kannten. Neben der Internationale der Arbeiterbewegung (besser: ihrer intellektuellen Führer und Funktionäre) gibt es auch noch eine der Wissenschafter und eine des Adels *(73)*. Die Entscheidung zwischen Regionalismus, Nationalbewußtsein und Internationalismus hat für einen Idealisten keinen eschatologischen Charakter, sondern ist fallweise transzendental und nicht mantisch zu treffen.

Der Bolschewismus zählt gemeiniglich zuerst als internationalistisch und seit *Stalin* als sowjetrussisch, hatte aber auch eine deutschnationale Abart *(74)* - von den rotchinesischen Ambitionen *(75)* oder titoistischen Unabhängigkeitswünschen *(76)* innerhalb eines »naturwissenschaftlich notwendigen« proletarischen Internationalismus ganz zu schweigen. Universalreligionen wiederum sind per definitionem übernational, und doch sind Kirchen immer wieder Stütze und Initiatoren von nationalen Befreiungsbewegungen. Kulturtragende Religionsorganisationen müssen zu ihrer allgemeinen soziologischen Wirksamkeit alle sozialen Schichten ansprechen und umfassen, was sie auch immer wieder taten, trotzdem sind Kirchen stets auch um eine soziale Befreiung der Unterschichten bemüht. Sie nehmen einmal Partei für die Ohnmächtigen, dann wieder für die Machthaber; bisweilen verschmähen sie eine Privilegierung, dann kämpfen sie wieder zäh darum und halten klerikal an ihr eisern fest. Das Bündnis von Thron und Altar oder die Förderung eines »politischen Katholizismus« et cetera zu einer Zeit schließt die freudige Trennung von Staat und Kirche oder eine »Entpolitisierung der Kirche« zu einer anderen Zeit nicht aus *(77)*. Säkulare wie echte Religionsorganisationen sind also auch nicht der letzte Gipfel ideeller Überhöhungsmöglichkeit.

Der Idealismus steht nicht nur über den Ideologien, Utopien und Klerikalismen, sondern auch über einzelnen soziologisch-politologischen Modellen und weiß sich darin in der besten Gesellschaft mit der wirklich modernen Naturwissenschaftstheorie *(78)*. Der Idealist bedient sich der provisorischen, unvollständigen und unscharfen Theorien und Modelle nicht aus dem technokratischen Glauben, eine richtige Kombination perfekter Modelle ermögliche einen ungestörten gesellschaftlichen Automatismus *(79)*, vielmehr instrumentalisiert er sie aus ethischer Absicht. Im rein technischen Bereich und in einzelnen deterministischen Modellen mögen technokratische Vorstellungen brauchbar sein *(80)*, doch zur sozialen und politischen Gestaltung wären sie für sich alleine genauso reduktionistisch wie die ideologischen. Die Zukunft ist keine lineare Vorsetzung einer seinerzeit bereits nichtlinearen Wirklichkeit. Wille und Ethik sind unverzichtbar, doch nichts steht im Wege, idealistisch alle bisherige Erkenntnis zu nützen. Für das eine

Problem wird dieses Modell besser passen, und für das andere ist jene Theorie ethisch günstiger nutzbar zu machen. Allein Sklaven sind wir von keinem dieser Gedanken und Produkte.

(1) Die folgenden Überlegungen beruhen im Wesentlichen auf der Auseinandersetzung mit: Joseph NEEDHAM, Wissenschaftlicher Universalismus. Über Bedeutung und Besonderheit der chinesischen Wissenschaft. Herausgegeben, eingeleitet und übersetzt von Tilman SPENGLER. Suhrkamp Verlag, Frankfurt a.M. 1977.

(2) Jürgen THORWALD, Macht und Geheimnis der frühen Ärzte. Ein Buch über die Anfänge der Medizin. Ägypten-Babylonien-Indien-China-Mexiko-Peru. Verlag Droemer-Knaur, München 1962.

(3) Walter PAGEL, Giordano Bruno; the Philosophie of Circles and the Circlar Movement of the Blood (dt. »Giordano Bruno; die Philosophie des Kreises und der Blutkreislauf«). In: Journal of the History of Medicine and Allied Sciences 116, 1951, S 6 ff.

(4) Siehe Fußnote 1, S 153.

(5) George Spencer BROWN, Laws of Form (dt. »Formgesetze«). Verlag Julian, New York 1972.

(6) Siehe Fußnote 1, S 163.

(7) Siehe Fußnote 1, S 164, 166-175.

(8) Immanuel KANT, Metaphysische Anfangsgründe der Naturwissenschaft. Gesammelte Schriften (Akademie-Ausgabe), Band IV. Verlag Georg Reimer, Berlin 1903. Reprint Verlag Walter de Gruyter, Berlin 1968.

(9) J(ohann) J(akob) M(aria) de GROOT, Universismus. Die Grundlagen der Religion und Ethik des Staatswesens und der Wissenschaft Chinas. Georg Reimer Verlag, Berlin 1918.

(10) Siehe Fußnote 1, S 156.

(11) Zbigniew BREZINSKI, Das gescheiterte Experiment. Der Untergang des kommunistischen Systems. Aus dem Amerikanischen von Hilde LINNERT und Uta SZYSZKOWITZ. Verlag Carl Ueberreuter, Wien 1989.

(12) Vergleiche zum Problem des Ausschlusses zweier gegensätzlicher Prinzipien: Georg PFLIGERSDORFFER, Augustino praeceptori. Gesammelte Aufsätze zu Augustinus. Herausgegeben von Karl FORSTNER und Maximilian FUSSL. Abakus Verlag, Salzburg 1987, S 15-31.

(13) siehe Fußnote 1, S 61-86.

(14) Milovan DJILAS, Die neue Klasse. Eine Analyse des kommunistischen Systems. Ins Deutsche übertagen von Reinhard FEDERMANN. Kindler Verlag, München 1957.

(15) Michael S(ergejewitsch) VOSLENSKY, Nomenklatura. Die herrschende Klasse der Sowjetunion. Aus dem Russischen von Elisabeth NEUHOFF. 2. Auflage. Verlag Fritz Molden, Wien 1980.

(16) Andrej SINJAWKSIJ, Der Traum vom neuen Menschen oder Die Sowjetzivilisation. Aus dem Russischen von Swetlana GEIER. Mit einem Glossar für die deutsche Ausgabe von Alexander KASAKEWITSCH und Elisabeth RUGE. S. Fischer Verlag, Fankfurt a.M. 1989.

(17) Fritjof CAPRA, Das Tao der Physik. Die Konvergenz von westlicher Wissenschaft und östlicher Philosophie. Vom Autor revidierte und erweiterte Neuausgabe von »Der kosmische Reigen«. Scherz Verlag, Bern 1984.

(18) Im kenntnisreichen und gut belegten Nachweis des chinesischen Beitrages zu Wissenschaft und Technik und der mittelalterlichen »Kulturdrift« von Asien nach Europa liegt das Hauptverdienst von: Joseph NEEDHAM, Science and Civilization in China (dt. »Wissenschaft und Zivilisation in China«). Bislang 7 Bände. Cambridge University Press, Cambridge 1954.

(19) Hans-Georg BEHR, Die Moguln. Macht und Pracht der indischen Kaiser 1369-1857. Econ Verlag, Wien 1979, S 257.

(20) Siehe Fußnote 1, S 83.

(21) Tilman SPENGLER, Biographische Notiz zu Joseph Needham. In: Joseph NEEDHAM, Wissenschaftlicher Universalismus. Über Bedeutung und Besonderheit der chinesischen Wissenschaft. Herausgegeben, eingeleitet und übersetzt von Tilman SPENGLER. Suhrkamp Verlag, Frankfurt a.M. 1977, S 56-57.

(22) Siehe Fußnote 1, S 190.

(23) Hans-Peter DÜRR (Herausgeber), Physik und Transzendenz. Scherz Verlag, Bern 1986.

(24) Manfred EIGEN und Ruthild WINKLER, Das Spiel. Naturgesetze steuern den Zufall. 7. Auflage. Piper Verlag, München 1985.

(25) Hans-Jürgen PFISTNER, Handlungsfreiheit und Systemnotwendigkeit. Ein Beitrag zu der Frage: Was ist Psychologie? Verlag Hogrefe, Göttingen 1987.

(26) Zur »Polykratie« im lokalen Nationalsozialismus siehe: Ernst HANISCH, Nationalsozialistische Herrschaft in der Provinz. Salzburg im Dritten Reich. Amt der Salzburger Landesregierung/Landespressebüro, Salzburg 1983 (Salzburger Dokumentationen Nr. 71).

(27) Otto (Eduard Leopold) Fürst von BISMARCK, Gedanken und Erinnerungen. Band III. J.G.Cotta'sche Buchhandlung, Stuttgart 1919, S 19.

(28) Henry A. KISSINGER, Großmachtdipolmatie. Von der Staatskunst Castlereaghs und Metternichs. Aus dem Amerikanischen von Horst JORDAN. Econ Verlag, Düsseldorf 1962.

(29) Theodor MOMMSEN, Römische Geschichte. Band I, Könige und Konsuln. Von den Anfängen bis zum Untergang der Republik. Neu bearbeitet von Herbert LEONHARDT. Bertelsmann Verlag, Gütersloh o.J..

(30) Immanuel KANT, Metaphysische Anfangsgründe der Rechtslehre. Neu herausgegeben von Bernd LUDWIG. Felix Meiner Verlag, Hamburg 1986 (Philosophische Bibliothek 360).

(31) Zum Vollzug der Transzendenz in der Immanenz: Emmerich (Graf) CORETH S.J., Metaphysik. Eine methodisch-systematische Grundlegung. 3. Auflage. Tyrolia-Verlag, Innsbruck 1980, S 425-490.

(32) Pierre CHANNU, Die Wurzeln unserer Freiheit. Universitas Verlag, München 1982.

(33) Helmut SCHELSKY, Der selbständige und der betreute Mensch. Politische Schriften und Kommentare. Seewald Verlag, Stuttgart 1976.

(34) Rudolf WASSERMANN, Die Zuschauerdemokratie. Econ Verlag, Düsseldorf 1976.

(35) Zur Brutalität, Korruption und Unappetitlichkeit selbst der »demokratischen« Lokalpolitik eines kleinen Landes siehe: Ottilie MATYSEK, Die Machthaberer. Orac Verlag, Wien 1987.

(36) Martin JÄNICKE, Totalitäre Herrschaft. Anatomie eines politischen Begriffs. Verlag Duncker und Humblot, Berlin 1971.

(37) Zum Problem und auch Gegensatz autoritär-totalitär siehe: Hans BUCHHEIM, Totalitäre Herrschaft. Wesen und Merkmale. Kösel Verag, München 1962.

(38) Eduard HEIMANN, Freiheit und Ordnung. Lehren aus dem Kriege. Arani-Verlag, Berlin 1950.

(39) Vergleiche den Universalismus aus der Sicht von *Othmar Spann*: Arnulf RIEBER, Vom Positivismus zum Univeralismus. Untersuchungen zur Entwicklung und Kritik des Ganzheitsbegriffs von Othmar Spann. Verlag Duncker und Humblot, Berlin 1971.

(40) Daß auch Demokratien totalitär werden können, siehe bei: Jacob Laib TALMON, Die Ursprünge der totalitären Demokratie. Westdeutscher Verlag, Köln 1961.

(41) Wirkliche Konservative tendieren nicht zum Absolutismus, sondern zur abgestuften Teilhabe an der Macht, siehe: Georg WEIPPERT, Das Prinzip der Hierarchie. Hanseatische Verlagsanstalt, Hamburg 1932.

(42) Henri BRUGMANS & Pierre DUCLOS, Le Fédéralisme Contemporain. Critéres, Institutions, Perspectives (dt. »Der gegenwärtige Föderalismus. Kriterien, Institutionen, Perspektiven«). Verlag A.W. Sythoff, Leiden 1963.

(43) Werner HEISENBERG, Der Teil und das Ganze. Gespräche im Umkreis der Atomphysik. 3. Auflage. Deutscher Taschenbuch Verlag, München 1976 (dtv 903).

(44) Benoit MANDELBROT, Die fraktale Geometrie der Natur. Aus dem Englischen von Reinhilt und Ulrich ZÄHLE. Birkhäuser Verlag, Basel 1987.

(45) Hermann HACKEN, Advanced Synergetics (dt. »Fortgeschrittene Synergetik«). Springer Verlag, Berlin 1983.

(46) John BROCKMAN, Die Geburt der Zukunft. Die Bilanz unseres naturwissenschaftlichen Weltbildes an der Schwelle des neuen Jahrtausends. Aus dem Amerikanischen von Karl Heinz SIBER. Scherz Verlag, Bern 1986.

(47) Vergleiche im Folgenden: Wolfgang CASPART, Handbuch des praktischen Idealismus. Universitas Verlag, München 1987, S 219-260.

(48) Zur Frage der »ewigen Wiederkehr« und der Einmaligkeit siehe: Mircea ELIADE, Der Mythos der Ewigen Wiederkehr. Diederichs Verlag, Düsseldorf 1953.

(49) Heinrich HÄRTLE, Amerikas Krieg gegen Deutschland. Wilson gegen Wilhelm II. - Roosevelt gegen Hitler. Schütz Verlag, Göttingen 1968.

(50) Raymond CARTIER, Der zweite Weltkrieg. 2 Bände. Piper Verlag, München 1982.

(51) Viktor SUWOROW, Der Eisbrecher. Hitler in Stalins Kalkül. Aus dem Russischen von Hans JÄGER. Verlag Klett-Cotta, Stuttgart 1989.

(52) Ernst TOPITSCH, Stalins Krieg. Die sowjetische Langzeitstrategie gegen den Westen als rationale Machtpolitik. Günter Olzog-Verlag, München 1985.

(53) Hartmut SCHUSTEREIT, Vabanque. Hitlers Angriff auf die Sowjetunion als Versuch, durch den Sieg im Osten den Westen zu bezwingen. Verlag E.S. Mittler, Herford 1988.

(54) Die unübertroffenste alliierte Militärgeschichte und überhaupt gut ist: Basil Henry LIDDELL HART, Geschichte des Zweiten Weltkrieges. 2 Bände. Aus dem Englischen von Wilhelm DUDEN und Rolf Hellmut FÖRSTER. Econ Verlag, Düsseldorf 1972.

(55) Paul HOYNINGEN-HUENE, Die Wissenschaftsphilosophie Thomas S. Kuhns. Rekonstruktion und Grundlagenprobleme. Mit einem Geleitwort von Thomas S(amuel) KUHN. Friedrich Vieweg Verlag, Braunschweig 1989, S 41 ff.

(56) Zum Wandel der wirtschaftswissenschaftlichen Moden siehe: John Kenneth GALBRAITH, Entmythologisierung der Wirtschaft. Grundvoraussetzungen ökonomischen Denkens. Paul Zsolnay Verlag, Wien 1988.

(57) Weltanschauungen als Religionsersatz siehe: Carl Christian BRY, Verkappte Religionen. 3. erweiterte Auflage mit einer Einführung von Ernst Wilhelm ESCHMANN. Verlag Edmund Gans, Lochham 1963.

(58) Wie sehr dies bereits am Ende des Mittelalters und zu Beginn der Neuzeit zutraf, zeigt das Beispiel der Familie Borgia: Ivan CLOULAS, Die Borgias. Biographie einer Familiendynastie. Aus dem Französischen von Enrico HEINEMANN. Benziger Verlag, Zürich 1988.

(59) Zur Elitetheorie *Vilfredo Paretos* siehe: Gottfried EISERMANN, Vilfredo Pareto. Ein Klassiker der Soziologie. Verlag Mohr-Siebeck, Tübingen 1987.

(60) Raymond ARON, Die deutsche Soziologie der Gegenwart. Eine systematische Einführung. Aus dem Französischen übersetzt und bearbeitet von Iring FETSCHER. Alfred Kröner Verlag, Stuttgart 1953.

(61) Ernst NOLTE, Der Faschismus in seiner Epoche. Die action francais - Der italienische Faschismus - Der Nationalsozialismus. Piper Verlag, München 1963.

(62) Pierre-Joseph PROUDHON, Systéme des contradictions économiques, ou philosophie de la misére (Dt. »System der ökonomischen Widersprüche oder Philosophie des Elends«). Deutsch bearbeitet von Karl GRÜN. Neudruck. Scientia Verlag, Aalen 1967.

(63) Erich THIER (Herausgeber), Wegbereiter des deutschen Sozialismus. Eine Auswahl aus ihren Schriften. Alfred Kröner Verlag, Stuttgart 1940.

(64) Heinz BUDDE, Handbuch der christlich-sozialen Bewegung. Paulus-Verlag, Recklinghausen 1967.

(65) Ernst SCHULIN, Die Französische Revolution. Verlag C.H. Beck, München 1988.

(66) Hans-Ulrich WEHLER. Deutsche Gesellschaftsgeschichte. 2. Band. Von der Reformära bis zur industriellen und politischen Doppelrevolution 1815-1845/49. Verlag C.H. Beck, München 1987.

(67) Renco De FELICE, Der Faschismus. Ein Interview von Michael A. LEDEEN. Mit einem Nachwort und übersetzt von Jens PETERSEN. Verlag Klett-Cotta, Stuttgart 1977.

(68) Kurt KOSZYK, Gustav Stresemann. Der kaisertreue Demokrat. Eine Biographie. Verlag Kiepenheuer und Witsch, Köln 1989.

(69) Dieter KRONZUCKER und Klaus EMMERICH, Das amerikanische Jahrhundert. Econ Verlag, Düsseldorf 1989.

(70) Emmanuel Le Roy LEDURIE (Herausgeber), Les Monarchies (dt. »Die Monarchien«). Centre d'Analyse Comparative des Systèmes Politiques, Band IV. Presses Universitaires de France, Paris 1986.

(71) Friedrich EVERLING, Wiederentdeckte Monarchie. Brunnen-Verlag, Berlin 1932.

(72) Mohammed RASSEM, Die Volkstumswisssenschaften und der Etatismus. Zweite, um einen Anhang vermehrte Auflage. Mänder Kunstverlag, Mittenwald 1979.

(73) Marion Gräfin DÖNHOFF, Kindheit in Ostpreußen. Siedler Verlag, Berlin 1988, S ???.

(74) Karl O(tto) PAETEL, Reise ohne Uhrzeit. Autobiographie. Herausgegeben und bearbeitet von Wolfgang D. ELFE und John M. SPALEK. Verlag Georg Heinz, Worms 1982. Derselbe, Das Nationalbolschewistische Minifest. Selbstverlag, Berlin 1933.

(75) Philippe DEVILLERS, Was Mao wirklich sagte. Aus dem Französischen von Wolfgang TEUSCHL. Verlag Fritz Molden, Wien 1967.

(76) Milovan DJILAS, Tito. Eine kritische Biographie. Aus dem Serbo-Kroatischen von Peter WALCKNER. Verlag Fritz Molden, Wien 1980.

(77) Edward SCHILLEBEECKX (Herausgeber), Mystik und Politik. Theologie im Ringen um Geschichte und Gesellschaft. Johann Baptist Metz zu Ehren. Matthias-Grünewald-Verlag, Mainz 1988.

(78) (Sir) Karl Raimund POPPER, Logik der Foschung. 8. weiter verbesserte und vermehrte Auflage. Mohr Verlag, Tübingen 1984.

(79) Henry ELSNER Jr., The Technocrats. Prophets of Automation (dt. »Die Technokraten. Propheten der Automation«). Syracuse University Press, Syracuse/New York 1967.

(80) William E. AKIN, Technocracy and the American Dream. The Technocrat Movement (dt. »Technokratie und der amerikanische Traum. Die technokratische Bewegung«). University of California Press, Berkeley 1977.

13. KAPITEL

Elemente realistischer Politik

Vor allem aus ethischer Verantwortung für seine Mitwelt wendet sich der Idealist auch der Politik zu. Da jede Erkenntnis aus dem Handeln und dieses wieder aus dem sittlichen Willen entspringt *(1)*, führt jeder bewußte Idealismus grundsätzlich zu einer Tätigkeit, sodaß in weiterer Folge auch ein politisches Engagement erwächst. Der Idealist wird sich von der Politik nicht das Paradies auf Erden erwarten, dazu ist ihm die Immanenz zu nichtig und das, was er in ihr erkennen kann, zu provisorisch *(2)*, unvollständig *(3)*, unscharf *(4)* und relativ *(5)*. Doch wird sie ihn auch nicht gleichgültig lassen, denn er handelt nicht in luftleerem Raum und weiß sich von den Wechselwirkungen mit anderen Willen betroffen. Angesichts der metaphysischen Anfangsgründe *(6)* und Ergebnisse der modernen Naturwissenschaft *(7)* besteht kein Grund, irgendeine empirische Theorie oder ein einziges Modell überzubewerten. Vielmehr wird sich der Idealist flexibel der naturwissenschaftlichen Theorien und Modelle bedienen, um in seinen politischen Handlungen dem ethischen Anliegen realistisch und rational zum Durchbruch zu verhelfen. *(8)*

Der Realismus in der Lebensbewältigung und damit letztlich auch in der Politik liegt nicht in der Absolutsetzung einer beliebigen Theorie, Utopie oder Konfession, sondern in der gekonnten transzendentalen und ethischen Handhabung beschränkter Modelle *(9)*. Weder im Begreifen noch in der Tat determiniert uns die Immanenz wirklich durchgängig *(10)*, geschweige denn ein willkürlicher ideologischer, utopischer oder klerikaler Ansatz. Gerade in der klaren Einsicht vom meta-physischen Charakter unserer Erkenntnisse, unseres Willens und unserer Welt liegt der wahre Realismus *(11)*. Realistisch ist nicht ein materialistischen Mechanismus, Positivismus oder Atomismus, sondern die Universalität eines entelechetischen Idealismus. *(12)*

Wie eine geisteswissenschaftliche wird auch eine naturwissenschaftliche Soziologie und Politologie nicht unrealistisch ausschließlich auf mechanistische Paradigmen vertrauen oder gar bloß eine materialistische Theorie absolutsetzen dürfen, sondern sich Rechenschaft über die Angemessenheit ihrer Modelle ablegen müssen *(13)*. Das dazu erforderliche Maß wird realistisch allemal transzendental und nicht immanent gesetzt, denn selbst wenn erfindungsreichen Menschen das grundsätzlich unmögliche *(14)* Kunststück gelänge, durch unendliche Sezierung von Materieklumpen die Welträtsel bis in die hintersten Winkel der letzten der Myriaden von Galaxien *(15)* wirklich zu lösen, so triumphierte damit immer noch nicht die Raffinesse der Materie, sondern die Subtilität des Geistes *(16)*. Angesichts der metaphysischen Anfangsgründe und Ergebnisse der modernen Naturwissenschaft *(17)* wäre durch nichts einzusehen, warum ausgerechnet die Soziologie von ihren idealistischen Implikationen ausgenommen sein sollte. Auch politische und gesellschaftliche Macht unterliegt der Moral *(18)*, die sich der verschiedenen Modelle bedienen darf. In der Rezeption wie der Kommunikation von Wirklichkeit und Wahrheit kommen wir realistischerweise nie um die Allmacht der ideellen Begriffe herum *(19)*, sodaß wir auch für die gesellschaftlichen Wirklichkeitsgestaltung zum konsequenten Idealismus mehr als »berechtigt« sind. Nicht nur die Natur verhält sich nichtlinear *(20)*, sondern auch die System-Umwelt-Beziehungen sind es und zudem noch selbsttragend *(21)*. Da sich die sittlichen Normen in einem ständigen Anpassungsprozeß selbst regulieren, sind wir sogar herausgefordert und »verpflichtet«, der Idee des Guten an sich in allen legitimen Variationen zum systematischen Durchbruch zu verhelfen *(22)*. Wenn die entelechetische Ganzheitlichkeit nicht nur im Gestalterkennen *(23)*, sondern auch in der Biologie der biologischen Gestaltbildung zur Geltung kommt *(24)*, dann wird es auch im sozialpolitischen Handeln nicht nur erlaubt, sondern sogar geboten sein, dem Kategorischen Imperativ als dem zugrundeliegenden Prinzip realistischen Handelns zu folgen.

Einfach wäre es, sich in Philosophenstolz, transzendentaler Selbstgewißheit und akademischer Selbstzufriedenheit zurückzulehnen und überlegen lächelnd auf die misera plebs herabzublicken, wie sie hektisch und hilflos im Materialismus zappelt. Die sittlich bedingte Hinwendung des Idealismus zur Mitwelt stellt den einzigen, aber entscheidenden Grund dar, warum sich realistische Menschen überhaupt mit der Immanenz und schließlich mit der Politik befassen *(25)*. Um sich nicht nach außen hin opportunistisch anzupassen, sondern sich der Feindschaft politisierender Materialisten ausgesetzt zu wissen, dazu gehört eine ordentliche Portion Realismus. Bequemer wäre es, mit der Welle oberflächlichen Materialismus zu treiben, sich seinen Teil zu denken und die materialistische Politik sich selbst im Kreis drehen zu lassen *(26)*. Allein zum ganzen Menschsein und zur Findung des Lebenssinns gehört es, dem erkennenden Prinzip des sittlichen Handelns auch hinsichtlich der praktischen Lebensgestaltung bis hin zur Politik nachzugehen.

So irreal es wäre, ernstlich an die Politik oder gar an einzelne sozio-politische Heislehren eschatologische Erwartungen zu stellen, so real ist es freilich, daß manche soziologische Modelle, politische Leitgedanken und historische Bemühungen tatsächlich fruchtbar waren und sind. Nicht die Anstrengungen und Hoffnungen der Menschen sind vergeblich gewesen, sondern die Nichttranszendierung und Absolutsetzung ihrer Ambitionen sind inkorrekt. Ein konsequenter Idealismus als wirklicher »Realismus« darf sich daher in ethischer Verantwortung durchaus diverser empirischer Modelle bedienen, ja hat sie sogar in seinen Dienst zu stellen, denn erst durch ihn erhalten sie konstruktive Gestalt *(27)*. Sozialphilosophisch wird der Idealismus selbst unterschiedliche soziologische Modelle und politische Ordnungsvorstellungen anerkennen können, ohne sie jedoch im einzelnen überzubewerten. Realistischerweise werden Liberalismus, Sozialismus, Konservatismus oder Nationalismus neben ihren negativen Seiten und nichtverabsolutiert auch positive Aspekte in sich tragen. Wechselseitig werden sich ihre Positiva ergänzen und ihre Negativa ausschließen - wie in Analogie die »reinen« Staatsformen absolut gesetzt entarten, aber ihre Vorzüge im »regimen mixtum« kombiniert behalten *(28)*. Voraussetzung dazu bleibt die transzendentalphilosophische Überhöhungsfähigkeit empirischer Phänomene, Theorien und Paradigmen.

Der Liberalismus als das politische System der Freiheit *(29)* müßte eigentlich dem Idealismus am nächsten liegen, denn in ihm drückt sich der grundsätzliche Indeterminismus der Transzendentalphilosophie aus. Doch liegt die crux im Verständnis der Freiheit: Als Wille zur Selbstverantwortung ist sie eine Freiheit »wozu« und

nicht bloß eine »wovon«. In diesem Sinne vermag die Freiheit ihren Platz geltend zu machen und sich ihr Recht zu erstreiten. Faßt man sie allerdings wie vielfach im historisch wirksam gewordenen Liberalismus bloß als eine Freiheit »von etwas« auf, dessen Vakuum »natürliche« ökonomische, biologische, soziale et cetera Urkräfte selbsttätig ausfüllen sollten, landet man prompt wieder im ideologischen Denken. Statt »zu etwas«, nämlich zur Sittlichkeit, frei zu sein, überantwortet man sich einem universell verstandenen »freien Spiel der Kräfte« und wurzellosen Laisser-faire ohne Sinn und Ziel und rechtfertigt die Beliebigkeit des eigenen Standpunktes mit willkürlichen Verabsolutierungen empirischer Theorien. So wichtig es ist, daß sich die Verschiedenheit der Charaktere und die Fähigkeiten der Individuen kreativ in der Gemeinschaft frei entwickeln können, so ist die »Wovon«-Freiheit des Individuums nicht nur utilitaristisch wie bei *Mill (30)*, sondern auch absolut kein Selbstzweck und bleibt im »Wozu« auf die Idee des Guten an sich hin ausgerichtet.
Letztlich kann es keine politische Freiheit und Demokratie ohne wirtschaftliche Freiheit geben *(31)*. Wie seit jeher der Liberalismus seine Stärke im Wirtschaftlichen hat, so liegt seine Schwäche im Sozialen. Im Grunde sind die Sozialisten die heftigsten Gegner des ökonomischen Liberalismus, doch gerade die sozialistische zentrale Planwirtschaft versagt(e) als alternative politische Ökonomie am eklatantesten. Sozialistische Wirtschaftsrezepte entlarv(t)en sich genau an dem Ort als am unbrauchbarsten, wo sie am radikalsten in die Tat umgesetzt wurden, in den kommunistischen Staaten *(32)*. Die Ineffizienz des Planungszentralismus beruht nämlich exakt auf dem materialistischen Vorurteil der mechanistischen Linearität: In Wahrheit funktionieren nämlich komplexe Erscheinungen, zu denen zweifellos auch moderne Volkswirtschaften zu zählen sind, saltatorisch, nichtlinear und synergetisch. *(33)*
Von einer Zentrale aus in Gang gesetzte lineare Planungsmechanismen behindern die sich frei entwickelnden, indeterministischen Wirtschaftsfaktoren, tun ihnen Gewalt an und landen im Planungsdesaster. Im Fehlen hochzentralisierter, mit voller Durchsetzungsmacht ausgestatteter und linear durchplanender Wirtschaftsbürokratien liegt die eigentliche Stärke liberaler, dezentraler und flexibel reagierender Wirtschaften *(34)*. Genau aus

demselben Grund haben sich auch in liberalen hochkapitalistischen Ökonomien nie dauerhafte Monopole zu entwicklen vermocht. Staats- wie privatkapitalistische Monopole sind zu starr und mechanistisch, um in der nichtlinearen, fraktalen, selbstorganisierenden, synergetischen und letztlich indeterministischen Wirklichkeit bestehen zu können. »Rational« wären beide Systeme, doch der Liberalismus erkennt im Markt das Wesen der indeterministischen Wirklichkeit an, wogegen der Planungssozialismus von einer irrigen monokausalen Linearität ausgeht. *(35)*
Der zur transzendentalen Überhöhung fähige Idealist wird folglich dem liberalen Wirtschaftsansatz seine Anerkennung nicht verweigern: Für ihn spricht seine Effektivität sowie der Umstand, daß er von der politisch-sozialen Freiheit einfach nicht wegzudenken ist *(36)*. Zugleich wird er in seiner, empirischen Theorien gegenüber grundsätzlich eklektischen Haltung durch den Umstand bestärkt, daß es nicht »die liberale Wirtschaftslehre« schlechthin gibt, sondern sich seit *Adam Smith* diverse Schulen herausgebildet haben *(37)*. Allen liegt der Begriff der ökonomischen Freiheit zu Grunde, wenngleich ältere Theorien im für Ideologien typischen Systembruch noch durchaus linearen Modelle entwickelten, insbesondere in Fragen der Preisbildung *(38)*. Ihre besondere Stütze findet eine moderne liberale Wirtschaftswissenschaft in den bifurkatorischen, fraktalen, »chaostheoretischen«, synergetischen und nichtlinear-mathematischen Modellen, die sich vom alten Determinismus freigemacht haben *(39)*. Diese letztlich ganzheitlichen Ansätze überwinden die ideologische Verabsolutierung des rein Ökonomischen und verweisen darauf, daß der »nackte« Liberalismus in größere Zusammenhänge einzubinden und selbst zu transzendieren ist.
Wie sehr die liberale Wirtschaft ganzheitlich überhöht gehört, hat schon vor der Entdeckung der nichtlinearen Mathematik das liberale Versagen im sozialpolitischen Bereich gezeigt und zu entsprechenden, christlich-ständestaatlich motivierten Einbindungen geführt *(40)*. Nach dem Zweiten Weltkrieg ist die »soziale Marktwirtschaft« als soziale Überhöhung des Liberalismus und als Verbindung der freien Wirtschaft mit der sozialen Verantwortung zu verstehen *(41)*. Seit jüngerer Zeit wird allgemein der Konnex zwischen Umwelt und Wirtschaft sowie die Einbettung der Öko-

nomie in die Ökologie eingesehen und anerkannt *(42)*. Entstanden nicht zuletzt als Antwort auf den unüberhöhten Laissez-faire-Liberalismus demonstrierten trotz aller ideologischen Verzerrungen selbst der Marxismus *(43)* und Nationalsozialismus *(44)* die Notwendigkeit der Einbindung der liberalen Wirtschaft in ein übergeordnetes System, der eine historisch-dialektisch und der andere national-integralistisch. Folglich wird auch der Idealismus die freie Wirtschaft bei aller ihrer Brauchbarkeit nicht zum obersten Gott erheben, sondern sie ganzheitlich überhöhen und ethisch instrumentalisieren.

Den Ausgleich des sozialen Defizits des Liberalismus *(45)* suchten und suchen überall die Sozialismen verschiedenster Couleur *(46)*. Durch die ökonomische, soziale und geistige Entwurzelung weiter Bevölkerungskreise in der industriellen Revolution hat der Liberalismus seinen Feind, den Sozialismus, geradezu selbst gezeugt. Insofern ist der Sozialismus eine notwendige Ergänzung des Liberalismus *(47)*. Und genauso wie sein Widerpart, der Liberalismus, nicht letzter Selbstzweck ist und überhöht gehört, stellt auch der Sozialismus nicht das höchste Ziel schlechthin dar und muß transzendiert werden. Vom Standpunkt der höchsten Ideen aus sind Sozialismus und Liberalismus versöhnbar und gemeinsam zu vertreten. Ethisch in die Pflicht genommen wird der Sozialismus wie vor ihm der Liberalismus »entschärft« und als sittliches Instrument konstruktiv *(48)*. Verabsolutiert würde er wie alle sonstigen generalisierten empirischen Theorien zur destruktiven Ideologie degenerieren, doch als moralisches Anliegen besitzt er neben anderen durchaus seine idealistische Legitimität. Transzendentalphilosophisch sind nur die materialistischen und ideologischen Sozialismen abzulehnen, die sittlichen *(49)*, religiösen *(50)* oder hegelianischen *(51)* hingegen ohne weiteres zu akzeptieren. In ein übergreifendes Gesamtsystem eingebettet vermag der Sozialismus den ökonomischen Liberalismus zu korrigieren.

Als moralische Vorstellung bildet der Sozialismus keine historische Endstation, sondern will ständig aufs neue ethisch errungen werden. Sein bleibender Kern mündet in der sittlichen Forderung, die Hilflosen vor dem Absinken ins Elend zu bewahren und ansonsten denen, die sich selbst helfen können, die Hilfe zur Selbsthilfe zu vermitteln *(52)*. Dieses »Subsidiaritätsprinzip« ist zwar weniger spektakulär wie die ideologisch-utopische Verheißung proletarischer Schlaraffenländer, hat jedoch den Vorzug, verwirklichbar zu sein *(53)*. Noch kein Sozialismus brachte je die volle soziale Gleichheit aller Menschen, doch während im Osten die jahrzehntelange Herrschaft des Marxismus die tatsächliche physische und psychische Verelendung der Arbeitermassen nach sich zog *(54)*, führte ein weniger vollmundiger Sozialismus der Praxis in den vollentwickelten Gesellschaften des Westens zum sozialen Aufstieg des Proletariats ins Kleinbürgertum mit Übergewicht, Eigenheim, Kraftfahrzeug und Auslandsurlaub *(55)*. Jedenfalls im Sinne des 19. Jahrhunderts ist die seinerzeit hoffnungslos erscheinende »soziale Frage« *(56)* in den westlichen Industrie- und Dienstleistungsgesellschaften im Grunde gelöst *(57)*. Für die bleibenden und weiteren Aufgaben der Sozialpolitik stellt das evolutionäre Subsidiaritätsprinzip gerade im Interesse der Betroffenen den einzig gangbaren Weg dar.

An der Lösung der alten sozialen Frage waren nicht nur »professionelle« Sozialisten beteiligt, sondern eigentlich alle Gesellschaftsschichten. Das Problem saß zu tief und war zu vernetzt, als daß eine Parteirichtung (»Partei« kommt von lateinischen »pars«, Teil) alleine eine solch ganzheitliche Aufgabe nach ihren eigenen linearen Rezepten hätte lösen können. Keine Partei konnte wirkliche Patentlösungen bereitstellen, die vielleicht auch noch sofort und bleibend greifen hätten sollen, und schon gar nicht konnten es dialektisch-materialistische »wissenschaftliche Sozialisten« *(58)*. Aus alter Gegnerschaft standen die Liberalen noch am längsten abseits, während die Konservativen aufgrund ihrer paternalistischen Vorstellungen immer schon für das Problem wach waren und an seiner Lösung mitarbeiteten *(59)*. Dazu kommt aber noch eines: Während in Amerika die Mobilität der Gesellschaft (einschließlich des stetigen »Nachschubs« an neuen Einwanderern) die Problematik entschärfte, erzwangen in Europa der totalitäre Faschismus und Nationalsozialismus »von oben« integralistische Lösungen (wenn man will, ihr einzig bleibend »Positives«). Gerade der Zusammenbruch Deutschlands 1945 mit anschließendem Elend, Flüchtlingsströmen und Wiederaufbau entzog endgültig allen Klassenkampfvorstellungen den sozio-ökonomischen Boden. Klassenkämpferische Restaurationsversuche wirkten seitdem spe-

ziell dort künstlich aufgepfropft und blieben substanzlos. In Jahrzehnten und durch Zusammenwirken selbst der gegensätzlichsten Kräfte war die Antwort auf die Probleme im Gefolge der Industrialisierung gewachsen und gefunden.
Ähnlich steht es mit unserer heutigen »Jahrhundertfrage«, der ökologischen. Auch hier hat niemand wirklich Patentrezepte parat, und schon gar nicht solche, die sofort, schmerzlos und durchsetzungsfähig griffen. Jeder ist von diesem Problem betroffen, es gibt niemanden, dem es gleichgültig wäre, alle bemühen sich um seine Lösung - und exakt weil es so tief sitzt und vielfältig vernetzt ist, wird sie ihre Zeit und der gemeinsamen Anstrengung aller bedürfen. Wer heute aufträte und ernsthaft behauptete, er allein besitze den Detailschlüssel zur Lösung der ökologischen Frage, wäre ein Scharlatan und würde denselben Schaden anrichten, die wirkliche Lösung noch weiter hinausschieben und das Problem nur vertiefen, wie es die Marxisten bezüglich der sozialen Frage taten. Als »Trommler« oder Katalysator mag der Marxismus vielleicht getaugt haben, die soziale Frage hat aber nicht er, sondern die Phalanx seiner Gegner gelöst. Aus demselben Grund kann heute von einer »rot« eingefärbten »Grünbewegung« nicht genug gewarnt werden. Wie die Marxisten zu keinen sozialen Sachlösungen beitragen konnten (ihr Geschrei und ihre Demagogie, sprich: Agitprop, zählen wohl nicht zu solchen), so sind ideologiebedingt auch die gegenwärtigen »Fundis« unfähig, konstruktiv ökologische Sachlösungen beizusteuern.
War aufgrund der vielfältigen ökonomischen und sozialen Verflechtungen und Vernetzungen bereits die soziale Frage eine ganzheitliche, so gilt dies erst recht von der ökologischen Frage. Nur einem ganzheitlichen Denken oder Zusammenwirken ist die Lösung einer solchen multidimensionalen Lebens- und Überlebensfrage zuzutrauen. Unsere ökologische Situation ist zu ernst, um sie zur Spielwiese theoretisierender Materialisten und ehrgeiziger Ideologen zu erklären, für die die Umwelt bloß der Ersatz ihrer alten, endgültig obsolet gewordenen marxistischen Wirtschaftstheorien ist, von denen sie mutatis mutandis nicht lassen können. Der Reduktionismus auf eine Dimension unter Apperzeptionsverweigerung der metaphysischen Anfangsgründe *(60)* und Ergebnisse der modernen Naturwissenschaft *(61)* macht die Materialisten al-

ler Schattierungen inkompetent, mit ihren Methoden die Schäden zu reparieren, deren Ursachen genau auf ihren Materialismus zurückzuführen sind. Die geistige Umweltverschmutzung ging der physischen voraus und hat letztere erst bedingt, was angesichts der physischen Folgen der Metaphysik auch nicht zu wundern braucht. Daher wird mit der geistigen Umweltsanierung auch die immanente einhergehen.
Es hat eben Folgen, wenn man zunächst unüberhöht kapitalistisch und dann marxistisch die Welt, ihre Rohstoffe, Flora wie Fauna und die Menschen aus ihren Interdependenzen herausreißt *(62)* und zu bloßen Produktionsfaktoren erklärt, sie ausschließlich aus dieser Betrachtungsweise sieht und folgerichtig unter ideologischen Gesichtspunkten ausbeutet. Während die modernen Wissenschaften aber schon längst ihre Lektionen gelernt haben *(63)*, wollen die Ideologen nach wie vor nicht von ihrem bias-bedingenden Materialismus lassen. All die kapitalistischen, marxistischen und nationalsozialistischen Verbrechen waren vergleichsweise noch »harmlos«, bedroh(t)en sie bislang »nur« Rassen und Klassen. Jetzt aber wird der ganze Planet, die gesamte Menschheit und alles Leben auf Erden mit der Gefahr der Auslöschung konfrontiert. Schon die früheren ideologischen Fehlleistungen lassen sich auf dem Mangel an Ethik und Transzendierungsfähigkeit zurückführen, bei den heutigen ist es nicht anders, nur noch potenziert. Wer also beispielsweise die Indianerausrottung, den Archipel Gulag und die KZs als zutiefst unmoralisch ablehnt, muß angesichts der Ökologiekrise seiner menschlichen und nichtmenschlichen Mitwelt heute erst recht idealistisch gegenübertreten. Hier wie dort bedarf es zur Therapie der Ethik und überhöhender Ganzheitlichkeit.
Kein Idealist hat kasuistische Patentrezepte zur Kurierung der vom Materialismus verursachten ökologischen Schäden parat, doch er kennt die richtige Richtung, in die zu gehen ist: Weg von generalisierten monokausalen Modellen und hin zu systemtheoretischen, vernetzten, nichtlinearen, organisch-ganzheitlichen, synergetischen *(64)* und sittlichen *(65)* Strategien. Wer die Richtung kennt, braucht sich nicht so sehr über die Stationen zu sorgen. Keine Technikverweigerung und Wirtschaftsfeindlichkeit, sondern der ethische Einsatz der modernen Technologien, Naturwissen

schaften und ökonomischen Instrumentarien sind gefragt *(66)*. Die Not ist groß genug, um auf keine ernsthafte Teilnahme am vieldimensionalen Wechselwirkungsprozeß zur Gesundung unserer Lebenswelt verzichten zu können. Allein selbsternannte Heilsprediger und engstirnige Öko-Fanatiker sind überflüssig, die ihr höchstpersönliches Privattrauma generalisierend über die Weltverbesserung bekämpfen möchten. Der Bedarf an Rationalisierungen von fixen Ideen ist wahrlich gedeckt, nun ist die Zeit des wirklichen Idealismus gekommen. Wird er klug und unermüdlich eingesetzt, kann er auch die ideologiebedingte Ökologiekrise meistern; jedenfalls ist er die einzige Chance dazu.

Wer die Umwelt sanieren will und dazu punktuell einzelne Schädigungen nachweisen und linear abstellen möchte, wird immer zu spät kommen, hinter den Ereignissen zurückbleiben und Symptomkur betreiben, aber nicht an die Ursachen herankommen. Dank dem newtonschen System haben wird uns angewöhnt, stets nur einzelne Objekte zu sehen und zu untersuchen sowie die Weltzusammenhänge aus ihrer ad infinitum betriebenen Zerlegung erklären zu wollen. In Wahrheit erhalten aber alle Objekte ihren Realitätscharakter vor allem aus den Zusammenhängen, in denen sie stehen. Sie existieren nicht isoliert und »an sich«, sondern sind Glieder vielfach verwobener und vernetzter Interdependenzen *(67)*. Reißt man sie aus ihrem konstitutiven Zusammenhang, tut man ihnen und ihrer Umwelt Gewalt an und verkennt ihre »entelechetische« systemische Realität. Mag sein, daß wir das newtonsche System aus Mechanismus und Atomismus benötigen, um tief in das Wesen der Objektwelt einzudringen und Erkenntnisse zu gewinnen, die wir ohne Positivismus nie erreicht hätten. Doch hat es uns nun selbst seine Grenzen gezeigt und die Einsicht in die ganzheitliche Vernetzung der Wirklichkeit eröffnet (wie es schon vorher nie absolut galt und stets von seinen metaphysischen und axiomatischen Anfangsgründen abhängig blieb).

Unsere Umweltsünden sind auf die mechanistisch-lineare Vergewaltigung der Natur durch uns zurückzuführen, weswegen wir zu ihrer Sanierung unser Denk- und Handlungssystem umstellen müssen: Wir sind nicht die zum Atheismus berechtigten Herren des Kosmos, sondern mit der Natur selbst Teil eines über uns hinausgehenden Systems, in das wir uns einzufügen haben. Die wahre Realität sind die Strukturen der Vernetzungen, systemischen Zusammenhänge und gekoppelten Verbindungen *(68),* aber nicht die einer künstlich atomisierten »Materie«, in der allein dann tatsächlich bis zu *Heisenberg* kein Telos mehr sichtbar wurde. Keine punktuelle Symptombehandlung wird uns und unsere Mitwelt retten, sondern eine generelle Umstellung unseres Denkens und Handelns in Richtung auf einen impliziten Holismus, eine vernetzte Entelechetik und systemische Ethik. Anhand dieser Strategie laufen wir nicht mehr hinter den Entwicklungen der Natur drein und brauchen sie nicht zu unserer vermeintlichen Rettung erneut zu vergewaltigen, sondern sind mit ihr wieder universell eins und sanieren der Umwelt von den gemeinsamen Wurzeln her. Kein wieder linearer »Öko-Faschismus« tut not, sondern ein allgemeines Umdenken in idealistischen Bahnen.

Das ökologische Anliegen war ursprünglich ein »erzkonservatives«, von allen Progressisten belacht und verachtet als rückwärtsgewandter und fortschrittsfeindlicher Romantizismus. Dem Konservatismus führte die lineare Technik zu einem System der Verschleuderung der Fülle und des bloßen Verzehrs *(69)*. Nachdem den Marxisten die ökonomischen Kastanien des »wissenschaftlichen Sozialismus« doch zu heiß geworden sind, suchen sie ersatzweise die Umweltproblematik zu adoptieren *(70)*. Wenn also selbst gestandenen Materialisten die Hinwendung zu konservativen Themen akzeptabel erscheint, dann wird es einer modernen und flexiblen idealistischen Sozialethik ebenfalls unverwehrt sein, einzelne Aspekte des Konservatismus als brauchbar aufzugreifen. Und in der Tat kann der Idealismus mit dem Grundgedanken des Konservatismus genauso leben wie mit der verantwortungsvollen Freiheit und wirtschaftlichen Effektivität des Liberalismus, der sozialen Gerechtigkeit und Subsidiarität des Sozialismus und der Synergetik der ganzheitlichen Ökologie: Der Konservative hängt nicht reaktionär an dem, was gestern war, sondern lebt aus dem, was immer gilt. *(71)*

»Es mag sich in der Geschichte eines Volkes mit der Zeit verändern, was sich verändern will: das Unveränderliche, das bleibt, ist mächtiger und wichtiger als das Veränderliche, das immer nur darin besteht, daß etwas abgezogen oder hinzugefügt wird.« *(72)* Während die Ideologien und die meisten Utopien annehmen, daß das

Gute in der Zukunft liegt, sich erst allmählich durchsetzen muß und nur durch widrige Umstände noch daran gehindert wird, weiß der Idealist im Verein mit dem Mystiker, dem Ökologen, dem Synergetiker und dem Konservativen von der Zusammengehörigkeit der Vergangenheit, Gegenwart und Zukunft. Akzidenzen mögen sich wandeln, die Substanz bleibt. »Wohl werden ... die Menschen immer wieder andere Kleider tragen und andere Sitten pflegen; ihre Veranlagung ... bleibt die gleiche« *(73)*. Die Vollkommenheit steht nur dem Ganzen zu, und der Einzelne hat bloß insofern Zugang zur Vollkommenheit, wie er sich dem Ganzen zuwendet. Aufgrund dieses ganzheitlichen Ansatzes wird sich der zum Eklektizismus berechtigte, da zur Transzendierung fähige Idealist gerade in kulturpolitischen Angelegenheiten konservativen Gesichtspunkten nicht verschließen. Viele alten Fragen und scheinbar längst erledigte Probleme kehren wieder, die Ideologien haben keine wirklichen Antworten gegeben und sie vielfach nicht nur pseudowissenschaftlich verstellt, sondern die Probleme noch verschärft *(74)*. Die Selbstwiderlegung des Materialismus ist Wasser auf den Mühlen des Konservatismus *(75)*. Obendrein spürt der Konservative wie der Idealist den langen Atem der Geschichte, überbewertet die Gegenwart nicht und ist weniger wehleidig ob der immanenten Unzulänglichkeiten. Im Bewußtsein des letztlich transzendentalen Alleinen läßt sich die unvollkommene Gegenwart ertragen und das Schicksal auf sich nehmen. Der »Heroismus« *(76)* ist nicht Ausdruck einer bloß konservativen oder gar »faschistischen« Lebensauffassung, sondern einer aristokratischen Todesverachtung, wie sie soziologisch im Feudalismus vorherrschte, der spießbürgerlichen Weinerlichkeit und Todesverdrängung von heute überlegen ist und sich natürlich in konservativ-militanten Kreisen am längsten halten mußte.

Das Ja zum Leben vollzieht sich beim einzelnen normalerweise in der Familie, im Beruf und im Freundeskreis, bei der Politik aber im Staat und im Volk *(77)*. Der Politiker ist stets denjenigen gegenüber verantwortlich, aus denen er seine eigene Legitimation bezieht. Früher oder später wird Politik also immer eine nationale werden, ob man nun die »Nation« ethnisch oder etatistisch versteht *(78)*. Wenn Lokal- und soziale Interessenspolitik noch nicht die große Verantwortung gegenüber dem ganzen Volk umfaßt, sondern nur einen Teil derselben, so gehen Völkerrecht, Außen- und Integrationspolitik noch über die einzelnen Staaten hinaus, ohne freilich den Konnex mit den Rechten und nationalen Interessen der Partner zu verlieren. Betriebswirtschaften wachsen zu Nationalökonomien, bevor sie die Weltwirtschaft bilden. Alle Sozialismen vollziehen sich in nationalem Rahmen, und alle Rechtssysteme erhalten ihren spezifisch nationalen Charakter, auch wenn sie übernational gültigen Vorstellungen folgen.

Vor allem aber orientiert sich jede Sicherheitspolitik an nationalen Bedürfnissen, Interessen, Ängsten, Hoffnungen und Ambitionen. Militärische und politische Bündnisse integrieren die nationalen Vorstellungen ihrer Teilnehmer und zerfallen, sobald das Reservoir an Gemeinsamkeiten erschöpft ist *(79)*. Die Hinwendung zum Internationalismus enthebt niemanden von der nationalen Verantwortung. Der Antrieb internationaler Zusammenschlüsse sind die jeweils nationalen Interessen. Der Internationalismus baut auf die Berücksichtigung und den Ausgleich der nationalen Interessen, ohne deren Berücksichtigung ersterer hohl ist *(80)*. Nur zu leicht stellt eine internationalistische Phraseologie die Flucht vor oder Ablenkung von der nationalen Verantwortung dar.

Eine realistische Politik wird somit in der modernen Staatenwelt um das nationale Element nie herumkommen *(81)*. Nur ist weder der ethnische noch der etatistische Nationsbegriff und -gehalt der oberste Gott. Für jede Politik sind Nation und Staat der Ort der Handlung und der konkreten Verantwortung, doch haben sie selbst der Idee des Guten an sich zu dienen. Kein Staat und kein Volk sind das letzte Absolute: Das »right or wrong - my country« läßt sich von jedem beliebigen Nationalismus in den Mund nehmen und solchermaßen zu einer besonders platten chauvinistischen Ideologie generalisieren *(82)*. Gefühlsmäßig kann der Nationalismus stets auf das natürliche Zusammengehörigkeitsgefühl der Menschen bauen und auch dazu erziehen *(83)*. Seine rechtliche Stütze findet er in der Eigendynamik staatlicher Institutionen, die bis zum Integralismus geführt werden kann, aber nicht muß. *(84)*
Sind den europäischen Völkern ihre Chauvinismen im Gefolge des Weltkriege vergält *(85)*, so kultivieren ihre Staaten immerhin noch einen minimalen Patriotismus, der auch in Vielvölker-

reichen die gemeinsame Klammer bildet *(86)*. Viele der aus den Kolonien neuentstandenen, meist von verschiedenen Völkern bewohnten Staaten müssen ihren Bürgern erst künstlich ein Zusammengehörigkeitsgefühl vermitteln und bedienen sich dafür einerseits des antikolonialistischen Ressentiments und andererseits eines nationalistischen Patriotismus *(87)*. Bei allen Gefahren ist das Nationale also unverzichtbar, doch was ist schon ohne Risiko? Hier wie im Liberalismus, Sozialismus, Ökologismus und Konservatismus gilt es zu überhöhen und ideologische Verengungen zu vermeiden. Mit dem Nationalbewußtsein verhält es sich wie mit dem individuellen Selbstbewußtsein: Ein zu wenig bewirkt Gesichtlosigkeit, Ehrlosigkeit, Kriechertum und Verzicht auf Selbständigkeit, ein zuviel dagegen Arroganz, Selbstüberschätzung, Isolierung und zuletzt Selbstzerstörung. *(88)*
Dank der menschlichen und endlichen Unzulänglichkeit steht zu befürchten, daß immer wieder Streit zwischen Völkern und Staaten ausbricht, so wie auch auf der individuellen Ebene trotz aller theoretischen Einsicht subjektive Rechthabereien praktisch zum Vorschein kommen. Auf zwischenmenschlicher Basis gelang es glücklicherweise, das Faustrecht durch den Rechtsstaat zu ersetzen, mag ein richterliches Urteil immer die eine oder andere Partei und oft auch beide gleicherweise subjektiv enttäuschen. Zwischen den Staaten wurden erst in Ansätzen vergleichbare Rechtsinstitute und durchsetzungsfähige Autoritäten entwickelt, sodaß es der einsichtigen Transzendierungsfähigkeit verantwortlicher Politiker anheimgestellt bleibt, auf diplomatischem Wege Interessen und Rechte auszugleichen und die ultima ratio des Krieges zu vermeiden *(89)*. Doch ob Krieg oder Frieden, außen- und sicherheitspolitisch dominiert immer der nationale Imperativ, der sich allein durch den Kategorischen überhöhen läßt.
Eine flexible und transzendierungsfähige Politik auf moderner idealistischer Grundlage braucht damit nicht mantisch auf eine einzige empirische Sozialtheorie zu starren, um sich von dieser monokausal die Lösung aller Probleme zu erwarten. Sie kann vielmehr auf der Klaviatur von fünf bewährten und in ihrem spezifischen Bereich anerkennenswerten Elementen politischen Denkens spielen: liberale Wirtschaft, soziale Subsidiarität, ökologische Ganzheitlichkeit, kultureller Konservatismus und nationale

Sicherheit. Würde man jede einzelne dieser Komponenten für sich absolut setzen, landete man jeweils in der Ideologiebildung. Einem sittlichen Willen unterstellt sowie durch einen solchen überhöht und versöhnt sind Liberalismus, Sozialismus, Ökologie, Konservatismus und Nationaliät nicht nur gemeinsam zu vertreten, sondern wirken sogar konstruktiv zusammen *(90)*. Keine realistische Politik und keine idealistische Sozialphilosophie kann ernsthaft auf eines dieser Instrumente in seinem legitimen Bereich verzichten.

(1) Hartmut von HENTIG, Erkennen durch Handeln. Versuche über das Verhältnis von Pädagogik und Erziehungswissenschaften. Verlag Klett-Cotta, Stuttgart 1982.

(2) Sir Karl Raimund POPPER, Logik der Forschung. 8. weiter verbesserte und vermehrte Auflage. Mohr Verlag, Tübingen 1984.

(3) Kurt GÖDEL, Werke. Deutsch und Englisch herausgegeben von Solomon FEFERMAN. Oxford University Press, New York 1986.

(4) Werner HEISENBERG, Gesammelte Werke. Herausgegeben von Walter BLUM, Hans-Peter DÜRR und Helmut RECHBERG. 4 Bände, Springer Verlag, Berlin 1984. 5 Bände, Piper Verlag, München 1984.

(5) Obwohl *Einstein* es nicht direkt so gemeint hat, ist die universelle Konsequenz unausweichlich: Albert EINSTEIN, Über die allgemeine und spezielle Relativitätstheorie. 21. Auflage. Verlag Vieweg, Braunschweig 1969.

(6) Immanuel KANT, Metaphysische Anfangsgründe der Naturwissenschaft. Gesammelte Schriften (Akademie-Ausgabe), Band IV. Verlag Georg Reimer, Berlin 1903. Reprint Verlag Walter de Gruyter, Berlin 1968.

(7) Erwin SCHRÖDINGER, Geist und Materie. Verlag Vieweg, Braunschweig 1966.

(8) Kurt WEINKE, Rationalität und Moral. Leykam Verlag, Graz 1977.

(9) Paul WATZLAWICK (Herausgeber), Die erfundene Wirklichkeit. Wie wissen wir, was wir zu wissen glauben? Beiträge zum Konstruktivismus. Piper Verlag, München 1981.

(10) Heinz R. PAGELS, Cosmic Code. Quantenphysik als Sprache der Natur. Übersetzt von Ralph FRIESE. Ullstein Verlag, Frankfurt a.M. 1983.

(11) Ken WILBER, Das Spektrum des Bewußtseins. Ein metapsychologisches Modell des Bewußtseins und der Disziplinen, die es erforschen. Aus dem Amerikanischen von Jochen EGGERT. Scherz Verlag. Bern 1987.

(12) Vergleiche zur ganzheitlichen Dynamik: David BOHM, Die implizite Ordnung. Grundlagen eines dynamischen Holismus. Übersetzt von Johannes WILHELM. Verlag Dianus-Trikont, München 1985.

(13) Klaus GÜNTHER, Der Sinn für Angemessenheit. Anwendungsdiskurse in Moral und Recht. Suhrkamp Verlag, Frankfurt a.M. 1988.

(14) Siehe Fußnoten 2 bis 5.

(15) Vergleiche dazu: Harald FRITZSCH, Vom Urknall zum Zerfall. Die Welt zwischen Anfang und Ende. 3. überarbeitete Auflage. Verlag Piper, München 1983.

(16) Genau wegen der metaphysischen Anfangsgründe, siehe Fußnote 6.

(17) Vergleiche dazu: Fritjof CAPRA, Wendezeit. Bausteine für ein neues Weltbild. Aus dem Amerikanischen von Erwin SCHUHMACHER. Überarbeitete und erweiterte Neuauflage. Scherz Verlag, Bern 1986.

(18) Karl Graf BALLESTREM, Macht und Moral. Ein Grundproblem der politischen Ethik. Minerva Publikationen, München 1986.

(19) Willard van Orman QUINE, Wort und Gegenstand. Übersetzt von Joachim SCHULTE und Dieter BIRNBACHER. Philipp Reclam Verlag, Stuttgart 1980 (Universal-Bibliothek 9987).

(20) Erich JANTSCH, Die Selbstorganisation der Universums. Vom Urknall zum menschlichen Geist. Carl Hanser Verlag, München 1979.

(21) Niklas LUHMANN, Soziale Systeme. Grundriß einer allgemeinen Theorie. Suhrkamp Verlag, Frankfurt a.M. 1984.

(22) Bruno SCHÜLLER, Pluralismus in der Ethik. Zum Stil wissenschaftlicher Kontroversen. Aschendorff Verlag, Münster 1988.

(23) Friedrich SANDER und Hans VOLKELT, Ganzheitspsychologie. Grundlagen-Ergebnisse-Anwendung. Gesammelte Abhandlungen. 2. verbesserte Auflage. C.H. Beck Verlag, München 1967.

(24) Alfred GIERER, Physik der biologischen Gestaltbildung. In: Andreas DRESS, Hubert HENDRICHS und Günter KÜPPERS (Herausgeber), Selbstorganisation. Die Entstehung von Ordnung in Natur und Gesellschaft. Piper Verlag, München 1986, S 119.

(25) Vergleiche dazu die Seefahrt zum gottseeligen Leben in: Aurelius AUGUSTINUS, Confessiones (dt. »Bekenntnisse«). Ins Deutsche übersetzt von Wilhelm THIMME. Deutscher Taschenbuch Verlag, München 1985 (dtv TB 2159), Buch VII.

(26) Vergleiche: Douglas R. HOFSTADTER, Gödel, Escher, Bach - ein endlos geflochtenes Band. Aus dem Amerikanischen von Philipp WOLFF-WINDEGG und Hermann FEUERSEE unter Mitwirkung von Werner ALEXI, Ronald JONKERS und Günter JUNG. 10. Auflage, Verlag Klett-Cotta, Stuttgart 1987.

(27) Hans-Peter DÜRR, Das Netz des Physikers. Naturwissenschaftliche Erkenntnis in der Verantwortung. Carl Hanser Verlag, München 1988.

(28) Wolfgang CASPART, Handbuch des praktischen Idealismus. Universitas Verlag, München 1987, S 219-254.

(29) Friedrich August von HAYEK, Der Weg zur Knechtschaft. Ins Deutsche übertragen von Eva RÖPKE. Neuherausgabe. Verlag Moderne Industrie, München 1971.

(30) John Stuart MILL, Über die Freiheit. Deutsch von M. SCHLENKE. Philipp Reclam Verlag, Stuttgart 1974 (Universal-Bibliothek 3491).

(31) Johann Baptist MÜLLER, Liberalismus und Demokratie. Studien zum Verhältnis von Politik und Wirtschaft im Liberalismus. Verlag Klett-Cotta, Stuttgart 1978.

(32) Zbigniew BREZINSKI, Das gescheiterte Experiment. Der Untergang des kommunistischen Systems. Aus dem Amerikanischen von Hilde LINNERT und Uta SZYSZKOWITZ. Verlag Carl Ueberreuter, Wien 1989.

(33) Andreas DRESS, Hubert HENDRICHS und Günter KÜPPERS (Herausgeber), Selbstorganisation. Die Entstehung von Ordnung in Natur und Gesellschaft. Piper Verlag, München 1986.

(34) Und das seit Beginn der Neuzeit, siehe: Fernand BRAUDEL, Die Dynamik des Kapitalismus. Aus dem Französischen übersetzt von Peter SCHÖTTLER. Verlag Klett-Cotta, Stuttgart 1986.

(35) Vergleiche: Ralf DAHRENDORF, Markt und Plan. Zwei Typen der Rationalität. Mohr Verlag, Tübingen 1966.

(36) Horst Klaus RECKTENWALD, Markt und Staat. Fundamente einer freiheitlichen Ordnung. Verlag Vandenhoeck & Ruprecht, Göttingen 1980.

(37) Hans G. SCHACHTSCHABEL, Wirtschaftspolitische Konzeptionen. 3., völlig überarbeitete Auflage. Verlag W. Kohlhammer, Stuttgart 1976.

(38) Witzig und geistreich dargestellt bei: John Kenneth GALBRAITH, Die Entmythologisierung der Wirtschaft. Grundvoraussetzungen ökonomischen Denkens. Paul Zsolnay Verlag, Wien 1988.

(39) Vergleiche: Hellmuth MILDE und Hans G. MONISSEN (Herausgeber), Rationale Wirtschaftspolitik in komplexen Gesellschaften. Gérard GÄFGEN zum 60. Geburtstag. Verlag W. Kohlhammer, Stuttgart 1985.

(40) Arnulf RIEBER, Vom Positivismus zum Universalismus. Untersuchungen zur Entwicklung und Kritik des Ganzheitsbegriffs von Othmar SPANN. Verlag Duncker und Humblot, Berlin 1971.

(41) Dieter GROSSER u.a., Soziale Marktwirtschaft. Geschichte-Konzept-Leistung. Verlag W. Kohlhammer, Stuttgart 1988.

(42) Als betriebswirtschaftliches Beispiel: Eberhard SEIDEL und Heiner MENN, Ökologisch orientierte Betriebswirtschaft. Verlag W. Kohlhammer, Stuttgart 1988.

(43) *Marx* geht ja ökonomisch vom klassischen Nationalökonomen *David Ricardo* (bis zum Untertitel seines Hauptwerkes) aus: Karl MARX, Das Kapital. Kritik der politischen Ökonomie. In: Karl MARX und Friedrich ENGELS, Werke. Band XXIII/XXIV. Herausgegeben vom Institut für Marxismus-Leninismus beim ZK der SED. Berlin 1977.

(44) Der radikalste Antiliberalismus wurde im später ausgeschalteten linken Flügel der NSDAP kultiviert: Patrick MOREAU, Nationalsozialismus von links. Die »Kampfgemeinschaft Revolutionärer Nationalsozialisten« und die »Schwarze Front« Otto Strassers 1930-1945. Deutsche Verlags-Anstalt, Stuttgart 1984 (Studien zur Zeitgeschichte, Band 28).

(45) Vergleiche schon: Oscar STILLICH, Der Liberalismus. Die politischen Parteien in Deutschland II. Verlag Dr. Werner Klinkhardt, Leipzig 1911.

(46) Franz BORKENAU, Socialism, National or International (dt. »Sozialismus, national oder international«). Verlag Routledge, London 1942.

(47) Friedrich JONAS, Geschichte der Soziologie. 4 Bände. Rowohlts Deutsche Enzyklopädie, Hamburg 1968-69.

(48) Vergleiche: Wilhelm RÖPKE, Civitas humana. Grundfragen der Gesellschafts- und Wirtschaftsreform. 4. Auflage. Haupt Verlag, Bern 1979.

(49) Siehe *Pestalozzi, Goethe, Baader, V.A. Huber, Lorenz von Stein, Riehl, Thünen, Rodbertus, Schmoller, Treitschke* oder *Adolph Wagner* bei: Erich THIER (Herausgeber), Wegbereiter des deutschen Sozialismus. Eine Auswahl aus ihren Schriften. Alfred Kröner Verlag, Stuttgart 1940.

(50) Heinz Dietrich WENDLAND, Der Begriff Christlich-Sozial. Seine geschichtliche und theologische Problematik. Westdeutscher Verlag, Köln 1962.

(51) Pierre-Joseph PROUDHON, Systéme des contradictions économiques, ou philosophie de la misére (Dt. »System der ökonomischen Widersprüche oder Philosophie des Elends«). Deutsch bearbeitet von Karl GRÜN. Neudruck. Scientia Verlag, Aalen 1967.

(52) Die evangelische Seite in: Hartmut WEBER, Die lutherische Sozialethik bei Johannes Heckel, Paul Althaus, Werner Elert und Helmut Thielicke. Theologische Grundlagen und sozialwissenschaftliche Konsequenzen. Rechts- und staatswissenschaftliche Dissertation, Göttingen 1959.

(53) Die historische Auseinandersetzung des deutschen Katholizismus mit dem Sozialismus in: Ernst HANISCH, Konservatives und revolutionäres Denken. Deutsche Sozialkatholiken und Sozialisten im 19. Jahrhundert. Geyer-Edition, Wien 1975.

(54) Andrej SINJAWKSIJ, Der Traum vom neuen Menschen oder Die Sowjetzivilisation. Aus dem Russischen von Swetlana GEIER. Mit einem Glossar für die deutsche Ausgabe von Alexander KASAKEWITSCH und Elisabeth RUGE. S. Fischer Verlag, Fankfurt a.M. 1989.

(55) Dadurch schwinden nicht nur die alten sozialistischen Aufgaben, sondern neue müssen gesucht werden, vergleiche: Helmut SCHELSKY, Die Arbeit tun die anderen. Klassenkampf und Priesterherrschaft der Intellektuellen. 2. erweiterte Auflage, Westdeutscher Verlag, Köln 1975.

(56) Günter BRAKELMANN, Die soziale Frage des 19. Jahrhunderts. Luther-Verlag, Witten 1966.

(57) Ralf DAHRENDORF, Das Elend der Sozialdemokratie. Merkur 466, 1987.

(58) Hermann von BERG, Die Anti-Ökonomie des Sozialismus. Zur Reformtätigkeit parteimonopolistischer Staatswirtschaften. Creator Verlag, Würzburg 1989.

(59) Zum Verhältnis Konservatismus-Sozialismus im Zweiten Deutschen Reich siehe auch: Paul W. MASSING, Vorgeschichte des politischen Antisemitismus. Aus dem Amerikanischen übersetzt und für die deutsche Ausgabe bearbeitet von Felix J. WEIL. Europäische Verlangsanstalt, Frankfurt a.M. 1986 (besonders S 40-62).

(60) Siehe Fußnote 6.

(61) Siehe Fußnote 12.

(62) Zur Symbiose Mensch-Umwelt siehe: Gertrud HÖHLER, Die Bäume des Lebens - Baumsymbole in den Kulturen der Menschheit. Deutsche Verlags-Anstalt, Stuttgart 1985.

(63) siehe Fußnoten 4, 7, 15, 17, 20 oder 27.
(64) Hermann HAKEN, Synergetik. Eine Einführung. Übersetzt von Arne WUNDERLIN. Springer Verlag, Berlin 1982.
(65) Dieter BIRNBACHER (Herausgeber), Ökologie und Ethik. Philipp Reclam Verlag, Stuttgart 1980 (Universal-Bibliothek 9983).
(66) Karl STEINBUCH (Herausgeber), Diese verdammte Technik. Tatsachen gegen Demagogie. Mit Beiträgen von Hans-Herrmann CRAMER u.a.. Herbig Verlag, München 1980.
(67) Frederic VESTER, Unsere Welt - ein vernetztes System. Eine internationale Wanderausstellung. Verlag Klett-Cotta, Stuttgart 1978.
(68) Siehe: Ludwig von BERTALANFFY, Systemtheorie. Vorwort von Ruprecht KURZROCK. Colloquium Verlag, Berlin 1972.
(69) Friedrich Georg JÜNGER, Die Perfektion der Technik. 2. erweiterte Auflage. Klostermann Verlag, Frankfurt a.M. 1949.
(70) Oskar LAFONTAINE, Die Gesellschaft der Zukunft. Reformpolitik in einer veränderten Welt. Hoffmann und Campe Verlag, Hamburg 1988.
(71) Diese Definition stammt aus: Albrecht Erich GÜNTHER, Wandlungen der sozialen und politischen Weltanschauung des Mittelstandes. In: Der Ring, 4. Jahrgang, Heft 22. Berlin 30.5.1931, S 408-410.
(72) Arthur MOELLER van den Bruck, Das dritte Reich. 3. Auflage. Ring-Verlag, Berlin 1931, S 187.
(73) Vergleiche: Armin MOHLER, Die Konservative Revolution in Deutschland 1918-1932. Ein Handbuch. Dritte, um einen Ergänzungband erweiterte Auflage. Wissenschaftliche Buchgesellschaft, Darmstadt 1989, S 115.
(74) Günter ROHRMOSER, Religion und Politik in der Krise der Moderne. Ein theologisch-politisches Traktat. Verlag Styria, Graz 1989.
(75) Hans Graf HUYN, Ihr werdet sein wie Gott. Der Irrtum des modernen Menschen von der Französischen Revolution bis heute. Universitas Verlag, München 1988.
(76) In militant-jungkonservativer Sicht exemplarisch bei: Ernst JÜNGER, In Stahlgewittern. Aus dem Tagebuch eines Stoßtruppführers. 12. Auflage. Verlag E.S. Mittler, Berlin 1930. Oder: Derselbe, Der Kampf als inneres Erlebnis. Verlag E.S. Mittler, Berlin 1922. Oder: Derselbe, Der Arbeiter. Herrschaft und Gestalt. Hanseatische Verlagsanstalt, Hamburg 1932.
(77) Wie immer der »Nationalismus« dann aussehen mag (humanitär, jakobinisch, traditionell, liberal oder integralistisch), einfühlsam beschrieben bei: Carlton J.H. HAYES, The Historical Evolution of Modern Nationalism (dt. »Die geschichtliche Entwicklung des modernen Nationalismus«). Verlag Richard A. Smith, New York 1931.
(78) Über das Verhältnis Ethnos zu Etat siehe: Mohammed RASSEM, Die Volkstumswissenschaften und der Etatismus. Zweite, um einen Anhang vermehrte Auflage. Mäander Kunstverlag, Mittenwald 1979.
(79) Pietro GERBORE, Formen und Stile der Diplomatie. Rowohlt Taschenbuch Verlag, Reinbek bei Hamburg 1964.
(80) Hannah VOGT, Nationalismus gestern und heute. Verlag Leske, Opladen 1967.
(81) Hans KOHN, Die Idee des Nationalismus. Ursprung und Geschichte bis zur Französischen Revolution. Verlag Lambert Schneider, Heidelberg 1950.
(82) Das deutsche Extrem sozialdynamisch interpretiert bei: Rainer LEPSIUS, Extremer Nationalismus. Strukturbedingungen zur nationalsozialistischen Machtergreifung. Verlag W. Kohlhammer, Stuttgart 1966.
(83) Zur Nationalerziehung schon: Johann Gottlieb FICHTE, Reden an die deutsche Nation. Mit einer Einleitung von Reinhard LAUTH. Felix Meiner Verlag, Hamburg 1978 (Philosophische Bibliothek 204).
(84) Jacques Ploncard d'ASSAC, Doctrines du Nationalisme (dt. »Lehren des Nationalismus«). La Librairie Francaise, Paris o.J. (1958?).
(85) Andreas HILLGRUBER, Die Zerstörung Europas. Beiträge zur Weltkriegsepoche 1914 bis 1945. Propyläen Verlag, Berlin 1988.
(86) Zum »Patriotismus« siehe: Robert MICHELS, Der Patriotismus. Prolegomena zu einer soziologischen Analyse. Verlag Duncker und Humblot, München 1929.
(87) Hans KOHN, Von Macchiavelli zu Nehru. Zur Problemgeschichte des Nationalismus. Herder Verlag, Freiburg 1964.

(88) Zum Verhältnis Natinoalismus-Internationalismus siehe Fußnote 28, S 210-218.
(89) Über die hohe Schule der Diplomatie zu ihrer besten Zeit siehe: Henry A. KISSINGER, Großmachtdiplomatie. Von der Staatskunst Castlereaghs und Metternichs. Aus dem Amerikanischen von Horst JORDAN. Neuauflage. Econ Verlag, Düsseldorf 1980.
(90) Vernetzung statt Monismen, siehe: Frederic VESTER, Neuland des Denkens. Vom technokratischen zum kybernetischen Zeitalter. Deutsche Verlags-Anstalt, Stuttgart 1980.

14. KAPITEL

Strategien der Durchsetzung

Um unverfälscht idealistische Anliegen sozial und politisch durchzusetzen, bedarf es angesichts einer in Wahrheit synergetischen, nichtlinearen, fraktalen und vernetzten Welt nicht minder systemischer und vernetzter Strategien. Eine mehrdimensionale Wirklichkeit bringt mehrdimensionale Aufgaben und Probleme mit sich und verlangt mehrdimensionale Antworten *(1)*. Im alten mechanistischen Denken war alles scheinbar einfacher, man brauchte nur nach einer letzten empirischen Theorie zu suchen, um von dort her alles monokausal aufzulösen. Aufgrund der Einsicht in die grundsätzlich relativen, unscharfen, unvollständigen und provisorischen Charakter jeder empirischen Theorie löste sie sich freilich als monistische Ursache auf. Kein Wunder, daß Ideologien beliebig empirische Theorien generalisieren konnten. Durch Iteration deterministische Ansätze entstand plötzlich »Chaos«, und aus Zufällen erwächst Ordnung *(2)*. Technokratisches Durchgestalten nach einer monokausalen Annahme führt zu Verzerrungen und systematischen Fehlern, da die eigentliche Realität nicht in einzelnen Ursachen, sondern in ihren Beziehungen, Verbindungen und Rückkoppelungen besteht *(3)*. Wir haben also nicht monokausal, sondern ganzheitlich zu handeln.

Die Welt ist nicht eine überdimensionale Maschine, sondern gleicht einem universellen Gedanken *(4)*. Ganzheitliches Handeln mag sich verschiedener mechanistischer Modelle bedienen, darf aber nicht eines von ihnen für die ganze Wirklichkeit halten. Ganzheitlichkeit entsteht auch nicht durch Addition oder Multiplikation mehrerer deterministischer Paradigmen, wodurch der Determinismus nur auf eine höhere Stufe gestellt wäre, sondern durch ihre ethische Instrumentalisierung. Erst aus der sittlichen Verknüpfung der »materiellen Dinge« werden diese überhaupt erkennbar und in der Folge verwendbar *(5)*. Die Struktur steht über den Elementen. Der »materielle Unterbau« ist darauf angewiesen, in den »ideellen Überbau« eingebaut zu werden. Auf Dauer wird ins Verhaltensrepertoire nur übernommen, was in die Gesamtstruktur hineinpaßt und mit ihr interagieren kann. *(6)*

Wohl nicht nur lerntheoretisch, sondern auch ordnungspolitisch werden sich Irrläufer, die dem übergeordneten System widersprechen, nicht durchsetzen und historisch ausgemerzt *(7)*. Vor allem wird dies für die sowohl von ihren metaphysischen Anfangsgründen *(8)* als auch von den nichtlinearen, synergetischen, holistischen und systemischen Ergebnissen der modernen Naturwissenschaft *(9)* her unhaltbaren mechanistischen, deterministischen und materialistischen Ideologien zu erwarten sein. Bleibt nur zu hoffen, daß sie noch rechtzeitig am Kehrricht der Geschichte landen, bevor sie diesen Planeten ruiniert haben. Wenn die Antworten auf die Probleme unserer Zeit aber legitimerweise nicht mehr monokausal aus irgendwelchen absolutgesetzten Theorien erfolgen dürfen, sondern ganzheitlich gegeben werden müssen, so impliziert dieser Holismus die Renaissance eines grundsätzlichen Gesinnungsdenkens *(10)*. Multilaterale Handlungsweisen sind alleine aus einer konsequent idealistischen Haltung überhaupt erst konstruktiv möglich. Die Verschiedenheit der Angriffsflächen und Ansatzpunkte verbietet geradezu die Kasuistik eines empirischen Monismus *(11)* und verlangt gebieterisch nach transzendierungsfähigen und nur dadurch in der Folge auch immanent einheitlichen Strategien.

Entscheidend ist, daß im Idealismus sittliches Engagement und überhöhungsfähige Naturwissenschaft zusammenwirken. Denn hier liegt genau der Punkt, an dem sonst materialistische Ideologie und praktisches Verhalten auseinanderbrechen und antinomisch werden. So bringt beispielsweise ein die »naturwissenschaftliche Notwendigkeit« geschichtlicher Abläufe behauptender Historischer Materialismus das Kunststück fertig, das Maximum an voluntaristischem Interventionismus in Form einer zentralen Planwirtschaft zu strapazieren *(12)*. Die Folgen sind bekannt - und typisch für das Auseinanderklaffen von deterministisch-mechanistischer Theorie und hochvoluntativer Praxis. Der Idealismus kann sich hektische Experimente und ideologischen Fanatismus ersparen und trotzdem (oder besser: deshalb) sowohl engagiert als auch mit der nötigen wissenschaftlichen Distanz konstruktiv arbeiten. *(13)*

Wer umfassend politisch handeln und nicht die Hände in den Schoß legen will, um dem vermeintlichen Automatismus urwüch-

siger Naturkräfte auch im Gesellschaftsleben freie Bahn zu lassen *(14)*, kann gar keine ganzheitlichere Richtschnur finden als den Kategorischen Imperativ. Politische Planung starrt entweder mantisch auf beliebig austauschbare empirische Theorien - oder orientiert sich an sittlichen Forderungen. Altväterisch oder langweilig brauchen deshalb weder eine bewußt idealistische Politik noch ihre Planung zu werden, denn dazu treten zuviele Probleme mit unbeschränkten Lösungsmöglichkeiten auf. Gerade in der Planung kulminieren Ethik und Voluntarismus bei gleichzeitig rationaler Gestaltung des Weges hin zur Zielerreichung. *(15)*
Die Mathematisierbarkeit der Planung leidet nicht unter ihrem sittlichen Primat, ganz im Gegenteil, endlich finden Meßbarkeit, Quantifizierbarkeit und Verifizierbarkeit keinen relativen ideologischen oder utopischen, sondern einen absoluten Telos in der der Logik und der Moral gemeinsamen Metaphysik. Genausowenig wird der sittliche Anspruch durch eine »kalte« abstrakte Planung beeinträchtigt, denn nur durch sie wird er zu keiner zwar anspruchsvollen, aber mangels Konsequenz flachen Schwärmerei. Nur was der Mensch will, muß er selbst wissen, und ist nicht vorprogrammierbar - doch sein Ziel kann er in Freiheit systematisch anstreben. Je rascher Entscheidungen getroffen werden müssen und je größer nahende Gefahren sind, desto notwendiger ist der sowohl ganzheitliche wie sittliche Lösungsansatz. Doch selbst wenn genug Zeit zur Kalkulation vorhanden ist, bleibt dank der Fülle der Daten und Einflußgrößen, ihrer zahllosen Interdependenzen sowie des Umschlages der Linearität in Nichtlinearität und umgekehrt immer noch ein unberechenbares Restrisiko *(16)*. Es wird immer kleiner, je eindeutiger die Lösungsansätze sind und je mehr vermeidbare Risiken in den Griff bekommen werden - nur spricht nun erst recht nichts mehr gegen den Holismus und die Ethik der Zielsetzung.
Planung und Organisation schränken weder die Freiheit noch die Verantwortung ein, sondern sind ihr Instrument *(17)*. Selbst die zu jeder wirksamen Planung gehörende Kontrolle dient der sittlichen Absicht und erschlägt die freie Verantwortung keineswegs *(18)*. Desgleichen führt die Gemeinschaftsarbeit zur Lösung von Problemen und an der Erreichung von Zielen die ethische Finalität der Individuen zusammen und beraubt weder die Einzel-

nen noch das Team der moralischen Verpflichtung *(19)*. In arbeitsteiligen Gesellschaften wollen Organisationen und Organisierung die Zielerreichung und verantwortliche Teilhabe optimieren, ohne die Freiheit hinanzuhalten *(20)*. Für das konsequent einzutreten, was man als richtig erkannt hat, vermehrt die ethische Potenz und vermindert sie nicht. Nur wer sich an seine eigenen Geschöpfe verliert, indem er auf ihren Instrumentalcharakter im Dienst des sittlichen Telos vergißt und sie für das Eigentliche hält, wird vom selbst Geschaffenen als Zauberlehrling abhängig.

Zur politischen Verwirklichung jeder voluntativen und damit auch der idealistischen Absicht ist strategische Planung also unabdingbar. Nun hilft die beste Taktik nichts, wenn die Strategie falsch ist. Mit *Clausewitz* gliedert sich die Kriegskunst als Kunst der zweckmäßigen Verwendung der Streitkräfte im Kriege in die Taktik als der operativen Führung und in die Strategie, zu der die grundsätzlichen Entscheidungen und Maßnahmen zählen. Will sich der Idealismus bestmöglich durchsetzen, so wird er seine taktischen Gefechte dort und mit den Kräften liefern, wo beide am günstigsten für ihn sind *(21)*: In der Wirtschaft mit liberalen, im Sozialen mit subsidiarischen, in der Ökologie mit ganzheitlichen, im Kulturellen mit konservativen und in Sicherheitsfragen mit nationalen Mitteln. Solchermaßen strategisch überhöht geplant werden diese starken Einzeltaktiken den strategischen Gesamtsieg gar nicht verfehlen können.

Da jede freiwillig eingeschlagene Richtung und jedes freigewählte Modell zu einer gewissen Eigendynamik neigt, kommt der Auswahl der Instrumente zweifellos die größte Bedeutung zu. Daher gilt es zunächst, sich nicht stur in eine einzelne Taktik oder Maßnahme zu verrennen oder an eine einmal ausgewählte Methode zu verlieren, sondern transzendierungsfähig zu bleiben und sich seiner Mittel zielbewußt, aber flexibel zu bedienen. Hält man sich somit die Relativität der Zwischenziele, Mittel und Instrumente bewußt, so wählt man dann zur Durchsetzung jeweils die strategische Komponente, die für das betreffende Terrain am bewährtesten ist und am besten greift *(22)*. Darum empfehlen sich in voller Übereinstimmung mit der übergeordneten Ethik nun einmal prinzipiell eine liberale Wirtschaftspolitik, eine subsidiarische Sozialpolitik, eine ganzheitliche Ökologiepolitik, eine konservative Kulturpolitik und eine nationale Sicherheitspolitik. Ein einziger modus operandi wäre kontraproduktiv, ihre wechselseitige Austarierung dagegen kombiniert ihre Vorteile und schließt ihre Nachteile gegenseitig aus. Die politischen Ansätze sind nun einmal vernetzt und nicht reduktionistisch, sondern synoptisch zu sehen. Politik muß aus ihren unterschiedlichen Elementen heraus verstanden werden, die überhöht alle ihren legitimen Platz haben und in der Zusammenschau als Komponenten idealistischer Durchsetzungsstrategie dienen. *(23)*

Die Anleihe bei der militärischen Strategie erfolgt nicht zur Verherrlichung des Krieges, die auch nicht die Absicht von *Clausewitz* war. Er hat lediglich die Bedingungen beschrieben, unter denen Kriege geführt werden und auf die Siege oder Niederlagen zurückzuführen sind. Die Übertragbarkeit seiner Grundsätze auf den politischen Kampf hat bereits *Marx* 1858 in einem Brief an Engels festgestellt: »Ich lese jetzt u.a. Clausewitz' 'Vom Kriege'; sonderbare Art zu philosophieren, der Sache nach aber sehr gut.« *(24)* In der Folge zieht er selbst den Vergleich zum Wirtschaftsleben. Doch nicht nur hier, sondern auch in der Politik stammt ein nicht unwesentlicher Teil der Terminologie und Techniken aus dem militärischen Begriffsschatz. Nicht zufällig spricht man von »politischer Offensive und Defensive«, von »Rückzugsgefechten« oder vom »Konkurrenzkampf«. Wobei *Clausewitz* selbst nicht müde wurde, immer wieder darauf hinzuweisen, daß das Militär selbst unter dem Primat der Politik steht *(25)*. Exakt in diesem Sinne ist auch sein oft variiertes Diktum zu verstehen, daß der Krieg die Fortsetzung der Politik unter Einmischung anderer Mitteln sei.

So sind es auch nicht die »bösen« Soldaten, sondern die »lieben« Politiker, die Kriege auslösen und nicht Frieden schließen wollen. Die Kriegsgeschichte lehrt zur Genüge, wie oft und schwerwiegend die Eingriffe der Politik in den reine Kriegsführung sind *(26)*. Gerade eine solche eminent politische Kriegsführung bestätigt das Primat der Politik vor dem Militär. Solange sie nicht putscht, gehorcht die militärische der politischen Führung. Die Soldaten sterben als erste und haben die Kriege der Politiker nur zu führen - das dann freilich so effektiv wie möglich.

Idealismus darf nicht blind machen, sondern soll sehend einen virtuosen Umgang mit den erkennbaren Gegebenheiten dieser Welt ermöglichen. Wenn es also so etwas wie »Aggression« schon zu geben scheint, ist es besser, mit ihr umgehen und sie soweit wie möglich entschärfen zu lernen, statt sie in einer »entweder-oder«-Mentalität utopisch abschaffen zu wollen *(27)*. Aus verständlichen Gründen kam im Abendland die adelige Führungsschicht aus dem Wehrstand - und hat es politisch dank ihrer Ritualisierungen bei aller Grausamkeit jedes und auch ihrer Kriege wenigstens verstanden, keine totalen Kriege zu führen. Je »kriegerischer«, soldatischer oder aristokratischer der Ethos schon im Frieden ist, umso weniger bedarf es in der tatsächlichen Auseinandersetzung einer aufputschenden Propaganda *(28)*, aus deren Eigendynamik man kaum mehr herausfindet, selbst wenn es die politischen Zauberlehrlinge endlich selber möchten.

Ohne militanten Ethos und ritterliche Rituale, mit viel propagandistischer Demagogie und ohne adeligen Wehrstand sind wir immer weniger auf ernsthafte Auseinandersetzungen eingestellt, ohne daß realistisch die Kriegsgefahr geringer würde. Ihre Hauptursache dürfte wohl in der Enge der Verhältnisse, der Knappheit der Ressourcen und der Übervölkerung der Welt liegen, welche immer ärger statt geringer werden und damit immanent den »ewigen Frieden« alles andere als politisch wahrscheinlich machen. Für die Verhaltensforschung gehören Krieg und Frieden zum breiten Spektrum des Lebens, womit sie sich völlig mit der clausewitzschen politischen Philosophie deckt. Nur kann der wirkliche Kampf durch ritualisierte Regeln, Drohgebärden, Reviermarkierung und Imponiergehabe vermieden werden, solange man den Partner nicht zusehr reizt und sich auf der selben Signalebene wie er verständigt *(29)*. Mag der Mensch bedauerlicherweise vieler seiner Instinkte verloren haben, so gewann er doch die Vernunft, um mit ihr dem Nachbarn die eigene Rechte verständlich zu machen. Allerdings bedingt diese Vernunft mit, auch die Rechte des Anderen anzuerkennen. Man kann es auch so sehen, daß heute Abschreckungsstrategie und Krisenmanagement die vernünftigen politischen Formen der ritualisierten Regeln und Drohgebärden darstellen mögen.

Natürlich können auch Militärs und nicht nur Advokaten, Parteisekretäre, Lehrer, Gutsbesitzer oder Industrielle Politiker werden, doch am Vorrang der Politik vor dem Kriegswesen ändert dies nichts. Außer daß von der echten Staatskunst wenig Berührte leider nur zu gern die Haltungen und Vorstellungen ihres ursprünglichen Berufes in ihre neue Tätigkeit mithinübernehmen. Politik ist nämlich nicht nur Verteidigung, gesatztes Recht, Interessenskampf, Pädagogik oder Wirtschaft, sondern dies alles zusammen und noch einiges mehr dazu. Wie verheerend sich rein militärisches Denken in der Politik auswirken kann, hat kein geringerer als der wirkliche Staatskünstler *Bismarck* an seinem Nachfolger *Caprivi* kritisiert: Die Politik kennt kein »alles oder nichts« und darf in kein kollektives (alle) »Mann über Bord« nach einem verfehlten Kurs resultieren *(30)*. Andere reduktionistische Politikansätze haben genauso ihre Gefahren, beispielsweise wenn eine kaufmännische Führungsschicht Karthagos dem Soldaten *Hannibal* eifersüchtig den Nachschub verwehrt und daran letztlich selbst zugrunde geht *(31)*. Auf der anderen Seite mag das Beispiel des Prinzen *Eugen von Savoyen* zeigen, daß es auch Generalen nicht an Staatskunst fehlen muß *(32)*. Stresemann führte vor, daß wirtschaftliche Interessensvertreter gleichfalls staatsmännisches Format erlangen können *(33)*. Hin wie her: Sie »können« es erlangen, ohne daß sie es automatisch »haben«.

Wie immer man es dreht und wendet, es gibt verschiedene Ansätze zu einer idealistischen Politik und keinen idealtypischen idealistischen Politiker. Ob als Liberaler, Sozialist, Ökologe, Konservativer und Nationaler oder als Soldat, Zivilist, Beamter, Diplomat, Parteiangestellter, Landwirt, Selbständiger und Interessensvertreter, stets muß der Idealist transzendierungsfähig sein. Vor allem aber in der Politik muß er über sein engeres Herkunftsmilieu springen, synoptisch die Fülle der in der Politik kulminierenden Probleme erkennen, ganzheitlich planen und multidimensional handeln *(34)*. In jeder politischen Partei sind mehr oder weniger, bewußt oder unbewußt und sogar teilweise ungewollt idealistische Ansätze vorhanden, die es systematisch auszubauen gilt. Desgleichen ist exakt wegen des holistischen Charakters des Idealismus jeder Beruf gleich geeignet, idealistische Politiker hervorzubringen.

Es bedarf daher keiner neuen »Idealistischen Partei«, besser ist es, vorhandenes idealistisches Potential in jeder Partei zu verstärken und sich nebenbei der existierenden Parteistrukturen dazu zu bedienen. Nur wo es allein unversöhnliche und überhöhungsunfähige materialistische Monopolstrukturen gibt, wird man um transzendentalphilosophisch inspirierte Neukonstruktionen nicht herumkommen. Doch ansonsten würden durch künstliche Neugründungen nur unnötige Reibungsflächen geschaffen, an denen es in der Auseinandersetzung mit existierenden Parteien bloß zu Reibungsverlusten käme. Obendrein bindet der organisatorische Neuaufbau nur Kräfte nach innen, die nach außen besser eingesetzt wären. Statt neue idealistische Kaderschmieden zu schaffen, ist es besser, bereits existierende Nachwuchsquellen zu nutzen und für deren konsequenten Idealismus zu sorgen. Natürlich wird auch idealistische Politik wie jede andere Politik ein Minderheitenprogramm und Aufgabe einer Elite bleiben. *Pareto (35)* und *Mosca (36)* regieren im übrigen nicht nur in der Politik, im Staat und in der Gesellschaft, sondern genauso in jeder Wissenschaft und Religion.

Da es nicht Aufgabe einer idealistischen Sozialphilosophie ist, die Dinge utopisch anders zu sehen, als sie sind, sondern aus einsichtigen Tatsachen das Beste zu machen, wird es darauf ankommen, der Herkunft und der Auswahl der herrschenden Klassen das Hauptaugenmerk zu widmen. Infolge der zunehmenden Arbeitsteilung und Informationsüberflutung ist nicht nur die Politik noch komplizierter geworden, sondern finden auch immer weniger Personen die Zeit und die Qualifikation, tatsächlich kompetent politisch mitzuwirken *(37)*. Der Hang zur wohlfahrtsstaatlichen Betreuung fördert noch die neuzeitliche Form der Untertanengesinnung *(38)*. Selbst in den freiesten Demokratien herrscht heute nicht das Volk wirklich, wie die Bezeichnung vielleicht suggerieren könnte, ja sogar die interne Auswahl der »Volksvertreter« durch die Parteien besorgt eine Minderheit. Der Zug zur »repräsentativen Demokratie« nimmt sachimmanent immer mehr zu; gelegentliche Volksabstimmungen ändern daran nicht das Geringste und geraten zu oft zu demagogisch *(39)* angeheizten ochlokratischen *(40)* Circenses. Der Bürger schaut zu und kann bestenfalls zwischen den geringeren Übeln wählen - alle paar Jahre *(41)*. Schon diese Wahl ist nicht das Schlechteste, immerhin soll es Gesellschaften geben, in denen nicht einmal das möglich ist, doch entscheidend sind neben Erweiterungsmöglichkeiten zur Mitgestaltung vor allem der Geist, der regiert, und die erwähnte soziologische Zusammensetzung derer, die regieren, wenn mehr Idealismus forciert werden soll. Mit dem Nachlassen des ideologischen Fanatismus hat freilich die Korruption und nicht der praktische Idealismus in der Politik zugenommen. Ihre Symptome sind vielfältig und die Watergates nicht auf Großmächte beschränkt *(42)*. Unter ihrem Eindruck wird eine idealistische Sozialphilosophie sich mit den politischen Verfallsursachen und den Möglichkeiten ihrer Behebung befassen, ohne blauäugig die irdische Glückseligkeit herbeizuträumen. Idealistisch wäre bereits viel erreicht, eine politische Elite zu finden oder zu bilden, die vom Sachverstand und vom sittlichen Willen her das Gemeinwesen nach übergeordneten transzendentalen Gesichtspunkten zu gestalten trachtet, statt wie bisher das Gemeinwohl ehrgeizigen Karrieristen und Demagogen zu überlassen, für die Staat und Gesellschaft zum bestenfalls phraseologisch verbrämten Selbstbedienungsladen geworden sind *(43)*. Die Gesellschaft stellt nicht das Ausbeutungsobjekt der Staatsklasse dar, die bei immer größer werdender Ineffektivität hinsichtlich der Wahrnehmung der klassischen Hocheitsaufgaben ständig unverschämter in der Beschaffung unverdienter Privilegien wird.

Solange also mit *Pareto* von einer real herrschenden Oligarchie auszugehen ist *(44)*, und mit *Mosca* jede Herrschaft als Organisationsleistung elitären Charakter besitzt *(45)*, wird das transzendentalphilosophische Hauptaugenmerk neben der metaphysischen Legitimation der Herrschaftsausübung auf der Heranbildung einer idealistisch denkenden Elite und nicht auf der theoretisierenden Konstruktion einer Regierungslosigkeit gerichtet sein. Statt durch eine rosarote Brille mit der Herrschaftsfreiheit zu liebäugeln, ist es angesichts laufend arbeitsteiliger und komplizierter werdender Verhältnisse realistischer, den erkennbaren Tatsachen ins Auge zu sehen und sie nicht mit falschen Ettiketten zu versehen *(46)*. Wenn also schon »Herrschaft«, dann eine ehrliche und moralisch korrekte. Die Fiktion der Abschaffung aller Herrschaft kann der Idealist getrost dem Ideologen und Utopisten überlassen, sie ist heute unwirklicher als je zuvor - und noch jede Ideologie und Utopie brachte das Gegenteil ihrer Verheißungen *(47)*. Worüber es sich alleine nachzudenken lohnt, ist die Rettung möglichst großer poli-

tischer Freiheit in einer immer übervölkerteren, engeren und interdependenteren Welt. Eine real herrschende Oligarchie, die öffentlich die kurz bevorstehende Abschaffung der Herrschaft proklamierte, streut nur den Naiven Sand in die Augen und arbeitet am Gegenteil.
Wenn es also immer »herrschende Klassen« gibt, welche sind es nun heute in den entwickelten Gesellschaften? Die Geistlichkeit und der Adel zählen in der Industriegesellschaft nicht mehr aus eigener Macht dazu, und wo sie noch Einfluß besitzen, dann nicht kraft ihres Grundbesitzes und theologischen Berufes oder ihrer aristokratischen Abstammung, sondern vermittels der beruflichen Positionen, die sie unabhängig davon inne haben. Dasselbe gibt für die Industriellen, die selbstverständlich wie der Grundbesitz ihre »Lobby« haben, ohne daß sie deshalb »automatisch« regieren. Adeliger oder industrieller Abstammung zu sein, ist wegen des hervorgerufenen Neides in der Demokratie für eine politische Karriere sogar eher hinderlich, und ein erfolgreicher Unternehmer oder Selbständiger hat heute in der Regel in seinem »Zivilberuf« soviel zu tun, daß er kaum unmittelbar politische Positionen übernehmen könnte. Die Kirchen wiederum ermahnen ihre Funktionäre mittlerweile, sich nicht tagespolitisch zu betätigen, womit auch für Geistliche jede direkte »Herrschaft« wegfällt. Sieht man sich die gesellschaftspolitische Wirklichkeit an, dann herrschen in Wahrheit »Intellektuelle« oder eine Bildungselite, gleichgültig ob sie ursprünglich als berufliche Interessensvertreter, Beamte, Lehrer oder Parteiangestellte begonnen haben. Damit regiert zwar nicht jeder akademisch Gebildete eo ipso, aber aus seiner Schicht rekrutiert sich die tatsächliche politische »Elite«. Sogar die Führer der »Arbeiterbewegung« waren und sind stets Intellektuelle. Über das »Parteisoldatentum«, das Funktionärswesen und die »Ochsentour« erneuern die herrschenden Parteioligarchien sich selbst aus der Intellektuellenschicht. *(48)*
Wenn für China der dortige Bürgerrechtler *Fang Lizhi* den Mangel an Einfluß der Intellektuellen beklagt *(49),* so betrifft dies nicht seine selbst intellektuellen Gerontokraten, sondern deren ideologieverpflichtetes Machtmonopol, das andere, nicht derselben Clique angehörende und nicht dieselbe Ideologie teilende Intellektuelle an der Machtteilhabe hindert. Gerade in China hat sich

- anders als in Europa - insofern nichts geändert, als dort schon seit vielen Jahrhunderten die Bildungselite regierte, nur daß die heutigen »Konfuzianer« die Anerkennung der marxistischen Ideologie verlangen. Das industriell-wirtschaftlich nicht so fortgeschrittene China hat weniger sozialstrukturell die Führungsschicht gewechselt als ideologisch das herrschende Modell. Zugleich hat die industriell-wirtschaftlich fortschrittlichere westliche Welt (wie das darin weniger progressive Osteuropa) *(50)* seine Führungsstrukturen quasi »sinisiert«, indem sie sie entscheidend aus den Intellektuellen und Technokraten rekrutiert *(51)*. Damit steht auch für den Idealismus fest, daß nunmehr die Bildungsschichten regieren, und er kann durchaus damit leben. Was die Parteien voneinander unterscheiden, sind die Ideen und nicht die Führungsstrukturen oder Formalverfassungen *(52)*. Es ist nun die Frage, ob sich die herrschenden Gebildeten endlich zu einer idealistischen Ethik durchringen. Die politische Führung wird sich weiterhin aus der Bildungsschicht rekrutieren, doch muß sie statt mechanistischer Modelle und Ideologien wieder sittliche Verpflichtung in einer interdependenten Welt lernen.

Idealisten wollen also keine Eliten beseitigen, sondern sie sittlich in die Pflicht nehmen. Woher aber gewinnt man ethische Persönlichkeiten? Sicherlich nicht auf dem Boden einer materialistischen Ideologie oder gar der Lüge, Halbwahrheit und Verdrehung. Wenn sich nun ein »braver« Parteisoldat bar aller Qualifikation in einem produktiven »Zivilberuf« *(53)* durch alle internen Intrigen und externen Schlammschlachten mühsam hochgedient hat, ist er völlig von dem Apparat abhängig, in dem er aufgestiegen ist. Er weiß endgültig Bescheid über die reale »Demokratisierung«, ist desillusioniert und kann sich kaum mehr vorstellen, daß die Welt noch anders aussehen könnte. Also holt man sich politische »Quereinsteiger«, die nun über kurz oder lang und spätestens dann, wenn eine Rückkehr in den Zivilberuf unmöglich geworden ist, gleichfalls von den Partei- und Interessensorganisationen abhängig werden. Unabhängige Menschen scheuen die Intrigenwirtschaft und Demagogie des parteipolitischen Alltages. So bleiben Industrielle in den Betrieben und Wissenschafter in den Instituten - und die Politik, die schwierigste aller Künste, ist der Mittelmäßigkeit ausgeliefert. Die richtige Elitenbildung tut also wirklich not. *(54)*

Eine den Idealismus fördernde politische Elite wird sich in erster Linie weniger aus politisierenden Studienabgänger und mehr aus Persönlichkeiten rekrutieren, die bereits Erfahrung im praktischen Berufsleben gesammelt haben. Da heute neben den Generalstäben wohl am meisten in der Wirtschaft strategisch gedacht wird, wird eine erfolgreiche idealistische Politik kaum von theoretisierenden Politologen und am ehesten von praxisbewährten Managern effektuiert werden *(55)*. Man braucht beispielsweise in der Öffentlichkeitsarbeit nur die moderne Wirtschaftswerbung mit der heutigen politischen Werbung zu vergleichen, um die Stümperhaftigkeit der unter ideologischen Vorzeichen stehenden Parteipropaganden und die Effektivität der PR-Arbeit erfolgreicher Unternehmen zu erkennen *(56)*. Nicht daß die politischen Parteisekretariate auf die Mitarbeit von professionellen Werbeberatern und Werbeagenturen verzichteten; doch sie lassen den »Profis« aus ideologischer Besserwisserei zu wenig Spielraum. Die Werbewirtschaft weiß ein Lied davon zu singen und bevorzugt lieber Auftraggeber, die selbst modern denken, nämlich ökonomisch, rational leistungsorientiert, kreativ, interdependent, flexibel und nichtlinear.

Die gegenwärtige Situation bietet gerade für eine neue politische Elite enorme Chancen: Während sich die alte politische Klasse in aufreibenden Schlammschlachten gegeneinander demagogisch erschöpft und höchstens von Wahltermin zu Wahltermin zu denken in der Lage ist, arbeiten Wirtschaftswissenschaft und Management an der tatsächlichen Gewinnung der Zukunft *(57)*. Eine in mechanistischen Ideologien behaftete Politologie und Soziologie ist der schlechteste Ratgeber für die Umsetzung des komplexesten aller Gestaltungswillen, des politischen. Kein Wunder, daß Politiker, die deterministischen Ideologien verhaftet sind, von der theoretischen Ausbildung her nur den materialistischen Monismus kennen und nie an der Front der wirklichen Lebensbewältigung standen, sondern nur demagogische Phrasen droschen und Intrigen praktizierten, hinter der Entwicklung nachlaufen, statt die Zukunft zu gestalten *(58)*. Innen- wie außenpolitisch sind sie zur Ineffektivität verdammt und behindern die tatsächlichen Problemlösungen mehr, als sie sie befördern.

Gesellschaftlich werden vernetzt und ganzheitlich planende Manager benötigt und keine materialistischen Ideologen. Manager

sind mittlerweile gewohnt, mehrdimensional und nicht mehr monokausal zu arbeiten. Allein der mögliche Vorwurf, Manager denken zu ökonomisch und nur gewinnorientiert, aber zu wenig ökologisch und sozial, mag öfters zurecht bestehen *(59)*. Schließlich unterliegen auch Wirtschaftspraktiker einer gewissen »Betriebsblindheit« von bei aller Vielseitigkeit doch weiterhin berufstypischen Sachzwängen *(60)*. Folglich wird ein politisch tätig werdender Manager immer noch über seinen bisherigen Schatten springen und transzendieren müssen *(61)*. Der Vorteil, bereits mehrdimensionale Erfahrungen gesammelt zu haben und nicht einschienig auf einen »Gesellschaftsmechanismus« fixiert zu sein, ist Managern im Vergleich zu ideologischen Parteisoldaten freilich nicht zu nehmen und hebt sie über theoretisierende Ideologen wie intrigante »Zivilversager« hinaus. Wenn heute unsere noch besten Politiker »Quereinsteiger« aus der Wirtschaft sind, dann spricht nichts dagegen und alles dafür, auch sie und das Parteienmanagement nach den in der Personalwirtschaft üblichen psychologisch-ökonomischen Kriterien zu rekrutieren. *(62)*
Ein unzufriedener Kunde wechselt das Produkt *(63)* - ein unzufriedener Bürger kann höchstens zwischen den Fraktionen einer Oligarchie wählen, die zwecks gemeinsamer Machterhaltung trotz aller scheinbaren oder tatsächlichen Gegensätze letztlich doch zusammenhalten. Ein erfolgloser Manager wird gekündigt und findet keine neue Verwendung, ein bankrotter Unternehmer ist ruiniert, und eine fehlplanender Brückenbau-Ingenieur landet vor Gericht *(64)*. Ein erfolgloser Minister verliert höchstens eine Wahl, geht in die Opposition und regeneriert sich dort als wohlbestallter und immuner Parlamentarier, um sein Glück von neuem zu versuchen. Vor einer unmittelbar vergleichbaren Verantwortung wie ein Manager ist ein demokratischer Politiker bewahrt, obwohl er doch wesentlich größere Aufgaben zu bewältigen hätte. Solange er keinen Krieg verliert und nicht bei direkter Korruption ertappt wird, hat ein parlamentarischer Politiker ausgesorgt. Nie steht er wegen Fahrlässigkeit oder Ärgerem vor Gericht, hat er noch soviele ihm anvertraute Steuermilliarden vergeudet und fehlinvestiert oder Menschen im Namen seiner Ideologie ins Unglück gestürzt. Eine idealistische Politik wird den Zusammenhang zwischen Machtvollkommenheit und Verantwortung wieder herstel-

len müssen *(65)*. Dies würde einerseits wirklich verantwortungsbereite Persönlichkeiten in die Politik hieven, und zugleich die Vielzahl der Demagogen und Parteisoldaten vermindern, für die von der kleinsten Gemeindestube an Politik nur ein relativ risikoloses Geschäft ist.

Jede Zeitung berichtet von der Politikverdrossenheit der Bürger, ihrem Mißtrauen gegenüber den Politikern und dem Gefühl ihrer Einflußlosigkeit *(66)*. Die Schuld daran tragen nicht die in Untertanenmentalität verharrenden Bürger, vielmehr sehen sie sehr klarsichtig das Mittelmaß und den Eigennutz der heute herrschenden Klasse. Solange sich die Oligarchie jedoch einig ist, kann sie auch durch Wahlen nicht abgelöst werden, da durch sie nur das Kräfteverhältnis zwischen ihren Fraktionen hin und her verschoben, aber nie sie selbst beseitigt wird. Insofern ist der Parlamentarismus tatsächlich ein recht stabiles System. Nur die Enttäuschung und Verachtung der Bürger steigt. Noch hat die moderne »Demokratie« das Glück, daß die Bürger nicht das System, sondern erst seine Träger verabscheuen *(67)*. Es wird zur Rettung des demokratischen Systems höchste Zeit, für eine grundsätzliche Erneuerung der politischen Elite zu sorgen. Bisher haben die Bürger nur in der Not zwischen den Weltkriegen (nicht nur in Italien und Deutschland) die Demokratie verworfen *(68)*; sollten sie durch das Versagen ihrer ideologischen Träger nun auch in wirtschaftlich unvergleichlich besseren Zeiten von ihr genug bekommen, wird diese Demokratie für lange verspielt haben *(69)*. Mit der ohnehin mäßigen demokratischen Strahlkraft auf traditionell undemokratische Länder wäre es endgültig vorbei.

Wir brauchen nicht mehr, sondern bessere Politiker. In allen Parteien. Politiker, die sich in ihren Zivilberufen bereits bewährt haben und vernetzt denken können *(70)*. Persönlichkeiten, die nicht in der Politik beruflich Karriere machen, sondern idealistisch für die Gemeinschaft noch mehr Verantwortung tragen wollen. Freie Menschen, die auch wieder aus der Politik aussteigen können, sich nicht korrumpieren lassen und nicht von Parteiapparaten abhängig sind, sondern diese selbst kontrollieren. Idealisten, die sich wegen ihres sittlichen Bewußtseins sowohl getrauen, langfristig zu planen sowie bei Bedarf scharf durchzugreifen, als auch verantwortliche Kontrolle nicht zu scheuen brauchen *(71)*. Die politische Lösung der gravierenden Zukunftsaufgaben benötigt keine, die Riege der Duodezpolitiker aufstockenden exakten Quotenregelungen für Männer und Frauen, Junge und Alte oder Kluge und Dumme, sondern fachliche und moralische Qualifikation der Entscheidungsträger. *(72)*

Eine idealistische politische Führung kann sich in ihrer ganzheitlich vernetzten Strategie flexibel aller empirischer Erkenntnisse bedienen, die die Ideologen jeweils so gerne absolut setzen. Nun haben die »harten Facts« ihren Platz: ökonomische Daten, Bevölkerungsstruktur, Demographie, Sozialprodukt, Verkehrsverhältnisse, Geographie, Bodenschätze, Förderquoten, Produktionszahlen, Agrarressourcen, Hektarerträge, Produktivitätsraten, Wertschöpfungsquoten, Schiffstonnagen, militärische Stärken, Overkillkapazitäten, Flottengrößen und dergleichen mehr. Innen- wie außenpolitisch kombiniert optimieren sie die Gesamtleistung zur politischen Stärke *(73)*. Jetzt läßt sich geopolitisch in Kontinenten denken *(74)*. Nun spielt die Frage »Seemacht oder Kontinentalmacht« eine Rolle *(75)*. Die Zeit und die Gelegenheit zu wirklicher Lagebeurteilung, Planung, Entscheidungsfindung, politischer Umsetzung und Nachjustierung sind damit gekommen. Erst ein solches Bewußtsein macht reif für langfristige Schicksalsentscheidungen und zielbewußte Verwirklichung.

Eine transzendierungsfähige Elite ist tatsächlich in der Lage, zur Durchsetzung ihrer idealistischen Ziele mit erfahrungs-wissenschaftlichen Modellen zu spielen. Nun sind Zeit und Gelegenheit gegeben, empirische Theorien zielgerichtet einzusetzen. Jetzt sind wir imstande, unverabsolutiert soziale Konflikttheorien richtig zu rezipieren und final nutzbar zu intentionalisieren. Nur findet der moderne Klassenkampf in den entwickelten Staaten nicht zwischen «besitzenden Kapitalisten« und »verelendeten Proletariern«, sondern zwischen der tonangebenden »Priesterschaft« der halbgebildeten Intellektuellen und der produktiven Bevölkerung statt *(76)*. Für *Sorels* »finstere Gegenmacht« sorgen heute die materialistischen Dinosaurier selbst *(77)*. Der moderne »Klassenkampf« ereignet sich in den Köpfen und nicht in den Geldbörsen.

Um überhöhend die Klaviatur empirischer Erkenntnisse für die Durchsetzung des Idealismus zu bedienen, bedarf eine ethische Elite nicht nur der Reife eines transzendierungsfähigen Geistes, sondern auch klarer sittlicher Vorstellungen und entschlossener Energie. Die Vernetzung der erfahrungswissenschaftlichen Ansätze fordert eine grundsätzliche Gesinnungshaltung, aus der die Einzelentscheidungen getroffen werden. Sozialwissenschaftlich steht der Idealismus nicht im luftleeren Raum und benötigt zu seiner maximalen Verwirklichung ebenfalls einer gesellschaftlichen Basis. In entwickelten Sozietäten kommt es auf den Mittelstand an, der weiter gefaßt den Großteil der Bevölkerung ausmacht. Nicht mehr die Unterschichten stellen hier die »Masse« des Volkes, sondern die Mittelschichten. Eben weil den materialistischen Klassenkämpfern das einheimische Proletariat ausgeht, müssen sie sich ein neues »vulgus mobile« durch Familienrechts- und Bildungs-»Reform« schaffen oder künstlichen Ersatz im Import von Gastarbeitern suchen. Der spiritus rector der chinesischen Demokratiebewegung des Frühjahrs 1989 zitiert lustvoll schwedische Sozialdemokraten, deren Klassenkampf auch eine Klasse beseitigte, aber »nicht die Bourgeoisie, sondern das Proletariat«. *(78)*

Dem Subsidiaritätsprinzip entsprechend wird jede idealistische Elite die immer mehr verschwindenden Deklassierten die nötige Hilfe zur Selbsthilfe reichen und, wo dies nicht möglich ist, ihr Abgleiten ins Elend verhindern. Genau wegen des Rückgangs der Zahl der sozial Bedürftigen stellt dies auch finanziell ein immer geringeres Problem dar. Nicht der Marxismus-Leninismus löste die alte soziale Frage, sondern andere Formen des Sozialismus. In Mitteleuropa brach genausowenig der Marxismus mit den ständischen Klassentraditionen, vielmehr war es ein anderer Materialismus, der Nationalsozialismus - freilich an der Stelle des geringsten Rassismus und Materialismus: Nach *Dahrendorf* stieß er in die Modernität und hat die «soziale Revolution vollzogen« *(79)*. Der holistische Gedanke der »Volksgemeinschaft« erwies sich empirisch fruchtbarer als der reduktionistische des Klassenkampfes *(80)*. Das Ergebnis der verschiedenen erfolgreichen nichtmarxistischen Sozialismen ist es jedenfalls, daß sich keine »Massenbewegung« mehr gegen die Mittelschichten wenden darf oder muß, sondern auf diese Mehrheit zu stützen hat.

Der Idealismus baut umso lieber auf die Mittelschichten, als ihr Ethos in stiller Selbstverständlichkeit vielfach gelebte Transzen-

dentalphilosophie bedeutet: Untangiert vom isolierenden Oberschichtenluxus und unberührt von enervierenden Unterschichtenverhältnissen ist der Mittelstand aus sich heraus psychologisch gefestigter, familienorientiert, altruistisch, heimatliebend, aufgeschlossen, fleißig, mutig, in realistischer Weise optimistisch, investitionsbereit, persönlich sparsam, klug, maßhaltend, verwurzelt, unkompliziert oder freiheits- und gerechtigkeitsliebend *(81)*. Mit diesen Haltungen und Erwartungen sind die Mittelschichten die natürlichen Verbündeten des Idealismus. Wo aber der Mittelstand vielleicht weniger angenehme Seiten zeigt, vor allem Selbstbezogenheit oder Spießbürgerlichkeit, hebt sich eine idealistische Elite mit ethischem Schwung und in ganzheitlicher Verantwortung hinweg. Der Idealismus garantiert der Mehrheit Religion, Vaterland, Familie, Privateigentum, Kultur sowie Selbstverwirklichung und verlangt keinen Verzicht darauf im vermeintlichen Interesse utopisch-ideologischer Verheißungen. Weil die Macht der Ideen sich in Raum und Zeit niederschlägt, aber nicht aus heimlicher oder verdrängter Liebe zum Kapitalismus sind die Historischen und Dialektischen Materialisten zur »Perestroika« gezwungen. *(82)*.
Die soziale Schichtung der entwickelten Gesellschaften entspricht ihrem Altersaufbau, sie ist hier wie dort »dickbauchig« mitte- und nicht mehr basisverbreitert oder pyramidenförmig *(83)*. Bei allem Verständnis für Jugend und Alter wird sich eine idealistische Politik neben den Interessen der Mittelschichten noch an denen der mittleren Generation ausrichten. Wie bedeutsam die Pietät vor den Alten und die Fürsorge für die Jungen auch ist, so muß zunächst der Produktivität der mittleren Generation und der mittleren Sozialschicht genüge getan werden, ohne die weder für die Senioren noch für die Junioren gesorgt werden kann. Doch sosehr Idealisten an der Verschmälerung der Unterschichtenbreite arbeiten, genauso wichtig muß ihnen eine Verbreiterung der demographischen Jugendbasis sein, an deren Mangel die entwickelten Gesellschaften ernsthaft kranken *(84)*. Im kurzsichtigen Eigennutz der augenblicklich ihr Leben vermeintlich Genießenden zeigt der Hedonismus sein destruktivstes Gesicht.
Der Liberalismus ist im Mittelstand von jeher zuhause. Darin teilt er sich mit dem Konservatismus, der seine zweite Stütze in der

Oberschicht findet, welche sich ihrerseits wenigstens teilweise auch als liberal empfindet *(85)*. Zudem ist das Nationalgefühl in den mittleren Sozialschichten stets ausgeprägt gewesen, wenngleich es im Grunde alle Schichten umfaßt und sogar in die Unterschichten hineinreicht. Die Sorge um eine gesunde Umwelt geht jedermann an und wird nicht minder von mittleren Gesellschaftsschichten engagiert aufgegriffen. Die soziale Subsidiarität hebt nicht nur die sich verringernden Unterschichten, sondern mindert zudem das Risiko der Mittelschichten. Über die Elemente seiner Politik erfaßt der Idealismus den überwiegenden Teil der Bevölkerung und vollständig ihr aktives Element. Allein dem Marxismus hängt die Gefolgschaft der verbliebenen ausgesprochenen Unterschicht sowie der intellektuellen Sozialaufsteiger und Aussteiger an. Die Zahlen sahen 1987 für Westdeutschland so aus: 15 % linksliberale und linksalternative »Postmaterialisten«, 59 % aufstiegswillige, pflichtorientierte und aufgeschlossene Normalbürger, dazu je 11 % gehobene Konservative und integrierte Senioren und 4 % isolierte alte Menschen *(86)*. Wenn diese Daten noch für andere entwickelte Gesellschaften einigermaßen repräsentativ sind, könnten allgemein wenigsten 81 % der Menschen für eine idealistische Programmatik mobilisiert werden.

Wie es dazu im Grunde keiner neuen idealistischen Parteiungen bedarf, um berechtigte liberale, soziale, ökologische, konservative und nationale Anliegen zu befördern, da aus den bisherig existierenden Parteien das entsprechende Potential geschöpft werden kann, so braucht es auch keiner ausgedehnten idealistischen Gesetzgebung. In der alles fernere Handeln durchgängig bestimmenden idealistischen Gesinnung und nicht in der Kasuistik liegt der Kern einer erfolgreichen Umgestaltungsstategie. Ist eine schon grundsätzlich nur relativ, unscharf, unvollständig und provisorisch erkennbare Wirklichkeit *(87)* selbst wiederum bloß linguistisch eingeschränkt rezipierbar und kommunizierbar *(88)*, dann gilt die symbolische Repräsentanz des eigentlich Gemeinten erst recht von den in bewußte Worte gefaßten Rechtsbegriffen. Die Form der Symbole bleibt gleich, doch ihre Sinninhalte wandeln sich *(89)*. Wenn sogar naturwissenschaftliche Erkenntnisse und Begriffe interpretationsabhängig sind, so sind es geisteswissenschaftliche erst recht. *(90)*

Mit der Änderung der Gesinnung ändern sich die Rechtsbegriffe mit, obwohl ihre Buchstaben gleich geblieben sind. Wie Formen zu verstehen sind, bestimmen die Konventionen *(91)*. Ohne daß sich noch das politische System, das Verfassungsrecht oder die Herrschaftsverhältnisse geändert haben, sorgen der Wandel der Wertvorstellungen und Verhaltensweisen sowie die technischen und ökonomischen Entwicklungen für ein neues Gerechtigkeitsempfinden der Rechtsanwender, das in die Rechtsprechung einfließt. Jedes gesatzte Recht wird stets und laufend uminterpretiert. Zudem gibt es keine vollständige Kodifikation für alle erdenklichen Fälle, und jedes Gesetz hat noch vor seinem Inkrafttreten Lücken, die durch Richtersprüche geschlossen werden. Wie die Gesellschaft sind auch Richter und Rechtsanwender dem Zeitgeist ausgesetzt. Jedes Recht ist auslegbar, woraus seine Dynamik erwächst, und muß interpretiert werden, wodurch es überhaupt erst anwendungsfähig wird. Generalklauseln und allgemeine Begriffe sind speziell auszulegen, und außergesetzliche Klauseln fließen in die Rechtsprechung mit ein. Im Buchstaben unveränderte Gesetze überdauerten in Mitteleuropa Monarchie, Republik, Diktatur und wieder Republik, wurden entsprechend uminterpretiert und blieben jeweils anwendbar *(92)*. Die Umdeutung der Rechtsordnung ist ein juristisches Dauerphänomen und kann selbstverständlich auch idealistisch genützt werden.

Es wäre völlig unrealistisch und illusionär, nach jedem Regierungswechsel das gesamte Rechtssystem umkodifizieren zu wollen. Schon jetzt wird die Flut ständig neuer Gesetze immer unüberschaubarer, mit der Gesetzesinflation läßt auch die Güte der Gesetze ständig nach, und viele Gesetze sind unvollziehbar geworden. Da auch inflationäre Gesetze derselben Notwendigkeit der Auslegung und denselben Möglichkeiten zur Neuinterpretation wie die bisherigen unterliegen, kann eine souveräne Gesetzgebung sich selbst in der Normenproduktion zurückhalten und dem freien Richterrecht mehr Spielraum überlassen. Ist es doch typisch für den hektischen Pseudoaktivismus unserer heutigen Staaten, beim Auftreten jeden neuen Problems sofort mit einer unpraktikablen und bald novellierungsbedürftigen Gesetzesflut zu antworten, statt die nötige Rechtsanpassung den Gerichten zu überantworten. Damit keine Differenzen zwischen dem geschriebenen Recht

und der Lebenswirklichkeit zustande kommen oder solche gekittet werden, wird notwendigerweise auf »konkret-allgemeine Begriffe« *(93)* und auf »konkrete Ordnungen« *(94)* zurückgegriffen, aus denen das Recht geboren wird und die das Lebensgefühl einer Epoche prägen. Sind diese Begriffe und Ordnungen mit ideologischen Inhalten erfüllt, macht sich das Recht zum Handlanger ideologischer Regimes. Die systematische Bedeutung einer idealistischen Gesinnung rückt damit auch rechtlich in den Mittelpunkt.
Je zentraler der Gesetzgeber möglichst viele Kompetenzen an sich zu ziehen trachtet, desto unbeweglicher und überforderter wird er, und umso unzufriedener ist der rechtsuchende Bürger. Natürlich bedarf es - auch idealistisch - einer Reihe von gesatzten Zentralnormen, doch ihre interpretative Anwendung darf ruhig dezentral den Gerichten und ihrer Judizierung übertragen werden. Mißtraut aber ein schwacher oder argwöhnischer Gesetzgeber seiner Richterschaft und produziert daher kasuistisch Gesetz auf Gesetz, so ist ihm damit auch nicht geholfen, denn die Notwendigkeiten der Auslegungen fallen damit genausowenig wie die Möglichkeiten der Uminterpretationen. Sieht man von den »Nürnberger Gesetzen« ab, den im Grunde einzig ideologietypischen Rassegesetzen des Nationalsozialismus *(95)*, so überließ er im wesentlich die Umgestaltung des Rechtes geschickt den von seiner Ideologie erfüllten »konkret-allgemeinen Begriffen« und »konkreten Ordnungen« und hielt sich in der Produktion auffälliger Ideologiegesetze zurück *(96)*. Umgekehrt hat auch die Demokratie nationalsozialistische Gesetze uminterpretiert weiterlaufen lassen.
Entscheidend ist also vor allem die idealistische Auslegungsgesinnung, deren Vorhandensein alleine für die ethische und holistisch-organische Deutung des Paragraphenmeeres sorgen kann. *Rüthers* kommt selbst bei seiner Untersuchung der nationalsozialistischen Rechtslehren zur allgemein gültigen 21. Lehre: »Staat und Recht sind auf einen unverzichtbaren Grundbestand 'metaphysischer Glaubenssätze' (Weltanschauung, Religion, transzendentale Staatsphilosophie, 'Grundwerte') gegründet *(97)*.« Seine 24. Lehre lautet: »Juristen müssen ihr Verhältnis zu dem der Rechtsordnung zugrunde liegenden Wertsystem als ein Kernproblem ihres Berufes erkenne. Es gibt keine unpolitische, weltanschaulich neutrale, ethisch wertfreie Jurisprudenz. Wertfreies Recht wäre buchstäblich

wertlos« *(98)*. Klarer kann man die Absage an den Rechtspositivismus kaum mehr formulieren, der sich jedem Regime anpaßt und andient. Zugleich rettet nur eine konsequente Ethik vor dem Absturz in die Barbarei.

Die Frage lautet nicht »Rechtspositivismus oder ideologisches Ordnungsdenken« *(99)*, sondern »Rechtspositivismus oder Ethik«. Wie die Naturwissenschaft auch mit mechanistischen Modellen arbeiten und leben kann (wenn sie nicht verabsolutiert werden!), so muß sich selbstverständlich die Jurisdiktion positiv zu setzender Normen bedienen, die aber aus einer »naturrechtlichen« oder besser transzendentalphilosophischen Quelle und Legitimität entspringen müssen. Erfahrungswissenschaftlich wie juristisch stellt der Positivismus tatsächlich nur die Neuauflage des alten Sophismus dar. Die sophistischen und positivistischen Techniken sind wertneutral und können von jedermann sowie jeder Ideologie in Anspruch genommen werden. Sowenig sie aus dem Nichts entstehen, sosehr bedürfen sie bei ihrer Anwendung der ideellen Überhöhung und des ethischen Gebrauchs. Den Gegnern des transzendentalen »Naturrechts« sind die Idee des »schlechthin Guten« und der »Gerechtigkeit« zu verschwommen, um einen geradlinigen Rechtsgebrauch zu gestatten. Und tatsächlich läßt der Kategorische Imperativ verschiedene Verwirklichungsmöglichkeiten und nicht nur eine lineare Kasuistik zu *(100)*. Doch verhält sich auch die physische Wirklichkeit nicht wie eine überdimensionale Maschine *(101)*, sondern wie ein großer Gedanke *(102)*, nichtlinear *(103)* und synergetisch *(104)*, sodaß sich von der Realität der Welt *(105)* her kein Rechtspositivismus begründen ließe.

Doch ist eine nichtlineare Welt nicht ordnungslos *(106)*, und eine am Kategorischen Imperativ ausgerichtete Rechtsordnung ist nicht verschwommen und inpraktikabel, nur weil das »Gute an sich« sehr abstrakt klingt. Ganz im Gegenteil, die Flexibilität der Selbstorganisation der Natur *(107)* und einer transzendentalphilosophisch ausgerichteten Rechtsordnung *(108)* bietet die einzige Möglichkeit, wirklich zu leben, und die ungeheure Chance, bei einheitlicher Ausrichtung Varianten zu erlauben und notwendige Anpassungen vorzunehmen. Ethik erlaubt Pluralismus und ist eben kein starres kasuistisches Korsett *(109)*. Exakt durch die ethische Überhöhung vermag der Idealismus die Elemente einer realistischen Politik flexibel zu kombinieren und den jeweiligen Gegebenheiten anzupassen. Eine offene und sittlich motivierte Elite ist in der Lage, strategisch zu planen und zu kontrollieren, in allen existierenden Parteien zu arbeiten und in wesentlicher Abstützung auf den Mittelstand Idealismus durchzusetzen. Die politischen Eliten werden sich weiterhin aus der Bildungsschicht rekrutieren, doch müssen sie statt mechanistischer Modelle und Ideologien wieder sittliche Verpflichtung lernen. Die rechtliche Umgestaltung kann der Idealismus ruhig seiner inneren Überzeugungskraft überlassen.

(1) John BROCKMAN, Die Geburt der Zukunft. Die Bilanz unseres naturwissenschaftlichen Weltbildes an der Schwelle des neuen Jahrtausends. Aus dem Amerikanischen von Karl Heinz SIBER. Scherz Verlag, Bern 1987

(2) James GLEICK, Chaos - die Ordnung des Universums. Vorstoß in Grenzbereiche der modernen Physik. Aus dem Amerikanischen von Peter PRANGE. Verlag Droemer Knaur, München 1988.

(3) Frederic VESTER, Neuland des Denkens. Vom technokratischen zum kybernetischen Zeitalter. Deutsche Verlags-Anstalt, Stuttgart 1980.

(4) Fritjof CAPRA, Wendezeit. Bausteine für ein neues Weltbild. Aus dem Amerikanischen von Erwin SCHUHMACHER. Überarbeitete und erweiterte Neuauflage. Scherz Verlag, Bern 1986.

(5) Friedrich KAULBACH, Einführung in die Philosophie des Handelns. Wissenschaftliche Buchgesellschaft, Darmstadt 1982.

(6) Frank DULISCH, Eine handlungstheoretisch orientierte Analyse von Lernprozessen unter besonderer Berücksichtigung des Selbststeuerungsaspektes. Hobein Verlag, Bergisch Gladbach 1986.

(7) James (Jim) E. LOVELOCK, Unsere Erde wird überleben. Gaia - eine optimistische Ökologie. Aus dem Englischen von Constanze IFANTIS-HEMM. Verlag Piper, München 1982.

(8) Immanuel KANT, Metaphysische Anfangsgründe der Naturwissenschaft. Gesammelte Schriften (Akademie-Ausgabe), Band IV. Verlag Georg Reimer, Berlin 1903. Reprint Verlag Walter de Gruyter, Berlin 1968.

(9) Nick HERBERT, Quantenrealität. Jenseits der Neuen Physik. Aus dem Englischen von Traude WESS. Birkhäuser Verlag, Basel 1987.

(10) David BOHM, Die implizite Ordnung. Grundlagen eines dynamischen Holismus. Übersetzt von Johannes WILHELM. Verlag Dianus-Trikont, München 1985.

(11) Rüdiger BUBNER, Handlung, Sprache, Vernunft. Grundbegriffe praktischer Philosophie. Suhrkamp Verlag, Frankfurt a.M. 1976.

(12) Adam ZWASS, Planwirtschaft im Wandel der Zeit. Europaverlag, Wien 1982.

(13) Vergleiche: Josef GUNZ, Handlungsforschung. Vom Wandel der distanzierten zur engagierten Sozialforschung. Wilhelm Braumüller Verlag, Wien 1986.

(14) Vergleiche: Ulrike SCHNEIDER, Sozialwissenschaftliche Methodenkrise und Handlungsforschung. Campus Verlag, Frankfurt a.M. 1980.

(15) Günter E. BRAUN, Methodologie der Planung. Eine Studie zum abstrakten und konkreten Verständnis der Planung. Hain Verlag, Meisenheim 1977.

(16) Klaus BRITSCH, Grenzen wissenschaftlicher Problemlösungen. Der mögliche Beitrag der Wissenschaft zur Lösung von Problemen: Anmerkungen zur Theorie der Planung. Nomos Verlag, Baden-Baden 1979.

(17) Peter BENDIXEN und Heinz W. KEMMLER, Planung. Organisation und Methodik innovativer Entscheidungen. Verlag Walter de Gruyter, Berlin 1972.

(18) Hans-Christian PFOHL, Planung und Kontrolle. W. Kohlhammer Verlag, Stuttgart 1981.
(19) Frederic VESTER, Planung, Forschung, Kommunikation im Team. Universitäts Verlag, Konstanz 1969.
(20) Lutz von ROSENSTIEL, Walter MOLT und Bruno RÜTTINGER, Organisationspsychologie. 4. Auflage. Verlag W. Kohlhammer, Stuttgart 1979 (Urban-Taschenbuch 501).
(21) Vergleiche: Carl von CLAUSEWITZ, Vom Kriege. Hinterlassenes Werk. Vollständige Ausgabe im Urtext in einem Band. Mit neuer historisch-kritischer Würdigung von Werner HAHLWEG. 18. Auflage. Ferdinand Dümmlers Verlag, Bonn 1971.
(22) Oscar di GIAMBERANDINO, Kriegskunst in unserer Zeit. Übersetzt von Hans-Rudolf RÖSING. Verlag Wehr und Wissen, Darmstadt 1961.
(23) Rolf ELBLE, Synoptisches Begreifen der Politik und Generalstabsdenken als Voraussetzung strategischer Planung. Philosophische Dissertation, Universität Freiburg i.B. 1969.
(24) Zitiert in: Peter LINNERT, Clausewitz für Manager. Strategie und Taktik der Unternehmensführung. Verlag Moderne Industrie, München 1971, S 20.
(25) Siehe Fußnote 21.
(26) Für den letzten Weltkrieg siehe: Erich von MANSTEIN, Verlorene Siege. 8. Auflage. Bernard und Gräfe Verlag, München 1979.
(27) Konrad LORENZ, Das sogenannte Böse. Zur Naturgeschichte der Aggression. Deutscher Taschenbuch Verlag, München 1974 (dtv 1600).
(28) Max SCHELER, Die Ursachen des Deutschenhasses. Eine nationalpädagogische Erörterung. Verlag Kurt Wolff, Leipzig 1917.
(29) Irenäus EIBL-EIBESFELDT, Krieg und Frieden aus der Sicht der Verhaltensforschung. Piper Verlag, München 1975.
(30) Fürst Otto von BISMARCK, Gedanken und Erinnnerungen. Dritter Band. J.G. Cotta'sche Buchhandlung, Stuttgart 1919, S 114.
(31) Theodor MOMMSEN, Römische Geschichte. Erster Band. Könige und Konsuln. Von den Anfängen bis zum Untergang der Republik. Neu bearbeitet von Herbert LEONHARDT. Bertelsmann Verlag, Gütersloh o.J., S 269 f.
(32) Gottfried MRAZ, Prinz Eugen. Ein Leben in Bildern und Dokumenten. Bildredaktion und Dokumentation von Henrike MRAZ. Süddeutscher Verlag, München 1985, S 187-234.
(33) Kurt KOSZYK. Gustav Stresemann. Der kaisertreue Diplomat. Eine Biographie. Verlag Kiepenheuer und Wirtsch, Köln 1989.
(34) Vergleiche: Matthias MARING, Märkte und Handlungssysteme. Zur wissenschaftstheoretischen Analyse eines systemtheoretisch-kybernetischen Handlungsansatzes im Planen idealtypischer Strukturen. P. Lang Verlag, Frankfurt a.M. 1985.
(35) Arnold GEHLEN, Vilfredo Pareto und seine »Neue Wissenschaft«. Gesamtausgabe, Band IV. Herausgegeben von Karl-Siegbert REHBERG. Klostermann Verlag, Fankfurt a.M. 1983.
(36) Gaetano MOSCA, Die Herrschende Klasse. Grundlagen der politischen Wissenschaft. Mit einem Geleitwort von Benedetto CROCE, übersetzt von Franz BORKENAU. A. Francke Verlag, Bern 1950.
(37) Vergleiche: Karl STEINBUCH, Maßlos informiert. Die Enteignung unseres Denkens. Herbig Verlag, München 1978.
(38) Helmut SCHELSKY, Der selbständige und der betreute Mensch. Politische Schriften und Kommentare. Seewald Verlag, Stuttgart 1976.
(39) Zur Demagogie vergleiche: Kurt ZIESEL, Die Meinungsmacher. Universitas Verlag 1989.
(40) Der moderne Parteienstaat als ochlokratisch legitimierte Oligarchie bei: Wolfgang CASPART, Handbuch des praktischen Idealismus. Universitas Verlag, München 1987, S 219-254.
(41) Rudolf WASSERMANN, Die Zuschauerdemokratie. Econ Verlag, Düsseldorf 1976.
(42) Hans PRETTEREBNER, Der Fall Lucona. Ost-Spionage, Korruption und Mord im Dunstkreis der Regierungsspitze. Ein Sittenbild der Zweiten Republik. 2. Auflage. Hans Pretterebner Verlag, Wien 1988.
(43) Vergleiche: Martin MORLOCK, Die hohe Schule der Verführung. Ein Handbuch der Demagogie. Econ Verlag Verlag, Düsseldorf 1977.

(44) Gottfried EISERMANN, Vilfredo Pareto. Ein Klassiker der Soziologie. Verlag Mohr-Siebeck, Tübingen 1987.

(45) Ettore E. ALBERTONI, Mosca and the Theory of Elitism. Translatet by Paul GOODRICK. Verlag Basil Blackwell, Oxford 1987.

(46) Vergleiche: Helmut DUBIEL, Populismus und Aufklärung. Suhrkamp Verlag, Frankfurt a.M. 1986.

(47) Burghart SCHMIDT, Kritik der reinen Utopie. Eine sozialphilosophische Untersuchung. Metzler Verlag, Stuttgart 1980.

(48) Helmut SCHELSKY, Die Arbeit tun die anderen. Klassenkampf und Priesterherrschaft der Intellektuellen. 2. erweiterte Auflage. Westdeutscher Verlag, Opladen 1975.

(49) FANG Lizhi, China im Umbruch. Herausgegeben von Helmut MARTIN. Mit einer Einleitung von Erwin WICKERT. Siedler Verlag, Berlin 1989.

(50) Abel AGANBEGJAN, Ökonomie und Perestroika. Gorbatschows Wirtschaftsstrategien. Aus dem Russischen von Gabriele LEUPOLD und Renate JANSSEN-TAVHELIDSE. Hoffmann und Campe Verlag, Hamburg 1989.

(51) Field LOWELL und John HIGLEY, Eliten und Liberalismus. Ein neues Modell zur geschichtlichen Entwicklung der Abhängigkeiten von Eliten und Nicht-Eliten. Zusammenhänge, Möglichkeiten, Verpflichtungen. Aus dem Englischen übersetzt und eingeleitet von Dieter CLAESSENS. Westdeutscher Verlag, Opladen 1983.

(52) Wilfried RÖHRICH (Herausgeber): Demokratische Elitenherrschaft. Traditionsbestände eines sozialwissenschaftlichen Problems. Wissenschaftliche Buchgesellschaft, Darmstadt 1975.

(53) Zur Herrschaft der durch die Institutionen gegangenen Halbgebildeten siehe Fußnote 48.

(54) Gerd-Klaus KALTENBRUNNER, Elite. Erziehung für den Ernstfall. Mut-Verlag, Asendorf 1984.

(55) Beat BERNET, M M M - Management, Macht und Moral. Wirtschaftsverlag Langen Müller/Herbig, München 1988.

(56) Joachim H. BÜRGER und Hans JOLIET (Herausgeber), Die besten Kampagnen: Öffentlichkeitsarbeit. Band II. Verlag Moderne Industrie, Landsberg 1989.

(57) Bruno TIETZ, Die Dynamik des Euromarktes. Konsequenzen für die Neupositionierung der Unternehmen. Verlag Moderne Industrie, Landsberg 1989.

(58) Vergleiche: Milovan DJILAS, Die unvollkommene Gesellschaft. Jenseits der »Neuen Klasse«. Ins Deutsche übertragen von Zora SCHADEK. Verlag Fritz Molden, Wien 1969.

(59) Zur Problematik und ihrer Lösung siehe: Dieter BIRNBACHER (Herausgeber): Ökologie und Ehtik. Verlag Philipp Reclam, Stuttgart 1985 (Universal-Bibliothek 9983).

(60) Hans WERBIK, Handlungstheorien. W. Kohlhammer Verlag, Stuttgart 1978.

(61) Jürgen FRESE, Prozesse im Handlungsfeld. Boer Verlag, München 1985.

(62) Wolfgang CASPART, Psychologische Aspekte der Personalwirtschaft. Psychologie in Österreich 4/86 (1986), S 135-140.

(63) Udo KOPPELMANN, Produktmarketing. 2., völlig neubearbeitete Auflage. W. Kohlhammer Verlag, Stuttgart 1987.

(64) Vergleiche: Klaus DIELMANN, Betriebliches Personalwesen. W. Kohlhammer Verlag, Stuttgart 1981.

(65) Den Zusammenhang von Vollmacht und Verantwortung siehe zB. in: Wolfgang BUTH, Unternehmensführung. Managementkonzepte und Entscheidungslehre. W. Kohlhammer Verlag, Stuttgart 1977.

(66) Vergleiche: Harmut von HENTIG, Die entmutigte Republik. Politische Aufsätze. Ungekürzte Lizenzausgabe. Fischer Taschenbuchverlag, Frankfurt a.M. 1982.

(67) Zum Vergehen und (Wider-) Kommen politischer Ideen vergleiche: Robert A. KANN, Die Restauration als Phänomen in der Geschichte. Aus dem Amerikanischen von Margreth KEES. Verlag Styria, Graz 1974.

(68) Ernst NOLTE, Die Krise des liberalen Systems und die faschistischen Bewegungen. Piper Verlag, München 1968.

(69) Vergleiche: Hans-Ulrich THAMER und Wolfgang WIPPERMANN, Faschistische und neofaschistische Bewegungen. Probleme empirischer Faschismusforschung. Wissenschaftliche Buchgesellschaft, Darmstadt 1977.

(70) Zur psychologischen Seite der Handlungsplanung siehe: Reinhard MUNZERT, Das Planen von Handlungen. Differentialpsychologische Aspekte allgemeiner Handlungstheorien. P. Lang Verlag, Frankfurt a.M. 1983.

(71) Wie rational Planung, Entscheidung und Kontrolle im Ökonomischen funktionieren und zum politischen Vorbild dienen könnten, siehe: Klaus SERFLING, Controlling. W. Kohlhammer Verlag, Stuttgart 1983.

(72) Vergleiche: Thomas WÜRTENBERGER jun., Die Legitimität staatlicher Herrschaft. Eine staatsrechtlich-politische Begriffsgeschichte. Verlag Duncker und Humblot, Berlin 1973.

(73) Hans-Adolf JACOBSEN, Karl Haushofer - Leben und Werk. 2 Bände. Harald Boldt Verlag, Boppard a.R. 1979.

(74) Heinrich (Freiherr) JORDIS von Lohausen, Mut zur Macht. Denken in Kontinenten. 2. erweiterte Auflage. Vowinkel Verlag, Berg a.S. 1981.

(75) Alfred Thayer MAHAN, Der Einfluß der Seemacht auf die Geschichte 1600-1812. Überarbeitet und herausgegeben von Gustav-Adolf WOLTER. Köhler Verlag, Herford 1967.

(76) Siehe Fußnote 48.

(77) Jack J. ROTH, The Cult of Violence - Sorel and the Sorelians (dt. »Der Kult der Gewalt - Sorel und die Sorelianer«). University of California Press, Berkeley 1980.

(78) Siehe Fußnote 49, S 66.

(79) Ralph DAHRENDORF, Gesellschaft und Demokratie in Deutschland. Piper Verlag, München 1966, S 432.

(80) Max KLÜVER, Vom Klassenkampf zur Volksgemeinschaft. Sozialpolitik im Dritten Reich. Druffel Verlag, Leoni 1988.

(81) Als »bürgerliche« Eigenschaften exemplarisch in der Familiengeschichte der *Bassermanns* dargestellt von: Lothar GALL, Bürgertum in Deutschland. Siedler Verlag, Berlin 1989.

(82) Siehe Fußnote 50.

(83) Heinrich SCHADE, Völkerflut und Völkerschwund. Kurt Vowinckel Verlag, Neckargmünd 1974. Ergänzungsband 1979.

(84) Max WINGEN, Grundfragen der Bevölkerungspolitik. W. Kohlhammer Verlag, Stuttgart 1975 (Urban-Taschenbuch 509).

(85) Friedhelm FRISCHENSCHLAGER und Erich REITER, Liberalismus in Europa. Herold Verlag, Wien 1984.

(86) Peter GLUCHOWSKI, zitiert in: Hermann GLASER, Kulturgeschichte der Bundesrepublik Deutschland. Band 3. Zwischen Protest und Anpassung 1968-1989. Carl Hanser erlag, München 1989, S 296.

(87) Paul WATZLAWICK (Herausgeber), Die erfundene Wirklichkeit. Wie wissen wir, was wir zu wissen glauben? Beiträge zum Konstruktivismus. Verlag Piper, München 1981.

(88) Willard van Orman QUINE, Wort und Gegenstand. Übersetzt von Joachim SCHULTE und Dieter BIRNBACHER. Philipp Reclam Verlag, Stuttgart 1980 (Universal-Bibliothek 9987).

(89) Paul HENLE (Herausgeber), Sprache, Denken, Kultur. Suhrkamp Verlag, Frankfurt a.M. 1969.

(90) Donald DAVIDSON, Wahrheit und Interpretation. Übersetzt von Joachim SCHULTE. Suhrkamp Verlag, Frankfurt a.M. 1986.

(91) David LEWIS, Konvention. Eine sprachphilosophische Abhandlung. Aus dem Amerikanischen von Roland POSER und Detlef WENZEL. Verlag Walter de Gruyter, Berlin 1975.

(92) Bernd RÜTHERS, Entartetes Recht. Rechtslehren und Kronjuristen im Dritten Reich. C.H. Beck Verlag, München 1988.

(93) Aus der hegelianischen Philosophie entwickelt von: Karl LARENZ, Methodenlehre der Rechtswissenschaft. 5., neu bearbeitete Auflage. Springer Verlag, Berlin 1983.

(94) Carl SCHMITT, Die drei Arten des rechtswissenschaftlichen Denkens. Hanseatische Verlagsanstalt, Hamburg 1934.

(95) Rudolf BEYER (Herausgeber), Hitlergesetze XIII. Die Nürnberger Gesetze vom 15. September 1935 (Reichsflaggengesetz, Reichsbürgergesetz, Gesetz zum Schutze des deut-

schen Blutes und der deutschen Ehre) und das Ehegesundheitsgesetz vom 18. Oktober 1935. Verlag Philipp Reclam, Leipzig 1938 (Universal-Bibliothek 7321).

(96) Hubert KIESEWETTER, Von Hegel zu Hitler. Eine Analyse der Hegelschen Machtstaatsideologie und der politischen Wirkungsgeschichte des Rechtshegelianismus. Hoffmann und Campe Verlag, Hamburg 1974.

(97) Zitat siehe Fußnote 92, S 221; dazu noch S 207-208.

(98) Siehe Fußnote 92, S 221.

(99) Wie es gesehen wird von: Jürgen MEINCK, Weimarer Staatslehre und Nationalsozialismus. Eine Studie zum Problem der Rechtskontinuität im staatsrechtlichen Denken in Deutschland 1928 bis 1936. Campus Verlag, Frankfurt a.M. 1978.

(100) Immanuel KANT, Kritik der praktischen Vernunft. Felix Meiner Verlag, Hamburg 1985 (Philosophische Bibliothek 38).

(101) Werner HEISENBERG, Physik und Philosophie. Mit einem Beitrag von Günther RASCHE und Bartel L. van der WAERDEN. 3. Auflage. Hirzel Verlag, Stuttgart 1978.

(102) Erwin SCHRÖDINGER, Geist und Materie. Verlag Vieweg, Braunschweig 1959.

(103) Benoit MANDELBROT, Die fraktale Geometrie der Natur. Aus dem Englischen von Reinhilt und Ulrich ZÄHLE. Birkhäuser Verlag, Basel 1987.

(104) Hermann HAKEN, Synergetik. Eine Einführung. Übersetzt von Arne WUNDERLIN. Springer Verlag, Berlin 1982.

(105) Herbert PIETSCHMANN, Das Ende des naturwissenschaftlichen Zeitalters. Paul Zsolnay Verlag, Wien 1980.

(106) Siehe Fußnote 2.

(107) Erich JANTSCH, Die Selbstorganisation der Universums. Vom Urknall zum menschlichen Geist. Carl Hanser Verlag, München 1979.

(108) Karl Graf BALLESTREM, Macht und Moral. Ein Grundproblem der politischen Ethik. Minerva Publikationen, München 1986.

(109) Bruno SCHÜLLER, Pluralismus in der Ethik. Zum Stil wissenschaftlicher Kontroversen. Aschendorff Verlag, Münster 1988.

15. KAPITEL

Einheit und Wandel

Die Flucht in die Ideologie, Utopie oder konfessionelle Dogmatik hat nur nötig, wer zur Transzendierung unfähig ist. Die Zusammenfassung und Einordnung der empirischen Theorien, Partialwerte und einzelreligiöse Dogmen erfolgt durch ihre Überhöhung in den höchsten Ideen *(1)*. Der Mangel an dem hiezu erforderlichen Verständnis sowie einer grundlegenden Einfühlung, Offenheit, Kreativität, Aufgeschlossenheit, Intuition und auch Bildung zwingt zu Ersatzordnungen durch beliebig verabsolutierte empirischen Theorien, Partialwerte und konfessionelle Dogmen. Selbstverständlich ereignen sich auch Ideologiebildung, Utopismus und Dogmatisierung weder naturwissenschaftlich, ethisch und numinos notwendig, noch sind sie aus der unmittelbaren empirischen Beobachtung, der Idee des schlechthin Guten und dem Numinosen direkt entwickelt *(2)*. Sie kommen nicht wissenschaftlich, sittlich oder göttlich geboten zustande, sondern beruhen auf inkonsequenten Gedankenkonstrukten *(3)*. Ideologien sind unvollständige Ideenlehren, Utopien reduzierte Moralen und Klerikalismen verengte Religion. Idealistische Ganzheitlichkeit und ideelle Konsequenz tun not.

Die Einheit der Welt besteht im geistigen Universalismus der höchsten Ideen und wird nicht durch die Generalisierung empirischer Theorien, Partialwerte oder Dogmen künstlich erzeugt. Ganzheitlichkeit setzt sich aus linearen und nichtlinearen, notwendigen und zufälligen, erkannten und noch nichterkannten oder sogar grundsätzlich unerkennbaren, mechanischen und sittlichen, immanenten und transzendenten, verbalisierbaren und nur injunktiv verstehbaren, meßbaren und nichtmeßbaren Interdependenzen zusammen *(4)*. Halten sich bereits Teile der Natur durch ökologische, synergetische und systemische Wechselbeziehungen in einem selbstorganisierenden Gleichgewicht *(5)*, so gilt dies erst recht für das Ganze *(6)*. Dies nicht nur erkenntnistheoretisch anzuerkennen, sondern für sich wie in der sozialen Gemeinschaft durch verantwortliches Verhalten auch ethisch zu praktizieren, verwirklicht idealistische Sozialphilosophie. Sozialökologische Ganzheitlichkeit resultiert nicht aus der ideologischen, utopischen oder klerikalen Reduzierung der Wirklichkeit, die man durch anschließende Verabsolutierung der eigenen »fixen Idee« substituierend zu rekonstruieren sucht *(7)*. Sie beruht vielmehr auf der Anerkennung einer auch die eigene Individualität umfassenden und mehrdimensionalen ideellen Universalität, die uns in einem gewissen Rahmen Freiheit läßt *(8)*, und deren Gesetze wir durch sittliches Handeln befolgen. *(9)*

Der innere Telos der Wirklichkeit und ihre Ganzheitlichkeit bleibt selbst dem Materialismus nicht gänzlich verborgen, nur sucht er die holistische Entelechie statt im Idellen in der - grundsätzlich metaphysikabhängigen, zudem selbst physikalisch relativen und unscharfen, mathematisch unvollständigen, nur provisorisch definierbaren, systemischen, fraktalen, sinnesphysiologisch beschränkt erfahrbaren sowie in der Kommunikation linguistisch bedingten und geprägten *(10)* - »Materie«. Der Materialismus sieht dazu die Welt mechanisch aus Gegensätzen aufgebaut, dialektisch. Doch selbst wenn es wirklich so ist, kann dies nicht unmittelbar beobachtet und nur gedanklich erschlossen werden. Die Dialektik wie die Materie sind ideelle Konstrukte und nie direkt empirisch zu beobachten. Das Entscheidende passiert also wieder im Bereich der Ideen, zumal der dialektische Materialismus der unmittelbare Ableger der bloß umgedrehten idealistischen Dialektik *Hegels* ist. *(11)*

Aus innerer Logik heraus stellt auch der dialektische Materialismus keinen vollwertigen Ersatz einer idealistischen Teleologie dar: An die Stelle der höchsten Ideen Gottes sowie des an sich Guten, Wahren und Schönen treten willkürlich verabsolutierte Theorien und austauschbare Utopien. Im Fall des Marxismus ist dies das kommunistische Endstadium der »mit naturwissenschaftlicher Notwendigkeit« ablaufenden Geschichte. In weiterer Folge bestimmen dann Theoretiker, Chefideologen und Parteilinien, was die Geschichte »beschlossen« haben mag. Insbesondere müssen sie es dann tun, wenn die Prophezeiungen überhaupt nicht oder entgegen den ursprünglichen Annahmen und der eigentlichen Prognostik eintreten. Der Interpret der »naturwissenschaftlichen Notwendigkeit« schwingt sich so zum Herrn der Geschichte auf und wird politisch zum Diktator. Die Dialektik aber gerät zu einer virtuos handhabbaren innenpolitischen Waffe, mit der sich im Machtkampf jedermann auf *Marx* und *Lenin* berufen darf. Schon *Stalin* berief sich wie seine Gegner *Trotzki, Bucharin, Sinowjew* und *Kamenew* auf *Marx* und vor allem *Lenin (12)*. Wenn sich im Zug der Entstalinisierung früher *Chrustschow* und nun *Gorbatschow* (nicht nur taktisch, sondern ernsthaft) auf *Lenin* als Säulenheiligen berufen, so weben sie bloß weiter am endlos geflochtenen Band *(13)* der materialistischen Aporien.

Spätestens in dem Augenblick der quasi-scholastischen Berufung auf die pseudo-aristotelischen »Klassiker« des »wissenschaftlichen Sozialismus«, Atheismus und Materialismus siegen auch für den oberflächlichen Betrachter endgültig der Wille und die Gedanken über den »zwangsläufigen« Charakter der Geschichte, den mechanistischen Empirismus, die positivistische Sozialphysik und den ethikfeindlichen Atheismus. Doch schon von Anfang an bestimmt immer die Metaphysik jede Physik *(14)* und bleibt jede Dialektik ein grundsätzlich transzendentales Modell. Ohne höchste Idee wird jede Dialektik willkürlich manipulierbar, beliebig interpretierbar und hängt in der Luft: Die dialektischen Gegensätze werden in der versöhnenden Synthese überhöht, die selbst wieder zur These wird, den Widerspruch einer neuen Antithese hervorruft, um durch eine neuerliche Synthese versöhnt zu werden, und so weiter. Alle Glieder aus dialektischen Thesen und Antithesen enthalten in sich die entelechetischen Kerne der Synthesen, an deren letzten Spitze der hegelsche »Weltgeist« oder die unüberhöhbare und alles umfassende Gottesidee steht. In ihr wurzelt auch die Ethik, jene Kontrollinstanz, die vor dem Mißbrauch der Dialektik schützt. In Korrelation mit anderen Archetypen der Zahl »drei« *(15)* scheint das dialektische Modell tatsächlich recht griffig zu sein, doch bleibt seine transzendentale Einbindung genauso entscheidend wie die Einsicht in seinen Paradigmencharakter.

Die Dialektik stellt also die Methode der hegelschen Schulen zur Transzendierung dar. Die materialistischen Junghegelianer bilden dabei keine Ausnahme, nur bleibt ihre Überhöhung ohne Transzendenz in der Mitte stecken und ist unvollständig. Als Folge entbehren sie einer wirklich teleologischen Ausrichtung und Sinnstiftung, sodaß sie über ihre ideologische Fixierung nicht hinausgelangen. In ständiger ideologischer Selbstreflexion tanzen sie unentrinnbar um ihre verabsolutierte Grundannahme herum, unter deren praktischem Versagen sie selbst vielfach leiden. Sie sitzen der Chimäre ihres eigenen säkularen Mythos auf, dessen Bannkreis sie nur um den Preis der Aufgabe des Materialismus überspringen könnten. Weil sie tatsächlich den Materialismus vorrangig lieben oder dank der ideologischen Gehirnwäsche nicht mehr anders denken können, versuchen sie, den unsanierbaren »wissenschaftlichen Sozialismus« doch noch zu retten: »Ja, das Böse des Stalinismus überwinden wir allmählich. Hier gibt es keine Frage. Aber man darf dabei den Sozialismus nicht negieren. Sogar nach einem großen historischen Mißerfolg ist es verfrüht, über die 'Fruchtlosigkeit' des sozialistischen Weges der Entwicklung zu sprechen« *(16)*.

Das also ist der dialektische Kern der »Entstalinisierung«: Alle Scheußlichkeiten des real existierenden Sozialismus werden alleine *Stalin* angelastet, damit *Lenin* als der Erzvater des historisch wirksam gewordenen Kommunismus unbefleckt, rein und strahlend dastehen kann. Dabei ist er in trauter Gemeinschaft mit den später von *Stalin* liquidierten »Links- und Rechtsabweichlern« kein geringerer Bluthund gewesen wie der heute zum einzigen Südenbock gestempelte *Stalin*: Die ersten 10,7 Millionen Tote der Sowjetherrschaft stehen nach offiziellen sowjetischen Veröffentlichungen selbst in der Verantwortung *Lenins (17)*. Beispielsweise sind von den 360.000 Geistlichen Rußlands vor der Revolution Ende 1919 noch ganze 40.000 übriggeblieben *(18)*; der »Abgang« dieser 320.000 Menschen läßt sich auch beim besten Willen nicht auf das stalinistische System überwälzen, sondern ist ureigenster Leninismus.

Sollte aber selbst *Lenin* als quasi-scholastischer »*Thomas von Aquin*« nicht mehr zu halten sein, dann muß eben *Marx* als Pseudo-»*Aristoteles*« noch in die Lücke springen. Wichtig ist für den materialistischen Dialektiker doch nur, den Materialismus zu retten - komme, was kommen mag *(19)*. Doch gerade im Materialismus liegt der systematische Fehler (und nicht im Sozialismus, für den es doch auch idealistische Ansätze gäbe *(20)*, die jedoch von den »wissenschaftlichen Sozialisten« höhnisch zurückgewiesen werden *(21)*). Die »Wissenschaft« des Marxismus liegt im materialistischen Monismus, welcher freilich nicht zuletzt naturwissenschaftlich unhaltbar *(22)* und die Wurzel aller verbrecherischen Gewalttaten ist. Je mehr der Historische Materialismus ausgerechnet in seiner Königsdisziplin, der politischen Ökonomie, Schiffbruch erleidet, desto mehr kompensieren seine uneinsichtigen Anhänger das ökonomische Defizit dialektisch mit »Kulturbolschewismus«. Keine Lebensform kann genug »alternativ«, experimentell und exotisch, kein Pazifismus zu bedingungslos, nichts »Grünes« genug »rot« oder kein Feminismus zu zusammenhangslos sein, um doch noch den »neuen Menschen« oder die »neue Revolution« zu versuchen *(23)*. Aber gerade der willkürliche Utopismus führt an diesen Restbeständen von Materialismus vor Augen, wie unverzichtbar die konsequent transzendentale Überhöhung ist. Sie besteht nämlich nicht in der beliebigen Generalisierung unzusammenhängender Partialwerte, sondern unter bewußt folgerichtiger Berufung auf die konstituierenden, vom Materialismus jedoch geleugneten höchsten Ideen.

Verdreht man mit *Feuerbach* die idealistische Dialektik *Hegels* ins Materialistische *(24)*, wird sie unüberhöhbar und willkürlich verfügbar, ohne wirklicher Wahrheit zu dienen. Obwohl *Heraklit* alles andere als ein Materialist war, ließe sich sein »Der Krieg ist der Vater aller Dinge« dialektisch, aber unüberhöht genausogut neben einen absoluten Pazifismus setzen wie neben das kapitalistisch-marxistische Dogma von der »Wirtschaft als dem Motor der Geschichte«. Ist nun der Krieg, der Friede oder die Wirtschaft absolut? Einer beliebigen Instrumentierbarkeit und Thematisierbarkeit empirischer Theorien und Utopien für den politischen Alltagskampf sind durch die materialistische Dialektik völlig unabhängig von jeder Wahrheit Tür und Tor geöffnet. In einer Welt, in der wieder mit *Heraklit* empirisch »alles im Fluße ist«, verfängt sich der dialektische Materialismus selbst in den eigenen Schlingen seiner atomistischen, mechanistischen und antiidealistischen Aporien *(25)*. Wäre zum Beispiel die Wirtschaft tatsächlich der Motor aller Entwicklungen, gäbe es schon längst die politische Einheit Westeuropas. Doch in Wirklichkeit ist die Wirtschaft Teil einer größeren und ganzheitlichen Politik, mit der sie in Wechselwirkung steht. Daher wird die wirtschaftliche Einigung Europas über die politische erreicht, wie erstere auch Ausdruck letzterer ist. *(26)*

Bestimmte materialistisch der Unterbau wirklich den Überbau, käme man nie zu einer sinnstiftenden Einordnung, denn in der dann grundlegenden Empirie gelangt man grundsätzlich zu relativen *(27)*, unscharfen *(28)*, unvollständigen, *(29)* semantisch verfärbten *(30)* und provisorischen *(31)* Ergebnissen. Doch selbst wenn diese im Bisherigen absolut, scharf, vollständig, präzise und endgültig wären, determinierten sie noch immer nicht dank der fraktalen Geometrie der Natur *(32)* und ihrer systemischen *(33)* nichtlinearen Wechselbeziehungen *(34)* das Zukünftige sowie dank des freien sittlichen Willens nicht unser Handeln *(35)*. Eine Dialektik auf der Grundlage des systematischen Fehlers eines materialistischen Reduktionsmus muß praktisch scheitern *(36)*. Der dialektische Trick, die eigene - immer noch seine metaphysischen Anfangsgründe, seinen Methodenmonismus und die Ergebnisse der modernen Naturwissenschaft leugnende - Theorie mit den endlichen Fehlern seiner Gegner in der Praxis zu vergleichen, vermag den dialektischen Materialismus auch nicht mehr zu retten: Praxis mit Praxis oder Theorie mit Theorie verglichen geht der nun korrekte Vergleich weiterhin zu seinen Ungunsten aus.

Aus der höchsten Idee, aus Gott, mag das Christentum »dialektisch« die Trinität von Gott Vater, Gott Sohn und dem Heiligen Geist entwickelt haben *(37)*. Der Hinduismus tut dasselbe mit der Göttertrias Brahma dem Weltschöpfer, Shiva dem Weltzerstörer und Vishnu dem Welterhalter *(38)*. Der Taoismus und Konfuzianismus läßt aus dem Tai-ki, dem höchsten Prinzip, den Antagonismus der Yang- und Yin-Kräfte erwachsen *(39)*. Oder der Hegelianismus mag den Weltgeist sich entäußern, entfremden und seine Entfremdung wieder aufheben lassen *(40)*. Stets gehören die drei dialektischen Prinzipien trotz aller scheinbaren Gegensätze, die alleine dem analytischen Anteil des menschlichen Geistes angehören und ihm eine »Entwicklung« in Zeit und Raum zu beobachten gestatten, untrennbar zusammen und bedingen einander. Sie tun es auch in weiterer Ableitungsfolge und auf niedrigerer Ebene. Begreift man injunktiv die bedingende Zusammengehörigkeit der Gegensätze, so überwindet man mit der Verinnerlichung dieser Erkenntnis Zeit und Raum - Vergangenheit, Gegenwart und Zukunft fallen zusammen und alles wird zu einem *(41)*.

Unter den keineswegs unmittelbar immanenten und daher eo ipso transzendenten Bedingungen von Zeit und Raum manifestiert sich die höchste Idee nicht nur in verschiedenen Religionen *(42)*, sondern auch in unterschiedlichen Philosophien, Physiken, Politiken und Sozialstrukturen. Schon Soziologie und Politik leben nicht im luftleeren Raum und sind sozialphilosophisch zu überhöhen. Desgleichen baut jede Physik auf metaphysischen Voraussetzungen auf *(43)* (und die moderne Physik kommt geradezu wieder direkt zu ihnen zurück *(44)*). Ebenso sind jede philosophische Schule und sogar religiöse Konfession selbst wieder transzendierbar: Die Einheit liegt in der bereichernden Vielfalt und nicht in der künstlichen Sterilität einer rationalistischen Abstraktion aller Anschauungen oder gar in einem kämpferischen Verdrängen der einen religiösen Ansicht durch eine andere, nicht minder legitime *(45)*. »Damit soll angedeutet werden, daß die Vielheit der positiven Einzelreligionen weder zugunsten einer siegreichen Religion noch zugunsten *einer* abstrakten und farblosen Einheitsreligion aufzuheben ist, wenn von der Einheit in der Religionswelt gesprochen werden soll, sondern daß das Leben der Religionen unter vielfältigen Formen als eine in ihre Tiefe einheitliche Größe zutage tritt. Es gilt also zu erkennen, daß eine religiöse Einheit nicht auf die eine oder andere Weise hergestellt werden muß, sondern daß es bereits eine Einheit gibt, deren sich die Menschen bewußt werden müssen.« *(46)*

Der dogmatische Konfessionalismus gehört also selbst transzendiert, damit man wirklich zum eigentlich Gemeinten, dem universellen Numinosum, vorstoßen kann. Um die vier Wege zu Gott zu beschreiben, muß man nicht Hindu sein, vielmehr sind sie als religiöse Urerfahrung allen Kulturen gemeinsam: Erkenntnis, Gottesliebe, selbstloses Tun und Meditation *(47)*. Durch intellektuelle Analyse und Erkenntnis erkennt man im Jnana-Yoga *(48)* wie sogar in der Astrophysik *(49)*, daß die Erscheinungswelt letztlich vergänglich ist, und daß es nur ein unwandelbare und ewige Wirklichkeit gibt, das numinos Absolute. In der liebenden Hingabe zunächst an die einzelreligiösen Göttern und durch sie an das Absolute selbst geht der Einzelne nicht nur im Bhakti-Yoga *(50)*, sondern in allen großen Weltreligionen *(51)* in seiner Gottesvorstellung auf und wird eins mit Gott. Im Karma-Yoga *(52)* wie in jeder Ethik *(53)* wird Aktivität verlangt, die nicht bloß auf den

Genuß ihrer Früchte ausgerichtet ist, sondern um ihrer selbst willen getan wird und zu Gott führt, weil der Handelnde sich als Teil des Ganzen erkennt. Der »königliche Weg« oder Raja-Yoga *(54)* ist in jeder Religion das Gebet, das Zwiegespräch mit Gott, die Meditation und jener Zustand, in dem die Dualität aus Erscheinungswelt und transzendental-numinoser Wirklichkeit nicht mehr existiert *(55)*. Darüber hinaus wird jeder Sensibilisierte den Mantel Gottes in der Geschichte wie in der Kunst wehen spüren.

Um die Überhöhung bis zum letzten Absoluten kommt man letztlich nicht herum, will man nicht in willkürlichen Ideologien, Utopien oder Klerikalismen steckenbleiben. Doch selbst in den beliebigen Generalisierungen von Teilwahrheiten, Partialwerten und Dogmen steckt noch die unausrottbare Sehnsucht nach dem schlechthin Absoluten. Der Triumph der Idealismus noch im Materialismus und der Gottes selbst in der Blasphemie berechtigt zum Verlassen der Subebene und zum Einstieg in die Metaebene. Nur weil das höchste Absolute als Zustand reiner Transzendenz dem diskursiven Denken und der Sprache nicht unmittelbar zugänglich ist - nicht einmal die empirischen Objekte sind es wirklich *(56)* -, sondern nur injunktiv erfaßt und in Namen, Formeln und Ideen konkretisiert werden kann, so ist es trotzdem nicht unwirklich. Am Erschauern, an der Anziehung und der Erhabenheit hat es noch jeder gefühlt, wenn er es tatsächlich mit dem Letzten zu tun hatte *(57)*. Der Gipfel der Transzendenz ist jedenfalls realer als jeder relativ, unscharf, unvollständig, provisorisch, systemisch, nichtlinear und linguistisch zu interpretierende immanente Gegenstand *(58)*. Im Grunde existiert nur Transzendenz, und die Vorstellungswelt ist eine reine Projektion unseres Denkens. »Kham Brahm« würde der Hindu sagen, alles ist Brahman, Transzendentalität und Manifestation des ewig Unvergänglichen.

Die höchsten Ideen sind unvergänglich, nur werden sie in weitere Abfolge unter den Bedingungen von Zeit und Raum verschieden aufgefaßt. Ihre Akzente mögen sich in unserer Vorstellung verschieben, ihr eigentlicher Kern bleibt. Gott, das Gute, Wahre und Schöne an sich sind über den Weg der Transzendierung als absolut erkennbar, nur historisch manifestieren sie sich in einzelnen Religionen, Sittenlehren, Wissenschaftstheorien und Stilen. Jeweils überhöht wird in ihnen das eigentlich Gemeinte wieder sichtbar.

Es gehört geradezu zum wirklichen religiösen, moralischen, wissenschaftlichen und ästhetischen Empfinden, den über die räumliche und zeitliche Bindung hinausgehenden Wesenskern des unmittelbar vorgegebenen Objekts zu erfassen. Was eine Malerei zum Kunstwerk erhebt, sind nicht Farbkleckse und Pinselstriche, sondern was sie ausdrücken - folgerichtig ist das Schöne das Symbol des sittlich Guten *(59)*. Die Wahrheit steht gleichfalls nicht zur geschichtlichen oder unüberhöht dialektischen Disposition, sondern ist in letzter Konsequenz absolut *(60)*. In der Ethik wird durch die Befolgung des Kategorischen Imperativs die Idee des höchsten und zugleich vollständigsten Gutes realisiert, was die Existenz Gottes als des Urhebers aller Güter und als Garant der Übereinstimmung aller Partialwerte mit dem höchsten Gut impliziert *(61)*. Alle historische Gottheiten und »Söhne Gottes« konkretisieren wiederum in Raum und Zeit die ahistorische Transzendenz an sich und den einen Gott *(62)*.

Unter den Bedingungen von Zeit und Raum manifestiert sich die reine Transzendenz in einer sich ständig wandelnden Immanenz. In einer alleine schon durch die zunehmende Übervölkerung der Erde immer komplizierter werdenden Welt wird man bei der ethischen Gestaltung des physischen Lebens auf kein metaphysisches Modell zu seiner Beschreibung und Handhabung verzichten können. Es besteht also kein sittlicher oder wissenschaftlicher Grund zu einer Technikfeindlichkeit. Vor lauter Begeisterung über die durchgängige Macht der Metaphysik sollte man nicht übersehen, daß auch die Technologien selbstverständlich transzendentalen Ursprunges sind, in ethischer Verantwortung verwendet sein wollen und noch gebraucht werden *(63)*. Die drohende Klimakatastrophe, die Ökologiefrage oder die Nuklearprobleme werden wir nicht mit bloßer Mystik in den Griff bekommen, sondern nur technisch und naturwissenschaftlich. Allerdings bedarf es dazu eines ganzheitlichen und ethischen Vorgehens und keiner mantischen Beschwörung beschränkter Modelle. Nicht die Technik ist an unseren heutigen sozialen und ökologischen Problemen schuld, sondern ihre mangelnde Einbettung in größere transzendentale Zusammenhänge *(64)*. Wir benötigen konsequent idealistisch denkende Naturwissenschafter und Soziologen!

Ohne Transzendierung und überhöhende Zusammenfassung ist alles Tun punktuelles Stückwerk und vergeblich - nicht nur ökologisch, sondern auch politisch und sozial. Gelingt es nicht, die Demokratie metaphysisch zu legitimieren und ihren wesentlichen Kern, die verantwortliche Freiheit in organisierter Form, in einen höheren Zusammenhang zu stellen, so wird sie anhand ihrer ochlokratischen *(65)* und oligarchischen *(66)* Elemente an ihren inneren Widersprüchen *(67)* und Überforderungen *(68)* in Zynismus *(69)*, Desinformation *(70)* und Korruption *(71)* zugrunde gehen. Schon der Begriff einer »konstitutionellen Monarchie« enthielte eine contradictio in se, welche unüberhöht unauflösbar wäre, denn eine »Monarchie« unterstellt vom Wortsinn her die Alleinherrschaft eines einzelnen. Ist man allerdings zur Überhöhung fähig, so birgt mit *Stockmar* die für konstitutionelle Monarchien typische alleinige Ministerverantwortung eine Unfehlbarkeit des Monarchen, die für die Beständigkeit von Staat und Dynastie nur zu begrüßen ist: Während die selbstbewußten, fähigen oder wenigsten wohlwollenden französischen Könige durch ihre persönliche Politik zur Partei wurden und sich selbst zugrunde richteten, hat das konstitutionelle System die späteren, wenig sympathischen englischen Könige des Hauses Hannover vor dem Sturz bewahrt. *(72)*

Zudem waren alle abendländischen Monarchien (germanischrechtlich dezentral) seit Ende der Antike mit Ausnahme der rund 200 Jahre des (kirchen- und römischrechtlich zentralen) Absolutismus immer beschränkt *(73)*. Trotzdem wäre es sinnlos, diese gemischten Staatsformen nicht als Königtümer zu bezeichnen - Überhöhung bleibt Voraussetzung für jedes Verständnis. Gelingt es folglich der Demokratie nicht, wörtlich immerhin nichts weniger als die »Herrschaft des Volkes«, auf ähnlichem Wege sich selbst, das Parteienwesen, den Parlamentarismus oder das Präsidentialsystem zu transzendieren, so muß sie vom Vorwurf der Cliquenwirtchaft und der Heuchelei untergraben werden: Wie die Tagespolitik bedarf erst recht die grundlegende Staats- und Gesellschaftsordnung der transzendentalen Legitimierung *(74)*. Gedanken haben in Handlungen gegossen nun einmal höchst konkrete Folgen. So darf sich kein preußischer Monarchist über den »Dolchstoß« des Sturzes der Monarchie 1918 alterieren, wenn er aus egoistischem Machtstaatsdenken die Entthronung des Hauses Hannover und die Verhinderung der Bourbonen-Restauration in Frankreich durch *Bismarck* wenige Jahrzehnte vorher durchaus goutierte *(75)*. Und wenn Araber im Ersten Weltkrieg ihrem Kalifen und Sultan die Loyalität aufkündigen, entfällt ihr Recht auf moralische Entrüstung darüber, selbst wieder an den Zionismus verraten worden zu sein *(76)*. Ideen entbehren nicht einer strengen Konsequenz. Um das Tollhaus der politischen Leidenschaften, Irrtümer und Verbrechen zu verkraften, steht uns nur die Transzendierung zur Verfügung. Endliche Menschen, auch die klügsten, sind nicht vor Fehlleistungen gewappnet. So ist ohne überhöhendes Verständnis die Kontroverse *Nietzsche-Wagner* im Grunde unverständlich *(77)*. Auch wird es der Größe *Fichtes* keinen Abbruch tun, wenn er ökonomisch mit seinem »Geschlossenen Handelsstaat« wohl danebengriff *(78)*. Nicht anders geht es *Popper* mit seiner in der »Offenen Gesellschaft und ihre Feinde« geäußerten Herabwürdigung *Platons* und *Aristoteles'* und seinem Sozialrelativismus *(79)*: Die in seiner »Logik der Forschung« festgestellte provisorische Natur aller empirischen Erkenntnisse *(80)* beansprucht ja auch an sich Gültigkeit, nur ist diese Richtigkeitsreklamation metaphyischen Charakters - gehört also einer Metaphysik an, die *Popper* ausgerechnet sozialphilosophisch leugnet. Provisorisch sind nur die empirischen Erkenntnisse und im Vergleich zu ihnen die Metaphysik und ihre Sozialethik absolut *(81)*.

Ohne sinnstiftende Überhöhung ist alles vergebens und illusorisch: Die Generationen, die ihr bestes gaben, um das britische, mandschurische, spanische, osmanische, römische oder achämenidische Reich aufzubauen, müßten bei oberflächlicher Betrachtung umsonst gerungen und gearbeitet haben. Die Staatsformen kommen und gehen. Die Deutschen und Japaner scheiterten im letzten Weltkrieg, weil sie in der Entwicklung der Mächte zu spät kamen *(82)*. Ähnlich geht es dem zionistischen Neokolonialismus, der heute mit jenen Methoden auf das Unverständnis der Weltöffentlichkeit stößt, die früher durchaus anerkannt waren: »...das Dilemma des Zionismus: Wie soll er sich behaupten in einer Welt, die über den Kolonialismus den Stab gebrochen hat? Wäre der Zionismus hundert Jahre früher entstanden, er hätte sicherlich eine unangefochtenere Entwicklung nehmen können.« *(83)* Die Leiden und der Tod von Abermillionen für den

»Aufbau des Kommunismus« *(84)* müßten angesichts des nunmehrigen marxistischen Scheiterns *(85)* vergebens gewesen sein. Sogar aus dem Kaiser von China läßt sich dank Gehirnwäsche und Umerziehung ein Delegierter zum kommunistischen Volkskongreß machen *(86)*. Wer nicht transzendieren kann, muß dem tristesten Existenzialismus recht geben - das Leben, die Politik und die Geschichte als Summen illusionistischer Ambitionen.
Trotzdem ist dem Durstenden der Durst und dem Hungernden der Hunger durchaus real. Sogar der Weise und Asket kommt trotz der Nichtigkeit der Immanenz nicht darum herum, physische Nahrung zu sich zu nehmen. Von weitem Anstand betrachtet ist jede politische und soziale Tat vergeblich, und dennoch besitzt sie für den im Leben Stehenden hohe Relevanz. Mögen Raum und Zeit *(87)* auch transzendentale Kategorien und alles darin »Maya« oder Blendwerk sein, für den im Kampf stehenden Soldaten kommt es tatsächlich darauf an, zur exakt richtigen Zeit räumlich genau zu zielen und zu schießen. Es hätte sehr wohl einen Unterschied gemacht, wenn *Hitler* am 20. Juli 1944 um 12 Uhr 50 im Augenblick der Bombenexplosion in der Wolfsschanze nur einen Meter seitlich gestanden wäre - der Zweite Weltkrieg hätte in Europa vielleicht kürzer gedauert, doch Hitlers Nimbus als »gemeuchelter Siegfried« wäre kaum umzubringen *(88)*. Sollte es wirklich die Lehre der Geschichte sein, daß alles vergänglich ist und man aus ihr sehr wenig lernt, so wäre dennoch die Streichung der Geschichtsforschung und des Geschichtsunterrichts genau der verkehrte Weg. Bessern sich die Menschen im Lauf der Jahrhunderte moralisch auch kaum, so behält die ethische Didaktik doch ihre Berechtigung. Selbst wenn der Großteil der Menschheit ihren konfessionellen Gott vor ihren egoistischen Wagen spannt, leidet der absolute Gott doch nicht darunter *(89)*. Alles kann auf seiner Ebene berechtigt sein, wenn man nicht ausschließlich auf ihr stehen bleibt und zu überhöhen versteht *(90)*.
So erscheint auf der untersten Ebene der vitalen Lebensbewältigung die Physis real, fest und einschätzbar. Auf der nächsten Ebene, der der empirischen Wissenschaft, erfahren wir, daß die Objektwelt nur relativ, unscharf, unvollständig und provisorisch zu erkennen ist. In der nächst höheren Ebene, der der eigentlichen Transzendentalphilosophie, begreifen wir den ideellen Charakter

der Immanenz und ihre instrumentelle Funktion für den sittlichen Willen. Auf der höchsten Ebene, der der Mystik, fallen Subjekt und Objekt, Endliches und Unendliches sowie Vergangenheit, Gegenwart und Zukunft zusammen und alles ist Teil des ewig Einen. Das Spektrum des menschlichen Bewußtseins umfaßt alle Ebenen, und an jeder läßt sich teilhaben *(91)*. Auf eine je höhere Bewußtseinsebene man sich stellt, desto relativer wird die Bedeutung der niederen Ebenen, ohne daß sie völlig verschwindet. Die niedrigeren Bewußtseinsebenen werden zu Manifestationen, Instrumenten und Bewährungen der höheren.

Das vollständige Bewußtsein umfaßt alle Ebenen *(92)*, und auf allen daheim zu sein, gehört zum vollen, reifen Menschsein. Dazu bedarf es keines »esoterischen« Geheimwissens, und es ist auch nicht anstrengender, als willkürlich eine empirische Theorie, einen Partialwert oder eine Konfession rationalisierend zu verabsolutieren. Die Vernunft umfaßt verschiedene Dimensionen, und sich nur auf eine zu beschränken, führt zu Verzerrungen der Wirklichkeit *(93)*. Den Anspruch auf Wissenschaftlichkeit, nämlich die Wahrheit zu erkennen, erfüllt der Idealismus mehr als alle Ideologien, Utopien oder Klerikalismen. Der Unterschied besteht in der Ernsthaftigkeit auf der einen und der komplexgeladenen Leidenschaftlichkeit und egozentrischen Begierde auf anderen Seite *(94)*. Zur sozialen und politischen Gestaltung eignen sich vor allem Wissenschaft und sittliche Handeln, während sich zur persönlichen Heilssuche Gottesliebe, Gebet und Meditation besonders anbieten *(95)*. Hin wie her läßt sich in alle Bewußtseinsebenen eindringen, und sie müssen umfaßt werden, will man tatsächlich ganzheitlich verstehen und wirken *(96)*.

Was immer die Relativitätstheorien *(97)*, das Welle-Teilchen-Problem *(98)*, das Aspect-Experiment *(99)*, das Unvollständigkeitstheorem *(100)*, die Fraktalgeometrie *(101)* oder die Selbstorganisation der Natur *(102)* insgesamt bedeuten mögen, so sind sie keine Stütze des Materialismus, Atomismus oder Mechanismus, sondern ihr Gegenteil *(103)*. Die Quantenphysik *(104)* wie die Astrophysik *(105)*, das nichtlineare Verhalten komplexer Systeme *(106)*, die Gestaltbildung *(107)*, die modernen Linguistik *(108)*, die Systemtheorie *(109)* oder der Konstruktivismus *(110)* thematisieren auf einen gemeinsamen Nenner gebracht Idealismus und Holismus *(111)*. Man mag es Transzendentalphilosophie *(112)*, *Religion (113)*, Mystik *(114)*, Logotherapie *(115)*, Ökologie *(116)*, Synergetik *(117)*, Chaostheorie *(118)* oder kosmischen Code *(119)* nennen, stets ist die metaphysische Komponente unübersehbar *(120)*. Natur- und Geisteswissenschaften sind untrennbar miteinander verwoben und selbst Manifestationen einer universellen Ganzheitlichkeit *(121)*. Speziell eine auf Naturwissenschaftlichkeit bedachte Soziologie und Sozialphilosophie wird eine idealistische sein müssen.

Je logistischer *(122)* und mathematischer *(123)* die physische Welt durch die moderne Naturwissenschaft beschrieben wird, desto intelligibler ist sie und umso mehr verliert der Materialismus. Mag manches im technischen Bereich noch aus der alten newtonschen Physik - modellhaft, bewußt beschränkt und unter sittlichem Primat verwendet - brauchbar sein, soweit ihre Gesetze im statistischen Schnitt »mesokosmisch« noch zutreffend erscheinen, so braucht man sich nur die Konstruktionen der Wahrscheinlichkeit mit ihrem apriorischen, frequentistischen, subjektiven und logischen Ansatzmöglichkeiten näher anzusehen *(124)*, um vor einer mantischen Beschwörung »materialistischer Strukturen« bewahrt zu sein. Man findet die zweite Physik auch stochastisch neben ihren grundsätzlichen metaphysischen Anfangsgründen *(125)* ideell voll bestätigt. Wohin sich auch die dritte Physik entwickeln mag, ob zur »großen Vereinheitlichungstheorie« oder zu den »Superstrings« *(126)*, stets läuft der Trend für den Idealismus und gegen den Materialismus. Die Physiken wandeln sich, die Macht des Geistes bleibt.

---

(1) Zur Überhöhung durch Selbsttranszendierung siehe: Jonas COHN, Selbstüberschreitung. Grundzüge der Ethik - entworfen aus der Perspektive der Gegenwart. Aus dem Nachlaß herausgegeben von Jürgen LÖWISCH. P. Lang Verlag, Frankfurt a.M. 1986.

(2) Hermann ZELTNER, Ideologie und Wahrheit. Zur Kritik der politischen Vernunft. Fromann Verlag, Stuttgart 1966.

(3) Ernst TOPITSCH und Kurt SALAMUN, Ideologie. Herrschaft des Vorurteils. Verlag Langen Müller, München 1972.

(4) Ken WILBER, Das Spektrum des Bewußtseins. Ein metapsychologisches Modell des Bewußtseins und der Disziplinen, die es erforschen. Aus dem Amerikanischen von Jochen EGGERT. Scherz Verlag, Bern 1987.

(5) Andreas DRESS, Hubert HENDRICHS und Günter KÜPPERS (Herausgeber), Selbstorganisation. Die Entstehung von Ordnung in Natur und Gesellschaft. Piper Verlag, München 1986.

(6) James (Jim) E. LOVELOCK, Unsere Erde wird überleben. Gaia - eine optimistische Ökologie. Aus dem Englischen von Constanze IFANTIS-HEMM. Piper Verlag, München 1982.

(7) Werner HUTH, Glaube, Ideologie, Wahn. Das Ich zwischen Realität und Illusion. Nymphenburger Verlag, München 1984.

(8) David BOHM, Die implizierte Ordnung. Grundlagen eines dynamischen Holismus. Übersetzt von Johannes WILHELM. Verlag Dianus-Trikont, München 1985.

(9) Roger SPERRY, Naturwissenschaft und Wertentscheidung. Aus dem Englischen von Juliane GRÄBENER. Piper Verlag, München 1985.

(10) Siehe im Teil I vor allem *Kant, Einstein, Heisenberg, Gödel, Popper, Bertalanffy, Mandelbrot, Watzlawick* und *Quine*.

(11) Robert TUCKER, Karl Marx. Die Entwicklung seines Denkens von der Philosophie zum Mythos. C.H. Beck Verlag. München 1963.

(12) Dimitri WOLKOGONOW, Stalin. Triumph und Tragödie. Ein politisches Porträt. Aus Aus dem Russischen von Vesna JOVANOSKA. Claassen Verlag, Düsseldorf 1989.

(13) Die Metapher stammt von: Douglas R. HOFSTADTER, Gödel, Escher, Bach - ein endlos geflochtenes Band. Aus dem Amerikanischen von Philipp WOLFF-WINDEGG und Hermann FEUERSEE unter Mitwirkung von Werner ALEXI, Ronald JONKERS und Günter JUNG. 10. Auflage, Verlag Klett-Cotta, Stuttgart 1987.

(14) Nochmals sei verwiesen auf: Immanuel KANT, Metaphysische Anfangsgründe der Naturwissenschaft. Gesammelte Schriften (Akademie-Ausgabe), Band IV. Verlag Georg Reimer, Berlin 1903. Reprint Verlag Walter de Gruyter, Berlin 1968.

(15) Wolfgang CASPART, Handbuch des praktischen Idealismus. Universitas Verlag, München 1987, S 130-131.

(16) Siehe Fußnote 12, S 780.

(17) Laut ersten offiziellen sowjetischen Veröffentlichungen des Bevölkerungsexperten PEREWERSEW in der »Molodaja Gwardija«, zitiert nach: »Salzburger Nachrichten« vom 5.8.1989, S 4 (4,8 Millionen durch die ersten Liquidierungen und im Bürgerkrieg, 5,9 Millionen infolge der großen Hungersnot 1921-1923.

(18) Adolf HAMPEL, Glasnost und Perestroika - eine Herausforderung für die Kirchen. Mit einem Interview mit Erzbischof KYRILL von Smolensk. Verlag Josef Knecht, Frankfurt a.M. 1989, S 44.

(19) Vergleiche: Kurt MARKO, Anmerkungen zum real existierenden Totalitarismus und zu seinen Apologeten unter uns. Studies in Soviet Thought 38/1989, S 165-181.

(20) Zum Beispiel: Pierre-Joseph PROUDHON, Systéme des contradictions économiques, ou philosophie de la misère (Dt. »System der ökonomischen Widersprüche oder Philosophie des Elends«). Deutsch bearbeitet von Karl GRÜN. Neudruck. Scientia Verlag, Aalen 1967.

(21) Karl MARX, Das Elend der Philosophie. Antwort auf Proudhons Philosophie des Elends. In: Karl MARX und Friedrich ENGELS, Werke. Band IV. Herausgegeben vom Institut für Marxismus-Leninismus beim ZK der SED. Berlin 1972.

(22) Siehe Fußnote 10.

(23) Zum Beispiel: Robert JUNGK, Projekt Ermutigung. Streitschrift wider die Resignation. Rotbuch Verlag, Berlin 1988.

(24) Ludwig FEUERBACH, Das Wesen des Christentums. Sämtliche Werke, herausgegeben von W. BOLIN und F. JODL, Band VI. 2. Auflage, Fromann Verlag, Stuttgart 1960.

(25) Vergleiche die Unterhaltung von *Franz Josef Strauß* mit *Michail Gorbatschow* über Heraklit in: Franz Josef STRAUSS, Die Erinnerungen. Siedler Verlag, Berlin 1989, S 554.

(26) Otto von HABSBURG, Macht jenseits des Marktes. Europa 1992. Amalthea Verlag, Wien 1989.

(27) Albert EINSTEIN, Über die spezielle und allgemeine Relativitätstheorie. 21. Auflage. Verlag Vieweg, Braunschweig 1969.

(28) Werner HEISENBERG, Das Naturbild der heutigen Physik. Verlag Rowohlt, Hamburg 1960.

(29) Kurt GÖDEL, Werke. Deutsch und Englisch herausgegeben von Solomon FEFERMAN. Oxford University Press, New York 1986.

(30) Willard van Orman QUINE, Wort und Gegenstand. Übersetzt von Joachim SCHULTE und Dieter BIRNBACHER. Philipp Reclam Verlag, Stuttgart 1980 (Universal-Bibliothek 9987).

(31) Sir Karl Raimund POPPER, Logik der Forschung. 8., weiter verbesserte und vermehrte Auflage. Mohr Verlag, Tübingen 1984.

(32) Benoit MANDELBROT, Die fraktale Geometrie der Natur. Aus dem Englischen von Reinhilt und Ulrich ZÄHLE. Birkhäuser Verlag, Basel 1987.

(33) Ludwig von BERTALANFFY, Systemtheorie. Vorwort von Ruprecht KURZROCK. Colloquium Verlag, Berlin 1972.

(34) Frederic VESTER, Unsere Welt - ein vernetztes System. Eine internationale Wanderausstellung. Verlag Klett-Cotta, Stuttgart 1978.

(35) Vergleiche: Hans-Jürgen PFISTNER, Handlungsfreiheit und Systemnotwendigkeit. Ein Beitrag zu der Frage: Was ist Psychologie? Verlag Hogrefe, Göttingen 1987.

(36) Günther WAGENLEHNER, Abschied vom Kommunismus. Der Niedergang der kommunistischen Idee von Marx bis Gorbatschow. Verlag Busse und Seewald, Herford 1987.

(37) Vergleiche: Aurelius AUGUSTINUS, De trinitate (dt. »Über die Dreieinigkeit«). Des heiligen Kirchenvaters Aurelius Augustinus 15 Bücher über die Dreieinigkeit. Aus dem Lateinischen übersetzt und mit einer Einleitung versehen von Michael SCHMAUS. 2 Bände. Kösel Verlag, München 1936-36.

(38) Siehe Artikel »Trimurti« in: Kurt FRIEDRICHS (für die hinduistischen Beiträge), Lexikon der östlichen Weisheitslehren. Buddhismus-Hinduismus-Taoismus-Zen. O.W. Barth Verlag, Bern 1986, S 402-403.

(39) Richard WILHELM (Übersetzer), I Ging. Das Buch der Wandlungen. Neuauflage. Diederichs Verlag, Düsseldorf 1956.

(40) Georg Wilhelm Friedrich HEGEL, Wissenschaft der Logik. Gesammelte Werke in 20 Bänden, Band V und VI. Suhrkamp Verlag, Frankfurt a.M. 1986 (Suhrkamp Taschenbuch Wissenschaft 606/606).

(41) Karlfried Graf DÜRCKHEIM, Im Zeichen der Großen Erfahrung. Studien zu einer metaphysischen Anthropologie. O.W. Barth Verlag, Bern 1974.

(42) William JAMES, Die Vielfalt religiöser Erfahrung. Walter Verlag, Olten 1979.

(43) Immanuel KANT, Metaphysische Anfangsgründe der Naturwissenschaft. Gesammelte Schriften (Akademie-Ausgabe), Band IV. Verlag Georg Reimer, Berlin 1903. Reprint Verlag Walter de Gruyter, Berlin 1968.

(44) Werner HEISENBERG, Quantentheorie und Philosophie. Vorlesungen und Aufsätze. Herausgegeben von Jürgen BUSCHE. Verlag Philipp Reclam, Stuttgart 1979 (Universal-Bibliothek 9948).

(45) Gustav MENSCHING, Toleranz und Wahrheit in der Religion. Bearbeitete Lizenzausgabe, Siebenstern Taschenbuch Verlag, München 1966 (Taschenbuch 81).

(46) Derselbe, Die Religion. Eine umfassende Darstellung ihrer Erscheinungsformen, Strukturtypen und Lebensgesetze. Ungekürzte Tschenbuchausgabe, Wilhelm Goldmann Verlag, München o.J. (1959?) (Gelbes Taschenbuch 882-883), S 352.

(47) Vergleiche: Helmuth MALONDER (Übersetzer), Bhagavadgita. Das hohe Lied Indiens. Papyrus Verlag, Hamburg 1986.

(48) Swami VIVEKANANDA, Jnana-Yoga. Der Pfad der Erkenntnis. 2 Bände. H. Bauer Verlag, Freiburg 1977-1983.

(49) Harald FRITZSCH, Vom Urknall zum Zerfall. Die Welt zwischen Anfang und Ende. 3. überarbeitete Auflage. Verlag Piper, München 1983.

(50) Swami VIVEKANANDA, Karma-Yoga und Bhakti-Yoga. H. Bauer Verlag, Freiburg 1983.

(51) Für das Christentum siehe: Aurelius AUGUSTINUS, Confessiones (dt. »Bekenntnisse«). Ins Deutsche übersetzt von Wilhelm THIMME. Deutscher Taschenbuch Verlag, München 1985 (dtv TB 2159).

(52) Siehe Fußnote 50.

(53) Als römisch-katholisches Beispiel: Dietrich von HILDEBRAND, Ethik. Gesammelte Werke, Band II. W. Kohlhammer Verlag, Stuttgart 1973.

(54) Swami VIVEKANANDA, Raja-Yoga. 7. Auflage. H. Bauer Verlag, Freiburg 1983.

(55) Als abendländisches Beispiel für medidative Mystik siehe: Nikolaus von KUES, De visione Dei (Dt. »Von der Schau Gottes«). Lateinisch/Deutsch in: Philosophisch-Theologische Schriften, herausgegeben von Leo GABRIEL, übersetzt von Dietlind und Wilhelm DUPRÉ, Band II. Herder Verlag, Wien 1967.

(56) Benjamin Lee WHORF, Language, Throught and Reality. Selected Writings (dt. »Sprache, Denken und Realität. Ausgewählte Schriften«). M.I.T. Press, Cambrigde/Massachusetts 1956.

(57) Rudolf OTTO, Das Heilige. Über das Irrationale in der Idee des Göttlichen und sein Verhältnis zum Rationalen. Sonderausgabe. C.H. Beck Verlag, München 1963.

(58) Siehe Fußnote 10.

(59) Immanuel KANT, Kritik der Urteilskraft. Felix Meiner Verlag, Hamburg 1974 (Philosophische Bibliothek 39a), § 59.

(60) Reinhard LAUTH, Die absolute Ungeschichtlichkeit der Wahrheit. W. Kohlhammer Verlag, Stuttgart 1966.

(61) Immanuel KANT, Kritik der praktischen Vernunft. Felix Meiner Verlag, Hamburg 1985 (Philosophische Bibliothek 38).

(62) Gustav MENSCHING, Die Söhne Gottes. Leben und Legende der Religionsstifter. Texte ausgewählt und erklärt von Gustav MENSCHING. Holle Verlag, Darmstadt 1955.

(63) Hans-Peter DÜRR, Das Netz des Physikers. Naturwissenschaftliche Erkenntnis in der Verantwortung. Carl Hanser Verlag, München 1988.

(64) Vergleiche: Karl STEINBUCH (Herausgeber), Diese verdammte Technik. Tatsachen gegen Demagogie. Mit Beiträgen von Hans-Herrmann CRAMER u.a.. Herbig Verlag, München 1980.

(65) Vergleiche: Helmut SCHELSKY, Der selbständige und der betreute Mensch. Politische Schriften und Kommentare. Seewald Verlag, Stuttgart 1976.

(66) Gaetano MOSCA, Die Herrschende Klasse. Grundlagen der politischen Wissenschaft. Mit einem Geleitwort von Benedetto CROCE, übersetzt von Franz BORKENAU. A. Francke Verlag, Bern 1950.

(67) Vergleiche: Rudolf WASSERMANN, Die Zuschauerdemokratie. Econ Verlag, Düsseldorf 1976.

(68) Hans Graf HUYN, Ihr werdet sein wie Gott. Der Irrtum des modernen Menschen von der Französischen Revolution bis heute. Universitas Verlag, München 1988.

(69) Peter SLOTERDYK, Kritik der zynischen Vernunft. Suhrkamp Verlag, Frankfurt a.M. 1983.

(70) Karl STEINBUCH, Maßlos informiert. Die Enteignung unseres Denkens. Herbig Verlag, München 1978.

(71) Am Beispiel eines Kleinstaates: Hans PRETTEREBNER, Der Fall Lucona. Ost-Spionage, Korruption und Mord im Dunstkreis der Regierungsspitze. Ein Sittenbild der Zweiten Republik. 2. Auflage. Hans Pretterebner Verlag, Wien 1988.

(72) Christian Friedrich Freiherr von STOCKMAR, zitiert nach: Karlheinz DIEDRICH, Die Belgier, ihre Könige und die Deutschen. Geschichte zweier Nationen seit 1830. Droste Verlag, Düsseldorf 1989, S 45-46.

(73) Als mittelalterliches Beispiel: Jörg K. HOENSCH, Presysl Otakar II. von Böhmen. Der goldene König. Verlag Styria, Graz 1989.

(74) Vergleiche: Günter ROHRMOSER, Religion und Politik in der Krise der Moderne. Ein theologisch-politisches Traktat. Verlag Styria, Graz 1989.

(75) Alan PALMER, Otto von Bismarck. Eine Biographie. Deutsch von Ada LANDFERMANN und Cornelia WILD. Gustav Lübbe Verlag, Bergisch Gladbach 1989, S 180 und 226 ff.

(76) Erich FEIGL, Musil von Arabien. Vorkämpfer der islamischen Welt. Amalthea Verlag, Wien 1985 (besonders S 283 ff).

(77) Überhaupt macht der als Dichter und Denker gerne unterschätzte Richard Wagner auch hierin eine bessere Figur, siehe: Manfred EGER, »Wenn ich Wagnern den Krieg mache...« Der Fall Nietzsche und das Menschliche, Allzumenschliche. Paul Neff Verlag, Wien 1988.

(78) Johann Gottlieb FICHTE, Der geschlossene Handelsstaat. Ein philosophischer Entwurf als Anhang zur Rechtslehre und Probe einer künftig zu liefernden Politik. Nachdruck der ersten Ausgabe Tübingen 1800. Philipp Reclam Verlag, Leipzig o.J..

(79) (Sir) Karl R(aimund) POPPER, Die offene Gesellschaft und ihre Feinde. 2 Bände. Aus dem Englischen übersetzt von P.K. FEYERABEND. 6. Auflage. Francke Verlag, Tübingen 1980.

(80) Siehe Fußnote 31.
(81) Wolfgang CASPART, Karl Poppers Sozialphilosophie im Lichte seiner Wissenschaftstheorie. Aula 10/89, S 39-40.
(82) Eberhard JÄCKEL, Der Weg Japans in den Zweiten Weltkrieg. In: Helmut ALTRICHTER und Josef BECKER (Herausgeber), Kriegsausbruch 1939. Beteiligte, Betroffene, Neutrale. Verlag C.H. Beck, München 1989 (Beck'scher Reihe 393), S 260.
(83) Benjamin BEIT-HALLAHMI, Schmutzige Allianzen. Die geheimen Geschäfte Israels. Kindler Verlag, München 1988, S 288.
(84) Andrej SINJAWKSIJ, Der Traum vom neuen Menschen oder Die Sowjetzivilisation. Aus dem Russischen von Swetlana GEIER. Mit einem Glossar für die deutsche Ausgabe von Alexander KASAKEWITSCH und Elisabeth RUGE. S. Fischer Verlag, Fankfurt a.M. 1989.
(85) Zbigniew BREZINSKI, Das gescheiterte Experiment. Der Untergang des kommunistischen Systems. Aus dem Amerikanischen von Hilde LINNERT und Uta SZYSZKOWITZ. Verlag Carl Ueberreiter, Wien 1989.
(86) PU Yi, Ich war Kaiser von China. Vom Himmelssohn zum Neuen Menschen. Herausgegeben und aus dem Chinesischen übersetzt von Richard SCHIRACH und Mulan LEHNER. 2. Auflage. Carl Hanser Verlag, München 1986.
(87) Zur Verankerung der Zeit im Bewußtsein siehe: Reinhard LAUTH, Die Konstitution der Zeit im Bewußtsein. Felix Meiner Verlag, Hamburg 1981.
(88) Zu den Spekulationen über die Auswirkungen eines erfolgreichen Attentates vergleiche z. B.: Ingeborg FLEISCHHAUER, Die Chance des Sonderfriedens. Deutsch-sowjetische Geheimgespräche 1941-1945. Siedler Verlag, Berlin 1986, S 221 ff.
(89) Tarthang TULKU, Raum, Zeit und Erkenntnis. 2. Auflage. Scherz Verlag, Bern 1986.
(90) Guyton B. HAMMOND, The Power of Self-Transcendence (dt. »Die Kraft der Selbstranszendierung«). Bethany Press, St. Louis 1966.
(91) Siehe Fußnote 4.
(92) Wie immer eine vergleichbare Einteilung aussehen mag, stets mündet sie in einer Mehrdimensionalität des Geistes und des Bewußtseins, vergleiche: Sidney HOOK (Herausgeber), Dimensions of Mind (dt. »Dimensionen des Geistes«). Collier Books, New York 1973.
(93) Klaus REICH, Die Vollständigkeit der Kantischen Urteilstafel. 3. Auflage. Felix Meiner Verlag, Hamburg 1986.
(94) Vergleiche: HUANG-Po, Der Geist des Zen. Herausgegeben von John BLOFELD. 2. revidierte Auflage. O.W. Barth Verlag, Bern 1983.
(95) Vergleiche Fußnoten 48 bis 52.
(96) P(eter) D(emjanovic) USPENSKIJ, Bewußtsein und Gewissen. Die Suche nach der Wahrheit. Aus dem Englischen von Rolf H. GLEICHMANN. Sphinx Verlag, Basel 1982.
(97) Siehe Fußnote 27.
(98) David BOHM, Quantum Theory (Dt. »Quantentheorie«). Verlag Prentice-Hall, New York 1951.
(99) Alain ASPECT, Jean DALIBARD & Gerard ROGER, Experimental Test of Bell's Inequalities Using Time-varying Analyzers (Dt. »Experimentelle Überprüfung der Bellschen Ungleichheiten durch Verwendung zeitvariierender Zergliederungen«). Physical Review Letters 49, Nr. 91 (1982).
(100) Siehe Fußnote 29.
(101) Siehe Fußnote 32.
(102) Siehe Fußnote 5.
(103) Hans-Peter DÜRR (Herausgeber), Physik und Transzendenz. Scherz Verlag, Bern 1986.
(104) Carl Friedrich von WEIZSÄCKER, Aufbau der Physik. 2. Auflage. Carl Hanser Verlag, München 1986.
(105) Erich JANTSCH, Die Selbstorganisation der Universums. Vom Urknall zum menschlichen Geist. Carl Hanser Verlag, München 1979.
(106) Mitchell FEIGENBAUM, Quantitive Universality for a Class of Nonlinear Transformations (Dt. »Quantitative Universalität für eine Reihe nichtlinearer Transformationen«). Journal of Statistic Physics 19 (1978), S 25-52.

(107) Wolfgang KOEHLER, Die physischen Gestalten in Ruhe und im stationären Zustand. Erlangen 1920. Zusammengefaßt in: Wolfgang KOEHLER, Die Aufgabe der Gestaltpsychologie. Mit einer Einführung von Carroll V. PRATT. Verlag Walter de Gruyter, Berlin 1971.

(108) Donald DAVIDSON, Wahrheit und Interpretation. Übersetzt von Joachim SCHULTE. Suhrkamp Verlag, Frankfurt a.M. 1986.

(109) Siehe Fußnote 33.

(110) Paul WATZLAWICK (Herausgeber), Die erfundene Wirklichkeit. Wie wissen wir, was wir zu wissen glauben? Beiträge zum Konstruktivismus. Verlag Piper, München 1981.

(111) Siehe Fußnote 8.

(112) Marek J. SIEMEK, Die Idee des Transzendentalismus bei Kant und Fichte. Aus dem Polnischen von Marek J. SIEMEK unter Mitwirkung von Jan GEREWICZ. Felix Meiner Verlag, Hamburg 1984 (Schriften zur Transzendentalphilosophie, Band IV).

(113) Siehe Fußnote 46.

(114) Als mahayanisches Beispiel: Max WALLESER (Übersetzer), Prajnaparamita, die Vollkommenheit der Erkenntnis. Nach indischen, tibetischen und chinesischen Quellen. Verlag Vandenhoek und Ruprecht, Göttingen 1914.

(115) Viktor E. FRANKL, Theorie und Therapie der Neurosen. Einführung in die Logotherapie und Existenzanalyse. Ernst Reinhardt Verlag, München 1967.

(116) Dieter BIRNBACHER (Herausgeber), Ökologie und Ethik. Philipp Reclam Verlag, Stuttgart 1980 (Universal-Bibliothek 9983).

(117) Hermann HAKEN, Advanced Synergetics (Dt. »Fortgeschrittene Synergetik«). Springer Verlag, Berlin 1983.

(118) Predrag CVITANOVIC, Universality in Chaos (Dt. »Universalität im Chaos«). Verlag Adam Hilger, Bristol 1984.

(119) Heinz R. PAGELS, Cosmic Code. Quantenphysik als Sprache der Natur. Übersetzt von Ralph FRIESE. Verlag Ullstein, Frankfurt a.M. 1983.

(120) Erwin SCHRÖDINGER, Geist und Materie. Verlag Vieweg, Braunschweig 1959.

(121) Vergleiche: Werner HEISENBERG, Der Teil und das Ganze. Gespräche im Umkreis der Atomphysik. 3. Auflage. Deutscher Taschenbuch Verlag, München 1976 (dtv 903).

(122) Rudolf CARNAP, Logische Syntax der Sprache. 2. Auflage. Springer Verlag, Wien 1968.

(123) John von NEUMANN, Mathematische Grundlagen der Quantenmechanik. Springer Verlag, Berlin 1981.

(124) Andrej Nikolajewic KOLMOGOROV, Grundbegriffe der Wahrscheinlichkeitsrechnung. Reprint der Ausgabe 1933. Springer Verlag, Berlin 1977.

(125) Siehe Fußnote 43.

(126) Frederick David PEAT, Superstrings. Kosmische Fäden. Die Suche nach der Theorie, die alles erklärt. Aus dem Amerikanischen von Hainer KOBER. Hoffmann und Campe Verlag, Hamburg 1989.

LITERATURÜBERSICHT
A

ABBOTT, Edwin A., Flächenland. Eine phantastische Geschichte in vielen Dimensionen. Verlag Klett-Cotta, Stuttgart 1982.

ABRAHAM, Pais, Raffiniert ist der Herrgott. Albert Einstein. Eine wissenschaftliche Biographie. Verlag Vieweg, Braunschweig 1986.

AGANBEGJAN, Abel, Ökonomie und Perestroika. Gorbatschows Wirtschaftsstrategien. Aus dem Russischen von Gabriele LEUPOLD und Renate JANSSEN-TAVHELIDSE. Hoffmann und Campe Verlag, Hamburg 1989.

AKIN, William E., Technocracy and the American Dream. The Technocrat Movement (dt. »Technokratie und der amerikanische Traum. Die technokratische Bewegung«). University of California Press, Berkeley 1977.

ALBERTONI, Ettore E., Mosca and the Theory of Elitism (dt. »Mosca und die Elitetheorie«). Ins Englische übersetzt von Paul GOODRICK. Verlag Basil Blackwell, Oxford 1987.

ALBERTONI, Ettore E., Mosca and the Theory of Elitism. Translatet by Paul GOODRICK. Verlag Basil Blackwell, Oxford 1987.

ALEMBERT, Jean le Rond d' & Denis DIDEROT, Encyclopédie ou dictionaire raisonné des arts et des métiers, par une société de gens de lettres (Dt. »Enzyklopädie oder wohlbegründetes Wörterbuch der Wissenschaften, der Kunst und des Handwerks, herausgegeben von einer Gesellschft von Gelehrten«). 35 Bäne. Paris 1751-1780. Neuauflage, Fromann Verlag, Stuttgart 1966-67.

ANDRADE, Edward Neville da Costa, An Approach to Modern Physics (Dt. »Eine Annäherung an die moderne Physik«). Verlag Doubleday, New York 1957.

ANZ, Wilhelm (u.a.), Säkularisation und Utopie. Ernst FORSTHOFF zum 65. Geburtstag. Kohlhammer Verlag, Stuttgart 1967.ANZ, Wilhelm u. a., Säkularisation und Utopie. Ernst FORSTHOFF zu 65. Geburtstag. Kohlhammer Verlag, Stuttgart 1967.

ARISTOTELES, Analytika hystera (lat. »Analytica posteriora«, dt. »Die zweite Analytik«). Deutsch von E. ROLFES, »Aristoteles Lehre vom Beweis oder Zweite Analytik«, 1922. Reprint in: Felix Meiner Verlag, Hamburg 1976 (Philosophische Bibliothek 11).

ARISTOTELES, Analytika protera (lat. »Analytica priora«, dt. »Die erste Analytik«). Deutsch von E. ROLFES, 1922. Reprint in: Felix Meiner Verlag, Hamburg 1975 (Philosophische Bibliothek 10).

ARISTOTELES, Ethika Nikomacheia (Lat. »Ethica Nicomachea«, dt. »Nikomachische Ethik«). Deutsch herausgegeben von G. BIEN. 4. Auflage, Felix Meiner Verlag, Hamburg 1985 (Philosophische Bibliothek 5).

ARISTOTELES, Ta meta ta physika (lat. »Metaphysica«, dt. »Metaphysik«). Griechisch-Deutsch mit Einleitung und Kommentar hg. von H.SEIDL, 2 Bände. Felix Meiner Verlag, Hamburg 1978/80 (Philosophische Bibliothek 307/308).

ARON, Raymond, Die deutsche Soziologie der Gegenwart. Eine systematische Einführung. Aus dem Französischen übersetzt und bearbeitet von Iring FETSCHER. Alfred Kröner Verlag, Stuttgart 1953.

ASPECT, Alain, Jean DALIBARD & Gerard ROGER, Experimental Test of Bell's Inequalities Using Time-varying Analyzers (Dt. »Experimentelle Überprüfung der

Bellschen Ungleichheiten durch Verwendung zeitvariierende Zergliederungen«). Physical Review Letters 49, Nr. 91 (1982).

ASSAC, Jacques Ploncard d', Doctrines du Nationalisme (dt. »Lehren des Nationalismus«). La Librairie Francaise, Paris o.J. (1958?).

AUGUSTINUS, Aurelius, Confessiones (dt. »Bekenntnisse«). Ins Deutsche übersetzt von Wilhelm THIMME. Deutscher Taschenbuch Verlag, München 1985 (dtv TB 2159).

AUGUSTINUS, Aurelius, De civitate Dei (dt. »Über den Gottesstaat«). Übersetzt von Wilhelm THIMME. 2. Auflage, Deutscher Taschenbuchverlag, München 1982.

AUGUSTINUS, Aurelius, De trinitate (dt. »Über die Dreieinigkeit«). Des heiligen Kirchenvaters Aurelius Augustinus 15 Bücher über die Dreieinigkeit. Aus dem Lateinischen übersetzt und mit einer Einleitung versehen von Michael SCHMAUS. 2 Bände. Kösel Verlag, München 1934-36.

AUGUSTINUS, Aurelius, De vera religione (Dt. »Über die wahre Religion«). Lateinisch/Deutsch und mit Anmerkungen von Wilhelm THIMME. Nachwort von Kurt FLASCH. Philipp Reclam Verlag, Suttgart 1983 (Universal-Bibliothek 7971).

AVENARIUS, Richard, Kritik der reinen Erfahrung. 2 Bände. 3. Auflage, Reisland Verlag, Leipzig 1921-28.

B

BACON, Francis, Baron de Verulam, Novum Organum (Dt. »Große Erneuerung«). Deutsch von Anton Theobald BRÜCK, Neues Organon der Wissenschaften. Neuauflage, Wissenschaftliche Buchgesellschaft, Darmstadt 1962.

BALLESTREM, Karl Graf, Macht und Moral. Ein Grundproblem der politischen Ethik. Minerva Publikationen, München 1986.

BARBER, Noel, Die Sultane. Die Geschichte des Ottomanischen Reiches - dargestellt in Lebensbildern. Verlag Ullstein, Frankfurt a.M. 1975.

BARKUN, Michael, Disaster and Millenium (dt. »Disaster und das Tausendjährige Reich«). Yale University Press, New Haven 1974.

BARTHES, Roland, Das Reich der Zeichen. Aus dem Französischen von Michael BISCHOFF. Suhrkamp Verlag, Frankfurt a.M. 1981.

BARTHES, Roland, Elemente der Semiologie. Aus dem Französischen von Eva MOLDENHAUER. Suhrkamp Verlag, Frankfurt a.M. 1983.

BAUER, Dolores, Franz HORNER und Peter KRÖN, Wir sind Kirche - sind wir Kirche? Eine Bestandsaufnahme aus Österreich. Otto Müller Verlag, Salzburg 1988.

BAUMER, Franz, Paradiese der Zukunft. Die Menschheitsträume vom besseren Leben. Verlag Langen Müller, München 1967.

BECSI, Kurt, Aufmarsch zur Apokalyxe. Große Allianz oder Dritter Weltkrieg? Paul Zsolnay Verlag, Wien 1971.

BEHR, Hans-Georg, Die Moguln. Macht und Pracht der indischen Kaiser 1369-1857. Econ Verlag, Wien 1979.

BEIT-HALLAHMI, Benjamin, Schmutzige Allianzen. Die geheimen Geschäfte Israels. Kindler Verlag, München 1988.

BELL, John S., On the Einstein-Podolsky-Rosen Paradox (Dt. »Über das Einstein-Podolsky-Rosen Paradoxon«). Physics I 195 (1964).

BENDIXEN, Peter und Heinz W. KEMMLER, Planung. Organisation und Methodik innovativer Entscheidungen. Verlag Walter de Gruyter, Berlin 1972.

BENOIST, Charles, Le Machiavélisme (dt. »Der Machiavellismus«). 4 Bände. Librairie Plon, Paris 1907-1936.

BENOIT, Hubert, Die hohe Lehre. Verlag O.W. Barth, München 1958.

BERG, Hermann von, Die Anti-Ökonomie des Sozialismus. Zur Reformtätigkeit parteimonopolistischer Staatswirtschaften. Creator Verlag, Würzburg 1989.

BERGER, Peter L. und Thomas LUCKMANN, Die gesellschaftliche Konstruktion der Wirklichkeit. S. Fischer Verlag, Frankfurt a.M. 1970.

BERGH, Sidney van den, Size and Age of the Universe (Dt. »Größe und Alter des Universums«). Science, Nr. 213 (1981).

BERNET, Beat, M M M - Management, Macht und Moral. Wirtschaftsverlag Langen Müller/Herbig, München 1988.

BERNSTEIN, Eduard, Zur Geschichte und Theorie des Socialismus. Gesammelte Abhandlungen. 4. Auflage, Vorwärts Verlag, Berlin 1901.

BERTALANFFY, Ludwig von, Systemtheorie. Vorwort von Ruprecht KURZROCK. Colloquium Verlag, Berlin 1972.

BEYER, Rudolf (Herausgeber), Hitlergesetze XIII. Die Nürnberger Gesetze vom 15. September 1935 (Reichsflaggengesetz, Reichsbürgergesetz, Gesetz zum Schutze des deutschen Blutes und der deutschen Ehre) und das Ehegesundheitsgesetz vom 18.Oktober 1935. Verlag Philipp Reclam, Leipzig 1938 (Universal-Bibliothek 7321).

BIRNBACHER, Dieter (Herausgeber), Ökologie und Ethik. Philipp Reclam Verlag, Stuttgart 1980 (Universal-Bibliothek 9983).

BISMARCK, Otto (Eduard Leopold) Fürst von, Gedanken und Erinnerungen. Band III. J.G.Cotta'sche Buchhandlung, Stuttgart 1919.

BLUMENBERG, Hans, Die Legitimität der Neuzeit. Suhrkamp Verlag, Frankfurt a.M. 1966.

BOHM, David, Die implizite Ordnung. Grundlagen eines dynamischen Holismus. Übersetzt von Johannes WILHELM. Verlag Dianus-Trikont, München 1985.

BOHM, David, Quantum Theory (Dt. »Quantentheorie«). Verlag Prentice-Hall, New York 1951.

BOHR, Niels (Henrik David), Can Quantum-mechanical Descrition of Physical Reality Be Consistered Complete? (Dt. »Kann die quantenmechanische Beschreibung der physikalischen Realität als vollständig betrachtet werden?«). Physical Review 48, 696 (1935).

BORKENAU, Franz, Socialism, National or International (dt. »Sozialismus, national oder international«). Verlag Routledge, London 1942.

BOSSLE, Lothar, Zur Soziologie utopischen Denkens - von Thomas Morus zu Ernst Bloch. Creator Verlag, Würzburg 1988.

BRAKELMANN, Günter, Die soziale Frage des 19. Jahrhunderts. Luther-Verlag, Witten 1966.

BRAND, Gerd, Welt, Geschichte, Mythos und Politik. Verlag Walter de Gruyter, Berlin 1978.

BRANDT, Conrad, Stalin's Failure in China (dt. »Stalins Fehlschlag in China«). Harvard University Press, Cambridge/Mass. 1958.

BRAUDEL, Fernand, Die Dynamik des Kapitalismus. Aus dem Französischen übersetzt von Peter SCHÖTTLER. Verlag Klett-Cotta, Stuttgart 1986.

BRAUN, Günter E., Methodologie der Planung. Eine Studie zum abstrakten und konkreten Verständnis der Planung. Hain Verlag, Meisenheim 1977.

BRAUNERT, Horst, Utopia. Antworten des griechischen Denkens auf die Herausforderung durch soziale Verhältnisse. Hirt Verlag, Kiel 1969.

BRITSCH, Klaus, Grenzen wissenschaftlicher Problemlösungen. Der mögliche Beitrag der Wissenschaft zur Lösung von Problemen: Anmerkungen zur Theorie der Planung. Nomos Verlag, Baden-Baden 1979.

BROCKMAN, John, Die Geburt der Zukunft. Die Bilanz unseres naturwissenschaftlichen Weltbildes an der Schwelle des neuen Jahrtausends. Aus dem Amerikanischen von Karl Heinz SIBER. Scherz Verlag, Bern 1987.

BROWN, George Spencer, Laws of Form (dt. »Formgesetze«). Verlag Julian, New York 1972.

BRUCKMANN, Gerhard, Um die Zukunft in den Griff zu bekommen. Was will und was kann die Futurologie? Die Presse, Wochenendbeilage, Wien 29.1.1972.

BRUGMANS, Henri & Pierre DUCLOS, Le Fédéralisme Contemporain. Critéres, Institutions, Perspectives (dt. »Der gegenwärtige Föderalismus. Kriterien, Institutionen, Perspektiven«). Verlag A.W. Sythoff, Leiden 1963.

BRY, Carl Christian, Verkappte Religionen. 3. erweiterte Auflage mit einer Einführung von Ernst Wilhelm ESCHMANN. Verlag Edmund Gans, Lochham 1963.

BRZEZINSKI, Zbigniew, Das gescheiterte Experiment. Der Untergang des kommunistischen Systems. Aus dem Amerikanischen von Hilde LINNERT und Uta SZYSZKOWITZ. Verlag Carl Ueberreuter, Wien 1989.

BUBNER, Rüdiger, Handlung, Sprache, Vernunft. Grundbegriffe praktischer Philosophie. Suhrkamp Verlag, Frankfurt a.M. 1976.

BUCHHEIM, Hans, Totalitäre Herrschaft. Wesen und Merkmale. Kösel Verag, München 1962.

BUCHLER, J.R. et.al. (Herausgeber), Chaos in Astrophysics (Dt. »Chaos in der Astrophysic«). D. Reichl Verlag, New York 1985.

BUDDE, Heinz, Handbuch der christlich-sozialen Bewegung. Paulus-Verlag, Recklinghausen 1967.

BURCKHARD, Carl J(akob), Richelieu. Der Aufstieg zur Macht. Verlag Georg D.W. Callwey, München 1935.

BURKE, Edmund, Reflections on the Revolution in France, and on the Proceedings in Certain Societies in London relative to that Event (Dt. »Betrachtungen über die Französische Revolution und die Reaktion gewisser Londoner Kreise auf dieses Ereignis«). Deutsch von Friedrich von Gentz 1793. Bearbeitet und mit einem Nachwort versehen von Lore ISER, Einleitung von Dieter HENRICHS. Suhrkamp Verlag, Frankfurt a.M. 1967.

BUTH, Wolfgang, Unternehmensführung. Managementkonzepte und Entscheidungslehre. W. Kohlhammer Verlag, Stuttgart 1977.

BÜRGER, Joachim H. und Hans JOLIET (Herausgeber), Die besten Kampagnen: Öffentlichkeitsarbeit. Band II. Verlag Moderne Industrie, Landsberg 1989.

C

CAPRA, Fritjof, Das Tao der Physik. Die Konvergenz von westlicher Wissenschaft und östlicher Weisheit. Übersetzt von Fritz LAHMANN. Scherz Verlag, Bern 1984.

CAPRA, Fritjof, Wendezeit. Bausteine für ein neues Weltbild. Aus dem Amerikanischen von Erwin SCHUHMACHER. Überarbeitete und erweiterte Neuauflage. Scherz Verlag, Bern 1986.

CARNAP, Rudolf, Logische Syntax der Sprache. 2. Auflage. Springer Verlag, Wien 1968.
CARRIER, Marin und Jürgen MITTELSTRASS, Geist, Gehirn, Verhalten. Das Leib-Seele-Problem und die Philosophie der Psychologie. Verlag Walter de Gruyter, Berlin 1989.
CARTIER, Raymond, Der zweite Weltkrieg. 2 Bände. Piper Verlag, München 1982.
CASPART, Wolfgang, Handbuch des praktischen Idealismus. Universitas Verlag, München 1987.
CASPART, Wolfgang, Karl Poppers Sozialphilosophie im Lichte seiner Wissenschaftstheorie. Aula 10/89, S 39-40.
CASPART, Wolfgang, Psychologische Aspekte der Personalwirtschaft. Psychologie in Österreich 4/86 (1986), S 135-140.
CATAFAMO, Guiseppe, Ideologie und Erziehung. Aus dem Italienischen übersetzt von Liselotte REICH-COREGLIANO und durchgesehen von Winfrid BÖHM. Verlag Königshausen und Neumann, Würzburg 1984.
CAVENAR, J.O. et.al. (Herausgeber), Psychiatry: Psychobiological Foundations of Clinical Psychiatry (Dt. »Psychiatrie: Physiologische Grundlagen der klinischen Psychiatry«). Lippincott Verlag, New York 1985.
CHANNU, Pierre, Die Wurzeln unserer Freiheit. Universitas Verlag, München 1982.
CLAUSER, John & Stuart FREEDMAN, Experimental Test of Local Hidden Variable Theories (Dt. »Experimentelle Überprüfung von Theorien über verborgene räumliche Variablen«). Physical Review Letters 28 (1972).
CLAUSEWITZ, Carl von, Vom Kriege. Hinterlassenes Werk. Vollständige Ausgabe im Urtext in einem Band. Mit neuer historisch-kritischer Würdigung von Werner HAHLWEG. 18. Auflage. Ferdinand Dümmlers Verlag, Bonn 1971.
CLOULAS, Ivan, Die Borgias. Biographie einer Familiendynastie. Aus dem Französischen von Enrico HEINEMANN. Benziger Verlag, Zürich 1988.
COHEN, I. Bernard, Revolutions in Science (Dt. »Revolutionen in der Wissenschaft«). Belknap Press, Cambridge, Mass. 1985.
COHN, Jonas, Selbstüberschreitung. Grundzüge der Ethik - entworfen aus der Perspektive der Gegenwart. Aus dem Nachlaß herausgegeben von Jürgen LÖWISCH. P. Lang Verlag, Frankfurt a.M. 1986.
COHN, Norman, Das Ringen um das tausendjährige Reich. Revolutionärer Messianismus und sein Fortleben in den moderenen totalitären Bewegungen. Aus dem Englischen übertragen von Eduard THORSCH. Francke Verlag, Bern 1961.
COMMINS, A. & R.N. LINSCOTT (Herausgeber), Man and the Universe (Dt. »Menschheit und Universum«). Washington Square Press, New York 1969.
COMTE, Isidore-Auguste-Marie-Xavier, Catéchisme positiviste (Dt. »Positivistischer Katechismus«). OEvres, 1892-1894, Band XI (Reprint 1970).
COMTE, Isidore-Auguste-Marie-Xavier, Cours de philosophie positive (dt. »Abhandlung über die positive Philosophie«). Übersetzt von Valentine DORN. Soziologie, 3 Bände. 2. Auflage, G. Fischer Verlag, Jena 1923.
CONDORCET, Marquis de, Marie Jean Antoine Nicolas de Caritat, Esquisse d'un tableau historique des progrés de l'esprit humain (Dt. »Entwurf einer historischen Darstellung der Fortschritte des menschlichen Geistes«). Deutsch von Wilhelm ALFF. Suhrkamp Verlag, Frankfurt a.M. 1976 (Taschenbuch Wissenschaft 175).

COOMARASWAMY, Ananda K., The Transformation of Nature in Art (Dt. »Die Umwandlung der Natur in Kunst«). Verlag Dover, New York 1956.

COOMARASWAMY, Ananda K., Time and Eternity (Dt. »Zeit und Ewigkeit«). Verlag Artibus Asial, Ascona 1947.

COPERNICUS, Nicolaus, De revolutionibus orbium coelestium libri VI (Dt. »Über die Umschwünge der himmlischen Kugelschalen, sechs Bücher«). Gesamtausgabe, Band II. Herausgegeben von Heribert Maria NOBIS. Verlag Gerstenberg, Hildesheim 1984.

CORETH, (Pater) Emmerich (Graf), SJ, Metaphysik. Eine methodisch-systematische Grundlegung. 3. Auflage, Tyrolia-Verlag, Innsbruck 1980.

CVITANOVIC, Predrag, Universality in Chaos (Dt. »Universalität im Chaos«). Verlag Adam Hilger, Bristol 1984.

D

DAHRENDORF, Ralf, Das Elend der Sozialdemokratie. Merkur 466, 1987.

DAHRENDORF, Ralf, Markt und Plan. Zwei Typen der Rationalität. Mohr Verlag, Tübingen 1966.

DAHRENDORF, Ralph, Gesellschaft und Demokratie in Deutschland. Piper Verlag, München 1966.

DARWIN, Charles Robert, On the Origin of Species by Means of Natural Selection, or the Preservation of Favoured Races in the Struggle for Life (dt. Über die Entstehung der Arten durch natürliche Zuchtwahl oder die Erhaltung der begünstigten Rassen im Kampf ums Dasein«). Deutsch von C.W. NEUMANN, herausgegeben von G. HEBERER. Philipp Reclam Verlag, Stuttgart 1963 (Universal-Bibliothek 3071).

DAVIDSON, Donald, Wahrheit und Interpretation. Übersetzt von Joachim SCHULTE. Suhrkamp Verlag, Frankfurt a.M. 1986.

DAWKINS, Richard, Der blinde Uhrmacher. Ein neues Plädoyer für den Darwinismus. Aus dem Englischen von Karin de SOUSA FERREIRA. Kindler Verlag, München 1987.

DENG Xiaoping. Die Reform der Revolution. Eine Milliarde Menschen auf dem Weg. Mit einem Vorwort von Helmut SCHMIDT. Herausgegeben von Helmut MARTIN. Siedler Verlag, Berlin 1988.

DESCARTES, René, Discours de la méthode pour bien conduire sa raison, et chercher la vérité dans les sciences (Dt. »Abhandlung über die Methode, seine Vernunft richtig zu leiten und die Wahrheit in den Wissenschaften zu suchen«). Lateinisch-Deutsch »Von der Methode des richtigen Vernunftgebrauches und der wissenschaftlichen Forschung«, übersetzt und herausgegeben von L. GÄBE. Felix Meiner Verlag, Hamburg 1964 (Philosophische Bibliothek 261).

DEVILLERS, Philippe, Was Mao wirklich sagte. Aus dem Französischen von Wolfgang TEUSCHL. Verlag Fritz Molden, Wien 1967.

DIEDRICH, Karlheinz, Die Belgier, ihre Könige und die Deutschen. Geschichte zweier Nationen seit 1830. Droste Verlag, Düsseldorf 1989.

DIELMANN, Klaus, Betriebliches Personalwesen. W. Kohlhammer Verlag, Stuttgart 1981.

DIWALD, Hellmut, Geschichte macht Mut. Verlag Dietmar Straube, Erlangen 1989.

DJILAS, Milovan, Die neue Klasse. Eine Analyse des kommunistischen Systems. Ins Deutsche übertagen von Reinhard FEDERMANN. Kindler Verlag, München 1957.

DJILAS, Milovan, Die unvollkommene Gesellschaft. Jenseits der »Neuen Klasse«. Ins Deutsche Übertragen von Zora SCHADEK. Verlag Fritz Molden, Wien 1969.

DJILAS, Milovan, Tito. Eine kritische Biographie. Aus dem Serbo-Kroatischen von Peter WALCKNER. Verlag Fritz Molden, Wien 1980.

DOSTOJEWSKI, Fedor Michailowitsch, Die Brüder Karamasoff. Übersetzt von Arthur MOELLER van den Bruck. Piper Verlag, München 1923.

DÖNHOFF, Marion Gräfin, Kindheit in Ostpreußen. Siedler Verlag, Berlin 1988.

DRESS, Andreas, Hubert HENDRICHS und Günter KÜPPERS (Herausgeber): Selbstorganisation. Die Entstehung von Ordnung in Natur und Gesellschaft. Verlag Piper, München 1986.

DSCHUANG Dsi, Das wahre Buch vom südlichen Blütenland. Übersetzt von Richard WILHELM. Verlag Diederichs, Düsseldorf 1972.

DUBIEL, Helmut, Populismus und Aufklärung. Suhrkamp Verlag, Frankfurt a.M. 1986.

DULISCH, Frank, Eine handlungstheoretisch orientierte Analyse von Lernprozessen unter besonderer Berücksichtigung des Selbststeuerungsaspektes. Hobein Verlag, Bergisch Gladbach 1986.

DUMMETT, Michael, Wahrheit. Fünf philosophische Aufsätze. Übersetzt und herausgegeben von Joachim SCHULTE. Philipp Reclam Verlag, Stuttgart 1982 (Universal-Bibliothek 7840).

DURKHEIM, Emile, Soziologie und Philosophie. Suhrkamp Verlag, Frankfurt a.M. 1967.

DÜRCKHEIM, Karlfried Graf, Der Alltag als Übung. Verlag Hans Huber, Bern 1966.

DÜRCKHEIM, Karlfried Graf, Im Zeichen der Großen Erfahrung. Studien zu einer metaphysischen Anthropologie. O.W. Barth Verlag, München 1974.

DÜRCKHEIM, Karlfried Graf, Zen und Wir. Verbesserte Neuauflage, Verlag Hans Huber, Bern, 1976.

DÜRR, Hans-Peter (Herausgeber), Physik und Transzendenz. Scherz Verlag, Bern 1986.

DÜRR, Hans-Peter, Das Netz des Physikers. Naturwissenschaftliche Erkenntnis in der Verantwortung. Carl Hanser Verlag, München 1988.

E

ECCLES, John C., Das Gehirn des Menschen. Sechs Vorlesungen für Hörer aller Fakultäten. Aus dem Amerikanischen von Angela HARTUNG. Völlig überarbeitete und erweiterte Neuausgabe. 5. Auflage. Piper Verlag, München 1984.

ECKEHART, Meister, Deutsche Predigten und Traktate. Herausgegeben von Josef QUINT. Carl Hanser Verlag, München 1963 (Diogenes Taschenbuch 20642).

EGER, Manfred, »Wenn ich Wagnern den Krieg mache...« Der Fall Nietzsche und das Menschliche, Allzumenschliche. Paul Neff Verlag, Wien 1988.

EIBL-EIBESFELDT, Irenäus, Der Mensch - das riskierte Wesen. Zur Naturgeschichte menschlicher Unvernunft. Piper Verlag, München 1988.

EIBL-EIBESFELDT, Irenäus, Krieg und Frieden aus der Sicht der Verhaltensforschung. Piper Verlag, München 1975.

EICHHORN, Werner, Die alte chinesische Religion und das Staatskultwesen. Brill Verlag, Leiden 1976.

EIGEN, Manfred und Ruthild WINKLER, Das Spiel. Naturgesetze steuern der Zufall. 7. Auflage. Piper Verlag, München 1985.

EIGEN, Manfred, Gesetz und Zufall - Grenzen des Machbaren. In: Schicksal? Grenzen der Machbarkeit. Ein Symposion. Mit einem Nachwort von Mohammed RASSEM. Deutscher Taschenbuch Verlag, München 1977.

EINSTEIN, Albert, Boris PODOLSKY & Nathan ROSEN, Can Quantummechanical Description of Physical Reality Be Considered Complete? (Dt. »Kann die quantenmechanische Beschreibung der physikalischen Realität als vollständig betrachtet werden?«). Physical Review 47, 777 (1935).

EINSTEIN, Albert, Über die spezielle und allgemeine Relativitätstheorie. 21. Auflage. Verlag Vieweg, Braunschweig 1969.

EISERMANN, Gottfried, Vilfredo Pareto. Ein Klassiker der Soziologie. Verlag Mohr-Siebeck, Tübingen 1987.

ELBLE, Rolf, Synoptisches Begreifen der Politik und Generalstabsdenken als Voraussetzung strategischer Planung. Philosophische Dissertation, Universität Freiburg i.B. 1969.

ELIADE, Mircea, Der Mythos der Ewigen Wiederkehr. Diederichs Verlag, Düsseldorf 1953.

ELIADE, Mircea, Mythos und Wirklichkeit. Aus dem Französischen von Eva MOLDENHAUER. Insel Verlag, Frankfurt a.M. 1988.

ELSNER, Henry Jr., The Technocrats. Prophets of Automation (dt. »Die Technokraten. Propheten der Automation«). Syracuse University Press, Syracuse/New York 1967.

ESS, Josef van, Fatum Mahumetanum. Schicksal und Freiheit im Islam. In: Schicksal? Grenzen der Machbarkeit. Ein Symposion. Mit einem Nachwort von Mohammed RASSEM. Deutscher Taschenbuch Verlag, München 1977.

EVERLING, Friedrich, Wiederentdeckte Monarchie. Brunnen-Verlag, Berlin 1932.

EVOLA, Julius, Erhebung wider die moderne Welt. Aus dem Italienischen übertragen von Friedrich BAUER. Deutsche Verlags-Anstalt, Stuttgart 1935.

F

FANG Lizhi, China im Umbruch. Herausgegeben von Helmut MARTIN. Mit einer Einleitung von Erwin WICKERT. Siedler Verlag, Berlin 1989.

FAUL, Erwin, Der moderne Machiavellismus. Verlag Kiepenheuer und Witsch, Köln 1961.

FEIGENBAUM, Mitchell, Quantitive Universality for a Class of Nonlinear Transformations (Dt. »Quantitative Universalität für eine Reihe nichtlinearer Transformationen«). Journal of Statistic Physics 19 (1978), S 25-52.

FEIGL, Erich, Musil von Arabien. Vorkämpfer der islamischen Welt. Amalthea Verlag, Wien 1985.

FELICE, Renco De, Der Faschismus. Ein Interview von Michael A. LEDEEN. Mit einem Nachwort und übersetzt von Jens PETERSEN. Verlag Klett-Cotta, Stuttgart 1977.

FEUERBACH, Ludwig, Das Wesen des Christentums. Sämtliche Werke, herausgegeben von W. BOLIN und F. JODL, Band VI. 2. Auflage, Fromann Verlag, Stuttgart 1960.

FICHTE, Johann Gottlieb, Der geschlossene Handelsstaat. Ein philosophischer Entwurf als Anhang zur Rechtslehre und Probe einer künftig zu liefernden Politik. Nachdruck der ersten Ausgabe Tübingen 1800. Philipp Reclam Verlag, Leipzig o.J..

FICHTE, Johann Gottlieb, Die Bestimmung des Menschen. Herausgegeben und mit einem Nachwort versehen von Theodor BALLAUFF und Ignaz KLEIN. Philipp Reclam Verlag, Stuttgart 1966 (Universal-Bibliothek 1201/02/02a).

FICHTE, Johann Gottlieb, Die Wissenschaftslehre. Zweiter Vortrag aus dem Jahre 1804. Gereinigte Fassung, herausgegeben von Reinhard LAUTH und Joachim WIDMANN unter Mitarbeit von Peter SCHNEIDER. Felix Meiner Verlag, Hamburg 1975 (Philosophische Bibliothek 284).

FICHTE, Johann Gottlieb, Reden an die Deutsche Nation. Mit einer Einleitung von Reinhard LAUTH. Felix Meiner Verlag, Hamburg 1978 (Philosophische Bibliothek 204).

FLEISCHHAUER, Ingeborg, Die Chance des Sonderfriedens. Deutsch-sowjetische Geheimgespräche 1941-1945. Siedler Verlag, Berlin 1986.

FORSTER, Karl (Herausgeber), Klerikalismus heute? Mit Beiträgen von Franz X. ARNOLD u. a. Echter Verlag, Würzburg 1964 (Studien und Berichte der katholischen Akademie in Bayern).

FRANKL, Viktor E., Ärztliche Seelsorge. Grundlagen der Logotherapie und Existenzanalyse. 9. ergänzte Auflage, Franz Deutike Verlag, Wien 1979.

FRANKL, Viktor E., Der Mensch vor der Frage nach dem Sinn. Eine Auswahl aus dem Gesamtwerk. 3. Auflage, Piper Verlag, München 1979.

FRANKL, Viktor E., Der unbewußte Gott. Kösel Verlag, München 1974.

FRANKL, Viktor E., Die Sinnfrage in der Psychotherapie. Piper Verlag, München 1981.

FRANKL, Viktor E., Homo patiens. Versuch einer Pathodizee. Verlag Franz Deuticke, Wien 1950.

FRANKL, Viktor E., Theorie und Therapie der Neurosen. Einführung in die Logotherapie und Existenzanalyse. Ernst Reinhardt Verlag, München 1967.

FRANZ-WILLING, Georg, Neueste Geschichte Chinas. 1840 bis zur Gegenwart. Verlag Schönigh, Paderborn 1975.

FRESE, Jürgen, Prozesse im Handlungsfeld. Boer Verlag, München 1985.

FRIEDRICH, Jürgen, Ideologie und Herrschaft. Ein Lehr- und Sachbuch. Verlag Haag und Herchen, Frankfurt a.M. 1982.

FRIEDRICHS, Kurt (für die hinduistischen Beiträge), Lexikon der östlichen Weisheitslehren. Buddhismus-Hinduismus-Taoismus-Zen. O.W. Barth Verlag, Bern 1986.

FRISCHENSCHLAGER, Friedhelm und Erich REITER, Liberalismus in Europa. Herold Verlag, Wien 1984.

FRITZSCH, Harald, Quarks - Urstoff unserer Welt. Vorwort von Herwig SCHOPPER. 9. Auflage. Verlag Piper, München 1986.

FRITZSCH, Harald, Vom Urknall zum Zerfall. Die Welt zwischen Anfang und Ende. 3. überarbeitete Auflage. Verlag Piper, München 1983.

G

GALBRAITH, John Kenneth, Die Entmythologisierung der Wirtschaft. Grundvoraussetzungen ökonomischen Denkens. Aus dem Amerikanischen von Monika STREISSLER. Paul Zsolnay Verlag, Wien 1988.

GALILEI, Galileo, Discorsi e dimostrazioni mathematiche intorno a due nuove scienze attenenti alla mecanica e i movimenti locali (Dt. »Unterredungen und mathematische Beweise über zwei neue Wissenszweige zur Mechanik und zur Lehre von den Ortbewegungen«). Deutsch herausgegeben von Arthur von ÖTTINGEN. Nachdruck, Wissenschaftliche Buchgesellschaft, Darmstadt 1964.

GALL, Lothar, Bürgertum in Deutschland. Siedler Verlag, Berlin 1989.

GEDDERT, Heinrich, Recht und Moral. Zum Sinn eines alten Problems. Verlag Duncker und Humblot, Berlin 1984.

GEHLEN, Arnold, Vilfredo Pareto und seine »Neue Wissenschaft«. Gesamtausgabe, Band IV. Herausgegeben und kommentiert von Karl-Siegbert REHBERG. Klostermann Verlag, Frankfurt a.M. 1983.

GERBORE, Pietro, Formen und Stile der Diplomatie. Rowohlt Taschenbuch Verlag, Reinbek bei Hamburg 1964.

GIAMBERANDINO, Oscar di, Kriegskunst in unserer Zeit. Übersetzt von Hans-Rudolf RÖSING. Verlag Wehr und Wissen, Darmstadt 1961.

GIERER, Alfred, Die Physik, das Leben und die Seele. 3. Auflage, Verlag Piper, München 1986.

GIERER, Alfred, Physik der biologischen Gestaltbildung. In: Andreas DRESS, Hubert HENDRICHS und Günter KÜPPERS (Herausgeber), Selbstorganisation. Die Entstehung von Ordnung in Natur und Gesellschaft. Verlag Piper, München 1986.

GLASER, Hermann, Kulturgeschichte der Bundesrepublik Deutschland. Band 3. Zwischen Protest und Anpassung 1968-1989. Carl Hanser Verlag, München 1989.

GLEICK, James, Chaos - die Ordnung des Universums. Vorstoß in Grenzbereiche der modernen Physik. Aus dem Amerikanischen von Peter PRANGE. Verlag Droemer Knaur, München 1988.

GOERTZ, Hans-Jürgen, Thomas Müntzer. Mystiker - Apokalyptikerv - Revolutionär. Verlag C.H. Beck, München 1989.

GORBATSCHEW, Michail Sergejewitsch, Perestroika. Die zweite russische Revolution. Eine neue Politik für Europa und die Welt. Aus dem Amerikanischen von Gabriele BURKHARDT, Reiner PFLEIDERER und Wolfram STRÖLLE. Verlag Droemer Knaur, München 1987.

GORZ, André, Wege ins Paradies. Thesen zur Krise, Automation und Zukunft der Arbeit. Rotbuch Verlag, Berlin 1988.

GOVINDA, Lama Anagarika, Buddhistische Reflexionen. O.W. Barth Verlag, Bern 1983.

GÖDEL, Kurt, Werke. Deutsch und Englisch herausgegeben von Soloman FEFERMAN. Oxford University Press, New York 1986.

GRAMSCI, Antonio, Philosophie der Praxis. Herausgegeben und übersetzt von Christian RICHERS mit einem Vorwort von Wolfgang ABENDROTH. S. Fischer Verlag, Frankfurt a.M. 1967.

GRAMSCI, Antonio, Zu Politik, Geschichte und Kultur. Ausgewählte Schriften. Aus dem Italienischen herausgegeben von Guido ZAMIS. Übersetzt von Maria-Louise DÖRING u. a. Philipp Reclam Verlag, Leipzig 1980.

GRÄVENITZ, Gerhard von, Mythos. Zur Geschichte einer Denkgewohnheit. Metzler Verlag, Stuttgart 1987.

GREENSTEIN, George, Die zweite Sonne. Quantenmechanik, Rote Riesen und die Gesetze des Kosmos. Übersetzt von Thomas STEGERS. Econ Verlag, Düsseldorf 1988.

GROOT, J(ohann) J(akob) (Maria) de, Universismus. Die Grundlage der Religion und Ethik des Staatswesens und der Wissenschaft Chinas. Verlag Georg Reimers, Berlin 1918.

GROOT, J(ohann) J(akob) M(aria) de, Sectarianism and Religious Persecution in China. A Page in the History of Religions (dt. »Sektenwesen und religiöse Verfolgung in China. Eine Seite in der Geschichte der Religionen«). 2 Bände. Nachdruck in einem Band. Literature House, Taibei (Taipe) 1963.

GROOT, J(ohann) J(akob) M(aria) de, The religious System of China (dt. »Das Religionssystem Chinas«). 6 Bände. Reprint. Chengwen Verlag, Taibei (Taipe) 1969.

GROSSER, Dieter u.a., Soziale Marktwirtschaft. Geschichte - Konzept - Leistung. Verlag W. Kohlhammer, Stuttgart 1988.

GUNZ, Josef, Handlungsforschung. Vom Wandel der distanzierten zur engagierten Sozialforschung. Wilhelm Braumüller Verlag, Wien 1986.

GÜNTHER, Albrecht Erich, Wandlungen der sozialen und politischen Weltanschauung des Mittelstandes. In: Der Ring, 4. Jahrgang, Heft 22. Berlin 30. 5. 1931

GÜNTHER, Hans Friedrich Karl, Herkunft und Rassengeschichte der Germanen. J.F. Lehmann Verlag, München 1935.

GÜNTHER, Klaus, Der Sinn für Angemessenheit. Anwendungsdiskurse in Moral und Recht. Suhrkamp Verlag, Frankfurt a.M. 1988.

GÜNTHER, Rigobert und Reimar MÜLLER, Das goldene Zeitalter. Utopien der hellenistisch-römischen Antike. Lizenzausgabe. Kohlhammer Verlag, Stuttgart 1988.

H

HABSBURG, Otto von, Die Reichsidee. Geschichte und Zukunft einer übernationalen Ordnung. Amalthea Verlag, Wien 1986.

HABSBURG, Otto von, Macht jenseits des Marktes. Europa 1992. Amalthea Verlag, Wien 1989.

HAECKEL, Ernst, Die Welträtsel. Nachdruck der 11. Auflage. Alfred Kröner Verlag, Stuttgart 1984.

HAKEN, Hermann, Advanced Synergetics (Dt. »Fortgeschrittene Synergetik«). Springer Verlag, Berlin 1983.

HAKEN, Hermann, Synergetik. Eine Einführung. Übersetzt von Arne WUNDERLIN. Springer Verlag, Berlin 1982.

HAMMOND, Guyton B., The Power of Self-Transcendence (dt. »Die Kraft der Selbsttranszendierung«). Bethany Press, St. Louis 1966.

HAMPEL, Adolf, Glasnost und Perestroika - eine Herausforderung für die Kirchen. Mit einem Interview mit Erzbischof KYRILL von Smolensk. Verlag Josef Knecht, Frankfurt a.M. 1989.

HANISCH, Ernst, Konservatives und revolutionäres Denken. Deutsche Sozialkatholiken und Sozialisten im 19. Jahrhundert. Geyer-Edition, Wien 1975.

HANISCH, Ernst, Nationalsozialistische Herrschaft in der Provinz. Salzburg im Dritten Reich. Amt der Salzburger Landesregierung/Landespressebüro, Salzburg 1983 (Salzburg Dokumentationen Nr. 71).

HAO Bai-Lin, Chaos. World Scientific Verlag, Singapore 1984.

HAYEK, Friedrich August von, Der Weg zur Knechtschaft. Ins Deutsche übertragen von Eva RÖPKE. Neuherausgabe. Verlag Moderne Industrie, München 1971.

HAYES, Carlton J.H,.The Historical Evolution of Modern Nationalism (dt. »Die geschichtliche Entwicklung des modernen Nationalismus«). Verlag Richard A. Smith, New York 1931.

HÄRTLE, Heinrich, Amerikas Krieg gegen Deutschland. Wilson gegen Wilhelm II. - Roosevelt gegen Hitler. Schütz Verlag, Göttingen 1968.

HEER, Friedrich, Kreuzzüge - gestern, heute, morgen? Bucher Verlag, Luzern 1969.

HEGEL, Georg Wilhelm Friedrich, Vorlesungen über die Philosophie der Religion. Werke, 20 Bände, Band XVI und XVII. Suhrkamp Verlag, Frankfurt a.M. 1986 (Taschenbuch Wissenschaft 616, 617).

HEGEL, Georg Wilhelm Friedrich, Grundlinien der Philosophie des Rechts oder Naturrecht und Staatswissenschaft im Grundrisse. Werke, 20 Bände, Band VII. Suhrkamp Verlag, Frankfurt a.M. 1986 (Taschenbuch Wissenschaft 607).

HEGEL, Georg Wilhelm Friedrich, Phänomenologie des Geistes. Werke, 20 Bände, Band III. Suhrkamp Verlag, Frankfurt a.M. 1986 (Taschenbuch Wissenschaft 603).

HEGEL, Georg Wilhelm Friedrich, Wissenschaft der Logik. Gesammelte Werke in 20 Bänden, Band V und VI. Suhrkamp Verlag, Frankfurt a.M. (Suhrkamp Taschenbuch Wissenschaft 606/606).

HEIMANN, Eduard, Freiheit und Ordnung. Lehren aus dem Kriege. Arani-Verlag, Berlin 1950.

HEISENBERG, Werner, Das Naturbild der heutigen Physik. Verlag Rowohlt, Hamburg 1960.

HEISENBERG, Werner, Der Teil und das Ganze. Gespräche im Umkreis der Atomphysik. 3. Auflage. Deutscher Taschenbuch Verlag, München 1976 (dtv 903).

HEISENBERG, Werner, Gesammelte Werke. Herausgegeben von Walter BLUM, Hans-Peter DÜRR und Helmut RECHENBERG. 4 Bände, Springer Verlag, Berlin 1984. 5 Bände, Verlag Piper, München 1984.

HEISENBERG, Werner, Physik und Philosophie. Mit einem Beitrag von Günther RASCHE und Bartel L. van der WAERDEN. 3. Auflage. Hirzel Verlag, Stuttgart 1978.

HEISENBERG, Werner, Quantentheorie und Philosophie. Vorlesungen und Aufsätze. Herausgegeben von Jürgen BUSCHE. Verlag Philipp Reclam, Stuttgart 1979 (Universal-Bibliothek 9948).

HELFER, Christian und Mohammed RASSEM (Herausgeber), Student und Hochschule im 19. Jahrhundert. Studien und Materialien. Band 12 der Studien zum Wandel von Gesellschaft und Bildung im Neunzehnten Jahrhundert. Verlag Vandenhoeck & Ruprecht, Göttingen 1975.

HENLE, Paul (Herausgeber), Sprache, Denken, Kultur. Suhrkamp Verlag, Frankfurt a.M. 1969.

HENTIG, Harmut von, Die entmutigte Republik. Politische Aufsätze. Ungekürzte Lizenzausgabe. Fischer Taschenbuchverlag, Frankfurt a.M. 1982.

HENTIG, Hartmut von, Arbeit am Frieden. Übungen im Überwinden der Resignation. 2. Auflage. Carl Hanser Verlag, München 1987.

HENTIG, Hartmut von, Erkennen durch Handeln. Versuche über das Verhältnis von Pädagogik und Erziehungswissenschaften. Verlag Klett-Cotta, Stuttgart 1982.

HERBERT, Nick, Quantenrealität. Jenseits der Neuen Physik. Aus dem Englischen von Traude WESS. Birkhäuser Verlag, Basel 1987.

HERSCH, Jeanne, Die Ideologien und die Wirklichkeit. Versuch einer politischen Orientierung. Aus dem Französischen von Ernst von SCHENK. 3. Auflage, Piper Verlag, München 1976.

HILDEBRAND, Dietrich von, Die Umgestaltung in Christus. Gesammelte Werke, Band X. Verlag Josef Habbel, Regensburg 1971.

HILDEBRAND, Dietrich von, Ethik. Gesammelte Werke, Band II. W. Kohlhammer Verlag, Stuttgart 1973.

HILLGRUBER, Andreas, Die Zerstörung Europas. Beiträge zur Weltkriegsepoche 1914 bis 1945. Propyläen Verlag, Berlin 1988.

HOBBES, Thomas, Elementorum philosophiae, sectio tertia: De cive (dt. »Anfangsgründe der Philosophie, dritter Abschnitt: Vom Bürger«). Deutsch, »Vom Menschen - Vom Bürger«, herausgegeben von Günther GAWLICK. Felix Meiner Verlag, Hamburg 1977 (Philosophische Bibliothek 158).

HOBBES, Thomas, Leviathan, ore the Matter, Forme, and Power of a Commonwealth, Ecclesiasticall and Civill (dt. »Leviathan, oder von Materie, Form und Gewalt des kirchlichen und bürgerlichen Staates«). Deutsch von Walter EUCHNER, herausgegeben von Iring FETSCHER. Verlag Luchterhand, Neuwied 1966.

HOENSCH, Jörg K., Premysl Otakar II. von Böhmen. Der goldene König. Verlag Styria, Graz 1989.

HOFMAN, Rudolf und Walter SAX, Der Ideologie-Täter. Badenia Verlag, Karlsruhe 1967.

HOFSTADTER, Douglas R., Gödel, Escher, Bach - ein endlos geflochtenes Band. Aus dem Amerikanischen von Philipp WOLFF-WINDEGG und Hermann FEUERSEE unter Mitwirkung von Werner ALEXI, Ronald JONKERS und Günter JUNG. 10. Auflage, Verlag Klett-Cotta, Stuttgart 1987.

HOLDEN, Arun V. (Herausgeber): Chaos. Manchester University Press, Manchester 1986.

HOOK, Sidney (Herausgeber), Dimensions of Mind (dt. »Dimensionen des Geistes«). Collier Books, New York 1973.

HOYNINGEN-HUENE, Paul, Die Wissenschaftsphilosophie Thomas S. Kuhns. Rekonstruktion und Grundlagenprobleme. Mit einem Geleitwort von Thomas S(amuel) KUHN. Friedrich Vieweg Verlag, Braunschweig 1989.

HÖFFKES, Karl, Wissenschaft und Mythos. Auf der Suche nach der verlorenen Identität. Grabert Verlag, Tübingen 1983.

HÖHLER, Gertrud, Die Bäume des Lebens - Baumsymbole in den Kulturen der Menschheit. Deutsche Verlagsanstalt, Stuttgart 1985.

HUANG-Po, Der Geist des Zen. Herausgegeben von John BLOFELD. 2. revidierte Auflage. O.W. Barth Verlag, Bern 1983.

HUMBOLDT, Wilhelm von, Ideen zu einem Versuch, die Grenzen der Wirksamkeit des Staates zu bestimmen. Philipp Reclam Verlag, Stuttgart 1982 (Universal-Bibliothek 1991).

HUME, David, Political Discourses (Dt. »Politische Diskurse«). Works, herausgegeben von Thomas Hill GREEN und Thomas Hodge GROSE, 4 Bände. Band III. London 1882. Reprint Scientia Verlag, Aalen 1964.

HUNKE, Sigrid, Das nach-kommunistische Manifest. Der dialektische Unitarismus als Alternative. Seewald Verlag, Stuttgart 1974.

HUTH, Werner, Glaube, Ideologie, Wahn. Das Ich zwischen Realität und Illusion. Nymphenburger Verlag, München 1984.

HUYN, Hans Graf, Ihr werdet sein wie Gott. Der Irrtum des modernen Menschen von der Französischen Revolution bis heute. Universitas Verlag, München 1988.

HÜBNER, Kurt, Die Wahrheit des Mythos. C.H. Beck Verlag, München 1985.

J

JACOBSEN, Hans-Adolf, Karl Haushofer - Leben und Werk. 2 Bände. Harald Boldt Verlag, Boppard a.R. 1979.

JAMES, William, Die Vielfalt religiöser Erfahrung. Walter Verlag, Olten 1979.

JANTSCH, Erich, Die Selbstorganisation der Universums. Vom Urknall zum menschlichen Geist. Carl Hanser Verlag, München 1979.

JÄCKEL, Eberhard, Der Weg Japans in den Zweiten Weltkrieg. In: Helmut ALTRICHTER und Josef BECKER (Herausgeber), Kriegsausbruch 1939. Beteiligte, Betroffene, Neutrale. Verlag C.H. Beck, München 1989 (Beck'scher Reihe 393).

JÄNICKE, Martin, Totalitäre Herrschaft. Anatomie eines politischen Begriffs. Verlag Duncker und Humblot, Berlin 1971.

JÄSCHKE, Walter, Die Suche nach den eschatologischen Wurzeln der Geschichtsphilosophie. Eine historische Kritik der Säkularisierungsthese. Kaiser Verlag, München 1976.

JONAS, Friedrich, Geschichte der Soziologie. 4 Bände. Rowohlts Deutsche Enzyklopädie, Hamburg 1968-69.

JORDIS von Lohausen, Heinrich (Freiherr), Mut zur Macht. Denken in Kontinenten. 2. erweiterte Auflage. Vowinkel Verlag, Berg a.S. 1981.

JUNG, Carl Gustav, Gesammelte Werke. Band V, Symbole der Wandlung. Rascher Verlag, Zürich 1952.

JUNG, Carl Gustav, Kommentar zu: Richard WILHELM (Übersetzer), Das Geheimnis der goldene Blüte. Diederichs Verlag, Köln 1986.

JUNGK, Robert, Projekt Ermutigung. Streitschrift wider die Resignation. Rotbuch Verlag, Berlin 1988.

JÜNGER, Ernst, An der Zeitmauer. Werke in 10 Bänden, Band VI. Ernst Klett Verlag, Stuttgart 1960-65.

JÜNGER, Ernst, Der Arbeiter. Herrschaft und Gestalt. Hanseatische Verlagsanstalt, Hamburg 1932.

JÜNGER, Ernst, In Stahlgewittern. Aus dem Tagebuch eines Stoßtruppführers. 12. Auflage. Verlag E.S. Mittler, Berlin 1930.

JÜNGER, Friedrich Georg, Die Perfektion der Technik. 2. erweiterte Auflage. Klostermann Verlag, Frankfurt a.M. 1949.

K

KALTENBRUNNER, Gerd-Klaus (Herausgeber), Antichristliche Konservative. Religionskritik von rechts. Herder Verlag, Freiburg 1982.

KALTENBRUNNER, Gerd-Klaus (Herausgeber), Plädoyer für die Vernunft. Signale einer Tendenzwende. Herder Verlag, Freiburg 1974.

KALTENBRUNNER, Gerd-Klaus, Elite. Erziehung für den Ernstfall. Mut-Verlag, Asendorf 1984.

KANN, Robert A., Die Restauration als Phänomen in der Geschichte. Aus dem Amerikanischen von Margreth KEES. Verlag Styria, Graz 1974.

KANT, Immanuel, Beantwortung der Frage: Was ist Aufklärung. Gesammelte Schriften, Akademie-Ausgabe, Band VIII. Verlag Reimer, Berlin 1912. Reprint Verlag de Gruyter, Berlin 1968.

KANT, Immanuel, Idee zu einer allgemeinen Geschichte in weltbürgerlicher Absicht. Gesammelte Schriften, Akademie-Ausgabe, Band VIII. Verlag Reimer, Berlin 1912. Reprint Verlag de Gruyter, Berlin 1968.

KANT, Immanuel, Kritik der praktischen Vernunft. Felix Meiner Verlag, Hamburg 1985 (Philosophische Bibliothek 38).

KANT, Immanuel, Kritik der reinen Vernunft. Felix Meiner Verlag, Hamburg 1976 (Philosophische Bibliothek 37a).

KANT, Immanuel, Kritik der Urteilskraft. Felix Meiner Verlag, Hamburg 1974 (Philosophische Bibliothek 39a).

KANT, Immanuel, Metaphysische Anfangsgründe der Naturwissenschaft. Gesammelte Schriften (Akademie-Ausgabe), Band IV. Verlag Reimer, Berlin 1903. Reprint Verlag de Gruyter, Berlin 1968.

KANT, Immanuel, Metaphysische Anfangsgründe der Rechtslehre. Neu herausgegeben von Bernd LUDWIG. Felix Meiner Verlag, Hamburg 1986 (Philosophische Bibliothek 360).

KANT, Immanuel, Zum ewigen Frieden. Ein philosophischer Entwurf. Gesammelte Schriften, Akademie-Ausgabe, Band VIII. Verlag Reimer, Berlin 1912. Reprint Verlag de Gruyter, Berlin 1968.

KATER, Herbert, Das Duell des Yanko Fürst v. Racowitza, Angehöriger des Corps Neoborussia Berlin, und Ferdinand Lassalle, Angehöriger der Burschenschaft der Raszeks, am 28. Aug. 1864 im Wäldchen Carrouge bei Genf. Einst und Jetzt, 25. Band, Jahrbuch 1980 des Vereins für copsstudentische Geschichtsforschung, S 29-59.

KAULBACH, Friedrich, Einführung in die Philosophie des Handelns. Wissenschaftliche Buchgesellschaft, Darmstadt 1982.

KAUTZKY, Karl, Ethik und materialistische Geschichtsauffassung. Dietz Verlag, Berlin 1922.

KEPPLER, Johannes, Astronomia nova, Aitiologetos, seu physica coelestis (Dt. »Neue Astronomie oder Physik des Himmels«). Johannes KEPPLERS Gesammelte Werke, Band II. Verlag Gerstenberg, Hildesheim 1974.

KIESEWETTER, Hubert, Von Hegel zu Hitler. Eine Analyse der Hegelschen Machtstaatsideologie und der politischen Wirkungsgeschichte des Rechtshegelianismus. Hoffmann und Campe Verlag, Hamburg 1974.

KISSINGER, Henry A., Großmachtdiplomatie. Von der Staatskunst Castlereaghs und Metternichs. Aus dem Amerikanischen von Horst JORDAN. Neuauflage. Econ Verlag, Düsseldorf 1980.

KLIMKEIT, Hans-Joachim, Die Seidenstraße. Handelsweg und Kulturbrücke zwischen Morgen- und Abendland. DuMont Buchverlag, Köln 1988.

KLING-MATHEY, Christiane, Gräfin Hatzfeldt. 1805-1881. Eine Biographie. Verlag J.H.W. Dietz, Bonn 1989.

KLÜVER, Max, Vom Klassenkampf zur Volksgemeinschaft. Sozialpolitik im Dritten Reich. Druffel Verlag, Leoni 1988.

KNOCHE, Hansjürgen, Gott nach der Götzendämmerung. Ökumenische Antworten auf Fortschrittswahn, Ideologie und Materialismus. Meta-Verlag, München 1987.

KOEHLER, Wolfgang, Die Aufgabe der Gestaltpsychologie. Mit einer Einführung von Carroll V. PRATT. Verlag Walter de Gruyter, Berlin 1971.

KOFLER, Leo, Soziologie des Ideologischen. Kohlhammer Verlag, Stuttgart 1975 (Kohlhammer-Urban-Taschenbuch 868).

KOHN, Hans, Die Idee des Nationalismus. Ursprung und Geschichte bis zur Französischen Revolution. Verlag Lambert Schneider, Heidelberg 1950.

KOHN, Hans, Von Macchiavelli zu Nehru. Zur Problemgeschichte des Nationalismus. Herder Verlag, Freiburg 1964.

KOLMOGOROV, Andrej Nikolajewic, Grundbegriffe der Wahrscheinlichkeitsrechnung. Reprint der Ausgabe 1933. Springer Verlag, Berlin 1977.

KOPPELMANN, Udo, Produktmarketing. 2., völlig neubearbeitete Auflage. W. Kohlhammer Verlag, Stuttgart 1987.

KOSZYK, Kurt, Gustav Stresemann. Der kaisertreue Demokrat. Eine Biographie. Verlag Kiepenheuer und Witsch, Köln 1989.

KÖRTNER, Ulrich H.J., Weltangst und Weltende. Eine theologische Interpretation der Apokalyptik. Verlag Vandenhoek und Ruprecht, Göttingen 1988.

KRAUS, Wolfgang, Nihilismus heute oder die Geduld der Weltgeschichte. Paul Zsolnay Verlag, Wien 1983.

KRISHNAMURTI, Jiddu, Schöpferische Freiheit. 3. Auflage. O.W. Barth Verlag, Bern 1979.

KRONER, Richard, Von Kant zu Hegel. Mohr Verlag, Tübingen 1921-24 (Grundriß der philosophischen Wissenschaften, Band II).

KRONZUCKER, Dieter und Klaus EMMERICH, Das amerikanische Jahrhundert. Econ Verlag, Düsseldorf 1989.

KUES, Nikolaus von, De visione Dei (Dt. »Von der Schau Gottes«). Lateinisch/Deutsch in: Philosophisch-Theologische Schriften, herausgegeben von Leo GABRIEL, übersetzt von Dietlind und Wilhelm DUPRÉ, Band III. Herder Verlag, Wien 1967.

KUHN, Thomas S(amuel), Die Struktur der wissenschaftlichen Revolutionen. 3., mit der 2. idente, revidierte und um das Postskriptum von 1969 erweitere Auflage. Aus dem Amerikanischen von Hermann VETTER. Suhrkamp Verlag, Frankfurt 1978.

KURUCZ, Jenoe, Ideologie, Betrug und naturwissenschaftliche Erkenntnis. Saarländische Beiträge zur Soziologie 6, Saarbrücken 1986.

L

LADURIE, Emmanuel Le Roy (Herausgeber), Les Monarchies (dt. »Die Monarchien«). Presses Universitaires de France, Paris 1986.

LAFONTAINE, Oskar, Die Gesellschaft der Zukunft. Reformpolitik in einer veränderten Welt. Hoffmann und Campe Verlag, Hamburg 1988.

LAING, Ronald D., H. PHILLIPSON und A. Russell LEE, Interpersonelle Wahrnehmung. Übersetzt von Hans-Dieter TEICHMANN. Suhrkamp Verlag, Frankfurt a.M. 1971.

LARENZ, Karl, Methodenlehre der Rechtswissenschaft. 5., neu bearbeitete Auflage. Springer Verlag, Berlin 1983.

LASSALLE, Ferdinand, Gesammelte Reden und Schriften. Herausgegeben von Eduard BERNSTEIN. Vorwärts Verlag, Berlin 1892-93.

LAUTH, Reinhard, Die absolute Ungeschichtlichkeit der Wahrheit. Kohlhammer Verlag, Stuttgart 1966.

LAUTH, Reinhard, Die Konstitution der Zeit im Bewußtsein. Felix Meiner Verlag, Hamburg 1981.

LECHNER, Odilio (Hans Helmut) (OSB): Idee und Zeit in der Metaphysik Augustins. Salzburger Studien zur Philosophie, Band 5. Verlag Anton Pustet, München 1964.

LEIBNIZ, Gottfried Wilhelm (von), Essais de theodicée sur la bonté de Dieu, la liberté de l'homme et l'origine du male (Dt. »Versuche der Theodizee über die Güte Gottes, die Freiheit des Menschen und den Ursprung des Übels«). Übersetzt von A. BUCHENAU. Felix Meiner Verlag, Hamburg 1977 (Philosophische Bibliothek 71).

LEISEGANG, Hans, Die Gnosis. 5. Auflage. Alfred Kröner Verlag, Stuttgart 1985.

LEMBERG, Eugen, Ideologie und Gesellschaft. Eine Theorie der ideologischen Systeme, ihrer Struktur und Funktion. Kohlhammer Verlag, Stuttgart 1971.

LENIN, Wladimir Ilitsch (ULANOW), Materializme i Émpirokriticizme. Kriticeskie zametki ob odnoj reakcionnoj filosofii (dt. »Materialismus und Empiriokritizismus. Kritische Bemerkungen über eine reaktionäre Philosophie«). Werke, Band XIV. Ins Deutsche übertragen nach der 4. russischen Ausgabe. Deutsche Ausgabe wird vom Institut für Marxismus-Leninismus beim ZK der SED besorgt. Berlin 1971-1974.

LENIN, Wladimir Iljitsch (ULANOW), Werke. Ins Deutsche übertragen nach der 4. russischen Ausgabe. Deutsche Ausgabe wird vom Institut für Marxismus-Leninismus beim ZK der SED besorgt. Berlin 1962 ff.

LENK, Hans (Herausgeber): Technokratie als Ideologie. Sozialphilosophische Beiträge zu einem politischen Dilemma. Kohlhammer Verlag, Stuttgart 1973.

LEPSIUS, Rainer, Extremer Nationalismus. Strukturbedingungen zur nationalsozialistischen Machtergreifung. Verlag W. Kohlhammer, Stuttgart 1966.

LEWIS, David, Konvention. Eine sprachphilosophische Abhandlung. Aus dem Amerikanischen von Roland POSER und Detlef WENZEL. Verlag Walter de Gruyter, Berlin 1975.

LIBCHABER, Albert, Experimental Study of Hydronamic Instabilities. Rayleigh-Bérnard Experiment. Helium in a Small Box (Dt. »Experimentelle Studie über Strömungsinstabilitäten. Ein Rayleigh-Bérnard Experiment. Helium in einer kleinen Schachtel«). In: Nonlinear Phenomena at Phase Transitions and Instabilities (Dt. »Nichtlineare Phänomene bei Phasenübergängen und Instabilitäten«). Herausgegeben von T. RISTE. Plenum Verlag, New York 1982.

LIDDELL HART, Basil Henry, Geschichte des Zweiten Weltkrieges. 2 Bände. Aus dem Englischen von Wilhelm DUDEN und Rolf Hellmut FÖRSTER. Econ Verlag, Düsseldorf 1972.

LINNERT, Peter, Clausewitz für Manager. Strategie und Taktik der Unternehmensführung. Verlag Moderne Industrie, München 1971.

LIU Binyan, China! Mein China! Herausgegeben und kommentiert von Jean-Philippe BÉJA. Aus dem Französischen von Petra HUSTEDE. Paul Zsolnay Verlag, Wien 1989.

LOCKE, John, An Essay Concerning Human Understanding (Dt. »Versuch über den menschlichen Verstand«). Deutsch nach der Übersetzung von C. WINKLER. Akademie Verlag, Berlin 1962.

LOCKOWANDT, Oskar, Du kannst werden, der du bist. Wege der Selbstverwirklichung. Herder Verlag, Freiburg 1988.

LORENZ, Edward, Deterministic Nonperiodic Flow (Dt. »Deterministisches nichtperiodisches Fließen«). Journal of Atmospheric Sciences 20 (1963).

LORENZ, Konrad, Das sogenannte Böse. Zur Naturgeschichte der Aggression. Deutscher Taschenbuch Verlag, München 1974 (dtv 1600).

LORENZ, Konrad, Die acht Todsünden der zivilisierten Menschheit. 8. Auflage, Piper Verlag, München 1974.

LOVELOCK, James (Jim) E., Unsere Erde wird überleben. Gaia - eine optimistische Ökologie. Aus dem Englischen von Constanze IFANTIS-HEMM. Verlag Piper, München 1982.

LOWELL, Field und John HIGLEY, Eliten und Liberalismus. Ein neues Modell zur geschichtlichen Entwicklung der Abhängigkeiten von Eliten und Nicht-Eliten. Zusammenhänge, Möglichkeiten, Verpflichtungen. Aus dem Englischen übersetzt und eingeleitet von Dieter CLAESSENS. Westdeutscher Verlag, Opladen 1983.

LUHMANN, Niklas, Gesellschaftsstruktur und Semantik. Studien zur Wissenssoziologie der modernen Gesellschaft. 2 Bände. Suhrkamp Verlag, Frankfurt a.M. 1980/81.

LUHMANN, Niklas, Soziale Systeme. Grundriß einer allgemeinen Theorie. Suhrkamp Verlag, Frankfurt a.M. 1984.

LUK, Charles (d.i. LU Kuang Yü), Geheimnisse der chinesischen Meditation. Rascher Verlag, Zürich 1967.

LÜBBE, Hermann, Säkularisierung. Geschichte eines ideenpolitischen Begriffs. 2. unveränderte Auflage mit neuem Vorwort. Alber Verlag, Freiburg 1975.

M

MAHAN, Alfred Thayer, Der Einfluß der Seemacht auf die Geschichte 1600-1812. Überarbeitet und herausgegeben von Gustav-Adolf WOLTER. Köhler Verlag, Herford 1967.

MAISTRE, Joseph Marie Comte de, Du pape (Dt. »Vom Papst«). 2 Bände. Lyon 1819. Neuausgabe, Verlag Vitte, Lyon 1928.

MAISTRE, Joseph Marie Comte de, Les Soirées de Saint-Pétersbourg ou Entretiens sur le gouvernement temporel de la providence (Dt. »Die Abendstunden von Petersburg oder Gespräche über die zeitliche Herrschaft der göttlichen Vorsehung«). 2 Bände. Paris 1821. Neuausgabe, Verlag La Colombe, Paris 1961.

MALONDER, Helmuth (Übersetzer), Bhagavadgita. Das hohe Lied Indiens. Papyrus Verlag, Hamburg 1986.

MANDELBROT, Benoit, Die fraktale Geometrie der Natur. Aus dem Englischen von Reinhilt und Ulrich ZÄHLE. Birkhäuser Verlag, Basel 1987.

MANGOLDT, Ursula von (Übersetzerin), SHANKARA. Das Kleinod der Unterscheidung. O.W. Barth Verlag, Bern 1981.

MANN, Otto, Die gescheiterte Säkularisation. Ein Irrgang der europäischen Philosophie. Katzmann Verlag, Tübingen 1980.

MANNHEIM, Karl, Ideologie und Utopie. 3. vermehrte Auflage. Verlag Schultz-Bulmke, Frankfurt a.M. 1952.

MANSTEIN, Erich von, Verlorene Siege. 8. Auflage. Bernard und Gräfe Verlag, München 1979.

MARCUSE, Herbert, Eros und Kultur. Ernst Klett Verlag, Stuttgart 1957.

MARING, Matthias, Märkte und Handlungssysteme. Zur wissenschaftstheoretischen Analyse eines systemtheoretisch-kybernetischen Handlungsansatzes im Planen idealtypischer Strukturen. P. Lang Verlag, Frankfurt a.M. 1985.

MARKO, Kurt, Anmerkungen zum real existierenden Totalitarismus und zu seinen Apologeten unter uns. Studies in Soviet Thought 38/1989, S 165-181.

MARQUARD, Odo, Ende des Schicksals? Einige Bemerkungen über die Unvermeidlichkeit des Unverfügbaren. In: Schicksal? Grenzen der Machbarkeit. Ein Symposion. Mit einem Nachwort von Mohammed RASSEM. Deutscher Taschenbuch Verlag, München 1977.

MARTEN, Heinz-Georg, Sozialbiologismus. Biologische Grundpositionen der politischen Ideengeschichte. Campus Verlag, Frankfurt a.M. 1983.

MARX, Karl, Das Kapital. Kritik der politischen Ökonomie. In: Karl MARX und Friedrich ENGELS, Werke. Band XXIII/XXIV. Herausgegeben vom Institut für Marxismus-Leninismus beim ZK der SED. Berlin 1977.

MARX, Karl, Misére de la philosophie. Response á la philosophie de la misére de M. Proudhon. (dt. »Das Elend der Philosophie. Antwort auf Herrn Proudhons Philosophie des Elends«). Karl MARX und Friedrich ENGELS, Werke, Band IV. Herausgegeben vom Institut für Marxismus-Leninismus beim ZK der SED. Berlin 1972.

MASSING, Paul W., Vorgeschichte des politischen Antisemitismus. Aus dem Amerikanischen übersetzt und für die deutsche Ausgabe bearbeitet von Felix J. WEIL. Europäische Verlangsanstalt, Frankfurt a.M. 1986.

MATURANA, Humberto R. und Francisco J. VARELA, Der Baum der Erkenntnis. Die biologischen Wurzeln menschlichen Erkennens. Aus dem Spanischen von Kurt LUDEWIG in Zusammenarbeit mit dem Institut für systemische Studien e.V. Hamburg. Scherz Verlag, Bern 1987.

MATYSEK, Ottilie, Die Machthaberer. Orac Verlag, Wien 1987.

MAY, Robert & George F. OSTER, Bifurcations and Dynamic Complexity in Simple Ecological Models (Dt. »Bifurkationen und dynamische Komplexität in einfachen ökologischen Modellen«). The American Naturalist 110 (1976), S 573-599.

MAY, Robert, Simple Mathematical Models with Very Complicated Dynamics (Dt. »Einfache mathematische Modelle mit sehr komplizierter Dynamik«). Nature 261 (1976), S 459-467.

MEINCK, Jürgen, Weimarer Staatslehre und Nationalsozialismus. Eine Studie zum Problem der Rechtskontinuität im staatsrechtlichen Denken in Deutschland 1928 bis 1936. Campus Verlag, Frankfurt a.M. 1978.

MENDEL, (Pater) Johann Gregor, Versuche über Pflanzenhybriden. Brünn 1865. Kommentiert von Franz WEILING. Verlag Nieweg und Sohn, Braunschweig 1979.

MENSCHING, Gustav, Das Wunder im Glauben und Aberglauben der Völker. Brill Verlag, Leiden 1957.

MENSCHING, Gustav, Die Religion. Eine umfassende Darstellung ihrer Erscheinungsformen, Strukturtypen und Lebensgesetze. Ungekürzte Lizenzausgabe. Wilhelm Goldmann Verlag, München o.J. (1959?) (Gelbes Taschenbuch 882-883).

MENSCHING, Gustav, Die Söhne Gottes. Leben und Legende der Religionsstifter. Texte ausgewählt und erklärt von Gustav MENSCHING. Holle Verlag, Darmstadt 1955.

MENSCHING, Gustav, Soziologie der Religion. Röhrscheid Verlag, Bonn 1947.

MENSCHING, Gustav, Toleranz und Wahrheit in der Religion. Bearbeitete Lizenzausgabe, Siebenstern Taschenbuch Verlag, München 1966 (Taschenbuch 81).

METTRIE, Offray de la, L'homme machine (Dt. »Der Mensch eine Maschine«). Deutsch von M. BRAHN. Felix Meiner Verlag, Hamburg 1909 (Philosophische Bibliothek 68).

MEYER, Heinz, Religionskritik, Religionssoziologie und Säkularisation. P. Lang Verlag, Frankfurt a.M. 1988.

MICHELS, Robert, Der Patriotismus. Prolegomena zu einer soziologischen Analyse. Verlag Duncker und Humblot, München 1929.

MILDE, Hellmuth und Hans G. MONISSEN (Herausgeber), Rationale Wirtschaftspolitik in komplexen Gesellschaften. Gérard GÄFGEN zum 60. Geburtstag. Verlag W. Kohlhammer, Stuttgart 1985.

MILL, John Stuart, Über die Freiheit. Deutsch von M. SCHLENKE. Philipp Reclam Verlag, Stuttgart 1974 (Universal-Bibliothek 3491).

MOELLER van den Bruck, Arthur, Das dritte Reich. 3. Auflage. Ring-Verlag, Berlin 1931.

MOHLER, Armin, Die Konservative Revolution in Deutschland 1918-1932. Ein Handbuch. Dritte, um einen Ergänzungband erweitere Auflage. Wissenschaftliche Buchgesellschaft, Darmstadt 1989.

MOLTKE, Helmuth von, Unter dem Halbmond. Erlebnisse aus der alten Türkei 1835-1839. Herausgegeben von Helmut ARNDT. Horst Erdmann Verlag, Tübingen 1979.

MOMMSEN, Theodor, Römische Geschichte. 2 Bände. Bertelsmann Verlag, Gütersloh o.J.

MONOD, Jacques, Zufall und Notwendigkeit. Philosophische Fragen der modernen Biologie. Aus dem Französischen von Friedrich GIESE. Vorwort zur deutschen Ausgabe von Manfred EIGEN. 6. Auflage. Piper Verlag, München 1983.

MONTEFIORE, Hugh, Bischof vom Birmingham, The Probability of God (Dt. »Die Wahrscheinlichkeit Gottes«). SCM Press, London 1985.

MOREAU, Patrick, Nationalsozialismus von links. Die »Kampfgemeinschaft Revolutionärer Nationalsozialisten« und die »Schwarze Front« Otto Strassers 1930-1945. Deutsche Verlags-Anstalt, Stuttgart 1984 (Studien zur Zeitgeschichte, Band 28).

MORLOCK, Martin, Die hohe Schule der Verführung. Ein Handbuch der Demagogie. Econ Verlag Verlag, Düsseldorf 1977.

MOSCA, Gaetano, Die Herrschende Klasse. Grundlagen der politischen Wissenschaft. Mit einem Geleitwort von Benedetto CROCE, übersetzt von Franz BORKENAU. A. Francke Verlag, Bern 1950.

MRAZ, Gottfried, Prinz Eugen. Ein Leben in Bildern und Dokumenten. Bildredaktion und Dokumentation von Henrike MRAZ. Süddeutscher Verlag, München 1985.

MUNZERT, Reinhard, Das Planen von Handlungen. Differentialpsychologische Aspekte allgemeiner Handlungstheorien. P. Lang Verlag, Frankfurt a.M. 1983.

MÜHLEN, Herbert, Entsakralisierung. Ein epochemachendes Schlagwort in seiner Bedeutung dür die Zukunft der christlichen Kirchen. Schöningh Verlag, Paderborn 1971.

MÜHLMANN, Wilhelm E(mil) u.a., Chiliasmus und Nativismus. Studien zur Psychologie, Soziologie und historischen Kasuistik der Umsturzbewegungen. Verlag Georg Reimer, Berlin 1964.

MÜLLER, Johann Baptist, Liberalismus und Demokratie. Studien zum Verhältnis von Politik und Wirtschaft im Liberalismus. Verlag Klett-Cotta, Stuttgart 1978.

MÜNCHHAUSEN, Thankmar Freiherr von (Herausgeber), Mameluken, Paschas und Fellachen. Berichte aus dem Reich Mohammed Alis 1801-1849. Horst Erdmann Verlag, Tübingen 1982.

N

NAUMANN, Dietrich, Politik und Moral. Studien zur Utopie der deutschen Aufklärung. Winterverlag, Heidelberg 1977 (Frankfurter Beiträge zur Germanistik 15).

NEEDHAM, Joseph, Science and Civilization in China (dt. »Wissenschaft und Zivilisation in China«). Bislang 7 Bände. Cambridge University Press, Cambridge 1954-.

NEEDHAM, Joseph, Wissenschaftlicher Universalismus. Über Bedeutung und Besonderheit der chinesischen Wissenschaft. Herausgegeben, eingeleitet und übersetzt von Tilman SPENGLER. Suhrkamp Verlag, Frankfurt a.M. 1977.

NEUMANN, John von, Mathematische Grundlagen der Quantenmechanik. Springer Verlag, Berlin 1981.

NEUSÜSS, Arnhelm (Herausgeber), Utopie. Begriff und Phänomen des Utopischen. 3., vom Herausgeber überarbeitete und erweiterte Ausgabe. Campus Verlag, Frankfurt a.M. 1988.

NEWMAN, James R., The World of Mathematics (dt. »Die Welt der Mathematik«). Verlag Simon and Schuster, New York 1956.

NEWTON, Isaac, Philosophia naturalis principia mathematica (dt. »Die mathematischen Grundlagen der Naturphilosophie«). Ausgearbeitet, übersetzt, eingeleitet und herausgegeben von Ed DELLIAN. Felix Meiner Verlag, Hamburg 1988 (Philosophische Bibliothek 394).

NIETZSCHE, Friedrich, Also sprach Zarathustra. Ein Buch für Alle und Keinen. Sämtliche Werke. Kritische Studienausgabe in 15 Bänden, herausgegeben von Giorgio COLLI und Mazzino MONTINARI. Band IV. Deutscher Taschenbuch Verlag, München 1980.

NOLTE, Ernst, Der Faschismus in seiner Epoche. Die action francais - Der italienische Faschismus - Der Nationalsozialismus. Piper Verlag, München 1963.

NOLTE, Ernst, Die Krise des liberalen Systems und die faschistischen Bewegungen. Piper Verlag, München 1968.

O

OSTROGORSKY, Georg, Geschichte des byzantinischen Reiches. Unveränderter Nachdruck. C.H. Beck Verlag, München 1980.

OTT, Jürgen Albert, Günter P. WAGNER und Franz Manfred WUKETITS (Herausgeber), Evolution, Ordnung und Erkenntnis. Verlag P. Parey, Berlin 1985.

OTTO, Rudolf, Das Heilige. Über das Irrationale in der Idee des Göttlichen und sein Verhältnis zum Rationalen. Sonderausgabe. C.H. Beck Verlag, München 1963.

P

PAETEL, Karl O(tto), Das Nationabolschewistische Manifest. Selbstverlag, Berlin 1933.

PAETEL, Karl O(tto), Reise ohne Uhrzeit. Autobiographie. Herausgegeben und bearbeitet von Wolfgang D. ELFE und John M. SPALEK. Verlag Georg Heinz, Worms 1982.

PAGEL, Walter, Giordano Bruno; the Philosophie of Circles and the Circlar Movement of the Blood (dt. »Giordano Bruno; die Philosophie des Kreises und der Blutkreislauf«). In: Journal of the History of Medicine and Allied Sciences 116, 1951, S 6 ff.

PAGELS, Heinz R., Cosmic Code. Quantenphysik als Sprache der Natur. Übersetzt von Ralph FRIESE. Ullstein Verlag, Frankfurt a.M. 1983.

PALEY, William, Natural Theology. Or Evidences of the Existence and Attributes of the Deity Collected from the Appearances of Nature (Dt. »Natürliche Theologie. Oder Beweise der Existenz und Merkmale des Göttlichen, gesammelt aus den Naturerscheinungen«). 2. Auflage, Verlag J. Vincent, Oxford 1828.

PALMER, Alan, Otto von Bismarck. Eine Biographie. Deutsch von Ada LANDFERMANN und Cornelia WILD. Gustav Lübbe Verlag, Bergisch Gladbach 1989.

PANIKKAR, Kavalam Madhava, Geschichte Indiens. Progress Verlag, Düsseldorf 1957.

PARETO, Vilfredo, System der allgemeinen Soziologie. Einleitung, Texte und Anmerkungen von Gottfried EISERMANN. Enke Verlag, Stuttgart 1962.

PAUL, Gregor, Mythos, Philosophie und Rationalität. P. Lang Verlag, Fankfurt a.M. 1988.

PEAT, Frederick David, Superstrings. Kosmische Fäden. Die Suche nach der Theorie, die alles erklärt. Aus dem Amerikanischen von Hainer KOBER. Hoffmann und Campe Verlag, Hamburg 1989.

PEISL, Anton und Armin MOHLER (Herausgeber), Kursbuch der Weltanschauungen. Ullstein Verlag. Berlin 1980.

PEITGEN, Heinz-Otto & Peter H. RICHTER, The Beauty of Fractals (Dt. »Die Schönheit der Fraktale«). Springer Verlag, Berlin 1986.

PEREWERSEW, »Molodaja Gwardija«, zitiert nach: »Salzburger Nachrichten« vom 5. 8. 1989, S 4.

PFISTNER, Hans-Jürgen, Handlungsfreiheit und Systemnotwendigkeit. Ein Beitrag zur Frage: Was ist Psychologie? Verlag Hogrefe, Göttingen 1987.

PFLIGERSDORFFER, Georg, Augustino praeceptori. Gesammelte Aufsätze zu Augustinus. Herausgegeben von Karl FORSTNER und Maximilian FUSSL. Abakus Verlag, Salzburg 1987.

PFOHL, Hans-Christian, Planung und Kontrolle. W. Kohlhammer Verlag, Stuttgart 1981.

PICHT, Georg, Kunst und Mythos. Mit einer Einführung von Carl Friedrich von WEIZSÄCKER. Verlag Klett-Cotta, Stuttgart 1986.

PIEPER, Josef, Das Viergespann. Klugheit-Gerechtigkeit-Tapferkeit-Maß. Herder Verlag, Freiburg 1970 (Herder-Bücherei 361).

PIETSCHMANN, Herbert, Das Ende des naturwissenschaftlichen Zeitalters. Paul Zsolnay Verlag, Wien 1980.

PLATON, Hauptwerke. Ausgewählt und eingeleitet von Wilhelm NESTLE. 8. Auflage. Alfred Kröner Verlag, Stuttgart 1973.

PLATON, Politeia (lat. »Res publica«, dt. »Staat«). Deutsch von K. VRETSKA. Verlag Philipp Reclam, Stuttgart 1985 (Universal-Bibliothek 8205).

POLTIN(OS), Enneaden (Dt. »Neuheiten«). Plotins Schriften, Griechisch/Deutsch, herausgegeben von Richard HADER, Rudolf BEUTLER und Willy THEILER. Neubearbeitung mit griechischem Lesetext und Anmerkungen, 6 Bände. Felix Meiner Verlag, Hamburg 1956-1971 (Philosophische Bibliothek 211a - 215c, 276).

POPPER, Sir Karl Raimund, Logik der Forschung. 8., weiter verbesserte und vermehrte Auflage. Mohr Verlag, Tübingen 1984.

POPPER, (Sir) Karl R(aimund), Die offene Gesellschaft und ihre Feinde. 2 Bände. Aus dem Englischen übersetzt von P.K. FEYERABEND. 6. Auflage. Francke Verlag, Tübingen 1980.

POPPER, Sir Karl Raimund, Conjectures and Refutations. The Growth of Scientific Knowlege (dt. »Vermutungen und Widerlegungen. Das Wachstum wissenschaftlicher Erkenntnis«). Basic Books, New York 1962.

PRETTEREBNER, Hans, Der Fall Lucona. Ost-Spionage, Korruption und Mord im Dunstkreis der Regierungsspitze. Ein Sittenbild der Zweiten Republik. 2. Auflage. Hans Pretterebner Verlag, Wien 1988.

PRIGOGINE, Ilya, Vom Sein zum Werden. Zeit und Komplexität in den Naturwissenschaften. Aus dem Englischen von Friedrich GIESE. 4. überarbeitete Auflage, Verlag Piper, München 1985.

PROUDHON, Pierre-Joseph, Systéme des contradictions économiques, ou philosophie de la misére (Dt. »System der ökonomischen Widersprüche oder Philosophie des Elends«). Deutsch bearbeitet von Karl GRÜN. Neudruck. Scientia Verlag, Aalen 1967.

PU Yi, Ich war Kaiser von China. Vom Himmelssohn zum Neuen Menschen. Herausgegeben und aus dem Chinesischen übersetzt von Richard SCHIRACH und Mulan LEHNER. 2. Auflage. Carl Hanser Verlag, München 1986.

PULVER, Max, Grundsätzliche Bemerkungen zur Ausdruckspsychologie. In: Graphologia I, Beiheft zur Schweizerischen Zeitschrift für Psychologie und ihre Anwendung Nr.6, Bern 1945, S 5-28.

Q

QUINE, Willard van Orman, Die Wurzeln der Referenz. Deutsche Übersetzung von H. VETTER. Suhrkamp Verlag, Frankfurt a.M. 1976.

QUINE, Willard van Orman, Wort und Gegenstand. Übersetzt von Joachim SCHULTE und Dieter BIRNBACHER. Philipp Reclam Verlag, Stuttgart 1980 (Universal-Bibliothek 9987).

R

RACEK, Alfred, Philosophie der Grenze. Ein Entwurf. Herder Verlag, Wien 1983.

RASSEM, Mohammed, Die Volkstumswissenschaften und der Etatismus. Zweite, um einen Anhang vermehrte Auflage. Mäander Kunstverlag, Mittenwald 1979.

RASSEM, Mohammed, Nachwort. In: Schicksal? Grenzen der Machbarkeit. Ein Symposion. Mit einem Nachwort von Mohammed RASSEM. Deutscher Taschenbuch Verlag, München 1977.

RECKTENWALD, Horst Klaus, Markt und Staat. Fundamente einer freiheitlichen Ordnung. Verlag Vandenhoeck und Ruprecht, Göttingen 1980.

REES, Philip, Fascism and Pre-Fascism in Europe 1890-1945. A Bibliography of the Extreme Right (dt. »Faschismus und Vorfaschismus in Europa 1890-1945. Eine Bibliographie der extremen Rechten«). The Harvester Press, Brighton/Sussex 1984.

REICH, Klaus, Die Vollständigkeit der Kantischen Urteilstafel. 3. Auflage. Felix Meiner Verlag, Hamburg 1986.

REINERS, Hermann, Grundintention und sittliches Tun. Herder Verlag, Freiburg 1966.

RIEBER, Arnulf, Vom Positivismus zum Univeralismus. Untersuchungen zur Entwicklung und Kritik des Ganzheitsbegriffs von Othmar Spann. Verlag Duncker und Humblot, Berlin 1971.

RIEDL, Rupert, Evolution und Erkenntnis. Antworten auf Fragen unserer Zeit. Piper Verlag, München 1982.

RIESMAN, David, Reuel DENNY und Nathan GLAZER, Die einsame Masse. Eine Untersuchung der Wandlungen des amerikanischen Charakters. Mit einer Einführung in die deutsche Ausgabe von Helmut SCHELSKY. Aus dem Amerikanischen von Renate RAUSCH. Rowohlt Verlag, Hamburg 1982.

RIFKIN, Jeremy, Entropie. Ein neues Weltbild. In Zusammenarbeit mit Ted HOWARD. Nachwort von Nicholas GEOGESCU. Aus dem Amerikanischen von Christa FALK und Walter FLIESS. Verlag Hoffmann und Campe. Hamburg 1982.

ROHRLICH, Fritz, Facing Quantum Mechanical Reality (Dt. »Wie die Quantenmechanik Realität schafft«). Science Nr. 221 (1983).

ROHRMOSER, Günter, Religion und Politik in der Krise der Moderne. Ein theologisch-politisches Traktat. Verlag Styria, Graz 1989.

ROMIG, Friedrich, Die soziale Summe Pius XII. - eine ganzheitliche Soziallehre. Zeitschrift für Ganzheitsforschung. 6. Jahrgang, Wien IV/1962, S 142-149.

ROMIG, Friedrich, Neopositivismus und Ganzheitslehre. Eine Auseinandersetzung mit K. Popper. Zeitschrift für Ganzheitsforschung. 16. Jahrgang, Wien IV/1972, S 34-60.

ROSENSTIEL, Lutz von, Walter MOLT und Bruno RÜTTINGER, Organisationspsychologie. 4. Auflage. Verlag W. Kohlhammer, Stuttgart 1979 (Urban-Taschenbuch 501).

ROTH, Jack J., The Cult of Violence - Sorel and the Sorelians (dt. »Der Kult der Gewalt - Sorel und die Sorelianer«). University of California Press, Berkeley 1980.

RÖHRICH, Wilfried (Herausgeber): Demokratische Elitenherrschaft. Traditionsbestände eines sozialwissenschaftlichen Problems. Wissenschaftliche Buchgesellschaft, Darmstadt 1975.

RÖPKE, Wilhelm, Civitas humana. Grundfragen der Gesellschafts und Wirtschaftsreform. 4. Auflage. Haupt Verlag, Bern 1979.

RÖSCHERT, Günther, Ethik und Mathematik. Intuitives Denken bei Cantor, Gödel, Steiner. Verlag Freies Geistesleben, Stuttgart 1985.

RUELLE, David & Floris TAKENS, On the Nature of Turbulence (Dt. »Über die Natur der Turbulenz«). Communication in Mathematical Physics 20 (1971).

RUH, Ulrich, Säkularisierung als Interpretationskategorie. Zur Bedeutung des christlichen Erbes in der modernen Leistungsgesellschaft. Herder Verlag, Freiburg 1980.

RÜTHERS, Bernd, Entartetes Recht. Rechtslehren und Kronjuristen im Dritten Reich. C.H. Beck Verlag, München 1988.

S

SAFRANSKI, Rüdiger, Schopenhauer und Die Wilden Jahre der Philosophie. Eine Biographie. Carl Hanser Verlag, München 1987.

SAINT-SIMON, Comte de, Claude-Henri de Rouvroy, Du systém industriel (Dt. »Über das industrielle System«). Oeuvers, Band III, Paris 1868-1876. Neuauflage mit einem Vorwort von C(élestine) BOUGLÉ. Verlag Félix Alcan, Paris 1925.

SANDER, Friedrich und Hans VOLKELT, Ganzheitspsychologie. Grundlagen-Ergebnisse-Anwendung. Gesammelte Abhandlungen. 2. verbesserte Auflage. C.H. Beck Verlag, München 1967.

SCHACHTSCHABEL, Hans G., Wirtschaftspolitische Konzeptionen. 3., völlig überarbeitete Auflage. Verlag W. Kohlhammer, Stuttgart 1976.

SCHADE, Heinrich, Völkerflut und Völkerschwund. Kurt Vowinckel Verlag, Neckargmünd 1974. Ergänzungsband 1979.

SCHAFFER, William M., Chaos in Ecological Systems: The Coals That Newcastle Forgot (Dt. »Chaos in ökologischen Systemen: Die von Newcastle vergessenen Kohlen«). Trends in Ecological Systems 1 (1986).

SCHELER, Max, Das Ressentiment im Aufbau der Moral. Herausgeben von Manfred S(ervatius) FRINGS. Klostermann Verlag, Frankfurt a.M. 1978.

SCHELER, Max, Die Ursachen des Deutschenhasses. Eine nationalpädagogische Erörterung. Verlag Kurt Wolff, Leipzig 1917.

SCHELLING, Friedrich Wilhelm Joseph, Ideen zu einer Philosophie der Natur. Sämtliche Werke, 1. Abteilung, Band II. Herausgegeben von Manfred SCHRÖTER. Unveränderte Neuauflage des 1927-56 erschienen Münchner Jubiläumsdruckes. Verlag C.H. Beck, München 1965.

SCHELSKY, Helmut, Der selbständige und der betreute Mensch. Politische Schriften und Kommentare. Seewald Verlag, Stuttgart 1976.

SCHELSKY, Helmut, Die Arbeit tun die anderen. Klassenkampf und Priesterherrschaft der Intellektuellen. 2. erweiterte Auflage. Westdeutscher Verlag, Opladen 1975.

SCHELSKY, Helmut, Die rationale Utopie und die Ideologie der Rationalität. Schwarz Verlag, Göttingen 1966.

SCHIEPEK, Günter, Systemische Diagnostik in der klinischen Psychologie. Psychologie Verlags-Union, Weinheim 1986.

SCHILLEBEECKX, Edward (Herausgeber), Mystik und Politik. Theologie im Ringen um Geschichte und Gesellschaft. Johann Baptist Metz zu Ehren. Matthias-Grünewald-Verlag, Mainz 1988.

SCHLEIERMACHER, Friedrich (Daniel Ernst), Über die Religion. Reden an die Gebildeten unter ihren Verächtern. Mit einem Nachwort von Carl Heinz RATSCHOW. Philipp Reclam Verlag, Stuttgart 1980 (Universal-Bibliothek 8313/3).

SCHLETTE, Heinz Robert, Philosophie-Theologie-Ideologie. Erläuterung der Differenzen. Bachem Verlag, Köln 1968.

SCHLICHT, Ekkehard Johannes, Ökonomische Theorie, speziell auch Verteilungstheorie, und Synergetik. In: Andreas DRESS, Hubert HENDRICHS und Günter KÜPPERS (Herausgeber), Selbstorganisation. Die Entstehung von Ordnung in Natur und Gesellschaft. Piper Verlag, München 1988.

SCHLUCHTER, Wolfgang, Max Webers Studie über Konfuzianismus und Taoismus. Interpretation und Kritik. Suhrkamp Verlag, Frankfurt a.M. 1983.

SCHMIDT, Burghart, Kritik der reinen Utopie. Eine sozialphilosophische Untersuchung. Metzler Verlag, Stuttgart 1980.
SCHMITT, Carl, Die drei Arten des rechtswissenschaftlichen Denkens. Hanseatische Verlagsanstalt, Hamburg 1934.
SCHMOLLER, Gustav von, Die soziale Frage. Klassenbildung, Arbeiterfrage, Klassenkampf. Leipzig 1918.
SCHNEIDER, Ulrike, Sozialwissenschaftliche Methodenkrise und Handlungsforschung. Campus Verlag, Frankfurt a.M. 1980.
SCHOPENHAUER, Arthur, Über die vierfache Wurzel des Satzes vom zureichenden Grunde. Eine philosophische Abhandlung. Herausgegeben von M. LANDMANN und E. TIELSCH. 2. Auflage, Felix Meiner Verlag, Hamburg 1970 (Philosophische Bibliothek 249).
SCHÖNFELDT, Eberhard, Ideologie und Utopie als Probleme der Politischen Bildung. Philosophische Dissertation, Hamburg 1971.
SCHRÖDINGER, Erwin, Geist und Materie. Verlag Vieweg, Braunschweig 1966.
SCHRÖDINGER, Erwin, Meine Weltansicht. Paul Zsolnay Verlag, Wien 1961.
SCHRÖDINGER, Erwin, Was ist Leben? Verlag Leo Lehnen, München 1951 (Sammlung Dalp, Band I).
SCHULIN, Ernst, Die Französische Revolution. Verlag C.H. Beck, München 1988.
SCHUSTEREIT, Hartmut, Vabanque. Hitlers Angriff auf die Sowjetunion als Versuch, durch den Sieg im Osten den Westen zu bezwingen. Verlag E.S. Mittler, Herford 1988.
SCHÜLLER, Bruno, Pluralismus in der Ethik. Zum Stil wissenschaftlicher Kontroversen. Aschendorff Verlag, Münster 1988.
SCHWEIZER, Gerhard, Abkehr vom Abendland. Östliche Traditionen gegen westliche Zivilisation. Hoffmann und Campe Verlag, Hamburg 1986.
SCHWEIZER, Gerhard, Die Janitscharen. Geheime Macht des Türkenreichs. Verlag Das Bergland-Buch, Salzburg 1979.
SEARLE, John R(ogers), Geist, Hirn und Wissenschaft. Die Reith Lectures 1974. Übersetzt von Hervey P. GAVAGAI. Suhrkamp Verlag, Frankfurt a.M. 1986.
SECKEL, Dietrich, Jenseits des Bildes. Anikonische Symbolik in der buddhistischen Kunst. Winter Verlag, Heidelberg 1976.
SEDLMAYR, Hans, Der Verlust der Mitte. 7. Auflage. Otto Müller Verlag, Salzburg 1961.
SEIBT, Ferdinand, Utopica. Modelle totaler Sozialplanung. Schwann Verlag, Düsseldorf 1972.
SEIDEL, Eberhard und Heiner MENN, Ökologisch orientierte Betriebswirtschaft. Verlag W. Kohlhammer, Stuttgart 1988.
SERFLING, Klaus, Controlling. W. Kohlhammer Verlag, Stuttgart 1983.
SIEMEK, Marek J., Die Idee des Transzendentalismus bei Kant und Fichte. Aus dem Polnischen von Marek J. SIEMEK unter Mitwirkung von Jan GEREWICZ. Felix Meiner Verlag, Hamburg 1984 (Schriften zur Transzendentalphilosophie, Band IV).
SINJAWSKIJ, Andrej, Der Traum vom neuen Menschen oder Die Sowjetzivilisation. Aus dem Russischen von Swetlana GEIER. Mit einem Glossar für die deutsche Ausgabe von Alexander KASAKEWITSCH und Elisabeth RUGE. S. Fischer Verlag, Frankfurt a.M. 1989.
SLOTERDYK, Peter, Kritik der zynischen Vernunft. Suhrkamp Verlag, Frankfurt a.M. 1983.

SMITH, Adam, An Enquiry into the Nature and Causes of the Wealth of Nations (Dt. »Eine Untersuchung über Natur und Ursachen des Wohlstandes der Nationen«). Deutsch von Horst Claus RECKTENWALD. Verlag C.H. Beck, München 1974.

SOREL, George, Über die Gewalt. Mit einem Nachwort von Georg LICHTHEIM. Suhrkamp Verlag, Frankfurt a.M. 1969.

SOROKIN, Pitirim A(lexandrovic), Kulturkrise und Gesellschaftsphilosophie. Moderne Theorien über das Werden und Vergehen von Kulturen und das Wesen ihrer Krisen (Engl. »Social and Cultural Dynamics«). Ins Deutsche übersetzt von Othmar ANDERLE. Humboldt Verlag, Stuttgart 1953.

SPARROW, Colin, The Lorenz Equations, Bifurcations, Chaos and Strange Attractors (Dt. »Die Lorenz-Gleichungen, Bifurkationen, Chaos und seltsame Attraktoren«). Springer Verlag, Berlin 1982.

SPÄMANN, Robert, Glück und Wohlwollen. Versuch über Ethik. Verlag Klett-Cotta, Stuttgart 1989.

SPÄMANN, Robert, Moralische Grundbegriffe. Verlag C.H. Beck, München 1982 (Becksche Schwarze Reihe 256).

SPÄMANN, Robert und Reinhard LÖW, Die Frage wozu? Geschichte und Wiederentdeckung des teleologischen Denkens. Piper Verlag, München 1981.

SPENCE, Jonathan D., Ich, Kaiser von China. Ein Selbstportrait des Kangxi-Kaisers. Aus dem Englischen von Stefan B. POLTER. Insel Verlag, Frankfurt a.M. 1985.

SPENGLER, Tilman, Biographische Notiz zu Joseph Needham. In: Joseph NEEDHAM, Wissenschaftlicher Universalismus. Über Bedeutung und Besonderheit der chinesischen Wissenschaft. Herausgegeben, eingeleitet und übersetzt von Tilman SPENGLER. Suhrkamp Verlag, Frankfurt a.M. 1977.

SPENGLER, Tilman, Die Entdeckung der chinesischen Wissenschafts- und Technikgeschichte. In: Joseph NEEDHAM, Wissenschaftlicher Universalismus. Über Bedeutung und Besonderheit der chinesischen Wissenschaft. Herausgegeben, eingeleitet und übersetzt von Tilman SPENGLER. Suhrkamp Verlag, Frankfurt a.M. 1977.

SPERRY, Roger, Naturwissenschaft und Wertentscheidung. Aus dem Englischen von Juliane GRÄBENER. Piper Verlag, München 1985.

SPITZING, Günter, Lexikon byzantinisch-christlicher Symbole. Die Bilderwelt Griechenlands und Kleinasiens. Eugen Diederichs Verlag, München 1989.

SCHREINER, Stefan (Herausgeber), Die Osmanen in Europa. Erinnerungen und Berichte türkischer Geschichtsschreiber. Verlag Styria, Graz 1985.

STEIN, Lorenz von, Geschichte der sozialen Bewegung in Frankreich von 1789 bis in unsre Tage. Verlag Wigand, Leipzig 1850. Neudruck der zweiten Auflage. Scientia Verlag, Aalen 1968.

STEINBUCH, Karl (Herausgeber), Diese verdammte Technik. Tatsachen gegen Demagogie. Mit Beiträgen von Hans-Herrmann CRAMER u. a. Herbig Verlag, München 1980.

STEINBUCH, Karl, Maßlos informiert. Die Enteignung unseres Denkens. Herbig Verlag, München 1978.

STILLICH, Oscar, Der Liberalismus. Die politischen Parteien in Deutschland II. Verlag Dr. Werner Klinkhardt, Leipzig 1911.

STRASSNER, Erich, Ideologie-Sprache-Politik. Grundfragen ihres Zusammenhangs. Niemeyer Verlag, Stuttgart 1987.

STRAUSS, David Friedrich, Das Leben Jesu. Kritisch bearbeitet. 2 Bände. Nachdruck. Wissenschaftliche Buchgesellschaft, Darmstadt 1969.
STRAUSS, Franz Josef, Die Erinnerungen. Siedler Verlag, Berlin 1989.
STRAWE, Christoph, Marxismus und Anthroposophie. Verlag Klett-Cotta, Stuttgart 1986.
SUWOROW, Viktor, Der Eisbrecher. Hitler in Stalins Kalkül. Aus dem Russischen von Hans JÄGER. Verlag Klett-Cotta, Stuttgart 1989.
SUZUKI, Daisetsu Teitaro, Leben aus Zen. Einführung von WEIL-LANG (HUI-NENG). Vorwort von Eugen HERRIGEL. Übersetzt von Ursula von MANGOLDT und Emma von PELET. Lizenzausgaben, Suhrkamp Verlag, Frankfurt a.M. 1982 (Taschenbuch 846).
SUZUKI, Daisetsu Teitaro, Satori - Der Zen-Weg zur Befreiung. Aus dem Englischen übersetzt von Jürgen EGGERT. O.W. Barth Verlag, Bern 1987.
SWOBODA, Helmut, Utopia. Geschichte der Sehnsucht nach einer besseren Welt. Europa Verlag, Wien 1972.
SWOZIL, Gunther, Utopie als Krisenliteratur. Untersucht an Beispielen aus der Barockzeit. Geisteswissenschaftliche Dissertation, Salzburg 1980.
SZENDE, Paul, Demaskierung. Die Rolle der Ideologien in der Geschichte. Europa Verlag, Wien 1970.

T

TALMON, Jacob Laib, Die Ursprünge der totalitären Demokratie. Westdeutscher Verlag, Köln 1961.
TANERA, Carl, Deutschlands Kämpfe in Ostasien 1900 bis 1901 dem deutschen Volke erzählt. C.H. Beck'sche Verlagsbuchhandlung, München 1902.
TARSKI, Alfred, Der Wahrheitsbegriff in den formalisierten Sprachen. In: K. BERKA und L. KREISER, Logik-Texte. Wissenschaftliche Buchgesellschaft, Darmstadt 1983.
TEILHARD de Chardin, Pierre, Der Mensch im Kosmos. 7. Auflage. C.H. Beck Verlag, München 1964.
TENZIN, Dalai Lama Gyatso, Das Auge der Weisheit. Grundzüge buddhistischer Lehre. O.W. Barth Verlag, Bern 1975.
THAMER, Hans-Ulrich und Wolfgang WIPPERMANN, Faschistische und neofaschistische Bewegungen. Probleme empirischer Faschismusforschung. Wissenschaftliche Buchgesellschaft, Darmstadt 1977.
THESING, Josef und Klaus WEIGELT (Herausgeber), Leitlinien politischer Ethik. Christliche Verantwortung vor dem Hintergrund von Säkularismus und Wertkrise in Ost und West. Verlag Ernst Knoth, Melle 1988.
THIENEN-ADLERFLYCHT, Christoph (Freiherr von), Graf Leo Thun im Vormärz. Grundlagen des böhmischen Konservativismus im Kaisertum Österreich. Verlag Hermann Böhlau, Graz 1967.
THIER, Erich (Herausgeber), Wegbereiter des deutschen Sozialismus. Eine Auswahl aus ihren Schriften. Alfred Kröner Verlag, Stuttgart 1940.
THORWALD, Jürgen, Macht und Geheimnis der frühen Ärzte. Ein Buch über die Anfänge der Medizin. Ägypten-Babylonien-Indien-China-Mexiko-Peru. Verlag Droemer-Knaur, München 1962.
TIETZ, Bruno, Die Dynamik des Euromarktes. Konsequenzen für die Neupositionierung der Unternehmen. Verlag Moderne Industrie, Landsberg 1989.

TOCQUEVILLE, Alexis (Comte) de, De la démocratie en Amérique (Dt. »Über die Demokratie in Amerika«). 2. Auflage, deutsch herausgegeben von Jacob Peter MAYER in Gemeinschaft mit Theodor ESCHENBURG und Hans ZBINGEN. Deutscher Taschenbuchverlag, München 1984.

TOCQUEVILLE, Alexis (Comte) de, L'acien régime et la révolution (Dt. »Das alte Staatswesen und die Revolution«). Deutsch herausgegeben von Jacob Peter MAYER. Deutscher Taschenbuchverlag, München 1978.

TOPITSCH, Ernst, Stalins Krieg. Die sowjetische Langzeitstrategie gegen den Westen als rationale Machtpolitik. Günter Olzog-Verlag, München 1985.

TOPITSCH. Ernst und Kurt SALAMUN, Ideologie. Herrschaft des Vorurteils. Verlag Langen Müller, München 1972.

TRAUTMANN, Wolfgang, Utopie und Technik. Erscheinungs- und Bedeutungswandel des utopischen Phänomens in der modernen Industriegesellschaft. Verlag Duncker und Humblot, Berlin 1974.

TUCKER, Robert, Karl Marx. Die Entwicklung seines Denkens von der Philosophie zum Mythos. Verlag C.H. Beck, München 1963.

TUGENDHAT, Ernst, Probleme der Ethik. Philipp Reclam Verlag, Stuttgart 1984 (Universal-Bibliothek 8250).

TULKU, Tarthang, Raum, Zeit und Erkenntnis. 2. Auflage. Scherz Verlag, Bern 1986.

U

USPENSKIJ, P(eter) D(emjanovic), Bewußtsein und Gewissen. Die Suche nach der Wahrheit. Aus dem Englischen von Rolf H. GLEICHMANN. Sphinx Verlag, Basel 1982.

UTZ, Arthur-Fridolin O.P., und Josef-Fulko GRONER (Herausgeber), Aufbau und Entfaltung des gesellschaftlichen Lebens. Soziale Summe Pius XII. Band III. Paulus Verlag, Freiburg i.d. Schweiz 1961.

V

VESTER, Frederic, Neuland des Denkens. Vom technokratischen zum kybernetischen Zeitalter. Deutsche Verlags-Anstalt, Stuttgart 1980.

VESTER, Frederic, Planung, Forschung, Kommunikation im Team. Universitäts Verlag, Konstanz 1969.

VESTER, Frederic, Unsere Welt - ein vernetztes System. Eine internationale Wanderausstellung. Verlag Klett-Cotta, Stuttgart 1978.

VIVEKANANDA, Swami, Jnana-Yoga. Der Pfad der Erkenntnis. 2 Bände. H. Bauer Verlag, Freiburg 1977-1983.

VIVEKANANDA, Swami, Karma-Yoga und Bhakti-Yoga. H. Bauer Verlag, Freiburg 1983.

VIVEKANANDA, Swami, Raja-Yoga. 7. Auflage. H. Bauer Verlag, Freiburg 1983.

VOGT, Hannah, Nationalismus gestern und heute. Verlag Leske, Opladen 1967.

VOSLENSKY, Michael S(ergejewitsch), Nomenklatura. Die herrschende Klasse der Sowjetunion. Aus dem Russischen von Elisabeth NEUHOFF. 2. Auflage. Verlag Fritz Molden, Wien 1980.

VOSSKAMP, Wilhelm (Herausgeber), Utopieforschung. Interdisziplinäre Studien zur neuzeitlichen Utopie. 3 Bände. Metzler Verlag, Stuttgart 1982.

W

WAGENLEHNER, Günther, Abschied vom Kommunismus. Der Niedergang der kommunistischen Idee von Marx bis Gorbatschow. Verlag Busse und Seewald, Herford 1987.

WALLESER, Max (Übersetzer), Prajnaparamita, die Vollkommenheit der Erkenntnis. Nach indischen, tibetischen und chinesischen Quellen. Verlag Vandenhoek und Ruprecht, Göttingen 1914.

WALSH, Michael, Christen und Caesaren. Die Geschichte des frühen Christentums. Übersetzt von Gabriele WOLLMANN. Verlag Ploetz, Würzburg 1988.

WASSERMANN, Rudolf, Die Zuschauerdemokratie. Econ Verlag, Düsseldorf 1976.

WATTS, Alan W., Die Illusion des Ich. Kösel Verlag, München 1980.

WATTS, Alan W., The Supreme Identity (Dt. »Die höchste Identität«). Vintage Books, New York 1971.

WATTS, Alan W., Zen-Buddhismus. Tradition und lebendige Gegenwart. Verlag Rowohlt, Reinbek 1961.

WATZLAWICK, Paul (Herausgeber), Die erfundene Wirklichkeit. Wie wissen wir, was wir zu wissen glauben? Beiträge zum Konstruktivismus. Verlag Piper, München 1981.

WATZLAWICK, Paul, Anleitung zum Unglücklichsein. Piper Verlag, München 1983.

WATZLAWICK, Paul, Wie wirklich ist die Wirklichkeit? Wahn-Täuschung-Verstehen. 14. Auflage. Piper Verlag, München 1986 (Serie Piper 174).

WEBER, Hartmut, Die lutherische Sozialethik bei Johannes Heckel, Paul Althaus, Werner Elert und Helmut Thielicke. Theologische Grundlagen und sozialwissenschaftliche Konsequenzen. Rechts- und staatswissenschaftliche Dissertation, Göttingen 1959.

WEBER, Max, Wirtschaft und Gesellschaft. Vollständiger Nachdruck der Erstauflage von 1922. Mohr-Siebeck Verlag, Tübingen 1972.

WEBER, Renée, Nature as Creativity (Dt. »Natur als Kreativität«). Revision 5, Nr. 2 (1982).

WEHLER, Hans-Ulrich, Deutsche Gesellschaftsgechichte. Erster Band 1700-1815. Verlag C.H. Beck, München 1987.

WEHLER, Hans-Ulrich, Deutsche Gesellschaftsgeschichte. Zweiter Band 1815-1845/48. Verlag C.H. Beck, München 1987.

WEIL, Simone, Philosophie-Religion-Politik. Herausgegeben von Heinz Robert SCHLETTE und André DEVAUX. Verlag Josef Knecht, Frankfurt a.M. 1985.

WEINBERG, Steven, Die ersten drei Minuten. Der Ursprung des Universums. Verlag Piper, München 1983.

WEINKE, Kurt, Rationalität und Moral. Leykam Verlag, Graz 1977.

WEIPPERT, Georg, Das Prinzip der Hierarchie. Hanseatische Verlagsanstalt, Hamburg 1932.

WEIZSÄCKER, Carl Friedrich von, Aufbau der Physik. 2. Auflage. Carl Hanser Verlag, München 1986.

WEIZSÄCKER, Carl Friedrich von, Der bedrohte Friede. Politische Aufsätze 1945-1981. 4. Auflage. Carl Hanser Verlag, München 1983.

WEIZSÄCKER, Carl Friedrich von, Die Zeit drängt. Eine Weltversammlung der Christen für Gerechtigkeit, Frieden und die Bewahrung der Schöpfung. Carl Hanser Verlag, München 1986.

WEIZSÄCKER, Carl Friedrich von, Wahrnehmung der Neuzeit. 5. Auflage. Carl Hanser Verlag, München 1984.

WENDLAND, Heinz Dietrich, Der Begriff Christlich-Sozial. Seine geschichtliche und theologische Problematik. Westdeutscher Verlag, Köln 1962.

WERBIK, Hans, Handlungstheorien. W. Kohlhammer Verlag, Stuttgart 1978.

WERHAN, Hans, Das Vorschreiten der Säkularisierung. Bouvier Verlag, Bonn 1969 (Abhandlungen zur Philosophie, Psychologie und Pädagogik 50).

WHITEHEAD, Alfred North, Abenteuer der Ideen. Verlag Suhrkamp, Frankfurt a.M. 1971.

WHORF, Benjamin Lee, Language, Throught and Reality. Selected Writings (dt. »Sprache, Denken und Realität. Ausgewählte Schriften«). M.I.T. Press, Cambridge/Massachusetts 1956.

WHYTE, Lancelot L., The Next Development in Man (Dt. »Die nächste Entwicklung der Menschheit«). New American Library, New York 1950.

WIDMANN, Joachim, Die Grundstruktur des transzendentalen Wissens. Nach Johann Gottlieb Fichtes Wissenschaftslehre 1804. Felix Meiner Verlag, Hammburg 1977.

WILBER, Ken, Das Spektrum des Bewußtseins. Ein metapsychologisches Modell des Bewußtseins und der Disziplinen, die es erforschen. Aus dem Amerikanischen von Lochen EGGERT. Scherz Verlag, Bern 1987.

WILHELM, Richard (Übersetzer), I Ging. Das Buch der Wandlungen. Neuauflage. Diederichs Verlag, Düsseldorf 1956.

WILLMS, Bernard, Planungsideologie und revolutionäre Utopie. Die zweifache Flucht in die Zukunft. Kohlhammer Verlag, Stuttgart 1969.

WINGEN, Max, Grundfragen der Bevölkerungspolitik. W. Kohlhammer Verlag, Stuttgart 1975 (Urban-Taschenbuch 509).

WITTGENSTEIN, Ludwig, Tractatus logico-philosophicus. Logisch-philosophische Abhandlung. Suhrkamp Verlag, Frankfurt a.M. 1963.

WOLKOGONOW, Dimitri, Stalin. Triumph und Tragödie. Ein politisches Porträt. Aus dem Russischen von Vesna JOVANOSKA. Claassen Verlag, Düsseldorf 1989.

WÜRTENBERGER, Thomas jun., Die Legitimität staatlicher Herrschaft. Verlag Duncker und Humblot, Berlin 1973 (Schriften zur Verfassungsgeschichte, Band XX).

Z

ZELTNER, Hermann, Ideologie und Wahrheit. Zur Kritik der politischen Vernunft. Fromann Verlag, Stuttgart 1966.

ZIESEL, Kurt, Die Meinungsmacher. Universitas Verlag, München 1989.

ZULEHNER, Paul Michael, Säkularisierung von Gesellschaft, Person und Religion. Religion und Kirche in Österreich. Herder Verlag, Wien 1973.

ZWASS, Adam, Planwirtschaft im Wandel der Zeit. Europaverlag, Wien 1982.